Michael Plattig

Kanon der spirituellen Literatur

Michael Plattig

Kanon der spirituellen Literatur

Vier-Türme-Verlag

Bibliographische Information der Deutschen Nationalbibliothek
Die Deutsche Nationalbibliothek verzeichnet diese Publikation in der
Deutschen Nationalbibliographie. Detaillierte bibliographische Daten
sind im Internet über http://dnb.d-nb.de abrufbar.

1. Auflage 2010
© Vier-Türme GmbH, Verlag, Münsterschwarzach 2010
Alle Rechte vorbehalten

Lektorat: Claudia Gröhn
Umschlaggestaltung: Thomas Uhlig, www.coverdesign.net
Umschlagmotiv: Jennifer Lind / Dreamstime.com
Druck und Bindung: Friedrich Pustet KG, Regensburg
ISBN 978-3-89680-477-8

www.vier-tuerme-verlag.de

INHALT

Vorwort 11

1 CYRILL VON JERUSALEM um 320–387
   Mystagogische Katechesen 15

2 EVAGRIUS PONTICUS um 345–399
   Der Praktikos oder **Der Mönch** 21

3 MÖNCHSVÄTER 350–500
   Sprüche der Väter 28

4 AURELIUS AUGUSTINUS 354–430
   Bekenntnisse 34

5 JOHANNES CASSIANUS um 360–435
   Über die Einrichtungen und Grundsätze für die Zönobiten
   Unterredungen mit den Vätern 42

6 BENEDIKT VON NURSIA um 480–547
   Die Regel des heiligen Benedikt 49

7 GREGOR DER GROSSE um 540–604
   II. Buch der Dialoge: Der hl. Benedikt 58

8 WILHELM VON SAINT-THIERRY um 1080–1148
   Meditationen und Gebete 64

9 BERNHARD VON CLAIRVAUX 1090–1153
   Über die Besinnung an Papst Eugen 68

10 HILDEGARD VON BINGEN 1098–1179
Briefe 74

11 AELRED VON RIEVAULX 1110–1167
Über die geistliche Freundschaft 81

12 GUIGO DER KARTÄUSER (GUIGO II.) um 1130–1193
Die Leiter der Mönche zu Gott 89

13 FRANZISKUS VON ASSISI 1181–1226
Ermahnungen
Sonnengesang oder **Lob der Schöpfung** 93

14 KLARA VON ASSISI um 1194–1253
Regel
Briefe 101

15 MECHTHILD VON MAGDEBURG um 1207/1210–um 1282
Das fließende Licht der Gottheit 108

16 BONAVENTURA 1217/1218–1274
Der Pilgerweg des Menschen zu Gott 116

17 GERTRUD VON HELFTA 1256–1301/1302
Geistliche Übungen 122

18 MEISTER ECKHART um 1260–1326
Reden der Unterweisung 130

19 HEINRICH SEUSE 1295/1296–1366
Büchlein der ewigen Weisheit 137

20 JOHANNES TAULER 1300/1305–1361
Predigten 142

21 JULIANA VON NORWICH 1342–um 1413
Offenbarungen von göttlicher Liebe *146*

22 KATHARINA VON SIENA 1347–1380
Gespräch von Gottes Vorsehung *152*

23 ANONYMUS 1375–1400
Die Wolke des Nichtwissens *159*

24 THOMAS VON KEMPEN um 1380–1471
Die Nachfolge Christi *164*

25 MARTIN LUTHER 1483–1546
Deutsche Auslegung des Vaterunsers für einen einfältigen Laien
Sermon von den guten Werken
Eine einfältige Weise zu beten *171*

26 IGNATIUS VON LOYOLA 1491–1556
Geistliche Übungen *179*

27 TERESA VON ÁVILA 1515–1582
Das Buch meines Lebens
Weg der Vollkommenheit *188*

28 JOHANNES VOM KREUZ 1542–1591
Aufstieg auf den Berg Karmel
Die Dunkle Nacht
Lebendige Liebesflamme *196*

29 FRANZ VON SALES 1567–1622
Philothea *202*

30 PAUL GERHARDT 1607–1676
Liedtexte *209*

31 BLAISE PASCAL 1623–1662
Gedanken über die Religion und andere Themen   217

32 NIKODEMUS 1749–1809
Philokalie   223

33 ANONYMUS um 1855
Aufrichtige Erzählungen eines russischen Pilgers   228

34 CHARLES DE FOUCAULD 1858–1916
Der letzte Platz   232

35 PIERRE TEILHARD DE CHARDIN 1881–1955
Die Messe über die Welt   239

36 THÉRÈSE VON LISIEUX 1873–1897
Selbstbiographische Schriften   245

37 MARIE NOËL 1883–1967
Erfahrungen mit Gott   252

38 ROMANO GUARDINI 1885–1968
Von heiligen Zeichen
Vom Sinn der Schwermut   257

39 EDITH STEIN 1891–1942
Das Weihnachtsgeheimnis
Ein Beitrag zur Chronik des Kölner Karmel   263

40 KARL RAHNER 1904–1984
Das große Kirchenjahr   268

41 MADELEINE DELBRÊL 1904–1964
Gebet in einem weltlichen Leben
Der kleine Mönch   275

42   DAG HAMMARSKJÖLD 1905–1961
     Zeichen am Weg   281

43   HANS URS VON BALTHASAR 1905–1988
     Das betrachtende Gebet   288

44   DIETRICH BONHOEFFER 1906–1945
     Widerstand und Ergebung   294

45   HÉLDER PESSÔA CÂMARA 1909–1999
     Haben ohne festzuhalten   300

46   THOMAS MERTON 1915–1968
     Verheißungen der Stille   307

47   ROGER SCHUTZ 1915–2005
     Ein Fest ohne Ende
     Kampf und Kontemplation
     Taizé und das Konzil der Jugend   315

48   SIMONE WEIL 1909–1943
     Schwerkraft und Gnade   322

49   BASIL HUME 1923–1999
     Gott suchen   326

50   HENRI J. M. NOUWEN 1932–1996
     Nimm sein Bild in dein Herz   332

Vorwort

Wie dieses Buch entstand

Da stand ich vor meinem Bücherregal. In eine sechzehn Quadratmeter große Klosterzelle passt halt nur eine begrenzte Anzahl von Büchern. Das Regal quoll wieder über, und ich musste mich entscheiden, welche Bücher ich in die Abteibibliothek abgeben würde. Nicht dass ich auf die 230.000 Bände dort nicht jederzeit zugreifen könnte – aber ich fragte mich wieder einmal: »Welche Bücher sind dir so wichtig, dass du sie auf jeden Fall ganz nah bei dir haben willst?«

So entstand die Idee zum »Kanon der spirituellen Literatur«. Es gibt Bücher, die gehören zum Grundbestand eines spirituellen Lebens. Die sind mehr als Bücher. Sie sind echte Wegbegleiter und geben Inspirationen, die man nicht mit Geld aufwiegen könnte. Denn sie lassen etwas Göttliches durchscheinen, sind Spiegel von Erfahrungen, die Menschen mit Gott selbst gemacht haben. Um solche Bücher geht es in diesem Kanon.

Bei diesen Überlegungen kam mir Prof. P. Michael Plattig O.Carm. in den Sinn. Der Karmelit ist Leiter des Instituts für Spiritualität an der Philosophisch-Theologischen Hochschule der Kapuziner in Münster und Professor für Theologie der Spiritualität. Wenn jemand in unseren Tagen den Kanon festlegen könnte, dann er.

Zum Glück gefiel ihm die Idee sofort, und er fertigte eine Liste von etwa dreißig Titeln an, die er in einem solchen Kanon sähe. Auch ich versuchte mich an einer Liste. Der »Aha«-Effekt: Unsere Listen stimmten zu fast neunzig Prozent überein. Es gab ihn also, den Konsens unter Menschen, denen ein spirituelles Leben wichtig ist, darüber, was zum Grundbestand geistlicher Literatur gehört.

Die Auswahl

Doch von welchen Kriterien sollten wir uns im Einzelnen bei der Auswahl der Bücher leiten lassen? Viele dieser Bücher und Texte sind hunderte von Jahren alt. Eine faszinierende Tatsache: Obwohl sich Welt, Mensch und Philosophie so verändert haben, scheint es Grundthemen zu geben, die »das Menschliche« an sich betreffen. Und hier haben alte Autoren und Autorinnen manches besser ausgedrückt als neue es könnten. Oder sie haben so treffend geschrieben, dass ihre Bücher »unüberholbar« geworden sind. Oder sie haben ein geistliches Phänomen überhaupt erst entdeckt!

Um solche Bücher geht es in diesem Buch. Man könnte mutig und freilich auch etwas riskant formulieren: von den hier vorliegenden Büchern und Texten glauben wir, dass sie in hundert, ja unter Umständen in fünfhundert oder tausend Jahren noch gelesen werden. Wie haben es sonst die Benediktsregel, Augustinus' Confessiones oder Hildegard von Bingen bis in die heutige Zeit geschafft?

Auch die Wirkungsgeschichte eines Buches war für uns also bei der Auswahl entscheidend. Wir haben übrigens nur Bücher bereits verstorbener Autoren ausgewählt. Doch die Auswahl zeigt nicht nur »Klassiker«, sondern auch weniger bekannte Titel, die aber für die Entwicklung spirituellen Lebens von grundlegender Bedeutung geworden sind, wie zum Beispiel die »Scala claustralium« von Guigo II.

Ein weiteres Kriterium war die Beschränkung auf die Literatur christlicher Prägung. Natürlich gibt es noch viel mehr wichtige spirituelle Literatur. Hier aber kennen wir uns am besten aus und sind auch der Meinung, dass man dem Himmel schon ziemlich nahe kommt, wenn man diese fünfzig Titel in einem Leben gelesen und auch verstanden hat …

Die Bibel selbst haben wir nicht in den Kanon aufgenommen, obwohl sie natürlich das kostbarste Stück geistlicher Literatur ist. Denn sie ist die Grundlage all der hier aufgeführten Texte. Und ihrerseits ja selbst ein Kanon.

Schließlich haben wir darauf geachtet, dass die Bücher in der deutschen Sprache weitgehend verfügbar sind. Die dabei entdeckten »Lücken« versucht der Vier-Türme-Verlag in seiner Reihe »Quellen der Spiritualität« in den nächsten Jahren zu schließen.

Wir haben insgesamt fünfzig Bücher ausgesucht, um damit zu zeigen, dass man mit der Lektüre dieser Titel und der Beschäftigung mit ihren Inhalten eine umfassende spirituelle Bildung erhalten kann. Wir haben Bücher ausgesucht, nicht in erster Linie Autoren. Das führte natürlich manchmal zu der Schwierigkeit, sich in einem großen Werk für einen Titel zu entscheiden. Eine Entdeckung war für uns, welch unterschiedliche literarische Gattungen und Formen schließlich ans Licht kamen: Biographien und Autobiographien, Tagebucheinträge und Kurzgeschichten, Gedichte und Lieder, Gebet und Meditationen, Bildbetrachtungen und Ordensregeln, Berichte über Visionen und Auditionen, Briefe und Spruchsammlungen. Die Vielfalt und die Kreativität geistlicher Literatur wurden sichtbar.

Der Inhalt

Jedes Buch beziehungsweise jeder Text wird zunächst in seiner Entstehung beschrieben: Das historische Umfeld ist wichtig für sein Verständnis. Darauf folgt eine Inhaltsbeschreibung: Was ist in dem Buch ausgesagt, worum geht es? Dann folgt ein uns besonders wichtiger Abschnitt, nämlich der »Lesetipp«. Die Schwierigkeit spiritueller Literatur liegt darin, dass sie engstens mit dem spirituellen Leben des Einzelnen selbst verbunden ist. Das heißt: Eigentlich kann ich das Buch erst dann verstehen, wenn ich die dahinter liegende Erfahrung schon gemacht habe oder gerade bereit bin, sie zu machen. Viele Menschen lesen zur falschen Zeit spirituelle Bücher. Ich kenne viele jungen Menschen, die schon eine Vielzahl von geistlicher Literatur gelesen haben und auch glauben, sie verstanden zu haben – aber sie haben das Beschriebene nur, wenn überhaupt, »mit dem Kopf« begriffen. Der Lesetipp hilft, das richtige Buch in der entsprechenden Situation zur Hand zu nehmen. Die »Dunkle Nacht« von Johannes vom Kreuz zum Beispiel ist ein Buch für geistliche Krisen, die Benediktsregel liest man am besten im Zusammenhang mit einem »Kloster-auf-Zeit«-Kurs, und die Zielgruppe des Exerzitienbüchleins des Ignatius von Loyola sind Exerzitienmeister beziehungsweise -begleiter. Im Lesetipp konnte man natürlich nur sehr begrenzt Hinweise geben. Dieser Teil ist auch sicherlich der am meisten subjektiv gefärbte. Im letzten Abschnitt wiederum findet sich der Literaturhinweis, der einen zur besten deutschsprachigen Ausgabe des Titels führt und noch weitere ausgewählte Werke sowie interpretierende Literatur empfiehlt.

Ein offener Kanon

Bei aller Objektivität der Auswahlkriterien bleibt etwas Subjektives bei der Auswahl. Die Frage ist, ob man heute überhaupt noch von einem »Kanon« sprechen sollte. Wir wollen den Titel aber verstanden wissen in seinem ganz ursprünglichen Sinn: »Orientierung«, »Richtschnur«. Das, so scheint uns, tut not. Im Wald der spirituellen Literatur soll der Kanon helfen, das Bewährte vom weniger Bewährten, das Wichtige vom Unwichtigen zu unterscheiden. Wir haben darauf geachtet, dass nicht nur Männer als Autoren auftauchen und dass die verschiedenen christlichen Konfessionen vertreten sind.

P. Dr. Mauritius Wilde OSB
Abtei Münsterschwarzach,
Verleger

Prof. P. DDr. Michael Plattig O. Carm.
Philosophisch-Theologische
Hochschule Münster

1 CYRILL VON JERUSALEM
um 320–387

Mystagogische Katechesen
Mystagogicae catecheses

Autor und Werk

Bischof Cyrill von Jerusalem gehörte 381 zu den Teilnehmern des Konzils von Konstantinopel. Er war allerdings nicht maßgeblich an den theologischen Diskussionen und Entwicklungen beteiligt, sondern lediglich einer der Ortsbischöfe, die von den dogmatischen Auseinandersetzungen betroffen waren und sich für eine theologische Position entscheiden mussten.

Je nachdem, welche Partei gerade über die entsprechende Macht verfügte, konnte das diese Ortsbischöfe unter Umständen zeitweilig oder dauerhaft den Bischofsstuhl kosten.

Es war die Zeit der Entstehung des christlichen Glaubensbekenntnisses, mit entsprechenden Kämpfen um die Fragen der Dreifaltigkeit (Einheit und Vielheit in Gott) und der Naturen Christi (Wie verhalten sich Menschsein und Gottheit zueinander?). Immer wieder mischten sich theologische und politische Interessen in die Auseinandersetzungen, da sich nicht nur Theologen und Bischöfe, sondern auch Kaiser aktiv und mächtig an den Diskussionen beteiligten. Das Aufzeigen der genauen Positionen und Unterschiede würde jedoch den vorliegenden Rahmen sprengen.

Über die Jugend und den Werdegang Cyrills ist nichts bekannt. Aufgrund der Bemerkungen seiner »Katechesen«, die ein zurückgezogenes und keusches Leben loben, folgern manche Autoren, Cyrill sei ein Mönch gewesen. 334/335 wurde er wohl zum Diakon und 345 von Bischof Maximus von Jerusalem zum Priester geweiht. Wahrscheinlich weihte ihn Acacius von Caesarea, der damals zuständige Metropolit (erster Bischof einer Kirchenprovinz und Erzbischof), 348 zum Bischof von Jerusalem.

Einige Jahre nach Cyrills Bischofsweihe kam es jedoch zu Streitigkeiten mit Acacius, allerdings nicht aufgrund von theologischen Positionen, sondern weil Cyrill versuchte, sein Bistum Jerusalem aus der Abhängigkeit von Caesarea zu lösen. Acacius zitierte ihn nach Caesarea und warf ihm den unrechtmäßigen Verkauf von Kirchengut vor. Cyrill ignorierte diese Vorladung über zwei Jahre hinweg, woraufhin er von Acacius 358 seines Amtes enthoben wurde.

359 setzte nun das Konzil von Seleukia seinerseits Acacius aus theologischen Gründen ab und Cyrill, der die Konzilsmehrheit unterstützte, wieder in sein Amt ein. Doch damit war der Streit noch nicht ausgestanden. Kaiser Konstantius mischte sich ein und nahm Partei für die Theologie des Acacius. Daraufhin bestätigten mehrere Synoden dessen Position, und Cyrill musste 360 wieder in die Verbannung gehen. Doch bereits 361 setzte Kaiser Julian, der offensichtlich kein Interesse an diesen theologischen Streitigkeiten hatte, alle Bischöfe wieder in ihre Ämter ein.

Sein Nachfolger Valens (364–378) kehrte wieder zur Politik des Konstantius zurück und setzte dessen Verbannungsurteile erneut in Kraft, so dass Cyrill ein drittes Mal, jetzt für fünfzehn Jahre, Jerusalem verlassen musste. Nach Valens' Tod und dem endgültigen Sieg der Partei, die das Glaubensbekenntnis des Konzils von Nizäa (erstes ökumenisches Konzil 325) favorisierte und zu der auch Cyrill gehörte, konnte er bis zu seinem Tod am 18. März 387 ungestört in Jerusalem residieren. Das Konzil von Konstantinopel 381 bezeugte noch einmal seine kanonische Bischofswahl. Cyrill wird als Heiliger und in der Ostkirche als Kirchenvater verehrt und sein Fest am 18. März gefeiert. 1883 wurde er zum Kirchenlehrer ernannt.

Cyrill wurde nicht wegen seiner dogmatischen Positionen bedeutsam und berühmt, sondern aufgrund seiner »Katechesen«, die er während der Fasten- und Osterzeit für Taufbewerber gehalten hat. Durch Mitschriften überliefert, geben sie einen guten Einblick in die liturgische Praxis und Glaubensunterweisung der Zeit. Sie führten zwischen 348 und 350 in der von Konstantin erbauten Jerusalemer Grabeskirche Taufbewerber und Neugetaufte tiefer in die Glaubenswahrheiten ein.

Wir kennen 24 »Katechesen« von Cyrill: eine Prokatechese für Taufbewerber beim Eintritt in die Zeit der unmittelbaren Vorbereitung auf die Taufe, 18 Katechesen für Taufbewerber im Verlaufe der Fastenzeit und fünf »mystagogische« (das heißt in das Mysterium beziehungsweise Geheimnis Gottes einführende) Katechesen für die Neugetauften während der Osterwoche. Die Letzteren werden in einigen Handschriften getrennt von den anderen Katechesen überliefert und teilweise nicht Cyrill, sondern seinem Nachfolger auf dem Bischofsstuhl von Jerusalem, Johannes (bis 417), zugeschrieben. Da aber Cyrill bis in die Neuzeit als unangezweifelter Verfasser galt, kann bis zu einem überzeugenden Beweis des Gegenteils davon ausgegangen werden, dass alle 24 »Katechesen« von ihm stammen.

Durch die Prokatechese erhalten wir Einblick in die Situation der wachsenden Großkirche im fortschreitenden 4. Jahrhundert. Zu dieser Zeit strömten viele Menschen nicht mehr aufgrund religiöser Überzeugung in die Kirche, sondern eher aus äußeren, politischen, gesellschaftlichen oder beruflichen Gründen. Die Prokatechese mahnt daher den in die unmittelbare Vorbereitung auf die Taufe eintretenden Katechumenen zur rechten Motivation, wie innerer und äußerer Haltung.

Die folgenden 18 »Katechesen« während der Fastenzeit behandeln jeweils im Anschluss an einen Lesungstext Stück für Stück die Artikel des (Jerusalemer) Glaubensbekenntnisses. Sie geben damit nicht nur einen wichtigen Einblick in die Glaubensunterweisung, sondern auch in das Credo, das zu dieser Zeit in Jerusalem gelehrt und bekannt wurde.

Die fünf mystagogischen »Katechesen« für die Neugetauften schlossen sich nach der Taufe in der Osternacht während der Osterwoche an. Sie erklären die Tauf- und Firmriten und führen in die Eucharistie ein. Cyrill interessierte vor allem die Liturgie, also der Vollzug des Ritus, den er in Jerusalem sorgfältig gestaltete. Durch die Weitervermittlung von Pilgern gewann die Jerusalemer Liturgie rasch eine gewisse Vorbildfunktion.

Inhalt

Die fünf mystagogischen »Katechesen« vertiefen in der Osterwoche die in der Ostervigil empfangenen Sakramente Taufe, Firmung und Eucharistie. Das »Mystagogische« daran ist der Umstand, dass sie nicht vor, sondern nach der Feier gehalten wurden und an die Erfahrungen der Feiernden während des Vollzugs anknüpfen. Sie dienen also nicht der Vorbereitung auf die Feier, sondern der theologischen Reflexion der Erfahrungen während der Feier. Das Ziel der Mystagogie ist das Erleben und Verstehen, was Christentum bedeutet. Die mystagogischen »Katechesen« möchten zur Erfahrung werden lassen, was die Täuflinge in der Feier von Taufe und Eucharistie erlebt haben. Das Erleben wird dabei durch Reflexion und Deutung zur Erfahrung. Kern des katechetischen Ansatzes ist der Erkenntnisprozess.

Der (Neu-)Getaufte entdeckt und erfährt die symbolische Beziehung zwischen der sakramentalen Handlung und dem Sterben und Auferstehen (Jesu). Der bildliche, leibliche (Nach-)Vollzug ist die Form, in der sich Gott und sein Heil ereignet. In den Sakramenten wiederholen sich die heilsamen Erfahrungen. Dabei versucht der Ritus ein Abbild der Heilsereignisse zu sein. Die rituell verdichteten, leiblichen Vollzüge zum Beispiel der Taufliturgie wie das Lossagen, das Ausziehen und Untertauchen werden zum »Stirb und werde«, zur Entäußerung im Tod und zum neuen Leben der Auferstehung.

Diese Nachahmung des Heilsgeschehens in den Sakramenten geschieht im Bild, im Ritus und durch Symbole. Dabei ist diese bildliche, symbolische Nachahmung nicht einfach frommer Vollzug, sondern schenkt realen Anteil am heilsamen Vorbild Jesus Christus. Theologischer Grund dafür ist das Geschenk des »Geistes«, der die tiefere Bedeutung des äußeren Geschehens möglich macht.

Die Antwort der mystagogischen »Katechesen« auf die Frage nach der Heilserfahrung lässt sich so beschreiben: Leiden und Tod des »alten Menschen« sind erforderlich, damit der »neue Mensch« entstehen kann. Der symbolisch-rituelle Vollzug des »Stirb und werde«, von Leiden und Tod Jesu Christi, des Erlösers, soll den Menschen von der tiefen Angst vor Leiden und Tod befreien und ihn zu seinem eigentlichen, erwachsenen Wesen durchdringen lassen. Auch wenn das Leiden nur symbolisch ritualisiert vollzogen wird, so hängt doch die Wirksamkeit nicht von der Realität des Leidens, sondern von der inneren Bereitschaft ab, sich in Reue vom Alten zu trennen. Die im Ritus verdichteten, leiblichen Vollzüge der Taufliturgie lösen in dem, der dazu bereit ist, eine »seelische Resonanz« aus und helfen, auch innerlich das Alte abzulegen und sterben zu lassen. Die ständige »Übung« dieser Haltung, das Leben aus der Tauferfahrung und die »Erinnerung« beschreiben die Askese (übersetzt: Übung, Einübung) des Christseins und die Verwirklichung desselben im Alltag.

Die Eucharistie – auch wenn sie in den mystagogischen »Katechesen« nicht ausdrücklich als Nachvollzug des Schicksals Jesu gestaltet oder verstanden wird – vollendet diesen Prozess und schenkt Anteil an der göttlichen Natur (vgl. 2 Petr 1,4) des »neuen Menschen«. Nun ist der Empfänger der Eucharistie »Christusträger«.

Auch wenn heute Erwachsenentaufen die Ausnahme sind und deshalb die mystagogischen »Katechesen« in der Regel nicht für die Täuflinge selbst sinnvoll sein können, weil es sich um Babys und Kleinkinder handelt, so können sie doch auch heute für die Mitfeiernden im Sinne der Erinnerung an die Taufe und deren Aktualisierung im konkreten Alltag bedeutsam sein. Gleiches gilt für Firmung und Eucharistie.

Lesetipp

Die theologische Welt und Sprache der Katechesen ist zum Teil sicher gewöhnungsbedürftig, und manche Bilder und Vergleiche sind vielleicht nicht mehr geläufig. Dennoch können die »Katechesen« des Cyrill durchaus auch heute noch hilfreich sein, um die Symbole und Riten der Sakramente von Taufe, Firmung und Eucharistie zu verstehen und in ihrer Bedeutung zu erfassen. Ziel ist die geistliche Erschließung des Geschehens, damit es auf die Bedeutung hin durchsichtig wird. Dabei ist sie nicht einfach von intellektuellem Interesse, sondern lässt im Glauben an der Wirklichkeit der Erlösung teilhaben. Die mystagogischen »Katechesen« könnten auch heutigen Lesern und Leserinnen näherbringen, was »sakramental« meint und dass der Vollzug des Ritus, die Feier der Sakramente, speziell auch die Feier der Eucharistie nicht menschliche Leistung oder fromme Übungen sind, sondern Geschenk der Teilhabe an der Wirklichkeit Gottes. Das Erleben wird über das Begreifen zur Erfahrung und diese zur Erinnerung, die Christsein und alltägliches Leben aus dieser Teilhabe ermöglicht. Sich in diese Haltung einzuüben ist die Chance der Lektüre der mystagogischen »Katechesen« des Cyrill von Jerusalem.

Bibliographie

Cyrill von Jerusalem, Mystagogische Katechesen (Mystagogicae catecheses), Griechisch/Deutsch, übersetzt und eingeleitet von Georg Röwekamp, Fontes Christiani 1. Folge Band 7, Freiburg im Breisgau 1992.

Weiterführende Literatur

Nino Sakvarelidze, Die Mystagogischen Katechesen des hl. Kyrill von Jerusalem als Vermittlung mystagogischen Wissens, in: Jörg Weber (Hrsg.), Orthodoxe Theologie im Dialog, Münster 2005.
Maurice Vericel, Cyrill von Jerusalem, Stuttgart 1963.

2 EVAGRIUS PONTICUS
um 345–399

Der Praktikos oder Der Mönch
Praktikos

Autor und Werk

Selten wurde einem Menschen ein so widersprüchliches Schicksal zuteil wie dem Evagrius Ponticus (griechische Schreibweise: Euagrios beziehungsweise Evagrios Pontikos). Zu Lebzeiten war er zunächst ein Mann von Welt mit der Aussicht auf eine steile Kirchenkarriere. Dann zog er sich jedoch als Mönch in die Wüsten zurück. Er war ein gefragter Mann. Nicht nur als Diakon, sondern auch als Mönch baten ihn viele um seinen Rat. Nach seinem Tod wurde er jedoch als Ketzer angeprangert. Er gilt heute als »Vater unserer geistlichen Literatur«, doch man ächtete seine Werke, weshalb sie fast nur in Übersetzungen oder unter fremden Namen überliefert worden sind.

Evagrius wurde um 345 in Ibora in der Provinz Pontos (heute Nordtürkei) als Sohn eines Chorbischofs (Bischof eines Landstrichs, im Gegensatz zum Bischof einer Stadtgemeinde) geboren. Über seine Jugend und Ausbildungszeit ist wenig bekannt, da aber seine Familie vornehm und einflussreich war, ist davon auszugehen, dass ihm eine vorzügliche Bildung zuteilwurde.

Basilios der Große, seit 370 Bischof der Metropole Caesarea, zu der auch Ibora gehört, wurde auf Evagrius aufmerksam und nahm ihn als Lektor auf. So lernte Evagrius die sogenannten »großen Kappadokier« kennen, zu denen neben Basilios auch Gregor von Nyssa und Gregor von Nazianz zählen. Zu Letzterem begab sich Evagrius, nachdem Basilios 379 gestorben war. Gregor, inzwischen Bischof einer kleinen Gemeinde in der Reichshauptstadt Konstantinopel, weihte dort Evagrius zum Diakon. Seine Ausstrahlung, seine theologische Bildung und seine Redegewandtheit machten ihn zu einem wichtigen Mitarbeiter Gregors und dessen Nachfolgers Nektarios.

Eine große Karriere schien Evagrius bevorzustehen, doch die Verwicklung in eine Liebesaffäre stürzte den jungen Theologen in innere Konflikte, denen er sich aufgrund eines Traumes durch die Flucht nach Jerusalem entzog. Dort nahm ihn die hochadelige Witwe Melania auf. Evagrius hatte in seinem Traum geschworen, sein weltliches Leben radikal umzugestalten, wollte davon aber jetzt nichts mehr wissen. Daraufhin befiel ihn für mehrere Monate ein Fieber. Melania ahnte, dass dieses Fieber ein »psychosomatisches« Phänomen war. Sie ließ Evagrius geloben, Mönch zu werden. Nur wenige Tage später war er geheilt und trat an Ostern 383 im Beisein Melanias ins Kloster ein.

Evagrius schloss sich nicht der gebildeten Mönchsgemeinschaft in Jerusalem an, sondern begab sich in die sogenannte »Nitria«, in die ägyptische Wüste noch in der Nähe von Alexandria. Nach zwei Jahren siedelte er in die tiefer in der Wüste gelegene sogenannte »Kellia« um, wo er für den Rest seines Lebens blieb.

Der gelehrte Abbas Ammonios der Lange wurde sein Freund und Albinus, vielleicht ein Verwandter Melanias, sein Vertrauter. Seine Lehrer waren der berühmte Makarius der Ägypter und der große Mystiker Makarius der Alexandriner.

Das Leben in der Wüste fiel Evagrius nicht leicht, davon schreibt er in seinen Briefen. Dennoch hat er die Kellia freiwillig nicht mehr verlassen, abgesehen von seltenen Treffen in Alexandria und einer Flucht nach Palästina, wohin er sich begab, um sich der Weihe zum Bischof von Thmuis zu entziehen.

Aus dem vornehmen Griechen Evagrius wurde mit den Jahren in der Wüste ein gütiger und verständnisvoller Wüstenvater, dessen Stärke die »psychologische« Beobachtung war. In diesen Jahren entstanden zahlreiche Schriften, die von Freunden und Schülern hochgeschätzt wurden, jedoch auch Neider auf den Plan riefen. An Epiphanie 399 starb Evagrius an einem Nierenleiden, das er sich wohl durch seine strenge Lebensweise zugezogen hatte.

Er entging damit knapp den Querelen, die Ostern 399 ausbrachen und die unter dem Stichwort »Origenistenstreit« in die Geschichte eingegangen sind. Es handelte sich um Lehrstreitigkeiten im Zusammenhang mit dem Werk des Origenes (ca.185–254). Man diffamierte Evagrius, wie viele andere hoch angesehene Asketen als »Origenist«. Obwohl sein Name im Streit nicht auftauchte und der Konflikt am Ende gütlich beigelegt wurde, fiel doch von da an ein Schatten des Zweifels auf Origenes und damit auch auf Evagrius, seinen Schüler Palladios, Ammonios und viele andere Wüstenväter.

Als der Streit rund 150 Jahre nach dem Tod des Evagrius wieder aufflammte und er durch das fünfte Ökumenische Konzil von Konstantinopel verurteilt wurde, wanderten seine Schriften in den Untergrund. Viele seiner Werke gingen Stück für Stück in der Originalsprache verloren, andere wurden nur unter fremdem Namen und als Übersetzungen in andere Sprachen überliefert. Trotzdem beeinflussten sie nachhaltig die geistliche Literatur in Ost und West.

Die gebildeten Mönche der ägyptischen Wüste diskutierten nicht nur philosophische und theologische Fragen, sondern reflektierten auch ihre eigenen Erfahrungen als Mönche: ihre Gebetserfahrungen, ihre inneren Kämpfe und Versuchungen, die Wege zur Bewältigung ihrer Probleme und zur Vertiefung des geistlichen Lebens. Von Evagrius berichtet man, dass viele Brüder zu ihm kamen, um sich von ihm in ihren inneren Nöten und Kämpfen beraten zu lassen. Aus seinen Erfahrungen mit der Begleitung dieser Brüder und dem Austausch mit den anderen gebildeten Mönchen entstanden schließlich die Schriften des Evagrius, von denen nur wenige der Vernichtung entgingen.

Inhalt

Der »Praktikos« ist eine Gelegenheitsschrift, die in Stufen gewachsen ist, wobei diese Entwicklung im Text noch sichtbar ist. Einen älteren Grundstock bilden die Kapitel 6 bis 90, denen die Kapitel 91 bis 100 erst später beigefügt wurden, als Evagrius drei ursprünglich selbstständige Schriften (»Capita practica ad Anatolium«, »Gnostikos« und »Kephalaia Gnostika«) zu einer Trilogie zusammenfügte, die er seinem Freund Anatolius widmete. Diesem neuen Rahmen tragen auch die Kapitel 1 bis 5 Rechnung. Der Spanier Anatolius lebte wahrscheinlich in einem von Melania und Rufinus gegründeten Doppelkloster auf dem Ölberg.

Der »Praktikos« befasst sich mit dem »praktischen« Leben der Mönche, vornehmlich der Einsiedler in der Wüste. Diese Asketen lebten zwar alleine, hatten aber zum Teil auch Kontakt untereinander oder trafen sich zum Beispiel zu Gottesdiensten und kirchlichen Festen. Das bedeutet, dass ein gewisser Austausch möglich und auch nötig war, denn sonst bestand die Gefahr, sich in der Einsamkeit geistlich zu verirren. Dieser Auseinandersetzung diente auch das Werk des Evagrius.

Im »Praktikos« Nr. 78 schreibt Evagrius: »Die Praktike ist eine geistliche Methode, die den leidenschaftlichen Teil der Seele gänzlich reinigt.« Dahinter steht die Vorstellung einer dreigeteilten Seele beziehungsweise von drei Vermögen oder Kräften der Seele: Der rationale, logisch-verstehende Teil, bisweilen einfach Intellekt genannt, und die beiden irrationalen und leidenschaftlichen Teile Jähzorn und Begehren. Alle drei Teile sind voneinander abhängig und wirken aufeinander. Ziel ist die Reinigung, wohlgemerkt nicht die Überwindung oder Zerstörung des leidenschaftlichen Teils der Seele.

Beim Stichwort der »Methode« sollten moderne Leser aufpassen, denn hier ist nicht eine bestimmte Technik oder Verfahrensweise, sondern dem griechischen Denken entsprechend ein Weg gemeint. Der »Praktikos« beschreibt ein Wandern, weg von den Lastern hin zu den Tugenden im Tun der Gebote Gottes. Auf diesem Weg gibt es Gefahren und Widerstände, und er ist mit Mühen und Tränen verbunden. Dabei ist der Weg von einem Nach-Gehen bestimmt, was auch dem ursprünglichen Begriff »meta-hodos« im Griechischen entspricht. Es ist damit also kein rein asketischer Weg über die Selbsterkenntnis zur Selbsterlösung formuliert, sondern ein personales Eintreten in die Nachfolge des menschgewordenen Gottes, Jesus Christus. So wird der Weg der Reinigung zur Heilung von den Krankheiten der Laster, die vor allem Christus, der Arzt der Seelen, bewirkt. Der gereinigte und geheilte Mensch braucht nichts zu unterdrücken oder zu verteufeln. Der anzustrebende Zustand der Apatheia, der diese gereinigte Seele meint, bedeutet dabei, von den irrationalen und selbstsüchtigen Regungen der beiden leidenschaftlichen Teile der Seele befreit zu sein. Apatheia bedeutet Vollbesitz der Kraft und natürliches Wirken aller drei Vermögen der Seele.

In 100 Kapiteln mit Prolog und Epilog versucht Evagrius, diesen Weg zur Apatheia aufzuzeigen. Ein Kernstück, das auch in der Spiritualitätsgeschichte besonders bedeutsam wurde, bilden die Kapitel 6 bis 33 »Über die acht Gedanken«, eine der schriftlichen Fixierungen der Acht-Laster-Lehre. Hier beschreibt Evagrius die Wirkweise von Gedanken, die den Menschen gefangen nehmen, in die Irre führen und seiner Freiheit berauben. Diese zu identifizieren, will Evagrius helfen, um dann geeignete Heilmittel zu entwickeln.

Lesetipp

Für Evagrius war das Ziel des geistlichen Lebens die »Schau Gottes«, die nur dem »reinen Herzen« möglich ist. Die Schau ist und bleibt Geschenk, doch kann der Mensch an seinem »Herzen« arbeiten. Der Weg ist die »Praktike«, der die Schrift »Praktikos« gewidmet ist.

Dass der »Praktikos« für Mönche und Nonnen in der Wüste, also für Anachoreten, geschrieben wurde, bedeutet nur vordergründig eine Einschränkung. »Denn ob in der Welt, im Kloster, in kleinen Gemeinschaften oder allein in der Wüste, der Mensch bleibt stets derselbe und wird auch stets von denselben Dämonen versucht, verfällt denselben Lastern, jedoch auf charakteristisch verschiedene Weise. Der Kampf des Anachoreten ... offenbart nur das Wesen dieser Versuchungen und Niederlagen gleichsam in Reinkultur. Dadurch gewinnen jedoch auch die Mittel, die er in diesem Kampf entwickelt, und seine Siege eine beispielhafte und über den engen Rahmen seiner Wüstenzelle hinausgehende Bedeutung.« (G. Bunge)

Für den heutigen Leser, die heutige Leserin ist es wichtig, sich nicht mehr als nötig beim einsiedlerischen Wüstenkolorit des Evagrius aufzuhalten, sondern immer wieder den »Praktikos« mit den eigenen Empfindungen und Bewegungen, den eigenen »Dämonen« und Gedanken, kurz dem eigenen Herzen in Kontakt zu bringen. Das Anliegen ist zuerst die ehrliche und ungeschminkte Erforschung des eigenen Innenlebens mit seinen hellen, hoffnungsvollen Räumen, aber auch mit den dunklen Ecken und den Zimmern, in denen wir gefangen sind und manchmal uns selbst eingesperrt haben. Evagrius liefert dazu manche Hilfestellung in der Beschreibung von Verhaltensweisen, Versuchungen und Gedanken. Darüber hinaus will er auch Mittel und Wege beschreiben, Obsessionen und Verhaftungen zu überwinden und die Hoffnungen zu leben. Hierfür genügt das Lesen alleine natürlich nicht, sondern es gilt, die Mittel und Wege zu gebrauchen, sie in den eigenen Alltag und das eigene geistliche Leben zu übersetzen. Das ist ein kreativer Prozess. Dabei wird deutlich, dass Evagrius mit seinen Beobachtungen, die er vor über 1600 Jahren gemacht hat, auch heute noch die Grundproblematiken und Grundbewegungen des menschlichen Herzens erkennen und gestalten hilft.

Bibliographie

Evagrius Ponticus, Der Praktikos. Hundert Kapitel über das geistliche Leben, eingeleitet und kommentiert von Gabriel Bunge, Weisungen der Väter Band 6, Beuron 2. Aufl. 2008.

Weitere Werke

Evagrius Ponticus, Briefe aus der Wüste, Sophia Band 24, Trier 1986.
Evagrius Ponticus, Über die acht Gedanken, eingeleitet und übersetzt von Gabriel Bunge, Weisungen der Väter Band 3, Beuron 2007.
Evagrius Ponticus, Die große Widerrede (Antirrhetikos), eingeleitet von Anselm Grün und Fidelis Ruppert, übersetzt von Leo Trunk, Quellen der Spiritualität Band 1, Münsterschwarzach 2010.
Evagrius Ponticus, Über das Gebet (De oratione tractatus), Quellen der Spiritualität Band 4, übersetzt von Guido Joos, eingeleitet von Anselm Grün, Münsterschwarzach 2011.

Weiterführende Literatur

Peter Abel, Burnout in der Seelsorge, Mainz 1995.
Peter Abel, Spirituelle Wege aus dem Burnout, Münsterschwarzach 2009.
Gabriel Bunge, Drachenwein und Engelsbrot. Die Lehre des Evagrius Pontikos von Zorn und Sanftmut, Würzburg 1999.
Gabriel Bunge, Akedia. Die geistliche Lehre des Evagrius Ponticus vom Überdruss, Würzburg 6. Aufl. 2009.
Anselm Grün, Der Umgang mit dem Bösen. Der Dämonenkampf im alten Mönchtum, Münsterschwarzacher Kleinschriften Band 6, Münsterschwarzach 14. Aufl. 2007.
Daniel Hell, Die Sprache der Seele verstehen. Die Wüstenväter als Therapeuten, Freiburg im Breisgau 7. Aufl. 2007.

3 MÖNCHSVÄTER
350–500

Sprüche der Väter
Apophtegmata Patrum

Autoren und Werk

Die »Apophtegmata Patrum« (Sprüche der Väter) sind Worte und kurze Geschichten der zumeist ägyptischen Mönchsväter (und -mütter) aus der Zeit von etwa 350 bis 500. In dieser Zeit gingen Christen in die Wüste, um Gott zu suchen. Sie wollten ein intensives geistliches Leben führen und mit den Dämonen kämpfen, um im Sieg über die Dämonen dem Reich Gottes den Weg zu bereiten. Warum in dieser Zeit an unterschiedlichen Orten asketische Bewegungen entstanden, Menschen sich in die Einsamkeit der Wüste begaben oder asketische Sonderformen (zum Beispiel Säulensteher und Reklusen) auftraten, hat unterschiedliche Gründe. Ein Anlass war sicher die zunehmende »Institutionalisierung« und Anpassung des Christentums nach dem Ende der Verfolgungen und dem »Mailänder Toleranzreskript« von 313, wodurch das Christentum zur erlaubten Religion im Römischen Reich wurde.

Das Mönchtum verstand das asketische Leben in der Wüste als ein unblutiges Martyrium (Zeugnis) für Christus. Wer sich auf diesen Weg einließ, begegnete zunächst nicht Gott, sondern sich selbst. Die erste Aufgabe des geistlichen Weges bestand in der Auseinandersetzung mit sich selbst, den eigenen Bildern, Gedanken, Wünschen, Leidenschaften und Dämonen. Der innere Ort dafür war das eigene Herz, der äußere Ort das Kellion (die Mönchszelle).

»Wer in der Wüste sitzt und die Herzensruhe pflegt, wird drei Kämpfen entrissen: Dem Hören, dem Reden, dem Sehen. Er hat nur noch einen Kampf zu führen: den gegen das eigene Herz.« (Antonios 11 / Apo 11)

»Ein Bruder kam in die Sketis (Wüste südlich von Alexandria) zum Altvater Moses und begehrte von ihm ein Wort. Der Greis sagte zu ihm: ›Fort, geh in dein Kellion und setze dich nieder, das Kellion wird dich alles lehren.‹« (Moses 6 / Apo 500)

Selbsterkenntnis und Gotteserkenntnis gehörten im alten Mönchtum zusammen, und der Weg zu Gott führte über die notwendige Auseinandersetzung mit sich selbst.

Dieser Weg, das wurde schnell klar, bedurfte da und dort der Weisung und Begleitung. Er brauchte erfahrene Menschen (Abbas und Ammas), die zu unterscheiden halfen. Eine Begleitung erforderte die offene Darlegung der eigenen Situation in ihrer äußerlichen und vor allem innerlichen Verfasstheit, also die Gewissenseröffnung: »Über keinen freut sich der Teufel so sehr wie über jene, die ihre Gedanken nicht offenbaren.« (Poimen 101 / Apo 675) Den Vätern und Müttern der Wüste wurde die Gabe der Unterscheidung der Geister zugetraut, die einerseits als Geistesgabe Geschenk war, andererseits aber auf eigenen Erfahrungen mit dem geistlichen Weg beruhten. Ihr Wort wurde als Wort zum Heil erbeten und galt als geistbegabt und geistgewirkt: »Sag mir ein Wort, wie ich gerettet werde?« Die »Apophthegmata« sind ursprünglich gesprochene Worte, hineingesprochen in eine bestimmte Lebenssituation. Im Prozess der Weitergabe wurde die ursprüngliche Frage- beziehungsweise Antwortsituation weggelassen und das Wort weitgehend unabhängig von der Situation als allgemeine Weisung weitergegeben. Schließlich konnten Worte neu geprägt, bekannten Autoritäten zugeteilt oder als »herrenloses« Spruchgut weitergesagt und verbreitet werden. Die Verschriftlichung der zunächst mündlichen Überlieferung begann wohl um das Jahr 400, zuerst zögerlich und nur in knappen Spruchsammlungen, im 5. und 6. Jahrhundert dann in immer größerem Umfang.

Inhalt

Die sammelnde und ordnende Tätigkeit führte zu zwei großen Sammlungen: die Alphabetische (Alphabetikon) und die Systematische Sammlung.

Die »Alphabetische Sammlung« beginnt mit Antonius und endet (nach dem griechischen Alphabet!) mit Abbas Or. Die Väterworte sind also nach ihren Sprechern beziehungsweise Sprecherinnen alphabetisch geordnet. Die alphabetische Ordnung gilt jedoch nur für den Anfangsbuchstaben. Innerhalb des Buchstabens war wohl das Ansehen des Sprechers platzbestimmend: zum Beispiel Antonius, Arsenius, Agathon und so weiter, ein Abraham steht an neunter Stelle, nach strenger alphabetischer Ordnung müsste er am Anfang stehen. In der ursprünglich alphabetischen Sammlung treten 128 Sprecher und drei Sprecherinnen auf. Den 131 Namen sind 948 Worte zugeteilt.

Die Sammler der »Systematischen Sammlung« waren nicht an den Sprechern beziehungsweise Sprecherinnen interessiert, sondern an einer inhaltlichen Sachordnung oder systematischen Unterweisung im geistlichen Leben. Die alphabetische Ordnung wird aufgelöst und das Spruchmaterial nach sachlichen Einheiten neu geordnet. Stichworte sind zum Beispiel: Herzensruhe, Zerknirschung, Selbstbeherrschung, Gebet, Gehorsam, Armut und andere.

Die Sammlungen wurden in Griechisch, Lateinisch und in orientalischen Sprachen überliefert und auch in Druckausgaben veröffentlicht (zum Beispiel für das »Alphabetikon«: Patrologia Graeca Band 65; für die Systematische Sammlung in der lateinischen Übersetzung aus dem 6. Jahrhundert: Patrologia Latina Band 73). Zuverlässige kritische Editionen wurden bislang nur teilweise erstellt. Das gesamte bekannte Spruchmaterial stellte Lucien Regnault zusammen und veröffentlichte es in französischer Übersetzung unter dem Titel »Les sentences des Pères du Désert«, (Solesmes 1966–1985, 5 Bände).

Die »Apophthegmata« bieten eine große thematische und literarische Vielfalt. Neben Texten, die eine Lebenssituation mit unmittelbarer Eindringlichkeit ganz aus der Schrift erhellen, stehen solche, die Erfahrungswissen tradieren, und andere, die in asketischer Schroffheit unverständlich bleiben oder übertrieben erscheinen. Insgesamt ist jedoch eine positiv rücksichtsvolle Einstellung zum suchenden Menschen prägend, die zum Beispiel in der Weisung zum Ausdruck kommt: »Nicht urteilen!« Um dem Menschen, gerade auch dem gefährdeten Menschen, den Weg des Wachstums durch Festlegungen oder Urteile nicht zu verbauen, gehen die Wüstenväter ungewöhnliche Wege (vgl. Ammonas 10 / Apo 122). Oder sie werden, wenn sie sich nicht an diese Grundeinstellung halten, von Gott selbst zur Rechenschaft gezogen, indem er sie durch seinen Engel fragen lässt: »Was soll ich mit dem gestrauchelten Bruder, den du gerichtet hast, anfangen?« (Isaak von Theben 1 / Apo 422).

Die Aussprüche der Mönchsväter zeigen nicht nur große Vertrautheit mit der Heiligen Schrift, sondern verraten zugleich eine tiefe Kenntnis des menschlichen Herzens und Lebens. Die Erkenntnis des zunächst eigenen Herzens mit seinen Winkeln und Abgründen führt im Umgang mit anderen zu einer Haltung der Sanftmut. So können die Väter und Mütter der Wüste durchaus als frühe Therapeuten verstanden werden (vgl. Literaturverzeichnis).

Lesetipp

Die Herausforderung bei der Lektüre der Sprüche besteht darin, sich immer wieder in die angesprochene Situation zu versetzen und zum Grundanliegen der Worte und Geschichten durchzustoßen. Dabei kann bei manchen Worten eine unmittelbare Vertrautheit oder spontane Zustimmung hervorgerufen werden, andere Texte entlocken angesichts ihres feinen, menschenfreundlichen und nicht beschämenden Humors ein Lächeln. Natürlich gibt es auch Stellen, die zeitbedingt oder grundsätzlich unverständlich, nicht nachvollziehbar und schroff bleiben. Doch haben auch solche Reaktionen beim Leser die wichtige Funktion, positiv zu stören. Sie erhalten nämlich die Fremdheit und hinterfragen eine allzu schnelle Identifikation mit den Vätern und Müttern.

Bei aller Freundlichkeit geht es doch oft auch um ernste und anstrengende Themen wie die Gestaltung des geistlichen Lebens und das Eintreten und Hineingenommenwerden in den Prozess der »transformatio«, der Umgestaltung in Gott hinein. Dieser Prozess darf sowohl die Seite der geschenkten Leichtigkeit, aber auch die Seite des Kampfes und des Leidens haben, wenn es um einen wirklichen Wachstumsprozess gehen soll und nicht um religiöse Spielereien.

Die Texte sind allen zu empfehlen, die geistlich unterwegs sind. Sie ermutigen und fordern zugleich heraus, konfrontieren und geben Zeugnis von der Gnade Gottes. Außerdem ermuntern sie zu kluger Unterscheidung und maßvoller Lebensgestaltung sowie zum vorurteilsfreien Blick auf sich selbst und andere.

Pflichtlektüre sollten die »Apophthegmata Patrum« für alle sein, die andere Menschen begleiten, beraten und denen Menschen anvertraut sind, sei es in Seelsorge, Therapie, Beratung oder Geistlicher Begleitung.

Bibliographie

Die einzige deutsche Gesamtausgabe »Weisung der Väter« folgt der griechischen Sammlung der »Apophthegmata Patrum« (auch »Alphabeticum« genannt) und wurde durch Texte nach der lateinischen Sammlung ergänzt. Insgesamt enthält sie 1240 durchnummerierte Sprüche oder Kurzgeschichten. Eine Einleitung von Wilhelm Nyssen, Fußnoten zu Personen und Begriffen sowie Namens- und Sachregister erleichtern den Gebrauch der Sammlung:

Weisung der Väter, eingeleitet von Wilhelm Nyssen, übersetzt von Bonifaz Miller, Trier 8. Aufl. 2009.

Weiterführende Literatur

Meterikon. Die Weisheit der Wüstenmütter, herausgegeben und übersetzt von Martirij Bagin und Andreas-Abraham Thiermeyer, Augsburg 2004.

Peter Brown, Die letzten Heiden. Eine kleine Geschichte der Spätantike, Frankfurt am Main 1995.

Karl Suso Frank, Die selige Synkletike wurde gefragt. Vita der Amma Synkletike, Weisungen der Väter Band 5, Beuron 2008.

Anselm Grün, Geistliche Begleitung bei den Wüstenvätern, Münsterschwarzacher Kleinschriften Band 67, Münsterschwarzach 7. Aufl. 2002.

Anselm Grün, Der Weg durch die Wüste. 40 Weisheitssprüche der Wüstenväter, Münsterschwarzach 3. Aufl. 2006.
Antoine Guillaumont, An den Wurzeln des christlichen Mönchtums. Aufsätze, Weisungen der Väter Band 4, Beuron 2007.
Maria Heine, Die Spiritualität von Asketinnen, Theologie der Spiritualität, Beiträge Band 13, Münster 2008.
Daniel Hell, Die Sprache der Seele verstehen. Die Wüstenväter als Therapeuten, Freiburg im Breisgau 7. Aufl. 2007.
Jacques Lacarrière, Die Gottesnarren. Aus dem Leben der Wüstenväter, Innsbruck/Wien 2004.

4 AURELIUS AUGUSTINUS
354–430

Bekenntnisse
Confessiones

Autor und Werk

Augustinus gilt als der bedeutendste lateinische Kirchenvater. Er war in der Zeit der Alten Kirche der Theologe des Abendlandes, mit einer Wirkungsgeschichte bis in die Gegenwart.

Am 13. November 354 wurde Aurelius Augustinus als Sohn kleinbürgerlicher Eltern in der nordafrikanischen Stadt Thagaste, dem heutigen Souk Ahras in Algerien, geboren. Sein Vater Patricius, wahrscheinlich Nachkomme eines römischen Veteranen, der in Nordafrika Siedlungsland erhalten hatte, gehörte zum Stadtrat und hatte einen kleinen Landbesitz. Als Heide ließ er sich auf den Wunsch seiner Frau erst kurz vor seinem Tod (etwa 371) taufen. Augustinus' Mutter, Monnica, war eine gläubige Christin von schlichter, inniger Frömmigkeit. Sie hatte entscheidenden Einfluss auf das Leben und den Werdegang ihres Sohnes. In dankbarer Liebe und Verehrung setzte ihr Augustinus später in seinen »Confessiones« ein Denkmal. Patricius hatte keine Einwände gegen die religiöse Erziehung seines Sohnes durch die Mutter. Schon als Kind zählte Augustinus zu den Katechumenen, den Taufbewerbern. In den »Confessiones« zeichnete Augustinus seine Mutter derart, dass an seiner Nähe oder Ferne zu ihr spiegelbildlich seine Beziehung zur Kirche aufscheint.

Nach dem Besuch der Elementarschule in Thagaste schickte der Vater seinen Sohn zur weiteren Ausbildung in die Stadt Madaura. Auf der dortigen höheren Schule erwarb er sich Kenntnis und innige Vertrautheit mit den lateinischen Klassikern wie Cicero. Der Vater hätte es gerne gesehen, wenn sein Sohn Advokat geworden wäre, ein Berufsstand mit gutem Ansehen und Einkommen. Doch Augustinus wollte Professor der Rhetorik werden und wäre wohl als gefeierter Rhetor in die Geschichte eingegangen, wenn es nicht zu einer entscheidenden Wendung in seinem Leben gekommen wäre. Romanianus, ein vermögender Vetter seines Vaters, ermöglichte dem jungen Augustinus die Fortsetzung seines Studiums in Karthago. In der aufgrund ihres Luxus und ihrer Sittenlosigkeit berüchtigten Handelsmetropole genoss Augustinus seine Freiheit und die Freuden des weltlichen Lebens. Vor gröberen Ausschweifungen bewahrte ihn jedoch ein fünfzehnjähriges Konkubinat mit einer Afrikanerin. Den Namen der Frau und ihre Herkunft verschwieg Augustinus in seinen Aufzeichnungen. Seinen Sohn, der 372 aus dieser Verbindung geboren wurde, nannte er Adeodatus (lateinisch: von Gott geschenkt). Bis zum frühen Tod seines Sohnes (389) hatte Augustinus ein inniges Verhältnis zu Adeodatus, das durch die gemeinsame Bekehrung zur christlichen Lebensanschauung noch tiefer wurde.

Während seiner Studien entdeckte Augustinus den »Hortensius«, eine Schrift Ciceros, die zur Suche nach Weisheit mahnt und in Augustinus die Sehnsucht nach Wahrheit und Weisheit entzündete. »O Wahrheit, Wahrheit, wie innig seufzte schon damals meine Seele in ihrem Mark nach dir!«, schrieb er später. In dieser Zeit begegnete er auch den Manichäern und schloss sich ihnen an, da er bei ihnen eine besondere Hochform des Christentums verwirklicht sah. Diese Hinwendung zum Manichäismus führte zum Bruch mit seiner Mutter. Neun Jahre verbrachte er in dieser Sekte. Manche Biographen führen den gewissen Pessimismus und die melancholische Stimmung des Augustinus auf diese Zeit zurück.

Seine Enttäuschung über den geringen Bildungsstand der manichäischen Führer und die wirren Mythen führten dazu, dass sich Augustinus innerlich von ihnen abwendete und zunächst nach Rom, kurz darauf nach Mailand ging. Dort wurde er 384 Rhetor und besuchte als solcher aus rein beruflichem Interesse die Gottesdienste des Bischofs Ambrosius, dessen Predigten er mit rhetorisch geschultem Ohr verfolgte und sie in ihrer Kunstfertigkeit bewunderte. Zudem wurde er gleichsam nebenher mit der Auslegung der Schrift vertraut. Es gab zwar keinen näheren Kontakt, doch war es Ambrosius, der Augustinus in der Osternacht 387 taufte. Zur Taufvorbereitung hatte sich Augustinus mit gleichgesinnten Freunden auf ein Landgut zurückgezogen, um sich philosophischen Fragen zu widmen. Dieses Leben wollte er nach der Taufe in Afrika fortsetzen.

Augustinus ersehnte fortan das Leben eines Weisen und Asketen und hielt sich deshalb vom Getriebe der Welt fern und um nicht zur Übernahme eines kirchlichen Amtes genötigt zu werden, mied er bewusst Orte, die auf der Suche nach einem Bischof waren.

Doch als er durch Hippo reiste, hörte er die Predigt des dortigen Bischofs Valerius. Da dieser griechischer Abstammung und der Landessprache nicht genügend kundig war, bat dieser die dortige Gemeinde um einen Mitbischof. Augustinus wurde daraufhin von der Gemeinde gedrängt, ihr Priester zu werden. 391 erfolgte die Priester- und 395 die Bischofsweihe. Die Stadt Hippo Regius wurde bis zu seinem Tod am 28. August 430 sein Lebensmittelpunkt. Er verließ seine Gemeinde nur noch, wenn ihn überregionale Aufgaben oder Konzilien dazu nötigten. Auch sein inneres Streben hatte damit einen Ort gefunden: den Dienst in der Gemeinde. Fortan war er mit Leib und Seele Bischof seiner Kirche von Hippo. Wenn er daneben noch große theologische Werke schrieb wie »De trinitate« (»Über die Dreieinigkeit«, entstanden zwischen 399 und 419) und Irrlehrer niederkämpfte (zum Beispiel Manichäer, Donatisten, Pelagianer), so diente diese Tätigkeit nur dem Ziel, die Einheit und den Frieden der Kirche zu bewahren.

Possidius, Bischof von Calama und ein Schüler von Augustinus, verfasste bereits ein Jahr nach dessen Tod eine Vita (Lebensbeschreibung), die sich sehr stark von zeitgenössischen Bischofsviten unterscheidet. Sie zeigt Augustinus nicht als Wunder wirkenden und Dämonen bekämpfenden Asketen, sondern in seinem Alltag. Sie spricht von dessen Wirken als Bischof, gleichsam als Pfarrer seiner Gemeinde. Wir erfahren, dass er weitgehend vegetarisch lebte, zwar von einfachem Geschirr aß, dafür aber mit silbernem Besteck. Die Vita des Possidius verrät, was für die Zeitgenossen an Augustinus offensichtlich sehr beeindruckend war: »Und in seinen Schriften zeigt es sich deutlich, dass dieser von Gott angenommene und geliebte Bischof, soweit das Licht der Wahrheit uns einen Einblick gestattet, rechtschaffen und korrekt im Glauben, in der Hoffnung und in der Liebe der katholischen Kirche gelebt hat. Wer liest, was er über die göttlichen Dinge schreibt, wird sehr gefördert. Doch muss ich sagen, dass diejenigen wesentlich mehr von ihm gehabt haben, die ihn als Prediger und Liturgen in der Kirche hören und sehen konnten, vor allem aber, die Umgang mit ihm hatten.«

Augustinus muss ein wahres Beziehungsgenie gewesen sein, ein Mann mit großem Charme. Sein persönliches Streben ging dahin, sich selbst zurückzustellen. Er sah in der Demut eine »Kurzformel« des Glaubens. Einem heidnischen Gesprächspartner schreibt er auf die Frage nach dem Wesen des Christentums: »Wenn du mich fragen würdest, worin das Christentum besteht, so würde ich dir antworten: in der Demut. Wenn du mich wieder fragen würdest, würde ich wiederum antworten: die Demut. So oft du mich auch fragen würdest, immer gäbe ich dir nur diese Antwort: die Demut.«

Von sich selbst bekannte er, in dem Augenblick Christ geworden zu sein, als er begriff, dass die unendliche Erhabenheit Gottes in Demut auf ihn zugekommen sei. Je mehr er sich damit beschäftigte und darin versenkte, desto tiefer wurde die Erfahrung, dass der Mensch sich nur noch demütig und unwissend unter den unverfügbaren Willen Gottes beugen konnte. Es war ein Gott, der für ihn immer unbegreiflicher wurde.

Augustinus hat vieles, das er selbst durchlebte, aufgegriffen und in seine Werke aufgenommen: das Streben nach klarer Erkenntnis und die Sehnsucht nach mystischer Vereinigung mit dem Einen, wie es die platonische Philosophie lehrte; den düsteren Pessimismus der Manichäer mit ihrer Verachtung aller Leiblichkeit und die Botschaft vom begnadenden und rettenden Gott des christlichen Glaubens. Zwischen 397 und 401 verfasste Augustinus sein bekanntestes Werk, die »Confessiones« (Bekenntnisse). Am 31. März 1883 schrieb der Baseler Philologe Friedrich Nietzsche an seinen Freund und Kollegen von der theologischen Fakultät Franz Camille Overbeck, dass er Augustins Bekenntnisse lese, und bemerkte: »Übrigens sieht man bei diesem Buche dem Christentum in den Bauch.«

Gegen Ende seines Lebens, in den Jahren 426/427, sah Augustinus seine Bücher auf mögliche Fehler hin durch, um sie zu korrigieren. Seine so entstandenen »Retractationes« sind einzigartig in der Literaturgeschichte. Sie liefern wichtige Informationen zum augustinischen Werk, mehr aber verraten sie von der inneren Einstellung ihres Verfassers. Im Prolog zu den »Retractationes« notierte er: »Ich will meine Werke, Bücher, Briefe und Abhandlungen mit gleichsam richterlicher Strenge durchsehen und das, woran ich Anstoß nehme, wie mit dem Griffel eines Zensors festhalten.« Immerhin schaffte es Augustinus seine 93 Bücher auf diese Weise durchzusehen. Briefe und Predigten konnte er nicht mehr behandeln, da der Tod ihn vorher ereilte.

Inhalt

Die »Confessiones« des hl. Augustinus umfassen die bedeutendste Selbstbiographie des Altertums. Der Autor nennt als Intention seines Werkes: Gott zu loben und die Leidenschaft für Gott zu erwecken. Es handelt sich also nicht um eine Autobiographie im modernen Verständnis, sondern um eine einladende Werbeschrift für Gott und für das Lob Gottes. Augustinus selbst stellt sich als Beispiel einer durch die Gnade Gottes wiedergefundenen und vormals verlorenen Seele dar. Insofern gehören die »Confessiones« zu der in der Antike geläufigen Gattung der sogenannten »Protreptikoi«, Werbeschriften für die Philosophie. Philosophie war für den antiken Menschen nicht einfach Nachdenken, sondern zugleich Einüben und Nachleben einer bestimmten Lebensform.

Die »Confessiones« enthalten eine große, erschütternde Lebensbeichte. Sie sind aber zugleich ein Glaubensbekenntnis und Lobpreis der Gnade und Barmherzigkeit Gottes, der dieses Leben durch Sünde, Schuld, Irrtum und Zweifel zur Erkenntnis des Heils und zum Frieden der Vergebung geleitet hat: »Groß bist du, Herr, und sehr löblich (Ps 145,3); groß ist deine Kraft, und deine Weisheit ist unermesslich (Ps 147,5). Und loben will dich der Mensch, ein kleiner Teil deiner Schöpfung, der Mensch, der sein Sterben mit sich schleppt, das Zeugnis seiner Sünde und das Zeugnis, dass du den Hoffärtigen widerstehst (1 Petr 5,5);

und loben will dich dennoch der Mensch, ein kleiner Teil deiner Schöpfung. Du weckst uns auf, dass dich zu loben Freude macht; denn du hast uns zu dir hin geschaffen, und unruhig ist unser Herz, bis es Ruhe findet in dir.« Mit diesem Lobpreis beginnen die »Confessiones«.

Das Werk besteht aus drei Teilen von insgesamt 13 Büchern: I bis IX, X und XI bis XIII. Die Bücher I bis IX geben darüber Auskunft, »wer er gewesen ist«. Sie berichten über seine Jugend, gewähren einen Einblick in seine geistliche Entwicklung, schildern das Erlebnis seiner Bekehrung (Buch VIII) und enden mit dem Tod der Mutter in Ostia, kurz vor der geplanten Heimreise nach Nordafrika. Im Buch X gibt Augustinus einen Rechenschaftsbericht über den derzeitigen Stand seines Christseins: »wer er bereits ist und wer er noch ist«. Die Bücher XI bis XIII bieten eine tiefsinnige, weithin allegorische und stark philosophische Deutung des Schöpfungsberichts von Genesis 1. Der Titel des Werkes, »Confessiones«, ist nach dem Sprachgebrauch der lateinischen Bibel in erster Linie als »Lobpreisungen« zu verstehen. Das Lob und die Verherrlichung Gottes stehen in den »Bekenntnissen« des Autors über seinem Leben, seinen Sünden und den Erfahrungen seines Glaubens. In seinen »Retractationes« schreibt Augustinus über dieses Werk: »Die dreizehn Bücher meiner ›Confessiones‹ loben Gott, den gerechten und gütigen, im Hinblick auf das Böse wie auf das Gute in meinem Leben und sollen zu ihm Geist und Gemüt des Menschen erheben. Das bewirkten sie wenigstens in mir, als ich sie niederschrieb, und bewirken sie noch, wenn ich sie lese. Was andere davon halten, mögen sie selbst sehen; doch weiß ich, dass viele Brüder Freude daran hatten und noch haben.«

Augustinus konnte wie keiner vor ihm und nur wenige nach ihm den Innenraum seiner Seele beschreiben. Geprägt von grundlegenden Erfahrungen, die er psychologisch einfühlsam und phänomenologisch genau darzustellen wusste, ist Augustinus vermutlich der einzige Mensch der Antike, den wir derart genau kennen. Dabei haben ihn seine eigenen grundlegenden Erfahrungen, seine philosophisch-theologischen Themen und die Fragen, mit denen er sich beschäftigte, wesentlich bestimmt.

Lesetipp

Der Leser, die Leserin soll, so Augustinus, Freude an seinen »Bekenntnissen« haben und zur Reflexion des eigenen Lebens vor Gott und zum Gespräch mit Gott anregen.

Auch Augustinus wechselt in seinem Text zwischen reflektierendem Bericht und Gebet. Dabei ist gerade die Unmittelbarkeit, mit der er von einem zum anderen wechselt, bezeichnend und macht die enge Verknüpfung von Leben und Beten deutlich. Beten ist keine gelegentliche Anwandlung, sondern das Lebensgespräch des Menschen mit Gott oder wie Augustinus in einem Brief schreibt, das Training der Sehnsucht des Menschen nach Gott. Dazu laden die Bekenntnisse ein.

Wer nicht sofort das ganze Werk lesen will und trotzdem einen Eindruck bekommen möchte, dem kann das Buch X empfohlen werden, in dem Augustinus viele seiner Gedanken bündelte.

Bibliographie

Aurelius Augustinus, Bekenntnisse, übersetzt von Joseph Bernhart, Frankfurt am Main 2004.

Aurelius Augustinus, Confessiones / Bekenntnisse, Lateinisch/Deutsch, übersetzt von Joseph Bernhart, Frankfurt am Main 2006.

Aurelius Augustinus, Confessiones / Bekenntnisse, Lateinisch/Deutsch, übersetzt, herausgegeben und kommentiert von Kurt Flasch und Burkhard Mojsisch, Ditzingen 2008.

Weitere Werke

Aurelius Augustinus, De vita beata / Über das Glück, Lateinisch/Deutsch, übersetzt und herausgegeben von Ingeborg Schwarz-Kirchenbauer, Ditzingen 1986.

Aurelius Augustinus, Die christliche Bildung (De doctrina Christiana), übersetzt und herausgegeben von Karla Pollmann, Ditzingen 2002.

Aurelius Augustinus, De magistro / Über den Lehrer, Lateinisch/Deutsch, übersetzt und herausgegeben von Burkhard Mojsisch, Ditzingen 1998.

Aurelius Augustinus, De vera religione / Über die wahre Religion, Lateinisch/Deutsch, übersetzt von Wilhelm Thimme, Ditzingen 1986.

Weiterführende Literatur

Benedikt XVI., Augustinus. Leidenschaft für die Wahrheit, Augsburg 2009.

Constance Dittrich, Norbert Fischer, Erich Naab (Hrsg.), Augustinus. Ein Lehrer des Abendlandes. Einführung und Dokumente, Wiesbaden 2009.

Wilhelm Geerlings (Hrsg.), Augustinus. Leben und Werk. Eine bibliographische Einführung, Paderborn 2002.

Wilhelm Geerlings, Meisterdenker: Augustinus, Wiesbaden 2004.

Hans Christian Schmidbauer, Augustinus begegnen. Zeugen des Glaubens, Augsburg 2003.

5 JOHANNES CASSIANUS
um 360–435

Über die Einrichtungen und Grundsätze für die Zönobiten
De Institutis Coenobiorum

Unterredungen mit den Vätern
Collationes patrum

Autor und Werk

Über das Leben des Johannes Cassianus ist wenig bekannt. Ob er in der römischen Provinz Scythia minor, der heutigen Dobrudscha, oder im Gebiet von Marseille geboren wurde, ist nicht letztgültig geklärt. Aufgrund seiner Selbstzeugnisse lässt sich jedoch annehmen, dass seiner Familie ein gewisses Vermögen zur Verfügung stand und Cassian die damals als gehoben geltende Bildung genoss. Sonst hätte er später kaum vom Papst, der kein Griechisch konnte, angefordert werden können, um in einem theologischen Streit aus dem Griechischen ins Lateinische zu übersetzen.

Noch in jungen Jahren pilgerte Cassian mit seinem Freund Germanus nach Palästina und trat um 380 mit ihm in ein Kloster in Betlehem ein. Schon ein paar Jahre später zog es die beiden nach Ägypten, um den Ursprüngen des Mönchtums auf die Spur zu kommen. Nach dem Besuch der Thebais (Felswüste um die Stadt Theben in Ägypten) ließen sie sich in der Sketischen Wüste nieder. Zu dieser Zeit prägte Evagrius Ponticus das ägyptische Mönchtum mit seiner Spiritualität. Um die Jahrhundertwende brach ein Streit um Lehre und Praxis des Glaubens zwischen dem Patriarchen Theophilos von Alexandrien und Einsiedlern in Ägypten aus. Johannes Cassian und Germanus verließen die Wüste und begaben sich nach Konstantinopel, wo zu dieser Zeit Johannes Chrysostomus Bischof war. Johannes Cassian selbst beschrieb Johannes Chrysostomus als seinen verehrten Lehrer und Konstantinopel als seine geliebte Stadt. Der Bischof weihte Cassian 399 zum Diakon. Weil Johannes Chrysostomus nicht nur bestimmte Ansichten über den Glauben, sondern auch die Prunksucht des Kaiserhofes und speziell der Kaiserin Eudoxia kritisierte, wurde er 404 verbannt. Daraufhin wurden Johannes Cassian und Germanus als Anwalt des Verbannten zu Papst Innozenz I. nach Rom gesandt. Dort freundete sich Cassian mit dem Archidiakon und späteren Papst Leo an. In Konstantinopel oder Rom wurde Johannes Cassian zum Priester geweiht. Germanus verstarb wahrscheinlich während des Romaufenthaltes.

Von da an liegt das Leben Cassians völlig im Dunkeln: Es steht nur fest, dass er um das Jahr 415 in Marseille das Kloster St. Viktor für Männer und das Kloster St. Salvator für Frauen gründete. Sie wurden zu Zentren intellektuellen Lebens und monastischer Spiritualität und wirkten weit nach Gallien und Spanien hinein.

Als Abt des Männerklosters St. Viktor lebte Johannes Cassian in Marseille bis zu seinem Tode 435. Er schrieb zwar wenige, aber bis heute die Spiritualität entscheidend prägende Werke. Papst Gregor der Große (gest. 604) nannte ihn einen Heiligen. Die Kirche von Marseille feiert ihn noch heute am 23. Juni, und die griechische Liturgie begeht sein Andenken am 28. Februar. Wegen angeblich »gefährlicher« Aussagen über die Freiheit des Menschen zum Guten, gab es in der Alten Kirche Versuche, ihn als Irrlehrer zu schmähen.

Noch die letzte deutsche Übersetzung von 1879 warnt vor diesen Passagen seines Werkes. Ein Paradox der Geschichte und des spirituellen Lebens ist: Genau das, was in der Alten Kirche als Gefahr angesehen wurde, öffnet uns heute einen neuen Zugang zu Cassian und zu gelebtem Glauben.

Johannes Cassian übertrug durch seine lateinischen Schriften die Spiritualität des östlichen, insbesondere des ägyptischen Mönchtums in den Westen. Von 419 bis 426 schrieb er mit »De Institutis Coenobiorum« (Über die Einrichtungen und Grundsätze für die Zönobiten) für den Bischof Castor von Apta Julia seine erste große Arbeit. Die 24 »Collationes Patrum« (Unterredungen mit den Vätern) folgten als Ergänzung in den Jahren 425 bis 429. Seine Schriften zählten das ganze Mittelalter hindurch bis hin zur Neuzeit zu den meistgelesenen Büchern des Abendlandes, blieben jedoch anonym. Alle, die sich auf Cassian beziehen, erwähnen nie seinen Namen, sondern lediglich die Titel seiner Werke, vor allem die »Collationes Patrum«. Bischöfe der Zeit Cassians und die großen Ordensgründer aller Jahrhunderte sahen dieses Hauptwerk Cassians als Richtschnur und Grundlage für das geistliche Leben. Benedikt von Nursia empfiehlt sie in seiner Mönchsregel zur täglichen (!) Lektüre (Kap. 42 und 73). Franziskus, Dominikus, Thomas von Aquin, Teresa von Ávila, Johannes vom Kreuz, Franz von Sales, Ignatius von Loyola: Sie alle lasen Cassian.

Inhalt

Die »Institutiones«, wie das Werk »De Institutis« kurz zitiert wird, tragen in den Handschriften keinen Titel und bestehen aus zwei Teilen, die auch getrennt überliefert wurden und jeweils von einer Widmungsanrede an Bischof Castor eingeleitet werden. Die ersten vier Bücher beschäftigen sich mit dem monastischen Leben und den Gebräuchen der in Gemeinschaft lebenden Mönche. Grundlage dafür sind die persönlichen Erlebnisse Cassians. So befasst er sich mit dem Mönchsgewand (Buch I), dem nächtlichen Gebet nach ägyptischem Brauch (II) und dem Psalmengesang während des Tages nach palästinensischem und mesopotamischem Vorbild (III) sowie den Anordnungen für die Zönobiten, die in Gemeinschaft lebenden Mönche (IV). Die restlichen Bücher behandeln entsprechend der Lehre über die acht Gedanken des Evagrius Ponticus die Lehre von den acht Lastern: Völlerei (V), Unzucht (VI), Habgier (VII), Zorn (VIII), Traurigkeit (IX), Überdruss (»Akedia«; X), Eitelkeit (XI) und Hochmut (XII).

Die 24 »Collationes«, deren Zahl auf die vierundzwanzig Ältesten der Apokalypse anspielt, folgen als Ergänzung der »Institutiones« dem Verlauf des Aufenthalts Cassians in Ägypten. Cassian und Germanus besuchten dort die Wüstenväter und erbaten ihre Unterweisung im geistlichen Leben. Die Väter, das heißt die im geistlichen Leben Erfahrenen, antworteten mit biblisch fundierten Ausführungen, aber auch mit Bildern und Geschichten, ähnlich wie in den »Apophthegmata Patrum«. Die einzelnen Unterredungen tragen eigene Titel und den Namen des Mönchsvaters, von dem Lehre und Weisung stammen. Das Werk gliedert sich in drei Teile: I bis X, XI bis XVII und XVIII bis XXIV, die teils getrennt, teils gemeinsam zirkulierten. Jedenfalls gehören sie aber inhaltlich zusammen und beinhalten einen vollständigen Führer zum vollkommenen Mönchsleben. Ihre Hauptthemen sind: Das Ziel des Mönchslebens (I), Fleisch und Geist (IV), die acht Hauptlaster (V), der geistliche Kampf (VII bis VIII), das Gebet (IX bis X), die Vollkommenheit (XI), die Keuschheit (XII), die Charismen und Wunder (XV), die innere Freiheit (XXI), die Versuchungen des Fleisches (XXII), die Frage, ob ein Mensch der Sünde widerstehen kann (XXIII), und abschließend die Frage, wie Paulus zu verstehen ist, wenn er von der »Abtötung der Sünde in uns« spricht (XXIV).

Johannes Cassian übertrug die Spiritualität des östlichen Mönchtums nicht als geschlossenes Gedankensystem, sondern als Frucht seiner Lebenserfahrung. Die Fragen, die er in seinen Schriften anspricht, betreffen nicht nur Mönche, sondern jeden, der ein spirituelles Leben führen möchte.

Auch wenn Cassians Anweisungen heute sehr einfach klingen, zeugen sie von tiefer Menschenkenntnis und großer Nähe zur Heiligen Schrift. Gelegentlich meint man, Cassian nehme Erkenntnisse der Psychoanalyse des 20. Jahrhunderts vorweg.

Das Ziel mönchischen und überhaupt geistlichen Lebens besteht nach Cassian in vollkommener Verleugnung alles Irdischen und der strikten Ausrichtung an den Seligpreisungen (Mt 5). Das Gemeinschaftsleben des Klosters stellt die erste Stufe auf diesem Weg zur Vollkommenheit im Kampf gegen die Leidenschaften und die acht Hauptsünden dar, bis der Mönch die Tugenden und die Ruhe des Herzens erlangt. Die beständige Betrachtung der Heiligen Schrift und das immer tiefere Eindringen in ihren Sinn, führt mit der Hilfe des Heiligen Geistes zum Gebet und zum schließlich »immerwährenden Gebet«, das Cassian auch das »Gebet des Feuers« nennt.

Eines betont Cassian unentwegt: Der Mönch beziehungsweise Mensch, der meint, er wäre ab einem bestimmten Zeitpunkt vollkommen und nur noch von geistlichen Zielen bewegt, täuscht sich und andere. Er wird Fehler machen und sündigen. Doch gerade Versagen und Sünde lassen im Menschen neu die Sehnsucht nach der Unterstützung durch die Gemeinschaft und die bedingungslose Gnade Gottes erwachen.

Lesetipp

Cassian beschreibt in aller Offenheit schwere Verfehlungen der Mönche, stellt dann aber in den Vordergrund: Sich selbst zu verurteilen wäre ebenso Hochmut wie über einen anderen zu richten. Was Cassian für die Mönche seiner Zeit aufzeichnete, gilt grundsätzlich für alle Getauften, wenn auch in anderem Lebenskontext. Gewiss beschreiben seine Texte ein Ideal, doch es dient der Orientierung, es weist die Richtung, in die der geistliche Weg führen soll.

Das Ziel dieses Weges ist die Freiheit der Kinder Gottes. Zum Weg der Befreiung gehört die Loslösung vom Versklavtsein an die Dinge und Güter dieser Welt, das Aufgeben von Fehlhaltungen des Herzens und vor allem unserer Gier nach immer mehr in jeder Hinsicht.

Mit diesen grundsätzlichen Anfragen an unsere Gewohnheiten und Pseudo-Sicherheiten hat Cassian Wichtiges zu sagen, auch für Leser, die nicht unbedingt biblisch oder christlich geprägt sind.

Es geht Cassian nicht darum, herz- und gefühllos zu leben. Es geht ihm darum, die richtige Werteordnung anzumahnen, in welcher die Welt den Menschen nicht von Gott abhält, sondern zu ihm hinführt.

Das heutige Lebensgefühl neigt zu einer absoluten Bejahung des Irdischen und Weltlichen. Dies wirkt sich auch auf die Frömmigkeit aus und führt oft zu Schwierigkeiten mit Texten der geistlichen Tradition, die dem Irdischen skeptisch bis ablehnend gegenüberstehen.

Es ist bei Cassians Texten geboten, genau hinzusehen und zu identifizieren, was mit »erkennen« und was mit »irdisch« gemeint ist. Darüber hinaus erscheint es angesichts der zweitausend Jahre Spiritualitätsgeschichte einigermaßen vermessen, den eigenen, heutigen Standpunkt für unbefangen oder gar neutral zu halten. Cassian fordert uns heraus, uns mit dem auseinanderzusetzen, was sich »normal«, »fromm«, »neueste Erkenntnis« oder »aktuell« nennt.

Abgesehen davon schrieb Cassian seine Geschichten nicht ohne gewisse Heiterkeit und manchmal mit einem Augenzwinkern.

Bibliographie

Johannes Cassianus, Unterredungen mit den Vätern (Collationes Patrum), übersetzt, eingeleitet und mit Erläuterungen versehen von Gabriele Ziegler, Quellen der Spiritualität (3 Bände), Münsterschwarzach 2011–2013. [In Vorbereitung]

Johannes Cassian, Gott suchen – sich selbst erkennen. Einweisung in das christliche Leben, ausgewählt, übertragen und eingeleitet von Gertrud und Thomas Sartory, Freiburg im Breisgau 1993. [Enthält kleinere Ausschnitte aus den Institutiones und den Collationes]

Johannes Cassianus, Collationes Patrum, in: Sämtliche Schriften des ehrwürdigen Johannes Cassianus, erster Band, aus dem Urtexte übersetzt von Antonius, Abt. Bibliothek der Kirchenväter, 1. Serie, Band 59, Kempten 1879.

Weiterführende Literatur

Gabriel Bunge, Auf den Spuren der hl. Väter, Weisungen der Väter Band 1, Beuron 2007. [S. 34–38 zu Johannes Cassianus]

Peter Dyckhoff, Ruhegebet, München 4. Aufl. 2009.

Peter Dyckhoff, Einübung ins Ruhegebet. Eine christliche Praxis nach Johannes Cassian, München 2006.

Antoine Guillamont, An den Wurzeln des christlichen Mönchtums, Weisungen der Väter Band 4, Beuron 2007. [Darin vorbildlich alles zur Umwelt Cassians]

Jakobus Kaffanke (Hrsg.), Zu den Quellen. Die Spiritualität der Wüstenväter und des hl. Benedikt, Freiburg im Breisgau 1997. [Darin S. 102ff: Karl Suso Frank, Joh. Cassian und seine Schriften]

John Main, Meditieren mit den Vätern. Gebetsweise in der Tradition des Johannes Cassian, Münsterschwarzacher Kleinschriften Band 21, Münsterschwarzach 2. Aufl. 1995.

Gabriele Ziegler, Einen geistlichen Lehrer wiederentdecken: Johannes Cassian, in: Beuroner Forum Edition 2010, Berlin 2010, S. 45ff.

Gabriele Ziegler, Frei werden. Der geistliche Weg des Johannes Cassian, Münsterschwarzacher Kleinschriften Band 178, Münsterschwarzach 2011.

Der Autor dankt Frau Dr. Gabriele Ziegler für wertvolle Hinweise aus dem aktuellen Stand der Cassian-Forschung.

6

BENEDIKT VON NURSIA
um 480–547

Die Regel des heiligen Benedikt
Regula Benedicti

Autor und Werk

Benedikt von Nursia gehört zu den bekanntesten und über seine Regel zu den einflussreichsten Heiligen der Kirche. Papst Paul VI. erhob ihn 1964 zum Patron Europas. Angesichts dieser Bedeutung und Verehrung ist es umso verwunderlicher, wie spärlich die historischen Quellen seines Lebens sind. Letztlich vermitteln zwei sehr unterschiedliche Zeugnisse einen Eindruck von Benedikts Leben und Werk: Zunächst seine Mönchsregel, ein Text aus dem zweiten Viertel des 6. Jahrhunderts, und dann eine Lebensbeschreibung, die von Papst Gregor dem Großen stammt (vgl. Kap. 7 zu Gregor dem Großen) und dem »Leben und den Wundern des ehrwürdigen Abtes Benedikt« gewidmet ist.

Diese Quellenlage zum Leben Benedikts erscheint Menschen des 20. Jahrhunderts dürftig, und so gibt es immer wieder Spekulationen darüber, ob es sich bei Benedikt um eine historische oder eine fiktive Gestalt handelt. Diese Frage kann und soll hier nicht diskutiert werden, denn was letztlich interessiert, ist die Wirkungsgeschichte von Regel und Leben des hl. Benedikt, und diese ist breit bezeugt und belegt. »An ihren Früchten also werdet ihr sie erkennen« (Mt 7,20), heißt es im Evangelium. Die Früchte sind unübersehbar, auch wenn vielleicht die historischen Details nicht endgültig zu klären sind.

Ungefähr 30 bis 40 Jahre nach Benedikts Tod wurde im Jahre 590 Gregor der Große zum Bischof von Rom gewählt. 593 verfasste er die vier »Dialoge« genannten Bücher. Herzstück dieser Erzählungen ist das zweite Buch, das Gregor Benedikt widmet, den er schon mit den ersten Worten einen »Mann von verehrungswürdigem Lebenswandel« (Dialoge II, Vorwort) nennt. Gregor selbst hat Benedikt nicht gekannt, er beruft sich auf vier Zeugen, einstige Schüler des Mönchsvaters. Papst Gregor erzählt also Erzähltes. Selbst wenn uns das heute historisch fragwürdig erscheint, ist deshalb noch lange nicht erwiesen, dass die Geschichten erfunden wären. In einer Zeit, in der die Fähigkeit zu lesen und zu schreiben nur wenigen Menschen zu eigen war, hatte die mündliche Überlieferung eine viel höhere Bedeutung und auch höhere Genauigkeit als heute. Natürlich hatte Gregor mit seinem Werk eine pastorale Absicht, aber auch dies ist kein Argument, von einer erfundenen Gestalt auszugehen.

Aus dem Text lassen sich einige Daten, Ortsangaben und Personen erschließen. Danach ist Benedikt um das Jahr 480 im italienischen Nursia (heute: Norcia) geboren. Er studierte in Rom, doch angeekelt vom moralischen Niedergang der Stadt brach er das Studium ab und zog sich in die Einsamkeit zurück. Zunächst schloss er sich einer Asketengemeinschaft in Enfide an, doch schon bald ging er von dort weg und verbarg sich in einer Höhle am Anio bei Subiaco. In dieser Einsamkeit verbrachte Benedikt drei Jahre als Eremit und machte dort eine entscheidende persönliche und spirituelle Wandlung durch – er kam in Berührung mit der inneren Welt seiner Seele.

Diesen Menschen, der ganz bei sich und im Einklang mit sich selbst war, suchten zunächst Hirten aus der Umgebung mit ihren Nöten auf. Ihnen folgten rasch viele Menschen, die Benedikt um Rat baten. Sein Ruf verbreitete sich schnell und ein nahegelegenes Kloster wählte ihn zum Vorsteher. Doch Benedikt war offensichtlich für die Mönche dort zu streng: Bei dem Versuch, das Kloster zu reformieren, entging er nur durch ein Wunder einem Giftanschlag der Mönche.

Benedikt kehrte nach Subiaco zurück. Dort sammelte sich um ihn eine Schar von Eremiten, mit denen er wohl 529 nach Kampanien übersiedelte und auf dem Monte Cassino (nordöstlich von Capua) ein Kloster gründete.

Dieses Kloster sollte zur Hochburg des abendländischen Mönchtums und zum Stammkloster des Benediktinerordens werden. Benedikt arbeitete für sein Kloster eine »Regula« aus, die sicher sein wichtigstes Vermächtnis, sein Testament darstellt.

Benedikts Todestag wird als der 21. März 547 angegeben – und die Kirche feiert am 21. März seinen Gedenktag –, doch ist weder Datum noch Jahr gesichert überliefert. Er soll im Kreise seiner Mönche, gestützt und stehend mit den Händen zum Himmel erhoben, im Garten des Klosters Monte Cassino gestorben sein.

Auf der Suche nach dem Menschen Benedikt von Nursia gibt die von ihm verfasste Regel am Ende wohl die authentischste Auskunft, wie schon Gregor der Große am Ende seines Berichtes über Benedikt betont: »... Inmitten der vielen Wunder, durch die der Mann Gottes in der Welt glänzte, leuchtete er auch ganz besonders durch das Wort seiner Lehre hervor. Denn er hat eine Regel für Mönche verfasst, einzigartig in weiser Mäßigung, lichtvoll in ihrer Darstellung. Wer sein Leben und seinen Wandel genauer kennenlernen will, der findet in den Vorschriften der Regel alles, was er als Lehrmeister vorgelebt hat. Denn der Heilige konnte nicht anderes lehren, als er lebte.« (Dialoge II,36).

Inhalt

Die Regel des hl. Benedikt kennt noch nicht die später klassischen drei Gelübde beziehungsweise drei evangelischen Räte (zum ersten Mal 1148 in Paris bezeugt). Bei ihm verpflichten sich die Mönche zum Gehorsam, zum Ausharren in der Gemeinschaft am Ort (stabilitas) und zum klösterlichen Lebenswandel (conversatione morum) (vgl. Regula Benedicti [= RB] 58,17). Gerade die Stabilitas und der klösterliche Lebenswandel beschreiben eine grundlegende Spannung zwischen bleiben und aufbrechen. Während das Ausharren auf die Treue und das Bleiben setzt, beschreibt klösterlicher Lebenswandel die lebenslang notwendige, beständige Bekehrung und damit Wandlung in diesem Leben. Seine Dynamik gewinnt das Leben aus dem christologischen Bezug und der Umkehr zu Christus. Am besten wird dies durch die Mahnung gedeutet: »... damit du durch die Mühe des Gehorsams zu ihm [Christus] zurückkehrst« (RB Prolog). Diese Rückkehr meint die Rückkehr zum Taufgehorsam. Im Prolog fügt Benedikt hinzu: »Wer aber im klösterlichen Leben und im Glauben fortschreitet, dem wird das Herz weit, und er läuft in unsagbarem Glück der Liebe den Weg der Gebote Gottes.« (RB Prolog)

Christliches Leben orientiert sich fundamental an Jesus Christus, und das Zentrum dieses Lebens besteht in der beständigen Umkehrbereitschaft, in dem beständigen Prozess der Hinkehr zu Christus und der damit verbundenen Abkehr von allen anderen Wegen und Möglichkeiten. Hier ist wichtig, dass Umkehr nicht nur Abkehr von etwas heißt, sondern viel wesentlicher Hinkehr zu jemandem, damit das Herz weit wird. Die Weite des Herzens ist das Ziel klösterlichen Lebens! Benedikt versteht deshalb sein Kloster als eine »Schule für den Dienst des Herrn« (RB Prolog). Und weil er das Leben kennt und aus der mönchischen Tradition und eigener Erfahrung weiß, dass der Weg der Umkehr auch schwer und zum Kampf werden kann, fügt er im Prolog hinzu: »Bei dieser Gründung hoffen wir, nichts Hartes und nichts Schweres festzulegen. Sollte es jedoch aus wohlüberlegtem Grund etwas strenger zugehen, um Fehler zu bessern und die Liebe zu bewahren, dann lass dich nicht sofort von Angst verwirren und fliehe nicht vom Weg des Heils; er kann am Anfang nicht anders sein als eng.« (RB Prolog).

Die Regel Benedikts besteht aus einem Prolog und 73 Kapiteln. Der Prolog und die Kapitel 1 bis 3 umfassen Grundlegendes zum Mönchsleben. Die Kapitel 4 bis 7 befassen sich mit den monastischen Tugenden, vor allem mit dem Gehorsam, dem Schweigen und der Demut. Die Kapitel 8 bis 20 treffen Anordnungen für den Gottesdienst und die Feiern des Stundengebets und der Eucharistie, die im benediktinischen Leben einen großen Stellenwert einnehmen. Die Kapitel 21 bis 30 klären Strafen für Verstöße gegen die Regel. Die Kapitel 31 bis 57 geben dagegen Anweisung über die Verwaltung des Klosters, die Dienste der Mönche, die Versorgung der Mönche, die Aufnahme von Gästen und den Umgang mit Handwerk und Handwerkern von außerhalb. Mit den Kapiteln 58 bis 66 regelt Benedikt die Aufnahme von Novizen, die Rangordnung in der Gemeinschaft, die Einsetzung von Prior und Abt und die Aufgaben des Pförtners. Die Kapitel 67 bis 72 gelten als Nachträge. Sie bestimmen den Umgang der Brüder untereinander näher. Kapitel 73 beinhaltet ein Epilog.

Die Suche nach dem rechten Maß ist ein Charakteristikum des alten Mönchtums. Darin spiegelt sich die Erfahrung, dass es wenig gibt, was eindeutig nur schlecht oder unzweifelhaft nur gut ist, und dass sich die Lebensgestaltung oft nicht in den Fragen von Entweder-Oder abspielt, sondern im Austarieren von Vor- und Nachteilen, von positiven und negativen Folgen. Hinzu kommt noch, dass das rechte Maß nicht allgemein zu bewerkstelligen ist, sondern was für den einen zu viel ist, ist für den anderen gerade recht, was für die eine Gefahr darstellt, das ist für eine andere die richtige Herausforderung. Benedikt hat diesen maßvollen Umgang für die Lebensgestaltung einer Klostergemeinschaft zum Grundprinzip seiner Regel gemacht. Ein auf den ersten Blick vielleicht abseitiges Beispiel soll das erläutern:

»Zwar lesen wir, Wein passe überhaupt nicht für Mönche. Weil aber die Mönche heutzutage sich davon nicht überzeugen lassen, sollten wir uns wenigstens darauf einigen, nicht bis zum Übermaß zu trinken, sondern weniger. Denn der Wein bringt sogar die Weisen zu Fall. Wo aber ungünstige Ortsverhältnisse es mit sich bringen, dass nicht einmal das oben angegebene Maß, sondern viel weniger oder überhaupt nichts zu bekommen ist, sollen Brüder, die dort wohnen, Gott preisen und nicht murren. Dazu mahnen wir vor allem: Man unterlasse das Murren.« (RB 40,6–9)

Benedikt besticht durch sein Augenmaß. Er ist der tiefen Überzeugung, dass der Mensch Orientierung und Herausforderung braucht. Jede Form aber von Überforderung und Maßlosigkeit nützt nichts. Im Gegenteil, sie entmutigt den Mönch und bringt ihn schließlich vom guten Weg ab. Das zitierte 40. Kapitel der Regel ist ein gutes Beispiel für die Klugheit des Heiligen. Zunächst verweist Benedikt auf die überlieferte Norm. Wein passt nicht für Mönche. Dann geht er auf die Schwierigkeit ein, dass sich diese Norm »heutzutage« nicht vermitteln lässt.

Benedikt beklagt sich nun nicht über die Störrigkeit und Uneinsichtigkeit seiner Mönche, er lamentiert auch nicht über die schlechten Zeiten, sondern er fragt nach dem Sinn der überlieferten Norm und wie sich ihr Gehalt unter Berücksichtigung der Zeitumstände und der Menschen retten lässt. Schließlich findet er in den Kapiteln seiner

Regel zu einem Maß, das die Grenzen absteckt, die Gefahr deutlich benennt und trotzdem dem Bedürfnis entgegenkommt.

Dieses Beispiel zeigt die kluge Abwägung zwischen Ideal einerseits und Wirklichkeit andererseits. Weder Rigorismus, der zu nichts führt, noch Laxheit, die im Chaos beziehungsweise der Sucht endet, ist die Lösung, sondern verantwortlicher Umgang unter Berücksichtigung der Lebensumstände des Klosters.

Ein kleines Wort gegen Ende des zitierten Abschnitts ist Benedikt für seine Gemeinschaft wichtig, die Mönche sollen nicht »murren«, was er im letzten Satz noch einmal unterstreicht. Die Warnung vor dem Murren kommt öfter vor (vgl. RB 5;23;53). In RB 34 ist vom »Laster des Murrens« die Rede. Benedikt hatte offensichtlich eine feine Beobachtungsgabe, denn mit dem Murren meint er jene untergründige und oft schwer fassbare negative Stimmung, die ein Mix aus unterschiedlichen Gefühlen sein kann. Sie verbreitet sich wie ein Nebel und verschleiert die Wahrnehmung. Alles bekommt einen grauen Schleier. Das Murren, das man auch mit Nörgeln übersetzen könnte, vermeidet die Auseinandersetzung mit sich selbst und mit anderen. Es lässt den Menschen auf der Stelle treten. Weil das Murren nicht offen und schwer fassbar ist, kann es sehr gefährlich werden. Bezeichnend für Benedikt ist, dass er auch ein berechtigtes Murren anerkennt (vgl. RB 41,5), wenn das Klosterleben nicht gut geordnet ist und vor allem der Abt seiner Aufgabe nicht nachkommt. Also auch hier finden wir eine Ausgewogenheit in der Behandlung des Murrens.

Die Regel war ursprünglich wohl nur für die Bewohner von Benedikts eigenem Kloster auf dem Monte Cassino gedacht. Nach der Zerstörung des Klosters 577 galt sie einige Jahrzehnte als verschollen, tauchte dann aber in Gallien und am Ende des 7. Jahrhunderts in Britannien wieder auf. Von dort verbreitete sie sich in ganz Europa und wurde im gesamten Abendland zur maßgebenden Mönchsregel. Neben den Benediktinern und Benediktinerinnen leben auch Zisterzienser und Zisterzienserinnen, Trappisten und Trappistinnen – beide aus Reformbewegungen der Benediktiner hervorgegangen – sowie die Kamaldulenser und die Gemeinschaft von Jerusalem nach der »Regula Benedicti«.

Die Benediktsregel am Beginn des frühmittelalterlichen abendländischen Mönchtums markiert den Endpunkt des altkirchlichen Mönchtums. Von diesem alten Mönchtum entscheidend geprägt, stellt sie sich bewusst in eine ehrwürdige Tradition, die sie selber benennt, wenn sie sich auf »unsere heiligen Väter« (RB 18) bezieht. Vorbild für die Regel des hl. Benedikt war die sogenannte Magisterregel (Regula Magistri), neben der auch Einflüsse der Augustinusregel erkennbar sind. Kapitel 73 benennt die Traditionslinie und empfiehlt den Mönchen die intensive Lektüre der Heiligen Schrift, die Regel des heiligen Basilius von Caesarea und die Schriften Johannes Cassians (vgl. RB 73).

Es geht Benedikt nicht darum, ein einzigartiges Werk zu verfassen, sondern die Überlieferung zu aktualisieren und sie an die veränderten Zeitumstände anzupassen. Bewährtes soll erhalten bleiben, neu akzentuiert und mit eigenen Themen und Einsichten angereichert werden. Gregor der Große charakterisiert die Regel wie folgt: »Das Wort seiner Lehre strahlte hell auf. Er schrieb eine Regel für Mönche, ausgezeichnet durch maßvolle Unterscheidung und wegweisend durch ihr klares Wort.« (Dialoge II,36)

Lesetipp

»Höre, mein Sohn, auf die Weisung des Meisters, neige das Ohr deines Herzens, nimm den Zuspruch des gütigen Vaters willig an und erfülle ihn durch die Tat!« (RB Prolog) – Mit dieser »Leseempfehlung« beginnt die Benediktsregel. Wichtig ist das Hören mit dem Herzen, nicht nur das mit den Ohren. Nicht ein Verstehen im Sinne einer verstandesmäßigen, vielleicht hoch theologischen Auseinandersetzung ist gemeint, sondern ein Verstehen auf der Ebene des menschlichen Zentrums, seiner Existenz und seiner Lebensgestaltung. Zentral für die Regel ist die Tat, nicht ein verdienstvolles Tun, sondern die beherzte Zustimmung zur Verwandlung. Dieser Prozess braucht, so Benedikt, eine Beheimatung und ein Fundament in der Stabilitas des Ortes.

Folgende Themen könnten die Aufmerksamkeit bei einer heutigen Lektüre der Benediktsregel auch außerhalb der Klostermauern besonders fesseln:

Bleiben und Aufbrechen sowie Bewahren und Verwandeln stehen in einer fruchtbaren Spannung und brauchen sich gegenseitig. Wandel ist nur dort möglich, wo es ein Mindestmaß an Fundament, an Treue, an Verwurzelung gibt und ein Mindestmaß an Verlässlichkeit. Man kann nicht jeden Tag sein Leben neu erfinden, es braucht Verbindlichkeiten. Andererseits darf diese Treue nicht zur Erstarrung führen und zum bloßen Funktionieren in eingefahrenen Gleisen. Die Treue braucht die Herausforderung des Wandels, damit nicht der momentane Zustand zur Vollkommenheit erklärt wird, denn Vollkommenheit ist ein Zustand der Ewigkeit.

Der Sinn des Bleibens ist demnach die Wandlung. Wo fordert also die Regel des hl. Benedikt, wenn ich sie einmal ins Gespräch mit meinem Leben bringe, Verortung, Regelmäßigkeit, Verlässlichkeit, und wo ermuntert sie mich zu Aufbruch, Wandlung und Veränderung? Natürlich sind für diese Fragestellungen die einzelnen Kapitel der Regel von unterschiedlicher Relevanz.

Wer einen »Kurzdurchgang« durch die Regel wünscht, dem sei der Prolog, Kapitel 6 »Die Schweigsamkeit«, Kapitel 7 »Die Demut«, Kapitel 53 »Die Aufnahme der Gäste«, Kapitel 57 »Mönche als Handwerker« und Kapitel 64 »Einsetzung und Dienst des Abtes« empfohlen.

Dieses Kapitel 64 sollte auch nicht nur Pflichtlektüre, sondern zentraler Orientierungstext für alle sein, die in Kirche, Politik und Wirtschaft Verantwortung tragen!

Bibliographie

Die Regel des heiligen Benedikt, herausgegeben im Auftrag der Salzburger Äbtekonferenz, Beuron 2006.
Benedikt von Nursia, Die Benediktusregel / Regula Benedicti, Lateinsich/Deutsch, herausgegeben im Auftrag der Salzburger Äbtekonferenz, Beuron 4. Aufl. 2006.
Die Benediktsregel. Eine Anleitung zu christlichem Leben, Der vollständige Text der Regel übersetzt und erklärt von Georg Holzherr, Abt von Einsiedeln, Zürich/Einsiedeln/Köln 4. Aufl. 1993.

Weiterführende Literatur

Peter Abel, Irmgard Abel, Familienleben. Spirituelle Impulse aus der Regel Benedikts, Münsterschwarzacher Kleinschriften Band 104, Münsterschwarzach 2. Aufl. 2002.

Joan Chittister, Nimm diese Regel als Anfang. Die Benediktsregel als Leitfaden für das Leben, Münsterschwarzach 2008.

Anselm Grün, Benedikt von Nursia. Seine Botschaft heute, Münsterschwarzacher Kleinschriften Band 7, Münsterschwarzach 8. Aufl. 2008.

Anselm Grün, Fidelis Ruppert, Christus im Bruder. Benediktinische Nächsten- und Feindesliebe, Münsterschwarzacher Kleinschriften Band 3, Münsterschwarzach 6. Aufl. 2004.

Anselm Grün, Fidelis Ruppert, Bete und arbeite. Eine christliche Lebensregel, Münsterschwarzacher Kleinschriften Band 17, Münsterschwarzach 8. Aufl. 2003.

Anselm Grün, Alois Seuferling, Benediktinische Schöpfungsspiritualität, Münsterschwarzacher Kleinschriften Band 100, Münsterschwarzach 3. Aufl. 2008.

Emmanuel Heufelder, Weite des Herzens. Meditationen über den Geist der Benediktusregel, Regensburg 2. Aufl. 1979.

Benedikt Müntnich, Ein weites Herz gewinnen. Geistlich leben nach der Regel des hl. Benedikt, Mainz 2004.

Benedikt Müntnich, Gott näher kommen. Alltag gestalten nach der Regel des hl. Benedikt, Mainz 2005.

Michaela Puzicha, Kommentar zur Benediktusregel, St. Ottilien 2002.

Michaela Puzicha (Hrsg.), Quellen und Texte zur Benediktusregel, St. Ottilien 2007.

Michaela Puzicha, Benedikt von Nursia begegnen, Augsburg 2. Aufl. 2008.

Christian Schütz, Gesegneter Alltag. Lebensweisheit aus der Regel Benedikts, St. Ottilien 2003.

7 GREGOR DER GROSSE
um 540–604

II. Buch der Dialoge: Der hl. Benedikt
Vita Benedicti

Autor und Werk

Gregor entstammte wahrscheinlich einer der uralten, hoch angesehenen stadtrömischen Patrizierfamilien, die in West- und in Ostrom zur Oberschicht zählten. Gregors Vater Gordianus war ein hoher Beamter der Stadt Rom.

Gregor wurde um 540 geboren und folgte anfangs der Familientradition, indem er nach einer gründlichen rhetorischen und juristischen Ausbildung zunächst einer weltlichen Karriere als Politiker nachging. Nach einer Amtszeit (wahrscheinlich) als Praefectus urbi von Rom und nach dem Tod seines Vaters verwandte er sein Erbe zum Bau von Klöstern in Sizilien und wandelte den väterlichen Palast in Rom auf dem Monte Velio in das Benediktinerkloster St. Andreas um, in das er um 575 als Mönch eintrat. Papst Pelagius II. sandte Gregor von 579 bis 585 als seinen »Apokrisiar« (etwa dem heutigen Nuntius vergleichbar) nach Konstantinopel. Danach kehrte er in sein Kloster nach Rom zurück.

Nach dem Tod Pelagius' II., der am 8. Februar 590 an der Pest starb, wurde Gregor vom Senat, Klerus und Volk einstimmig zum Papst gewählt. Zunächst weigerte er sich, die Wahl anzunehmen, und floh aus der Stadt. Vom Volk aber entdeckt, wurde er zur Peterskirche geleitet und am 3. September 590 als erster Mönch zum Papst erhoben.

Gregor beseitigte verschiedenste Missstände der kirchlichen Wirtschaft und ordnete die Verwaltung des päpstlichen Grundbesitzes in

Italien, Dalmatien, Gallien und Nordafrika neu. Damit legte er den Grundstein für den späteren Kirchenstaat. Die Einnahmen aus der Bewirtschaftung der päpstlichen Güter verwandte Gregor zur Ausgestaltung und Aufrechterhaltung einer breiten sozial-caritativen Fürsorge.

Die Getreideversorgung der Großstadt Rom, die eigentlich dem Kaiser oblag, war mangelhaft. Zu Anfang jeden Monats fand auf Geheiß Gregors eine allgemeine Verteilung von Lebensmitteln statt. Ebenso mahnte er die Bischöfe, dass der Darbende nur dann für die Predigt empfänglich sei, wenn er zuvor eine »helfende Hand« erfahren hätte.

Seit den Rückeroberungskriegen unter Justinian I. stand die Stadt Rom unter der Herrschaft des oströmischen Kaisers. Gregor war nicht auf einen Konflikt mit Kaiser Maurikios (582–602) aus, riskierte aber dessen Ungnade, als er 593 eigenmächtig einen teilweisen Abzug der Langobarden aushandelte und auf ihre Forderung nach einem jährlichen Tribut einging. Auseinandersetzungen mit dem Patriarchen von Konstantinopel gab es um die Anerkennung der Vormachtstellung Roms in der Gesamtkirche, die Gregor zwar unterstrichen, jedoch nicht bedingungslos forciert hat.

Geschichtlich sehr wirksam wurde die Entscheidung Gregors, Missionare nach Britannien zu entsenden. Eine frühe Frucht war der Übertritt des angelsächsischen Königs Ethelbert von Kent zum katholischen Glauben. Damit wurde der Grundstein für ein neues gesamtabendländisches Kirchenbewusstsein gelegt, mit dem römischen Papsttum an der Spitze. Als »Mönchspapst« nannte sich Gregor »Knecht der Knechte Gottes«, was bis heute Bestandteil der päpstlichen Titulatur ist. Gregor schrieb den Begriff »Papst« als ausschließliche Amtsbezeichnung für den Bischof von Rom fest. Mit ihm trat das Papsttum von der Spätantike ins Mittelalter über. Papst Gregor starb am 11. März 604.

Selbst Benediktiner, war er zeit seines Lebens ein unermüdlicher Förderer des Mönchtums. Gregor verfasste eine umfangreiche Biographie des hl. Benedikt von Nursia, die »Vita Benedicti«, und wirkte erfolgreich für die Verbreitung der Benediktsregel.

Inhalt

Die »Vita Benedicti« Gregors des Großen wurde für die Christen in der ausgehenden Antike und weit ins Mittelalter hinein zum Modell, wie Christwerden geschieht.

Gregor erzählt, wie sich Gottes Wirken im Leben eines Menschen zeigt und wie dieser immer vertrauter wird mit dem Mysterium, dem Geheimnis Gottes. Benedikt ist für ihn Vorbild für die Entscheidungssituation, denn dieser hatte die Wahl, Karriere in Rom zu machen oder seiner Gottessehnsucht zu folgen. Benedikt wählte den Weg in die Wüste und musste dort zunächst ganz in der Tradition des Wüstenmönchtums lernen, sich selbst zu erkennen und auf Gott hin zu orientieren. Im Prolog der »Vita Benedicti« werden auch alle Leser und Leserinnen beziehungsweise Hörer und Hörerinnen aufgefordert, sich selbst dieser Entscheidungssituation zu stellen.

Natürlich ist von Anfang an klar, dass der Weg Benedikts gelingen würde, jedoch nicht ohne Widerstände und sogar lebensbedrohliche Schwierigkeiten. Die Konfrontation mit sich selbst und der Kampf mit den Dämonen als Symbol für alle gott- und lebensfeindlichen Mächte sind nicht zu umgehen.

Durch Benedikt wurde deutlich, dass sich eine Vertiefung der Gottesbeziehung auf die Umgebung heilend auswirkte. Er konnte sowohl durch die Gabe der Prophetie als auch durch die Gabe, Wunder zu wirken, Böses abwenden und Gutes tun. Das bedeutet, dass der Weg des Einzelnen zu Gott auch für andere heilstiftend und Leben ermöglichend ist.

Mit der Figur Scholastikas, der leiblichen Schwester Benedikts, die Gregor im 33. Kapitel einführt, macht er deutlich, dass der geistliche Weg keineswegs nur nach dem »Modell Benedikt« abläuft. Auch wenn die gesamte Komposition darauf angelegt ist, Benedikt zunächst als Mann Gottes und dann zunehmend als geistlichen Vater zu zeichnen, so ist es eben auch möglich, auf einem anderen Weg, der in der Erzählung unbekannt bleibt, zur Liebe und damit zur Gottesbegegnung zu gelangen. Gregor unterstreicht damit, dass es den einen Weg nicht gibt, sondern dass alle, die sich je auf ihre Weise mühen, die Gottesbeziehung zu leben und in das Gottesgeheimnis hineinzuwachsen, zum Ziel gelangen können. Wichtigstes Kriterium ist die Liebesfähigkeit des Menschen.

Gregor zeigt im 35. Kapitel der Vita Benedicti, dass die Gottesschau nicht völlig losgelöst von dieser Welt und Zeit ist, sondern dass sie an die konkrete Welt rückgebunden ist und bleibt. Die Weltschau wird zum Weg zu Gott, und die Gottesschau führt zur Verinnerlichung der Welt. Welt und Gott dürfen nicht gegeneinander ausgespielt werden, sondern sind vielmehr in ihrer manchmal entspannten und manchmal gespannten Bezogenheit aufeinander zu denken. Wer sich nach Gott ausstreckt, der kann die Welt erst wirklich wahrnehmen. Wie auch gilt, dass nur derjenige, der sich auf die Welt einlässt, den Weg zu Gott findet.

Die Vita Benedicti wird insgesamt zum Modell, das zur Nachahmung anspornen soll. Beispiele sind für Gregor hilfreicher als Reden. Er schließt sich an die Tradition der Heiligenlegenden an, setzt aber neue Akzente, indem er in Benedikt nicht nur als einen vorbildlichen Menschen beschreibt, sondern den Leserinnen und Lesern auch ein Modell an die Hand gibt, selbst immer mehr in Gott hineinzuwachsen. In der Erzählung des Lebens Benedikts findet also nicht eine Reflexion über den geistlichen Weg statt, sondern der geistliche Weg selbst wird modellhaft nacherzählt.

Dass der geistliche Entwicklungsprozess in der Begegnung mit Gott zwar sein Ziel findet, dass dieses Ziel aber nicht automatisch an einer bestimmten Stelle erreicht wird, hebt Gregor besonders hervor. Er stellt in Benedikt das Modell eines Gottsuchers vor, der immer mehr aus Gott lebt und in seinem Aufstieg zu Gott immer weiter emporsteigt. Gerade an dieser Stelle unterbricht er aber bewusst die scheinbar lineare Entwicklung, indem er die Gestalt Scholastikas einführt, die noch vor Benedikt als Vollkommene gezeichnet wird.

Gott bleibt der Unverfügbare, der sich zeigt, wem und wann er will, und von daher auch ungekannte und ungewöhnliche, vielleicht überraschende Wege geht, um dem Einzelnen zu begegnen. Obwohl die christliche Frömmigkeit damit rechnet, dass Gott sich zeigt, und alle Bemühungen auf dieses Ziel ausgerichtet werden, ist die Gottesbegegnung nie einforderbar, sondern bleibt Geschenk Gottes an den Menschen. Dabei gilt, dass Gott zu begegnen, ihn zu erkennen und ihn zu schauen in Christus einen endgültigen Ort gefunden hat, so dass die Bezogenheit auf Christus zum entscheidenden Kriterium der christlichen Spiritualität wird.

Immer wieder gibt es Spekulationen in der historischen Forschung, die die Autorenschaft Gregors im Hinblick auf die »Vita Benedicti« bestreiten oder Benedikt für eine nicht historische, rein fiktive Gestalt halten. Dies sei der Vollständigkeit halber erwähnt, es ist hier jedoch nicht der Ort, dies zu diskutieren.

Lesetipp

Natürlich stand für Gregor nicht das historische Interesse in unserem heutigen Sinn im Vordergrund, sondern er verfolgte ein pastoral-spirituelles Ziel mit seiner Biographie Benedikts – er wollte also keine Antwort geben auf die Frage: »Wie war es wirklich?«, sondern auf die Frage: »Was kann der Leser, die Leserin aus der Lektüre für das eigene Christsein lernen?«

Dies ist für die Lektüre wichtig und sollte die oft gängige Bewertung von historischen Darstellungen und Dokumenten relativieren, die eben nicht nur dann interessant oder bedeutsam sind, wenn sie unseren Vorstellungen von Geschichtsschreibung genügen, sondern die eine eigene Spur verfolgen und eine eigene, genauso legitime Vorstellung von Geschichtsschreibung haben wie wir heute.

Benedikts Leben soll nicht historisch genau, sondern beispielhaft dargestellt und verinnerlicht werden. Das kann als Haltung im Hintergrund die Lektüre erleichtern und zur Auseinandersetzung mit der Gestaltung des eigenen geistlichen Lebens herausfordern. Genau dies ist das Ziel Gregors, der nicht die Erwartung hat, Benedikt solle nun kopiert werden, sondern er will zu einer Vertiefung des eigenen, unverwechselbaren und unvertretbaren geistlichen Lebens führen.

Bibliographie

Gregor der Große, Der hl. Benedikt, Buch II der Dialoge, herausgegeben im Auftrag der Salzburger Äbtekonferenz, St. Ottilien 2. Aufl. 2008.

Weitere Werke

Gregor der Große, Regula pastoralis. Wie der Seelsorger, der ein untadeliges Leben führt, die ihm anvertrauten Gläubigen belehren und anleiten soll, Leipzig 1986.

Weiterführende Literatur

Johanna Domek, Mit Benedikt durch das Jahr. Benediktinische Impulse aus dem II. Buch der Dialoge, Münsterschwarzach 2006.
Sigrid Grabner, Im Auge des Sturms: Gregor der Große. Eine Biographie, Augsburg 2009.
Pierre Riche, Gregor der Große. Leben und Werk, München 1996.

8 WILHELM VON SAINT-THIERRY
um 1080–1148

Meditationen und Gebete
Orationes meditativae

Autor und Werk

Wilhelm von Saint-Thierry (lateinisch: Guillelmus de Sancto Theodorico) ist ein monastischer Theologe des 11. und 12. Jahrhunderts und gehört zu den prägenden Gestalten des Zisterzienserordens. Er blieb durch die Überlieferung einer Reihe von Traktaten lebendig. Seine »Orationes meditativae« (Meditative Gebete) gehören zu den Höhepunkten abendländischer Spiritualität.

Wilhelm von Saint-Thierry wurde um 1080 in einer adligen Familie in Lüttich geboren. Um 1100 nahmen er und sein Bruder Simon das Studium der Artes liberales bei den damals an der Kathedralschule von Lüttich lehrenden Theologen Anselm von Canterbury und Petrus Abaelardus auf. Auf Lüttich folgten wohl als weitere Stationen Lyon und Reims. Im Jahre 1113 trat Wilhelm als Benediktiner in der Abtei Saint-Niçaise in der Nähe von Reims ein. Er traf 1118 Bernhard von Clairvaux, mit dem ihn von da an eine tiefe Freundschaft verband. 1121 wurde er vom Konvent der Benediktinerabtei Saint-Thierry zum Abt gewählt. Jedoch erkrankte Wilhelm bald nach seiner Ernennung zum Abt schwer und begab sich zur Genesung nach Clairvaux. In der Folgezeit spielte er eine leitende Rolle in der Einführung und Abhaltung von jährlichen Provinzkapiteln, um notwendige Reformgrundsätze im Sinne der Zisterzienser in den Benediktinerklöstern durchzusetzen. Durch die Verbindung mit Bernhard von Clairvaux angeregt, erwog er zeitweilig, das Amt des Abtes aufzugeben und Zisterzienser zu werden. Obwohl Bernhard ihn 1124 brieflich ermahnte, so lange Abt zu bleiben, wie er den Brüdern nützen könne und wolle, legte Wilhelm 1135 dann doch seine Abtswürde nieder und wurde im Zisterzienserkloster Signy in den Ardennen Novize. Noch vor 1135 entstanden seine Schriften »Über die Gottesschau« und »Über die Natur und Würde der Liebe«. Besonders ab 1135 machte sich Wilhelm mit großem Eifer daran, die griechischen Mönchsväter zu neuem Leben zu erwecken. Seine Sprache war von Anfang an biblisch und patristisch geprägt. Zwischen 1143 und 1144 besuchte Wilhelm die Kartause von Mont-Dieu. Als Freund Bernhards von Clairvaux und dessen erster Biograph trat er bescheiden hinter ihm zurück und war doch, wie neuere Forschungen deutlich zeigen, oft genug der Anreger für Bernhard gewesen und ein von ihm unabhängiger Denker. Sein Stehen im Schatten Bernhards wurde noch dadurch verschärft, dass manche seiner Bücher jahrhundertelang unter Bernhards Namen bekannt waren. Wilhelm starb am 8. September 1148 in Signy. Am 12. Januar 1215 wurde sein Leichnam aus dem Kreuzgang in die Kirche überführt. Da diese Erhebung der Gebeine in Gegenwart anderer Äbte im Mittelalter einer Seligsprechung gleichkam, wird Wilhelm im Zisterzienserorden als Seliger verehrt.

Inhalt

Wilhelms Schrift »Orationes meditativae« besteht aus dreizehn kurzen Texten, die eine Mischung aus Gebet, Meditation, Argumentation und seelsorgerlichen Anregungen sind. Wobei hier »Meditation« im christlichen Sinn verstanden werden muss, als Betrachtung und »Nachdenken« im Herzen und nicht im modern-östlichen Sinn als »Nichtdenken«.

Die Texte entstanden im Rahmen der Seelsorge für die ihm anvertrauten Mönche. Thematisch behandeln sie wesentliche Merkmale der zisterziensischen Spiritualität beziehungsweise prägen diese mit. Zum zentralen Betrachtungsgegenstand wird die Menschwerdung Gottes in Jesus Christus und dabei besonders die Kindheits- und Passionsgeschichte.

Entscheidend ist die Konzentration der Schriften auf das zentrale Thema der Zisterzienser: die Liebe Gottes zu den Menschen und die Antwort des Menschen auf diese Liebe. Das Gottesbild von Herr und Untertan wird durch familiäre Beziehungsbeschreibungen abgelöst. Dabei ergänzt Wilhelm auch das Vaterbild Gottes in Anlehnung an das Hohelied des Alten Testaments, durch das Bild des Bräutigams und der Braut: Gott und die Seele als verliebte Partner.

Eng verknüpft ist damit das Thema der Sehnsucht des Menschen nach Gott und endgültiger Gemeinschaft mit ihm, die letztlich nur in der Ewigkeit gestillt werden kann. Auch wenn die Gemeinschaft mit Gott immer noch aussteht, ist das zentrale Thema des mönchischen Lebens der Weg dahin. Diesen Weg sieht Wilhelm darin, Gott durch die Liebe immer ähnlicher zu werden. Dabei bleibt er in Bezug auf die menschliche Seele Realist und weiß um deren Kämpfe. Diese Haltung verdankt er unter Umständen eigenen Erfahrungen, sicher jedoch der Lektüre griechischer Mönchsväter. Im Gebet gehörte für Wilhelm die schonungslose Ehrlichkeit dazu. Vor Gott dürfen und müssen auch die Krise und die Finsternis im Gebet Platz haben, Klage vor Gott und Ringen mit Gott gehören zum geistlichen Leben.

Diese Ehrlichkeit Wilhelms vor Gott hat ihre Wurzeln in der Betonung der Gottesebenbildlichkeit des Menschen, denn dadurch wird der Mensch zum Partner Gottes. In Jesus Christus zeigt sich das Bild Gottes in vollendeter Weise, weshalb der gläubige Mensch auf Christus schauen und ihn betrachten soll, um ihm immer ähnlicher zu werden.

Lesetipp

Die eben erwähnte Mischung aus Gebet, Meditation und Argumentation macht modernen Lesern und Leserinnen die Lektüre nicht leicht, da sie gewohnt sind, diese Textsorten zu trennen. Andererseits gewährt gerade diese Mischung einen Einblick in die »Werkstatt« monastischer Theologie, der genau an dieser Verknüpfung von »Gespräch mit Gott« und »Gespräch über Gott« am Herzen lag. Eine Verknüpfung, die mit dem Beginn der Scholastik und erst recht in der gegenwärtigen Theologie nicht nur nicht vorkommt, sondern als »unwissenschaftlich« weitgehend abgelehnt wird. Die Texte Wilhelms lassen etwas vom Charme der Verknüpfung und auch von deren Chancen erahnen, denn auch wenn Wilhelm dogmatisch wird, bleibt er immer Abt und Seelsorger seiner Mönche und bezieht sich auf die Erfahrungen der Tradition und seine eigenen Erfahrungen. Das macht die Texte unter Umständen gerade für Studierende der Theologie interessant. Nicht nur im Sinne eines historischen Interesses, sondern als Hilfe für die Herausforderung, vor der jeder fromme Theologe, jede fromme Theologin steht: Sein Gespräch mit Gott und die eigene Spiritualität in Beziehung zu setzen zum Sprechen über Gott, wie auch der theologischen Auseinandersetzung und Spekulation.

Bibliographie

Wilhelm von Saint-Thierry, Meditationen und Gebete, Lateinisch/Deutsch, übertragen von Klaus Berger und Christine Nord, Frankfurt am Main 2001.

Weitere Werke

Wilhelm von Saint-Thierry, Spiegel des Glaubens: Mit zwei weiteren Traktaten »Über die Gottesschau« und »Über Würde und Natur der Liebe«, eingeleitet und übertragen von Hans Urs von Balthasar, Christliche Meister Band 12, Einsiedeln 1981.

9 BERNHARD VON CLAIRVAUX
1090–1153

Über die Besinnung an Papst Eugen

De Consideratione ad Eugenium Papam

Autor und Werk

Bernhard von Clairvaux wurde 1090 in Fontaine bei Dijon geboren und stammte aus einem ritterlichen Adelsgeschlecht. Nach dem Besuch der Schule der Regularkanoniker von Saint-Vorles in Châtillon-sur-Seine trat er 1112 mit insgesamt 30 Gefährten (darunter seine sechs Brüder und sein Onkel) in das Reformkloster Cîteaux ein. Diese Abtei war 1098 von Abt Robert von Molesmes gegründet worden und lebte in strikter Weise die Regel des hl. Benedikt. Die zentralen Anliegen der Gründer des »Novum Monasterium«, wie Cîteaux in den Anfängen genannt wurde, waren Einfachheit, Handarbeit und Weltabgeschiedenheit.

1115 wurde Bernhard von Abt Stephan Harding als Gründungsabt nach Clairvaux gesandt. Im gleichen Jahr empfing er auch die Priesterweihe. Bereits drei Jahre später gründete Bernhard von Clairvaux das erste von 68 Tochterklöstern. Bei seinen Reisen durch alle Teile Europas beeindruckte er vor allem durch seine große persönliche Ausstrahlung und eindrücklichen Predigten. Zeitgenossen bezeichneten ihn ob seiner herausragenden Begabung zur Predigt als »doctor mellifluus« (honigfließenden Lehrer). Dreimal lehnte Bernhard die ihm angebotene Bischofswürde ab.

Aufgrund seines Einsatzes für die Ausbreitung und Verfassung des Zisterzienserordens gilt er zu Recht als zweiter Gründer des Ordens. Bernhard ordnete für die Gründungen der Zisterzienser sumpfige

Täler mit Wäldern an, die gerodet werden mussten. Er betonte den Wert der körperlichen gegenüber der geistigen Arbeit. Ganz besonders wandte er sich in Briefen und Kapitelsbeschlüssen gegen jede figürliche Ausgestaltung der Portale, Kapitelle und Kreuzgänge, weil das den Betrachter vom Gebet ablenken würde.

Nach 1128 wurde Bernhard wiederholt zur Vermittlung in kirchlichen und weltlichen Angelegenheiten bemüht. So setzte er sich für die Beilegung des Schismas zwischen Anaklet und Innozenz II. ein. Ebenso war er an der Auseinandersetzung mit Abaelard (am Konzil von Sens 1140) und Gilbert de la Porrée (am Konzil von Reims 1148) beteiligt.

Am 15. Februar 1145 wurde Bernardo Pignatelli, der ursprünglich Mönch und Schüler Bernhards und später Abt des Klosters Trefontane (am Stadtrand von Rom) gewesen war, zum Papst gewählt. Er nannte sich Eugen III. Dadurch eröffneten sich Bernhard ungeahnte Möglichkeiten, das kirchliche Leben im Sinne seiner Reformideen zu beeinflussen. Bereits in seinem ersten Brief an den neuen Papst (Ep 238) sprach Bernhard die Themen an, die er später in seinem Traktat »De Consideratione ad Eugenium Papam« (Über die Besinnung an Papst Eugen) aufgriff und weiter ausführte. Das Traktat selber entstand nicht in einem Stück, sondern wurde wohl 1148 begonnen und erst 1152 abgeschlossen. Bernhards Treue zum Papsttum gab ihm auch Kraft und Mut zu sehr scharfer Kritik an den Päpsten. Er geißelte ihre weltliche Macht und ihr profanes Gehabe, mit dem sie sich eher als Nachfolger Konstantins erwiesen denn als Nachfolger Christi.

Im Auftrag von Papst Eugen III. setzte Bernhard seine große Predigtbegabung in den Dienst der Kreuzzüge ein. So entfachte er in ganz Europa einen Rausch der Begeisterung für die Kreuzzüge. Bernhard reiste nach Nordfrankreich, Flandern und ins Rheinland. Überall zogen Wundertaten und die redegewandten Predigten Bernhards zahlreiche Zuhörer und Pilger an. 1146 rief er in Vézelay zum zweiten Kreuzzug auf. Die Predigt von Vézelay löste in ganz Frankreich Begeisterung aus. Selbst König Ludwig VII. zeigte sich, neben Mitstreitern aus Frankreich, Flandern und Deutschland, zum Aufbruch entschlossen. Der Misserfolg des Kreuzzugs traf Bernhard schwer. Seine erneute Kreuzzugsinitiative 1150 blieb erfolglos.

Die Spiritualität des Heiligen ist durch die vielen überlieferten Schriften, Predigten und Briefe reich dokumentiert. Bernhard gilt als der letzte Vertreter der sogenannten monastischen Theologie (der Theologie der Klöster) und wird zuweilen auch als »Letzter der Väter« bezeichnet. Bereits zur Zeit Bernhards zeichnete sich der Beginn der Scholastik ab, der Theologie der Schulen an den neu gegründeten Universitäten (1088 Gründung Bologna als älteste Universität). Bernhard hatte ein gewisses Misstrauen gegenüber rein intellektuellem Erkenntnisstreben. Er billigte intellektuelles Denken, soweit es zu Gebet und Kontemplation führte. Die Heilige Schrift, die in Christus ihre tiefe Einheit findet, ist für Bernhard die Quelle seines Denkens und seiner Frömmigkeit. Er zeigt eine besondere Zuwendung zum irdischen Jesus und der Betrachtung der im Fleisch verborgenen Gottheit.

Bernhard gilt als Begründer und Bahnbrecher der mittelalterlichen Christusmystik. Im Mittelpunkt seines mystischen Sinnens und Denkens steht Christus, der Gekreuzigte. »Was ist wirksamer zur Heilung der Wunden des Gewissens und zur Reinigung des Seelengrundes als die emsige Betrachtung der Wunden Christi?«

Bei Bernhard geht die mystische Betrachtung über in Anbetung und die Anbetung über in Minne (Liebe). Jesus wird ihm, entsprechend der allegorisch-mystischen Auslegung des Hohenliedes, zum Bräutigam der Seele.

Seine 86 Predigten über das Hohelied des Alten Testaments (Hld 1 bis 3,1) sind gleichsam ein »Wörterbuch« der Mystik. Sie versuchen, mit Hilfe des Hohenliedes die eigenen Glaubenserfahrungen auszudrücken. »Dürre ist jede Speise der Seele, wenn sie nicht mit diesem Öl getränkt ist; unschmackhaft, wenn dieses Salz sie nicht würzt. Wenn du schreibst, so sagt es mir nicht zu, es sei denn, ich lese Jesus darin; wenn du sprichst oder dich unterredest, so sagt es mir nicht zu, es sei denn, ich höre Jesus in deinen Worten. Jesus ist Honig im Mund, Melodie im Ohr, Jubelsang im Herzen. Wird jemand unter euch traurig? Nun, so möge Jesus in sein Herz kommen. Und sieh, wenn er seinen Namen ausspricht, dann wird es licht, die Wolken verschwinden, und der blaue Himmel ist wieder da. Fällt jemand in Sünde, gerät er verzweifelnd in Stricke des Todes: er wird alsbald lebend aufatmen, wenn er den Namen des Lebens anruft. Wer hätte nicht alle Furcht verloren und Zuversicht gewonnen, wenn er, in Gefahr erzitternd, im Geist des heilbringenden Namens gedenkt? Wer hätte nicht, wenn er von Zweifeln umgetrieben wird, Gewissheit aus der Anrufung des Namens Jesu gewonnen?« Bernhard war historisch gesehen ein großer Förderer der Marienverehrung, die bei ihm allerdings aus seiner Christusfrömmigkeit und Verehrung der Menschwerdung Gottes hervorging. Seine Schriften haben die Frömmigkeit der nächsten Jahrhunderte nachhaltig beeinflusst. Am 20. August 1153 starb Bernhard in Clairvaux und wurde in Cluny begraben. Bei seinem Tod gehörten 344 Klöster in ganz Europa zum Zisterzienserorden, darunter 166, die Clairvaux direkt unterstanden. Bernhard wurde 1174 von Alexander III. heiliggesprochen. Pius VIII. verlieh ihm 1830 den offiziellen Titel »doctor ecclesiae«. Die Kirche feiert sein Fest am 20. August.

Inhalt

Der Traktat »De Consideratione ad Eugenium Papam« (Über die Besinnung an Papst Eugen) umfasst fünf Bücher beziehungsweise Teile.

Im ersten Teil legt Bernhard die unerträgliche Belastung des Papstamtes und die damit verbundenen Gefahren dar, deren Gründe er vor allem in der »Hartherzigkeit« und im Mangel an Besinnung sieht. Für ihn sind die Übungen der Frömmigkeit und Tugenden auch für einen Papst verbindlich.

Der zweite Teil des Traktats behandelt zu Beginn die Tragödie des zweiten Kreuzzugs. Erst dann kehrt Bernhard zum Thema »Besinnung« zurück, die er von der »Beschauung«, der »contemplatio«, unterscheidet. Besinnung ist für ihn der Weg zur Beschauung, als ausdauernde und intensive Suche nach der Wahrheit. Diese beginnt mit der Selbsterkenntnis. Bernhard zeichnet einen scharfen Kontrast zwischen den Anforderungen des Papstamtes einerseits und der Gebrechlichkeit der menschlichen Natur andererseits und entwickelt ein theologisches Konzept des Papstamtes, dessen grundlegendes Kennzeichen er im Dienen, nicht im Herrschen sieht: »Den Nachfolgern der Apostel ist das Herrschen verboten.«

Im dritten Buch setzt sich Bernhard mit dem Zustand von Kirche und Christenheit auseinander. Sein Hauptanliegen ist, die Glaubwürdigkeit des Christentums, als Voraussetzung für eine fruchtbare apostolische Arbeit, hervorzuheben. Konkret fordert er, dass Habgier, Ehrgeiz, Korruption und Bestechlichkeit in der Kirche nichts zu suchen haben.

Im vierten Buch beschäftigt sich Bernhard mit dem Umfeld des Papstes. Sein Urteil ist hart und unverblümt. Obwohl der Papst zum Hirten bestellt ist, findet er sich nicht inmitten seiner Schafe wieder, sondern von Wölfen umgeben, die nur darauf warten, dass er die Schafe ausplündert, schlachtet und mit ihnen teilt. Bernhard sieht dringenden Reformbedarf und tritt für ein Papsttum ein, das weltlicher Macht entsagt und sich auf die Macht des Evangeliums konzentriert. Der Papst ist Vorbild und muss nicht nur persönlich, sondern auch in seinem Amtsverständnis den Ansprüchen des Evangeliums genügen.

Das fünfte und letzte Buch unterscheidet sich grundlegend von den vorhergehenden Teilen. Immer wieder stellt Bernhard darin die »letzte Frage« aller Theologie: »Was ist Gott?« und versucht, verschiedenste theologische Themen abzuhandeln. Dabei wird für ihn deutlich, dass alle Vielfalt theologischen Wissens immer nur Teilbereiche erhellt, die Frage jedoch nie in einer erschöpfenden Weise behandelt werden kann. Er beschließt sein Werk mit dem Hinweis auf die nie endende Gottsuche der Mönche: »So sei hier das Ende des Buches, nicht aber das Ende des Suchens.«

Lesetipp

Die Herausforderung der Lektüre des Traktats von Bernhard von Clairvaux besteht immer wieder darin, zu vernachlässigen, dass es sich um den Papst als Adressaten handelt. Manche Abschnitte sind für heutige Leser und Leserinnen wirklich nur historisch von Interesse. Doch gerade in den Büchern eins und zwei ist das Bemühen Bernhards grundsätzlicherer Art. Letztlich geht es ihm um die Frage der Gestaltung und Bedeutung der Frömmigkeit bei beruflicher Belastung. Ein Problem, das heute sicher nicht nur Päpste oder Politiker haben, sondern das sich zum allgemeinen Problem entwickelt hat.

Bernhards Fragestellung und Antwortversuche sind sehr »modern«, indem er darlegt, wie ein geistlicher Weg aussehen und helfen kann, der Gefahr zu begegnen, sich selbst in den Anforderungen von Beruf und Welt zu verlieren. Er beschreibt sehr subtil den schleichenden Prozess der Gewöhnung, der schließlich zur Hartherzigkeit führt. So kann seine Lektüre jedem berufstätigen Menschen helfen, bei sich selbst erste Alarmsignale zu entdecken und entsprechende Gegenmaßnahmen zu entwickeln.

Bibliographie

Bernhard von Clairvaux, De Consideratione ad Eugenium Papam. Über die Besinnung an Papst Eugen, herausgegeben von Gerhard B. Winkler, in: Sämtliche Werke, Band I, Innsbruck 2. Aufl. 1994.

Weitere Werke

Bernhard von Clairvaux, Sämtliche Werke (Band I bis X), herausgegeben von Gerhard B. Winkler, Innsbruck 1994–1999.
Bernhard von Clairvaux, Rückkehr zu Gott. Die mystischen Schriften, herausgegeben von Bernardin Schellenberger, Mannheim 2006.
Bernhard von Clairvaux, Besinnung auf das Leben. Texte und Briefe, herausgegeben von Udo Hahn, Gütersloh 2000.

Weiterführende Literatur

Peter Dinzelbacher, Bernhard von Clairvaux: Leben und Werk des berühmten Zisterziensers, Darmstadt 1998.
Jean Leclercq, Bernhard von Clairvaux. Mystiker und Mann der Tat, München 2009.
Ekkehard Meffert, Die Zisterzienser und Bernhard von Clairvaux, Stuttgart 2010.
Maria Sammer, Bernhard von Clairvaux begegnen. Zeugen des Glaubens, Augsburg 2006.

10 HILDEGARD VON BINGEN
1098–1179

Briefe

Autorin und Werk

Als zehntes Kind des Edelfreien Grundherrn Hiltbertus de Bermersheim und seiner Gattin Mechthild wurde Hildegard 1098 in Bermersheim bei Alzey in Rheinhessen geboren. Schon mit acht Jahren vertrauten ihre adeligen Eltern Hildegard zu frommer, klösterlicher Erziehung der Gräfin Jutta von Spanheim an, die als Einsiedlerin in unmittelbarer Nähe des Benediktinerklosters am Disibodenberg lebte. Sie lernte lesen und schreiben sowie etwas Latein. Um die »Magistra« (Meisterin) Jutta bildete sich nach und nach eine kleine Gemeinschaft, in der Hildegard geistig und geistlich heranwuchs. Zwischen 1112 und 1113 legte sie vor Bischof Otto von Bamberg die Gelübde nach der Regel des hl. Benedikt ab und bestätigte damit ihrerseits die Entscheidung ihrer Eltern, sie einem klösterlichen Leben zu weihen. Nach dem Tod der Meisterin Jutta wählte die Gemeinschaft Hildegard 1136 zur Nachfolgerin. Immer wieder kommt es zu Auseinandersetzungen mit Abt Kuno vom Benediktinerkloster Disibodenberg, dem der Leitungsstil Hildegards nicht streng genug schien. Die immer größer werdende Kommunität um die neue Äbtissin machte es notwendig, ein neues Kloster auf dem Rupertsberg bei Bingen zu gründen, das 1150 bezogen werden konnte. 1165 erfolgte die Gründung eines zweiten Klosters in Eibingen bei Rüdesheim.

Von Kindheit an hatte Hildegard Visionen, über die sie selbst schreibt: „Die Kraft und das Geheimnis verborgenen und wunderbaren Schauens erfuhr ich wundersam in meinem Innern seit meinen Kinderjahren: doch tat ich es keinem Menschen kund und deckte alles mit Schweigen zu bis zu der Zeit, da Gott es durch seine Gnade offenbaren wollte. Die Gesichte, die ich schaue, nehme ich nicht in traumhaftem Zustand, nicht im Schlaf oder in Umnachtung des Geistes, nicht mit den Augen des Leibes oder den Ohren des äußeren Menschen auf, sondern wachend empfange ich sie, besonnen und mit klarem Geist, so wie Gott es will. Wie das geschieht, ist für den sterblichen Menschen schwer zu begreifen. Im Jahre 1141 der Menschwerdung des Sohnes Gottes, Jesu Christi, als ich 42 Jahre und sieben Monate alt war, kam ein feuriges Licht mit Blitzeleuchten vom offenen Himmel hernieder. Es durchströmte mein Hirn und durchglühte mir Herz und Brust gleich einer Flamme, die jedoch nicht brannte, sondern wärmte, wie die Sonne uns erwärmt, wenn sie uns mit ihren Strahlen übergießt. Da war mir plötzlich und mit einem Mal der Sinn der Heiligen Schrift erschlossen, wenngleich ich die einzelnen Worte nicht übersetzen konnte. Ich sah einen großen Glanz, und eine himmlische Stimme erscholl aus ihm und sprach: ›O du gebrechlicher Mensch, Asche von Asche, Staub vom Staube, sage und schreibe, was du siehst und hörst! Tue kund die Wunder, die du erfahren hast!‹ All dieses sah und hörte ich, und dennoch: ich weigerte mich zu schreiben, nicht aus Trotz, sondern aus Demut, wegen der Zweifelssucht und des Geredes der Menschen, bis mich Gottes Geißel auf das Krankenlager warf. Da endlich legte ich Hand ans Schreiben.«

Bei der Abfassung ihrer Schriften halfen Hildegard der Mönch Volmar von Disibodenberg und ihre Sekretärin, die Nonne Richardis, Tochter des Markgrafen von Stade, Schwester des Markgrafen von Brandenburg, Schwägerin des Dänenkönigs Erik und Schwester des Erzbischofs von Bremen. So entstand im Lauf von zehn Jahren, begonnen noch auf dem Disibodenberg 1141 und auf dem Rupertsberg 1151 vollendet, ihr Hauptwerk »Scivias« (= »Wisse die Wege!«). Es beinhaltet in drei Büchern die Geheimnisse Gottes, der Welt und des Menschen. Hildegard thematisiert darin Gott und sein Schöpferwirken, die Erschaffung und den Sündenfall des Menschen und das Geschehen der Erlösung. Das Heilsgeschehen wird von ihr im Bild eines Gebäudes beschrieben, das in den Menschen durch die Virtutes, die Gotteskräfte, errichtet wird.

Hildegard war sich ihrer Sehergabe wohl bewusst, jedoch unsicher bezüglich der Herkunft ihrer Visionen und wendete sich in einem Brief an Bernhard von Clairvaux (1146/1147) mit der Bitte um Klärung: »Um der Liebe Gottes willen begehre ich, Vater, dass du mich tröstest, dann werde ich sicher sein.« Bernhard antwortete kurz: »Wir freuen uns mit dir über die Gnade Gottes, die in dir ist. Und was uns angeht, so ermahnen und beschwören wir dich, dass du sie als Gnade erachtest und ihr mit der ganzen Liebeskraft der Demut und Hingabe entsprichst ... Im Übrigen, was sollen wir noch lehren oder ermahnen, wo schon eine innere Unterweisung besteht und eine Salbung über alles belehrt?« Er sah keinen Anlass dazu, Hildegard zu belehren, denn die Belehrung war für ihn bereits Teil der empfangenen Salbung. Er mahnte lediglich dazu, die empfangene Gnade, die er als von Gott geschenkt erkannte, in der rechten Haltung von Demut und Hingabe aufzunehmen.

Schließlich autorisierte Papst Eugen III. 1147/1148 anlässlich seiner Teilnahme an einer Synode in Trier in gewissem Sinn ihre Sehergabe und ermunterte Hildegard in einem Brief zum Niederschreiben ihrer Schauungen. Diese Erlaubnis stärkte auch ihre politische Bedeutung. Darüber hinaus wurde sie zu diesem Zeitpunkt wegen ihrer Visionen geschätzt und stand mit vielen geistlichen und weltlichen Mächtigen in Korrespondenz.

Im »Liber Vitae Meritorum« (Der Mensch in der Verantwortung), das Hildegard 1158 begann und dessen Niederschrift fünf Jahre dauerte, zeigt sie, wie 35 virtutes (Gotteskräfte) durch ebenso viele vitia (Laster) bekämpft werden. Diese Auseinandersetzung zwischen Gutem und Bösem ereignet sich, ihrer Darlegung nach, in jedem Menschen.

Von 1163 bis 1170 entstand als letzte ihrer mystischen Schriften »Liber de Operatione Dei«, eine Welt- und Menschenkunde, in der der Mikrokosmos und der Makrokosmos in einer innigen Bezogenheit zueinander und zu Gott stehen.

Die drei genannten Werke Hildegards zählen zu den ältesten Schriften der deutschen Mystik. Ihre medizinischen und naturwissenschaftlichen Schriften »Naturkunde« (»Physica«) sowie die »Heilkunde« (»Causae et Curae«) zeugen von kultur- und literargeschichtlichem

Wert. Sie gilt als die erste schriftstellernde deutsche »Ärztin« und die Begründerin der wissenschaftlichen Naturgeschichte in Deutschland. Außerdem schuf Hildegard viele geistliche Dichtungen, die sie zum Teil selbst vertonte.

Zum Ende ihres Lebens wurden vier größere Reisen, die sie trotz zunehmender gesundheitlicher Probleme unternahm, wichtig (die Mainfahrt zwischen 1158 und 1161; die rheinisch-lothringische Fahrt 1160; die Rheinfahrt zwischen 1161 und 1163 und schließlich die Fahrt zu schwäbischen Klöstern 1170/1171). Als bedeutsam werteten die Zeitgenossen auch den Umstand, dass Hildegard dabei auf Plätzen und in Kirchen predigte. Sie rief Klerus und Volk zu Umkehr und Buße auf und forderte strenge Sittenzucht.

Hildegard genoss hohes Ansehen bei geistlichen und weltlichen Größen. Ausgedehnte Briefwechsel zeugen von Königen und Fürsten, Bischöfen, Ordensleuten und Laien, die bei ihr Rat und Hilfe erbaten. Am 17. September 1179 starb Hildegard, schon lange von schweren Krankheiten gezeichnet, im Kloster auf dem Rupertsberg bei Bingen. Sie wurde nie förmlich heiliggesprochen, aber von Anfang an als Heilige verehrt. Die Kirche begeht am 17. September ihren liturgischen Gedenktag.

Inhalt

Die Briefe der hl. Hildegard, in Auswahl von Sr. Adelgundis Führkötter OSB herausgegeben, geben Zeugnis vom regen Kontakt der Äbtissin zu den unterschiedlichsten Personen. Hildegard begegnet darin von Mensch zu Mensch. Sie gibt Einblick in ihre Herzensanliegen und wendet sich bittend und ermahnend an Päpste, Bischöfe, Klerus und Volk. Ihre Briefe zeugen, wenn auch seltener, von ihren inneren Nöten und der Bedrängnis ihres Herzens. Sie thematisiert ihre Verzagtheit und Mutlosigkeit ebenso wie Trost, den sie geben kann. Die erhaltenen Briefe der Gesprächspartner Hildegards beleuchten dagegen ihre Gestalt aus Sicht der Zeit und runden das Bild der Heiligen ab. Zugleich gewähren die Briefe einen Blick auf die Probleme des 12. Jahrhunderts. Hildegard ist bemüht, Konflikte zu lösen und zu vermitteln. Gerade auch in ihren Briefen an Laien zeigt sie sich als Seelsorgerin, die zugewandt aus ihrer Erfahrung heraus Rat erteilt und Trost und Hilfe schenkt. Alle überlieferten Briefe bieten einen guten Einstieg in Hildegards Sprache, Zeit und Welt.

Hildegard verfasste ihre Briefe, ebenso wie ihre anderen Schriften, in lateinischer Sprache. Da sie die Sprache nicht systematisch erlernte, ist ihr Latein holprig. Als sprachliche Quellen dienten Hildegard die Bibel, das Stundenbuch und die Väterlesung. Diese Schriften prägten ihre Sprache und ihr Denken. Adelgundis Führkötter bemühte sich, den Originaltext wortgetreu zu übersetzen, Fehler in den Handschriften wurden korrigiert und offenkundige Lücken sinngemäß ergänzt.

Lesetipp

Die geistlichen Schriften Hildegards von Bingen sind aufgrund ihrer Bildhaftigkeit und ihres Ursprungs in der visionären Schau keine leichte Lektüre und ohne Vorkenntnisse und Hintergrundwissen schwer lesbar. Ihre Briefe dagegen lesen sich leichter, wenn auch nicht ohne manche Hürde. Für die Lektüre der Schriften Hildegards ist unter Umständen ein Leitinteresse hilfreich, nämlich Hildegard von Bingen als Person besser kennen zu lernen und ihre Anliegen zu verstehen. Das Lesen der Briefe kann helfen, Hildegard als geistliche und politische Gestalt zu begreifen und sie nicht – wie es heute oft geschieht – auf »Hildegardmedizin« und »Dinkelplätzchen« zu reduzieren. Beeindruckend ist das hohe Ansehen, das sie – ohne theologische Ausbildung – als Frau des 12. Jahrhunderts genoss. Sie wurde von hochgestellten Männern nicht nur um Rat gefragt, sondern scheute sich auch nicht, diese zu ermahnen und zu korrigieren. Die Autorität dazu erhielt sie durch ihre Schau. Dies war sicher auch ein Grund, wenn auch nicht der einzige, weshalb Hildegard in ihren Schriften immer wieder Bezug auf ihre Visionen nahm.

Die Lektüre ihrer Briefe lädt zu einem Gespräch mit dieser außergewöhnlichen geistlichen Frau ein, oder dazu, sich von ihr herausfordern, ermahnen und trösten zu lassen, je nachdem, wo persönliche Anknüpfungspunkte entstehen oder geschenkt werden.

Bibliographie

Hildegard von Bingen, »Nun höre und lerne, damit du errötest ...«. Briefwechsel nach den ältesten Handschriften übersetzt und nach den Quellen erläutert von Adelgundis Führkötter, Freiburg im Breisgau 2008.

Weitere Werke

Hildegard von Bingen, Lieder, ausgewählt von Silvia Sager, übersetzt von Adelgundis Führkötter, Zürich 2009.
Hildegard von Bingen, Das Buch der Lebensverdienste (Liber Vitae Meritorum), übersetzt von Heinrich Schipperges, Salzburg 3. Aufl. 1986.
Hildegard von Bingen, Heilkraft der Natur (Physica). Das Buch von dem inneren Wesen der verschiedenen Naturen der Geschöpfe, übersetzt von Marie-Louise Portmann, Stein am Rhein 3. Aufl. 2009

Eine Neuausgabe der Werke Hildegards, herausgegeben von den Benediktinerinnen der Abtei St. Hildegard, Eibingen, ist derzeit in Bearbeitung:

Hildegard von Bingen, Wisse die Wege (Liber Scivias). Eine Schau von Gott und Mensch in Schöpfung und Zeit, neu übersetzt von Mechthild Heieck, Hildegard von Bingen Werke Band 1, Beuron 2010.
Hildegard von Bingen, Heilwissen (Causae et Curae), Hildegard von Bingen Werke Band 2, Beuron 2011.
Hildegard von Bingen, Das Buch vom Wirken Gottes (Liber Divinorum Operum), neu übersetzt von Mechthild Heieck, Hildegard von Bingen Werke Band 3, Beuron 2012. [In Planung]
Hildegard von Bingen, Heilkraft der Natur (Physica), Hildegard von Bingen Werke Band 4, Beuron 2012. [In Planung]

Hildegard von Bingen, Lieder (Symphoniae), neu übersetzut von Simone Weinkopf, Hildegard von Bingen Werke Band 5, Beuron 2013. [In Planung]

Hildegard von Bingen, Der Mensch in der Verantwortung (Liber vitae meritorum), neu bearbeitet von Maura Zátonyi, Hildegard von Bingen Werke Band 6, Beuron 2013. [In Planung]

Hildegard von Bingen, Briefwechsel. Nach den ältesten Handschriften, neu bearbeitet von Maura Zátonyi, Hildegard von Bingen Werke Band 7, Beuron 2014. [In Planung]

Hildegard von Bingen, Das Leben der Hildegard von Bingen (Vita Hildegardis). Verfasst von den Mönchen Gottfried und Theoderich, Hildegard von Bingen Werke Band 8, Beuron 2014. [In Planung]

Weiterführende Literatur

Das Leben der hl. Hildegard von Bingen. Ein Bericht aus dem 12. Jahrhundert. Berichtet von den Mönchen Gottfried und Theoderich, übertragen und kommentiert von Adelgundis Führkötter, Salzburg 3. Aufl. 1998.

Barbara Beuys, Denn ich bin krank vor Liebe: Das Leben der Hildegard von Bingen, Berlin 2. Aufl. 2009.

Christian Feldmann, Hildegard von Bingen. Nonne und Genie, Freiburg im Breisgau 2008.

Hildegard Gosebrink, Hildegard von Bingen begegnen, Augsburg 2. Aufl. 2009.

Heike Koschyk, Hildegard von Bingen. Ein Leben im Licht. Biographie, Berlin 3. Aufl. 2009.

Zu Hildegard von Bingen gibt es zudem zahllose weitere Bücher (und weitere Produkte wie zum Beispiel Kalender) aus den Bereichen Fasten, Kochen, Heilen, Kräuter, Räuchern, ... Nicht zuletzt ist Hildegard auch die Hauptfigur einiger (fiktiver) Romane.

11 AELRED VON RIEVAULX
1110–1167

Über die geistliche Freundschaft
De spirituali amicitia

Autor und Werk

1110 kam Aelred als eines von vier Kindern in einer Priesterfamilie in Hexham, Northumbrien, zur Welt. Seit drei Generationen waren die Väter seiner Familie zuständig für die Kirche in Hexham. Die Einführung des Zölibats, die Papst Gregor VII. 1074 bekräftigte, als er die Dekrete seiner Vorgänger gegen Simonie und Zölibatsmissachtung bestätigte, setzte sich nur sehr langsam durch.

Nach einigen Jahren der Ausbildung in der von Benediktinern geleiteten Kathedralschule von Durham, zu denen Aelreds Familie enge Verbindungen pflegte, holte ihn 1124 König David I. von Schottland aus nicht klar ersichtlichen Motiven an seinen Hof, wo er mit dem Sohn des Königs, Heinrich, und dessen Stiefsohn, Waldef, erzogen und ausgebildet wurde. Die klassischen Ausbildungsfächer dieser Zeit waren die sogenannten »septem artes liberales«. Hierzu zählen die literarischen Disziplinen Grammatik, Rhetorik, Dialektik (trivium) sowie die mathematischen Fächer Arithmetik, Geometrie, Musik und Astronomie (quadrivium).

Während dieser Zeit setzte sich Aelred auch mit den antiken Schriften auseinander. Ciceros Werk über die Freundschaft, »Laelius – De amicitia«, das ihm als Vorlage für seine eigenen Überlegungen über die Freundschaft diente, lernte er mit großer Wahrscheinlichkeit hier kennen. Da es in dem Bibliotheksverzeichnis von Rievaulx nicht auftaucht, geht man davon aus, dass Aelred daraus auswendig zitierte.

König David I. ernannte Aelred zum Palastverwalter und Haushofmeister. Die Übertragung eines solchen indirekt repräsentativen Postens, mit dem ihm unter anderem die Verantwortung für die Küche übertragen wurde, weist auf seine praktischen und organisatorischen Fähigkeiten und seine Anerkennung durch den König hin. Während der zehn Jahre am Königshof führte Aelred ein ausschweifendes Leben und resümierte nach seinem Ordenseintritt die Tiefen und Untiefen des höfischen Lebens als sehr ambivalent.

1134 wurde Aelred in einer diplomatischen Mission zum Erzbischof Thurstan nach York geschickt. Auf dieser Reise lernte er das Kloster Rievaulx kennen und trat bei seiner Rückkehr aus York zum Erstaunen seiner Gefährten dort ein.

Rievaulx in Yorkshire, im Norden Englands, war 1132 von Bernhards Sekretär Wilhelm und zwölf Mönchen von Clairvaux aus gegründet worden. Die zisterziensische Bewegung erlebte, wie auch andere Ordensbewegungen in dieser Zeit, ein rasantes Wachstum. Weil die Handarbeit ein zentraler Aspekt in der zisterziensischen Lebensweise war, spielte sie eine wichtige Rolle in der Urbarmachung von bisher wenig besiedelten Gebieten und dem Landesausbau. Ein weiterer wichtiger Grundimpuls der Zisterzienser war die Durchbrechung des Adelsprinzips im Kloster.

Zur Zeit Aelreds waren Konvente mit einhundert und mehr Brüdern fast zur Regel geworden. Mit seinem Eintritt bei den zisterziensischen Mönchen brach Aelred mit allem, was sein Leben bisher nach außen hin ausgemacht hatte: das Elternhaus, die Stellung am Hof, das Studium der Literatur und die wahrscheinlich angestrebte kirchliche Laufbahn. Er entschied sich für ein streng kontemplatives Leben in Armut und Einfachheit.

Aelred bereute diesen Schritt nicht, sondern erlebte das Kloster als einen Ort, an dem sein vom Trubel des höfischen Lebens aufgeregter und von den inneren Kämpfen um seine Berufung eingeforderter Geist zur Ruhe kam. Er selbst bezeichnet im Prolog zu »De spirituali amicitia« diesen Schritt durch Gottes Führung als Umkehr vom Irrweg auf den rechten Pfad.

Über die ersten neun Jahre im Ordensleben Aelreds ist nichts Näheres bekannt. Das streng asketische Leben musste auf Aelred trotz oder gerade wegen seiner Härten eine gewisse Faszination ausgeübt haben, spielen doch das Überwinden der Lauheit des weltlichen Lebens, das Überwinden der Macht der Gewohnheiten und das Einüben in ein monastisches Leben, das ganz auf Gott hin ausgerichtet ist, in seinen Texten eine entscheidende Rolle.

Als er vom Abt für das Priesteramt bestimmt wurde, was bedeutend ist angesichts der Tatsache, dass es in einem Konvent von dreihundert Mönchen nur etwa acht Priester gab, widmete er sich neben der Arbeit auch dem Studium. Innerhalb des Klosters erhielt er die Aufgabe des Ökonomen, was ihn zu der ironischen Bemerkung veranlasste, er habe lediglich den Ort, nicht die Tätigkeit gewechselt.

1140 wurde Aelred von Abt William in der Frage einer Bischofsbestellung nach Rom geschickt, wo er seine diplomatischen Fähigkeiten, die er am Hof König Davids erworben hatte, nutzen konnte. Bei seiner Rückreise lernte er 1142 Bernhard in Clairvaux kennen, der ihn mit der Abfassung eines Werks beauftragte, in dem Aelred seine Erkenntnisse über die Liebe niederschreiben sollte. Als Aelred dieser Aufgabe ablehnend gegenüberstand, schickte Bernhard ihm zusätzlich einen schriftlichen Befehl.

Die ihm durch die spirituelle Autorität des Ordens erteilte Erlaubnis, schriftstellerisch tätig zu sein, setzte eine Welle von Veröffentlichungen in Gang. Doch Aelred beschränkte sich nicht auf das Schreiben, es wurde eher seine Nebenbeschäftigung, der er sich neben seinen Aufgaben, die ihm nach seiner Rückkehr aus Rom aufgetragen wurden, noch widmete.

Nach einjähriger Tätigkeit als Novizenmeister in Rievaulx wurde der Zisterzienser 1143 in Saint Laurence of Revesby, dem dritten Tochterkloster Rievaulxs, an dessen Errichtung er beteiligt war, als Abt eingesetzt. Schnell erlebte er hier große Fortschritte sowohl was sein Anliegen als Gründer betraf, das Kloster ökonomisch selbstständig zu machen, als auch mit der Einführung und Konstituierung eines regelgemäßen Lebens in Gebet und Kontemplation.

Tatsächlich meisterte Aelred seine Aufgabe so überzeugend, dass die Brüder ihn 1147 in Rievaulx, das mittlerweile zu den bedeutendsten Klöstern Englands zählte, zum Abt wählten. Das Amt der Klosterleitung hatte er bis zu seinem Tod inne. Unter seiner Leitung erlebte die

Abtei den größten Aufschwung ihrer Geschichte. Aelred besaß besondere Führungsqualitäten. Mit großzügiger Milde und gleichzeitig unerbittlich, wenn er Missstände im Kloster und bei den Brüdern anprangerte, gelang es ihm, das Kloster mit über dreihundert Mönchen und Laienbrüdern zu führen.

Neben seinen Aufgaben als Abt führte Aelred mit zahlreichen hochgestellten Persönlichkeiten seiner Zeit einen intensiven Schriftwechsel in beratender Funktion. Als Prediger war er bei offiziellen Anlässen ein gern gesehener Gast. Seine ehrliche und authentische Art, verbunden mit spiritueller Tiefe wirkte auf seine Hörer ansprechend. Zudem besaß Rievaulx mittlerweile fünf Tochterklöster, die der Abt des Mutterklosters regelmäßig zu visitieren hatte.

Aelred war oft in diesen Angelegenheiten unterwegs und traf in diesem Zusammenhang auch seinen Freund Ivo wieder, der zur Gründung eines Tochterklosters 1136 aus Rievaulx weggezogen war, und konnte die Freundschaft zu ihm erneut pflegen und ausbauen. Im ersten Kapitel des Werkes »Über die geistliche Freundschaft«, das Aelred um das Jahr 1158 verfasste, war Ivo sein Gesprächspartner. Nach dessen Tod unterbrach Aelred für Jahre die Arbeit an dem Werk, das er dann erst 1163 fertig stellte. Die geistlichen Freundschaften und der Austausch mit spirituell hochstehenden und geistig interessierten Menschen hatte für Aelred existenzielle Bedeutung.

In den späteren Jahren war Aelreds Leben zunehmend von schwerer Krankheit geprägt, doch er empfing, soweit es ihm möglich war, seine Mitbrüder, die ihn in seiner Funktion als Abt oder als Seelenführer aufsuchten. Seine letzte Ansprache an die Klostergemeinschaft hielt er zehn Tage vor seinem Tod von seiner Strohmatte aus. Am 12. Januar 1167 starb Aelred von Rievaulx.

Inhalt

In Aelreds Werken hängen Leben und Lehre sehr eng zusammen. Theoretische Einsicht und spirituelle Erfahrung sind in der monastischen Bildung keine Gegensätze, sondern ein notwendiges gegenseitiges Korrelat.

In seinem Werk »Über die geistliche Freundschaft« führt Aelred die Gedanken seines Erstlingswerkes »Spiegel der Liebe« weiter, wobei er sich hier ausführlicher der Frage widmet, ob es neben der universal gültigen Liebe, die nach christlicher Vorstellung allen Menschen gilt, auch eine intensivere Bindung zwischen Menschen geben kann, die zur Glaubens- und Gotteserfahrung führt. Die Darstellung ist insofern auch Zeugnis seiner eigenen spirituellen Suche.

Mit seinen Reflexionen über Liebe und Freundschaft schlägt der Zisterziensermönch einen Weg ein, der vor ihm in dieser Weise noch nicht beschritten wurde, denn es gelingt ihm durch die positive Würdigung des eigenständigen Wertes der Affekte und Emotionen im Bereich zwischenmenschlicher Beziehungen ein neuwertiger Ansatz.

Für sein Nachdenken über die Freundschaft fand Aelred wichtige Orientierung in Ciceros Freundschaftswerk. Mit dem Klostereintritt trat diese Darstellung jedoch zunächst in den Hintergrund. Aelreds intensive Beschäftigung mit der Heiligen Schrift ließ das Werk des antiken Dichters erblassen. Allein die Heilige Schrift wird für ihn nun zur maßgebenden Autorität. Durch das kontinuierliche Lesen der Heiligen Schrift prägten sich die Worte ins Gedächtnis ein. Wie selbstverständlich flossen immer wieder biblische Zitate oder Anlehnungen in die Gedanken Aelreds ein. In einigen Passagen findet sich kaum ein Satz, der nicht durch ein Wort aus der Heiligen Schrift geprägt ist, und manchmal verschwimmen die Grenzen zwischen zitierten Worten und eigenen Formulierungen. Aelred definierte die Freundschaft im Sinne der letzten Kapitel des Johannesevangeliums, in denen Christus in echter Liebe und freundschaftlicher Zuneigung zu seinen Jüngern, diese mit den Geheimnissen seines Vaters vertraut machen wollte.

Allerdings verwarf der Zisterzienser trotz dieser Erfahrung das vor seinem Eintritt Gelesene nicht. Die Gedanken Ciceros über die Freundschaft, die ihn während der Jahre begleitet haben, ließ er in seinen eigenen Entwurf mit einfließen.

Aelred übernahm nicht nur die theoretische Erörterung, sondern auch den Aufbau der Schrift Ciceros, die äußeren Umstände und sogar die Szenerie. Er wählte, wie dieser auch, die Dialogform. Dies ermöglichte in klarer Weise die Erörterung des Sachverhalts und entsprach auch der zu behandelnden Sache. Sein Gesprächspartner im ersten Buch war wie schon gesagt sein ihm nahestehender Freund Ivo von Wardon. Nachdem Ivo verstarb und Aelred sein Werk für Jahre zur Seite gelegt hatte, führen im zweiten und dritten Buch Walter, sein Biograph und penetranter Zweifler an der Notwendigkeit der Freundschaft, und Gratian, wahrscheinlich eine fiktive Figur, die allen zu gefallen sucht und auch Aelred nach dem Mund redet, mit Aelred das Gespräch weiter.

So entstand ein Werk, das antikes Wissen und christliche Überzeugung mit eigener Erfahrung zusammenbringt. Wohlgemerkt ist diese Schrift nicht ein Konglomerat unterschiedlicher Denker, die Aelred nur noch zusammenfügte, vielmehr liegt hier ein in das geistliche Umfeld seiner Zeit eingebetteter, aber im Denken eigenständiger Entwurf vor.

Aelred geht bei seinen Erörterungen nicht nach einem theoretischen Schema vor. Vergebens sucht man eine systematische Gliederung. Häufig wiederholt er Gedanken, die er an einer Stelle entwickelt hat, an anderer Stelle erneut. Das Werk wurde nicht für den theoretischen Diskurs entwickelt, sondern aus dem praktischen Leben für das praktische Leben geschrieben.

»Über die geistliche Freundschaft« von Rievaulx teilt sich in drei Bücher: I. Ursprung und Urgrund der Freundschaft; II. Segen und Schönheit der Freundschaft; III. Stufen der Freundschaft.

Sein Werk zeichnet sich durch einen assoziativen und lebendigen, gleichwohl zeitweise unstrukturierten Schreibstil aus. »Freundschaft ist die mit Wohlwollen und Liebe gepaarte Übereinstimmung in der Auffassung göttlicher und menschlicher Dinge«, schreibt Aelred. Freunden ist die gemeinsame Weltanschauung, eine ähnliche Orientierung im Denken und Handeln und das gegenseitige Wissen darum, notwendige Voraussetzung für ein gelingendes Miteinander.

Die Liebe, die beide verbindet, ist von Dauer geprägt. An der Dauerhaftigkeit einer Freundschaft lässt sich nach Aelreds Vorstellung die Wahrhaftigkeit einer Freundschaft erkennen. Entsprechend zitiert er Hieronymus: »Freundschaft, die es fertig bringt aufzuhören, war niemals echt.«

Ciceros Definition folgend, beschreibt der Zisterzienser die Freundschaft dann wie folgt: »Freundschaft ist die Tugend, die zwei Seelen durch das Band der Liebe und das Wohlgefallen so fest verknüpft, dass aus beiden eine wird.«

Dass der Anspruch, den Aelred an die Menschen stellte, die einander Freunde sein wollen, sehr hoch war, vor allem, wenn es um die Notwendigkeit der ewigen Dauer einer Freundschaft ging, ist ihm präsent. In diesem Zusammenhang modifizierte Aelred Ciceros Ansatz wesentlich. Sosehr es menschliches Bemühen erfordert, eine Freundschaft zu gestalten, steht ihr Gelingen nur dann in Aussicht, wenn sie ihren Grund und ihr Ziel nicht in sich selbst, sondern in Gott setzt. Dieser Bezug ermöglichte dem Zisterzienser einerseits die bewusste Absetzung von einem antiken Freundschaftsideal, gleichzeitig konnte er seinen Anspruch durch die vielen Beispiele gelingender Freundschaft in der Heiligen Schrift legitimieren. Von der christlichen Seite betrachtet, gelingt es ihm in seinen Ausführungen, Gott in der Dynamik einer Beziehung konkret werden zu lassen. »Gott schwebt nicht außerhalb unserer menschlichen Beziehungen über uns.« In der Liebe sich offenbarend, zeigt Gott sich denjenigen, die sich einander in Liebe zuwenden. Als derjenige, der einer Freundschaft erst ihre Tiefe und Lebendigkeit ermöglicht, ist er in der Freundschaft und im Freund anwesend.

Lesetipp

Aelred schrieb »Über die geistliche Freundschaft« für seine Mitbrüder und forderte seine Leser auf: »Ich bitte euch, lest im Buch der Erfahrung!« Die Stärke monastischer Theologie und die Stärke des empfohlenen Werkes ist die enge Verknüpfung von eigenem Erleben und der Reflexion des Erlebten. Nicht eine Theorie, sondern eine Praxis oder eine Erfahrung bilden den Bezugspunkt. So könnte die Lektüre als Anregung zum Nachdenken über die eigenen Erfahrungen mit Freundschaft und ihrer spirituellen Dimension verstanden werden beziehungsweise überhaupt zur Betrachtung der eigenen Beziehungen im Licht des Glaubens führen.

In der Literatur finden sich immer wieder Vermutungen über eine homoerotische Neigung Aelreds. Dabei wird die Innigkeit von Freundschaftsbeziehungen, die Aelred in seinen Schriften zum Ausdruck bringt, als Zeichen seiner Homosexualität gewertet. Vielleicht ist aber auch manchen Lesern diese Erfahrung von Freundschaft einfach fremd, und alles Fremde wird gerne verdächtigt. Es bleibt in jedem Fall reine Spekulation. Und selbst wenn diese Vermutung zutrifft, nimmt das nichts von der geistlichen Bedeutung des Textes.

Bibliographie

Aelred von Rieval, Über die geistliche Freundschaft, Lateinisch/Deutsch, übertragen von Rhaban Haacke, eingeleitet von Wilhelm Nyssen, Trier 1978.

Weitere Werke

Aelred von Rieval, Spiegel der Liebe (Speculum caritatis), übersetzt von Hildegard Brem, Texte der Zisterzienser-Väter Band 2, Eschenbach 1989.
Aelred von Rieval, Spiegel der Liebe (Speculum caritatis), übersetzt von Hildegard Brem, gekürzt und überarbeitet von Hans Urs von Balthasar, Christliche Meister Band 37, Einsiedeln 1989.

Weiterführende Literatur

Wolfgang Buchmüller, Die Askese der Liebe: Aelred von Rievaulx und die Grundlinien seiner Spiritualität, Abtei Mariawald 2001.

12 GUIGO DER KARTÄUSER (GUIGO II.)
um 1130–1193

Die Leiter der Mönche zu Gott
Scala claustralium

Autor und Werk

Biographische Daten liegen von Guigo dem Kartäuser nur sehr wenige vor. Sicher ist, dass er von 1174 bis 1180 Prior der Großen Kartause war. Im Jahre 1084 hatten Bruno von Köln und sechs Gefährten in einer einsamen Gebirgsgegend bei Grenoble in Frankreich diese erste Kartause gegründet. Diese wurde später als »La Grande Chartreuse« (Große Kartause) bezeichnet und ist bis heute das Mutterkloster des Kartäuserordens.

Noch vor 1150 schrieb Guigo als junger und angeblich unerfahrener Mönch an den älteren Gervasius, Kartäuser von Mont-Dieu, seinen Traktat »Scala claustralium«. Er bittet ihn um Korrektur: »So habe ich mich entschlossen, dir einige Gedanken über die geistlichen Übungen der Mönche, die du mehr aus der Erfahrung kennst als ich durch Nachdenken, mitzuteilen, damit du sie beurteilen und verbessern kannst.« Eine weitere Bemerkung lässt vermuten, dass Guigo durch Gervasius schon einmal eine wichtige Weisung erhielt und er vielleicht sogar Guigos Eintritt bei den Kartäusern befördert hat.

Weiter ist bekannt, dass Guigo vor 1174 für einige Zeit Prokurator der Großen Kartause war. 1180 legte er sein Amt als Prior nieder. Er starb am 6. April 1193 im Ruf der Heiligkeit. Ansonsten ist weder von seiner Familienabstammung noch von seinem Leben im Orden etwas überliefert.

Die »Scala claustralium« wurde öfter Bernhard von Clairvaux (in 59 Handschriften) – manchmal sogar Augustinus (in 16 Handschriften) – zugeschrieben. Obwohl schon im 17. Jahrhundert Zweifel geäußert wurden, konnte erst im 20. Jahrhundert der Nachweis dafür erbracht werden, dass die Schrift von Guigo II. stammt.

Inhalt

Während der Handarbeit dachte Guigo über die geistlichen Übungen der Menschen nach, und es kamen ihm »mit einem Male vier geistliche Stufen in den Sinn, nämlich lectio (Lesung), meditatio (Meditation), oratio (Gebet) und contemplatio (Kontemplation). Dies ist die Leiter der Mönche, durch die sie von der Erde in den Himmel hinaufgeführt werden. Stufen hat sie nur wenige, unermesslich aber und unglaublich ist ihre Größe. Ihr unteres Ende steht auf der Erde, ihr oberes aber durchdringt die Wolken und versucht, den Himmel zu erspähen.« (Scala claustralium, I)

Guigo schöpft ganz aus der Tradition. Er erfindet nichts Neues, denn die lectio divina, die betende Lesung der Bibel, hat im Mönchtum eine breite Tradition. Die Lesung besteht im sorgfältigen Lesen der Heiligen Schrift. Lesen bedeutete damals nicht, einen Text still nur mit den Augen zu erfassen, sondern ihn halblaut vor sich hin zu murmeln. Die Meditation oder Besinnung zieht in der Suche nach der verborgenen Wahrheit das Gemüt und die Vernunft an. Guigo vergleicht das Meditieren mit dem Zerkauen einer Speise. Der Vers, der bei der Lesung den Appetit angeregt hat, wird nun durch beständiges Wiederholen und Erwägen zerkleinert und zerkaut. Die monastische Tradition spricht hier von ruminatio – wiederkäuen. Guigo betont: »Die Meditation ist die eifrige Tätigkeit des Verstandes, verborgene Wahrheiten durch die eigene Vernunft aufzudecken.« (Scala claustralium, I)

Die Antwort des Menschen auf die Anrede Gottes in seinem Wort ist das Gebet, das Guigo als dritte Stufe benennt. Lesen und meditieren kann jeder, das Gebet ist aber nur im Glauben an den lebendigen Gott möglich. Dabei kommt es gar nicht darauf an, viele gewählte Worte zu machen, sondern das Herz in Hingabe zu Gott zu erheben. Die contemplatio schließlich lässt den Menschen über sich selbst hinauswachsen. Sie bedeutet, mit Gott vereint zu werden, und bleibt deshalb reines Geschenk.

Die vier Stufen sind jedoch für die christlichen Suchenden untrennbar: »Daraus können wir folgenden Schluss ziehen: dass die Lesung ohne Meditation trocken ist, die Meditation ohne Lesung in die Ire geht, das Gebet ohne Meditation lau ist, Meditation ohne Gebet unfruchtbar ist, das eifrige Gebet zur Kontemplation führt und die Erlangung der Kontemplation ohne Gebet selten ist und einem Wunder gleichkäme.« (Scala claustralium, XI)

Lesetipp

Der kurze Text der »Scala claustralium« ist deshalb empfehlenswert, weil er in Kürze die wesentlichen Elemente christlicher Frömmigkeit in ihrem Eigenwert und in ihrer Bezogenheit aufeinander benennt. Im Lesen wird deutlich, dass christliche Frömmigkeit einen Gegenstand hat, letztlich nie gegenstandslos ist. Die Heilige Schrift bleibt der Hauptbezugspunkt, doch darf Lesen sicher auch auf Wahrnehmung hin ausgeweitet werden. Schrift, Tradition und die Lebenswirklichkeit sind zu »lesen« im Sinne von aufmerksam wahrzunehmen. Die Meditation im christlichen Sinn beschäftigt sich mit dem Gelesenen auf der Ebene des Herzens. Sie ist eine Herzensangelegenheit, denn im Herzen kommen Verstand und Intuition, Kopf und Bauch zusammen. Das Gebet in der ausdrücklich dialogischen Gestalt als Hinwendung zu Gott und als Gespräch mit ihm ist nach Guigo die unterscheidend christliche Bewegung. Gerade heute ist an diesem grundsätzlich personal dialogischen Charakter des Betens festzuhalten. Die Kontemplation zeigt das Ziel aller christlichen Frömmigkeit an, die Gottesbegegnung. Diese bleibt dabei Geschenk. Auf die Gottesbegegnung gilt es sich in der frommen Übung (Askese) vorzubereiten. Sie ist selbst nicht einübbar. Der Weg der christlichen Frömmigkeit bleibt ein Übungsweg, der sich aus Lesung, Meditation und Gebet zusammensetzt. Wie immer auch dann die konkrete Mischung und Gewichtung ausschaut, sollten die drei Elemente vorkommen. Die Frucht der christlichen Frömmigkeit ist dann die unter Umständen geschenkte Kontemplation, aber auf jeden Fall gehen die Tat der Nächstenliebe und das Wachstum der Tugenden daraus hervor.

Die »Scala claustralium« könnte so eine Art »Checkliste« christlicher Frömmigkeit sein, die dazu dient, die eigenen Frömmigkeitsformen, die persönlichen und die gemeinschaftlichen oder gemeindlich-pastoralen auf ihre »Vollständigkeit« hin zu überprüfen beziehungsweise Einseitigkeiten aufzuspüren.

Bibliographie

Guigo der Kartäuser, Scala claustralium. Die Leiter der Mönche zu Gott. Eine Hinführung zur Lectio divina, übersetzt und eingeleitet von Daniel Tibi, Nordhausen 2008.

Weiterführende Literatur

Michael Casey, Lectio divina – Die Kunst der geistlichen Lesung, St. Ottilien 2009.

13 FRANZISKUS VON ASSISI
1181–1226

Ermahnungen
Admonitiones

Sonnengesang oder Lob der Schöpfung
Canticum fratris solis vel laudes creaturarum

Autor und Werk

»So hat der Herr mir, dem Bruder Franziskus, gegeben, das Leben der Buße zu beginnen: Denn als ich in Sünden war, kam es mir sehr bitter vor, Aussätzige zu sehen. Und der Herr selbst hat mich unter sie geführt, und ich habe ihnen Barmherzigkeit erwiesen. Und da ich fortging von ihnen, wurde mir das, was mir bitter vorkam, in Süßigkeit der Seele und des Leibes verwandelt. Und danach hielt ich eine Weile inne und verließ die Welt.«

Mit diesen Worten beginnt das Testament des hl. Franziskus. Im Rückblick beschreibt er darin die entscheidende Wende seines Lebens durch die Begegnung mit Aussätzigen. Der Fokus der Betrachtung ist dabei nicht auf die Aussätzigen gerichtet. Wir erfahren nicht erwartungsgemäß, wie ihnen Barmherzigkeit erwiesen wurde und was mit ihnen passierte. Für Franziskus stehen also nicht das soziale Handeln und die Tat der Nächstenliebe im Mittelpunkt, sondern er erzählt, was diese Begegnungen in ihm bewirkt haben und wie er selbst dadurch verändert und grundsätzlich verwandelt wurde.

Wie ein Wasserzeichen prägt das Thema oder besser der Prozess der Umformung, der »transformatio«, das Leben des wohl bekanntesten Heiligen der katholischen Kirche. Diese oben beschriebene Veränderung machte aus dem Sohn des Tuchhändlers Bernardone, der zur guten Gesellschaft von Assisi gehörte, Franziskus, den minderen Bruder, der sich von der »Frau Armut« mehr und stärker angezogen fühlte als von einem Leben in der Sicherheit seiner gut situierten Familie.

Franziskus wurde 1181 oder 1182 geboren und auf den Namen Giovanni Battista getauft. Den Rufnamen Francesco (Franzose) gab ihm sein Vater, weil er sich während der Geburt seines Sohnes auf einer Handelsreise in Frankreich befand.

Franz genoss für seinen bürgerlichen Stand eine vergleichsweise hohe Bildung, offenbar weil sein Vater davon überzeugt war, dass sein Sohn als Kaufmann lesen, schreiben und rechnen können müsse. Er schickte Franz in die Schule der Pfarrei San Giorgio, wo er zumindest lesen, schreiben und etwas Latein lernte. In seiner Jugend führte Franz ein ausschweifendes Leben. Mit dem Geld seines Vaters hielt er seine Altersgenossen bei Festen frei und war solchermaßen oft der Mittelpunkt der jugendlichen Feiern.

Mehrere kriegerische Auseinandersetzungen, an denen Franziskus um des Ruhmes willen teilnahm, ein Gefängnisaufenthalt und, wie Thomas von Celano in seiner zweiten Franziskusbiographie berichtet, ein Traum verändern die Lebensperspektiven des aufstrebenden Bürgersohns radikal. Ihm schien nicht mehr erstrebenswert, in den Dienst eines weltlichen Ritters zu treten, sondern in den Dienst Gottes.

Beim Gebet in San Damiano, etwa im Jahre 1205, fühlte sich Franz von der dortigen Kreuz-Ikone persönlich stark angesprochen. Die Legende berichtet, Christi Stimme habe zu ihm gesprochen: »Franziskus, geh und baue mein Haus wieder auf, das, wie du siehst, ganz und gar in Verfall gerät.« Auf diese Vision hin erbettelte er Baumaterial und begann nach Aussage seiner Biographen die kleine romanische Kirche eigenhändig wiederherzustellen.

Wie die weitere Geschichte zeigen wird, hat diese »Renovierung« der Kirche durchaus auch symbolische Bedeutung, denn die Bewegung, die von Franziskus, ohne dass er dies wollte, ausging, erfasste und erneuerte die gesamte Kirche.

Franziskus zog sich zunehmend zurück. Sein Verhalten führte zum Konflikt mit seinem Vater, nicht zuletzt, weil er aus dessen Vermögen reichlich an Arme austeilte. Diese weltliche Provokation führte so weit, dass der angesehene Kaufmann sich gezwungen sah, vor dem Richterstuhl des örtlichen Bischofs einen Prozess gegen seinen Sohn zu führen. Franziskus entkleidete sich öffentlich auf dem Domplatz, verzichtete mit dieser Geste auf sein Erbe und sagte sich von seinem Vater los. Die Legende überliefert seine Aussage: »Bis heute habe ich dich meinen Vater genannt auf dieser Erde; von nun an will ich sagen: Vater, der du bist im Himmel.«

Ausgehend von der Aussendungsrede Jesu (Mt 10,5–14), kleidete sich Franziskus in eine einfache Kutte, die mit einem Strick gehalten wurde, lehnte Besitz strikt ab und ging nach Möglichkeit barfuß. Franziskus verstand sich selbst als Büßer und ermahnte seine Mitmenschen, Gott zu lieben und Buße zu tun. Mit dieser Botschaft und seiner extremen Lebensweise stieß er bei vielen Menschen auf Spott und Ablehnung. Doch etliche andere zog sein Beispiel so an, dass sich ihm im Laufe der Zeit viele Brüder anschlossen. Einen Orden zu gründen, hatte er nach eigenen Angaben nicht vor. Er schreibt in seinem Testament: »Und nachdem mir der Herr Brüder gegeben hat, zeigte mir niemand, was ich zu tun hätte, sondern der Höchste selbst hat mir geoffenbart, dass ich nach der Vorschrift des heiligen Evangeliums leben sollte.«

Franz und seine Brüder erbaten von Rom die Bestätigung ihrer sogenannten Urregel, die als verschollen gilt und wohl aus einer Sammlung von Bibelzitaten bestand. 1209 ging Franz mit seinen ersten zwölf Gefährten nach Rom, um von Papst Innozenz III. die Bestätigung der Lebensweise ihrer kleinen Gemeinschaft zu erbitten. Obwohl neue Bewegungen in der Kurie mit äußerstem Misstrauen betrachtet wurden, gab der Papst 1210 der kleinen Gemeinschaft um Franziskus mündlich und vermutlich auf Probe die Erlaubnis, nach ihrer Regel in Armut zu leben und Buße zu predigen.

Die offizielle päpstliche Anerkennung des Ordens wurde vermutlich erst vor oder während des IV. Laterankonzils im Jahre 1215 öffentlich verkündet, denn nach diesem Konzil war die Gründung von Orden auf Grundlage einer bisher nicht approbierten Ordensregel untersagt.

1219 reiste Franziskus als Missionar bis Palästina und schloss sich dort einem Kreuzfahrerheer an, das auf dem Weg nach Ägypten war. In der Nähe der Nilmündung predigte er im Lager des muslimischen Heeres vor dem Sultan Al-Kamil. Diese Begebenheit ist auch in außerfranziskanischen Quellen belegt. Franziskus wollte den Sultan zum Christentum bekehren und wenn nötig, als Märtyrer sterben und Frieden schaffen. Der Sultan war zwar beeindruckt von der Begegnung mit dem Bettelmönch, doch Franziskus konnte die bevorstehende Schlacht nicht verhindern, und der Kreuzzug wurde fortgeführt.

Seit dieser Reise verschlechterte sich zunehmend sein Gesundheitszustand. Während Franziskus nicht in Italien war, stiegen die Spannungen in der schnell wachsenden franziskanischen Gemeinschaft, die bereits in ganz Europa vertreten war. Nach Assisi zurückgekehrt, übertrug Franz 1220 die Leitung des Ordens Petrus Catani. Vermutlich befürworteten nicht alle Brüder die strenge Forderung des Franziskus, die Minderen Brüder müssten besitzlos leben. Außerdem wollten manche eine feste Ordensregel. Die 1221 entstandene, sogenannte »nichtbullierte Regel« hielten viele Brüder für nicht lebbar.

Mit der Abgabe der Ordensleitung zog sich Franziskus nach Lage der Quellen immer mehr aus der Gemeinschaft zurück, worunter er sehr litt. Auf Anweisung der römischen Kurie verfasste er schließlich 1223 in der Einsiedelei Fonte Colombo eine dritte Version der franziskanischen Ordensregel. Diese Regel wurde auf dem Pfingstkapitel der Franziskaner im Juni 1223 diskutiert und von Papst Honorius III. mit der Bulle »Solet annuere« im November 1223 genehmigt, daher der Name »bullierte Regel«.

Als sich Franziskus im Spätsommer des Jahres 1224 auf den Berg La Verna in eine Einsiedelei zurückzog, zeigten sich bei ihm die Wundmale Christi. Dies gilt als der erste überlieferte Fall einer Stigmatisation. Als Tag dieses Ereignisses wird in den Biographien der 17. September 1224 angegeben, drei Tage nach dem Fest Kreuzerhöhung. Die transformatio, die Umwandlung des Franz von Assisi hatte nun also auch einen körperlichen Ausdruck gefunden. Franz identifizierte sich so mit dem leidenden Christus, dass bei ihm als psychosomatische Reaktion die sogenannten Stigmata auftraten. Durch eine Augenkrankheit nach und nach erblindet, außerdem magenkrank und stark geschwächt, ließ sich Franziskus zwei Tage vor seinem Tod zur Portiuncula-Kirche tragen. Die Legende berichtet, er habe sich gewünscht, nackt auf die Erde gelegt zu werden, um seine Treue zur »Herrin Armut« zu verdeutlichen. Auf seinen Wunsch hin sei der von ihm gedichtete Sonnengesang gesungen worden. Dann habe er sich das Evangelium von Jesu Leiden und Sterben vorlesen lassen. Am Abend des 3. Oktober 1226 starb Franziskus, und da der Vorabend schon zum nächsten Tag zählte, wird sein Fest am 4. Oktober gefeiert. Schon 1228 sprach Papst Gregor IX. Franziskus heilig. Seit 1230 liegen seine Gebeine in einem Steinsarg in der Grabkammer der Unterkirche der Basilika San Francesco in Assisi.

Die »Ermahnungen« des hl. Franziskus entstanden wohl schon zu seinen Lebzeiten aus verschiedenen Überlieferungen kurzer Mahnreden, die der Heilige zu unterschiedlichen Zeiten an unterschiedlichen Orten gehalten hatte. Seine Schriften wurden wohl gegen Ende seines Lebens redaktionell bearbeitet, sortiert und mit Überschriften versehen.

Den Sonnengesang, zumindest dessen größten Teil (Strophen 1 bis 9 und 14), verfasste Franziskus im Jahre 1225, als er »in schwerer Krankheit bei San Damiano daniederlag«, so Thomas von Celano. Ob das Lied in einem Zug entstand, oder ob die Strophen über den Frieden (10 und 11) etwas später und die Strophen über den Tod (12 und 13) erst kurz vor seinem Tod angefügt wurden, lässt sich nicht mit Sicherheit sagen. Der Sonnengesang ist eines der wenigen Werke des hl. Franziskus, das in altitalienischer Sprache überliefert wurde und damit eines der wichtigsten literarischen Zeugnisse der damaligen Volkssprache überhaupt. Wohl die meisten seiner Schriften diktierte er in Altitalienisch, ehe sie von schriftkundigen Brüdern ins Lateinische übertragen wurden.

Inhalt

Der Sonnengesang ist das bekannteste Werk des hl. Franziskus. Bedeutsam ist er vor allem auch deshalb, weil er mit der Personifizierung der Schöpfung verdeutlicht, dass es im Christentum nicht nur um den geschwisterlichen Umgang mit dem Nächsten, sondern auch mit der Schöpfung geht. Dabei wird die Schöpfung allerdings sehr deutlich in ihrer Abhängigkeit vom Schöpfer gesehen und erhält keine eigene »Göttlichkeit«. Nicht die Schöpfung wird gelobt im Sonnengesang, sondern der Schöpfer, denn jede Sequenz beginnt mit dem Wunsch: »Gepriesen seist du, mein Herr, durch ...«. Der Anfang und der Schluss des Sonnengesangs unterstreichen dieses Fundament eindrücklich.

Thomas von Celano zieht eine Parallele zu dem Lobgesang der drei Jünglinge im Feuerofen (Dan 3,51–90): »... wie einst die drei Jünglinge im brennenden Feuerofen alle Elemente zum Lob und zur Verherrlichung des Schöpfers des Weltalls einluden, so ließ auch dieser Mann (Franziskus), vom Gottesgeist erfüllt, nicht ab, in allen Elementen und Geschöpfen den Schöpfer und Lenker aller Dinge zu verherrlichen, zu loben und zu preisen.«

Der Lobpreis des Schöpfers und der demütige Dienst für ihn führen zu einem geschwisterlichen Umgang mit den Geschöpfen und zur Versöhnung mit der Bedrohung alles Geschaffenen, dem Bruder Tod.

»Die Magna charta eines Lebens in christlicher Brüderlichkeit«, so bezeichnet Kajetan Eßer, Mitherausgeber der kritischen deutschen Übersetzung der Schriften des hl. Franziskus, die »Ermahnungen«.

Deutlicher als die nichtbullierte und die bullierte Regel überliefern diese kurzen Texte die Lebendigkeit der Worte des Heiligen. Die 28 Kapitel geben Einblick in die Art und Weise, wie Franziskus die Worte der Schrift in alltägliche Lebenspraxis übersetzte. Dabei geht es nicht nur um das brüderliche Zusammenleben der »Minderbrüder«, sondern es handelt sich um Einsichten und Hinweise darauf, wie Beziehungen von Mensch zu Mensch geschwisterlich christlich gelebt werden können. Das hat einerseits mit dem Verhältnis zu sich selbst zu tun, mit dem eigenen Selbstbild und wie real oder ideal das ist, aber andererseits eben auch mit den Konsequenzen, die sich daraus für die Beziehungen und dem Bild vom Nächsten ergeben. Man könnte diesen Text auch als eine Auslegung der sogenannten »goldenen Regel« Jesu verstehen: »Alles, was ihr also von anderen erwartet, das tut auch ihnen!« (Mt 7,12)

Lesetipp

Der Sonnengesang ist ein poetischer Text und eignet sich von daher zur Betrachtung und Meditation, zum Singen und zur musikalischen Interpretation. Dabei ergibt sich eine Schwierigkeit bezüglich der Geschlechter, die Sonne, Mond und dem Tod zugeordnet werden. So ist etwa die Sonne im ursprünglichen, italienischen Text männlich, der Mond und der Tod sind weiblich. Gerade für poetische Texte ist dies nicht unerheblich. So könnte durchaus ein Umgang mit dem Text auch darin bestehen, sich in diese andere geschlechtliche Zuordnung hineinzuversetzen und zu erspüren, was sich daraus entwickelt und welche Assoziationen damit verbunden sind.

Die »Ermahnungen« möchten, wie der Name schon andeutet, nicht informieren, sondern auffordern, über sich selbst und seine Beziehungen nachzudenken. Sie haben also eher ein Exercitium, eine Übung zum Ziel, nämlich aufmerksam oder aufmerksamer zu werden für die inneren und äußeren Zusammenhänge des eigenen Lebens und der Beziehungen, in denen ich lebe. Ziel der Worte ist die Umgestaltung des Lebens in der Orientierung an Jesus Christus, denn er, so der Anfang des Textes, ist »der Weg, die Wahrheit und das Leben«. (Joh 14,6)

Wie bei jedem historischen Text muss der zeitliche Abstand berücksichtigt werden. Die kreative Herausforderung besteht in der Übersetzung des Textes für die Zusammenhänge und Fragestellungen heutigen Lebens und heutiger Wirklichkeit. Das bedeutet, sich am Text und zuweilen an seiner Sperrigkeit abzuarbeiten und ihn nicht einfach und vorschnell als nicht kompatibel anzusehen. Franziskus wollte mit seinen Texten verdeutlichen, wie die Impulse der Schrift in seiner Zeit gelebt werden konnten. Der heutige Leser, die heutige Leserin mag dies als Anstoß für den eigenen »Übersetzungsprozess« ins Heute nehmen.

Bibliographie

Sonnengesang des Franz von Assisi, übersetzt von Franz Brentano, Stuttgart 2007.

Die Schriften des heiligen Franziskus von Assisi, herausgegeben von Lothar Hardick und Engelbert Grau, Kevelaer 10. Aufl. 2001.
Die Ermahnungen des heiligen Franziskus von Assisi (Admonitiones), herausgegeben von Lothar Hardick, Bücher franziskanischer Geistigkeit Band 22, Werl 1981.

Weitere Werke

Fioretti. Gebete, Ordensregeln, Testament, Briefe von Franz von Assisi, übersetzt von Wolfram von den Steinen und Max Kirschstein, Zürich 10. Aufl. 2010.

Weiterführende Literatur

Dieter R. Bauer, Helmut Feld, Ulrich Köpf (Hrsg.), Franziskus von Assisi. Das Bild des Heiligen aus neuer Sicht, Wien 2005.
Veit-Jakobus Dieterich, Franz von Assisi, rororo Monographien Band 50542, Reinbek 6. Aufl. 2007.
Helmut Feld, Franziskus von Assisi, München 2. Aufl. 2007.
Manuel-V. Kissener (Hrsg.), Zwölf Legenden des hl. Franziskus von Assisi. Nach einer Florentiner Handschrift, Hammelburg 2009.
Niklaus Kuster, Franziskus. Rebell und Heiliger, Freiburg im Breisgau 2. Aufl. 2009.
Helmut Schlegel, Der Sonnengesang. Exerzitien im Alltag mit Franz und Clara von Assisi, Würzburg 2. Aufl. 2005.
Paulus Terwitte, Vom Glück des einfachen Lebens. Impulse aus der Regel des Heiligen Franziskus, Münsterschwarzach 2009.
Paul Zahner, Franz von Assisi, Reihe Zeugen des Glaubens, Augsburg 2004.
Theo Zweerman, Edith van den Goorbergh, Franz von Assisi – gelebtes Evangelium. Die Spiritualität des Heiligen für heute, Kevelaer 2009.

14 KLARA VON ASSISI
um 1194–1253

Regel

Briefe

Autorin und Werk

Lange Zeit stand die hl. Klara im Schatten des Franziskus von Assisi, und dort hätte sie sich wohl auch selbst platziert. Doch die Beschäftigung mit Klara in der Forschung und in verschiedenen Publikationen der letzten Jahre offenbarte die Gefährtin des hl. Franziskus als eine durchaus eigenständige Persönlichkeit und Spiritualität.

Gleichwohl bleibt natürlich in der Biographie Klaras die Begegnung mit Franziskus, den sie im Dom von Assisi predigen hörte, das entscheidende Ereignis. Die älteste Tochter des Grafen di Scifi, um 1194 geboren, entschloss sich daraufhin, ihr Leben Gott zu weihen. Sie nahm mit Franziskus Kontakt auf, der sie daraufhin in ihrem Vorhaben bestärkte und ihr seine Unterstützung zusagte.

Am Palmsonntag 1212 gab der Bischof im Dom von Assisi Klara eine Palme als Zeichen seiner Zustimmung zu ihrer Entscheidung. In der folgenden Nacht brach die Achtzehnjährige, die nach dem Willen ihrer Familie für eine Heirat bestimmt war, eine Hintertür ihres Elternhauses auf und begab sich mit ihrer Freundin und Verwandten Pacifica di Guelfuccio zur Kapelle »Portiuncula« in der Ebene unterhalb von Assisi. Die Legende berichtet, dass Franziskus ihr dort die schönen langen Haare abschnitt und Klara das Bußgewand der Minderbrüder mit dem Strick um die Hüften anlegte.

Um sie zu schützen, brachte Franziskus Klara noch in derselben Nacht zum Benediktinerinnenkloster »San Paolo delle Abbadesse« bei

Bastia. Weder Schmeichelei noch Drohung ihrer Angehörigen konnten Klara von ihrem Entschluss abbringen. Als die Angehörigen sie zurückholen wollten, floh sie zum Altar, umfasste das Leinen darauf und enthüllte ihr geschorenes Haupt, was dazu führte, dass man sie in Ruhe ließ.

Nun wollte Klara aber keine Benediktinerin werden, sondern fühlte sich vor allem dem Armutsideal des Franziskus verbunden. So zog sie im April 1212 mit ihrer jüngeren Schwester Agnese und ihrer Freundin Pacifica nach »San Damiano«. Dort entstand allmählich das erste franziskanische Frauenkloster, dessen Kern von Frauen aus dem Haus di Scifi gebildet wurde: die verwitwete Mutter Ortolana, deren Töchter Klara, Agnese, Beatrice, deren Nichten Balvina und Amata, die Hausgenossinnen Filippa, Benvenuta und Christiana sowie die Freundin Pacifica.

Anfangs trug die Gemeinschaft den Namen »Arme Frauen von San Damiano« (»pauperes Dominae de San Damiano«). 1215 wurde Klara zur Äbtissin gewählt. In ihren Briefen bezeichnete sie sich wiederholt als »unnütze und unwürdige Magd der Armen Frauen« oder »demütigste und unwürdige Magd Christi und Dienerin der Armen Frauen«. Wohl Anfang 1213 gab Franziskus Klara und ihren Schwestern eine kurze schriftliche Lebensform (»forma vivendi«), die nur deshalb erhalten wurde, weil Klara sie in ihre Regel aufnahm (vgl. Regel der hl. Klara VI 2–3).

Bis zu ihrem Tod sollte Klara um ihr Kernanliegen kämpfen müssen. Zunächst verlieh 1216 Papst Innozenz III. Klara und ihren Schwestern das »Privileg der Armut«, das ein Leben in absoluter Besitzlosigkeit garantierte. Sie waren nur eine Frauengemeinschaft unter vielen, die in Mittel- und Norditalien zu dieser Zeit als Poenitentinnen (Büßerinnen) gemeinsam ein Leben »nach der Vollkommenheit des Evangeliums« führten. Papst Honorius III. schickte deshalb Kardinal Hugolino, der spätere Papst Gregor IX., auf mehrere Reisen in diese Gegenden, um die Gemeinschaften für die Kirche zu erhalten und sie vor dem Einfluss häretischer Gruppen zu bewahren.

Zu diesem Zweck verfasste Hugolin Konstitutionen für diese Gemeinschaften, die auf der »Regula Benedicti« fußten und dem Canon

13 des IV. Laterankonzils von 1215 entsprachen, nach dem neue Orden eine Regel der alten Orden übernehmen mussten. Da das Dokument für mehrere Gemeinschaften Geltung hatte, wurde weder die Besitzlosigkeit noch die Verbindung zur Gemeinschaft der Minderbrüder berücksichtigt. Klara beachtete diese Regel nur, soweit sie der »forma vivendi« entsprach. 1247 erlaubte Papst Innozenz IV. dem Orden in einer von ihm geschriebenen Regel gemeinsames Eigentum. Die seelsorgliche Betreuung wurde weitgehend den Minderbrüdern übertragen, und an die Stelle der Benediktusregel trat die bullierte Regel der Minderbrüder, die allerdings nur hinsichtlich der drei Ordensgelübde Gültigkeit hatte.

Klara und ihre Gemeinschaft fühlten sich weiterhin an die vollkommene evangelische Armut gebunden und darin durch das Privileg Gregors IX. bestätigt, was dazu führte, dass die Regel Innozenz' IV. praktisch keine Beachtung fand.

Nach all diesen Versuchen kirchlicher Würdenträger, eine Regel für eine Lebensform zu verfassen, die sie offensichtlich in ihrem Kern nur sehr bedingt verstanden hatten, begann Klara 1247, selbst eine Ordensregel für die Schwestern in »San Damiano« auszuarbeiten. Als Papst Innozenz IV. Klara, die nach 29 Jahren schwerer Krankheit entkräftet war, in San Damiano besuchte, bat sie ihn um die Approbation ihrer Ordensregel.

Zwei Tage vor ihrem Tod, am 9. August 1253, erhielt Klara von Assisi von Papst Innozenz IV. die ersehnte Bestätigung ihrer Ordensregel. Damals existierten bereits 70 Klarissenklöster. Am 11. August 1253 starb Klara und wurde von Papst Alexander IV. bereits zwei Jahre später heiliggesprochen. Ihr Gedenktag ist der 11. August.

Thomas von Celano, der Biograph des heiligen Franziskus, beschrieb 1255/1256 in der »Legenda sanctae Clarae virginis« auch Klaras Leben und Werk. Wie viele Briefe Klara geschrieben hat, ist ungewiss, jedoch waren es sicher weit mehr als die erhaltenen. Vier Briefe Klaras an Agnes von Prag dürfen nach heutigem Stand der Forschung als echt angesehen werden. Sie antworten auf Briefe, die verloren gegangen sind. Agnes von Prag, die Tochter König Ottokars I. von Böhmen (1197–1230) und der Königin Konstanze von Ungarn widerstand den Heiratsplänen ihres Vaters und ließ für die Minderbrüder eine Kirche bauen, an die sie 1233 ihr eigenes Kloster anschloss und in das sie 1234 eintrat. Mit sieben Gefährtinnen aus dem Hochadel wollte sie so leben wie Klara von Assisi und ihre Schwestern in San Damiano.

Die Abfassungszeit der vier Briefe ist nur vage zu bestimmen und kann wie folgt angenommen werden: Erster Brief vor Pfingsten 1234, zweiter Brief zwischen 1234 und 1238, dritter Brief Anfang 1238 und der vierte Brief zwischen Februar und August 1253.

Der Brief der hl. Klara an Ermentrudis von Brügge, die in Flandern mehrere Klöster gegründet hatte, ist in dieser Form nicht authentisch und wird von manchen Forschern als zweifelhaft angesehen. Ein Vergleich des Inhalts jedoch mit den Briefen an Agnes von Prag zeigt ein hohes Maß an Übereinstimmung.

Inhalt

Für Klara ergab sich die Orientierung an der Regel des hl. Franziskus ganz selbstverständlich, und sie wollte aus der Regel der Minderbrüder alles übernehmen, was den Geist eines Lebens nach dem Evangelium beförderte, angepasst an die »beschauliche« Lebensweise der Schwestern. Neben der »Forma vivendi« des Franziskus nahm Klara auch sein »Vermächtnis für die heilige Klara« (vgl. Regel der hl. Klara VI 7–9) wörtlich in ihre Regel auf. Auch Texte aus der »nichtbullierten Regel« wurden verwendet.

Vorschriften, die mehr oder weniger »technische Dinge«, wie Pforte, Sprechöffnung, Gitter und deren Bedienung betrafen, übernahm Klara den Regeln Hugolins und Innozenz' IV.

So ist Klaras Regel ganz von franziskanischem Geist erfüllt, und sie verwendet soweit wie möglich die Worte von Franziskus selbst. Um die Schwestern nachdrücklich darauf hinzuweisen, dass sie berufen sind, das Evangelium vollkommen zu beobachten, setzt sie dies wie Franziskus an den Anfang ihrer Regel und beendet sie mit den fundamentalen Worten des Evangeliums: »Die Lebensweise des Ordens der Armen Schwestern ... ist diese: Unseres Herrn Jesu Christi heiliges Evangelium zu beobachten.« (Vgl. Regel der hl. Klara I 2) Der Schlusssatz lautet: »... das heilige Evangelium beobachten, was wir fest versprochen haben.« (Vgl. Regel der hl. Klara XII 13) Die Regel ist allein vom Evangelium her zu verstehen. Sosehr jedoch die Klara-Regel von der Regel der Minderbrüder abhängig ist, Klara übernimmt sie nicht kritiklos. Sie passt jeweils ihre Vorschriften den eigenen Verhältnissen an, ohne dabei die franziskanische Eigenart aus den Augen zu verlieren.

Die Bedeutung der Briefe Klaras liegt darin, dass sie trotz der geringen Zahl Einblick in ihre Spiritualität gewähren. Vor allem ihr Verständnis der Nachfolge Christi wird deutlich. Klara entfaltet in reichen Bildern und in biblischen und liturgischen Anspielungen Armut und Demut und setzt sie in Beziehung zur Armut und Demut Jesu Christi und seiner heiligsten Mutter Maria.

Die Sinndeutung ihres Lebens in strenger Klausur und der völliger Abkehr von der Welt mündet immer wieder in das Lob Gottes, der sie und ihre Schwestern zu diesem Leben in der Kirche berufen hat. Daraus ergeben sich wie von selbst die Empfehlungen, Mahnungen und Ermutigungen an ihre Schwestern in der Ferne, dieser Berufung treu zu bleiben.

Die Spiritualität der hl. Klara orientiert sich an Franziskus. Klara ist aber durchaus in der Lage und willens, ihre Gedanken in eigener Sprache auszudrücken und entsprechend dem kontemplativen Leben der Schwestern eigene Akzente zu setzen. Wenn auch wahrscheinlich nicht so von Klara verfasst, bietet der Schluss des Briefes an Ermentrudis von Brügge eine gute Zusammenfassung der Glaubenshaltung Klaras:

»Das Werk, das Du gut begonnen hast, vollende zielstrebig; und den Dienst, den Du auf Dich genommen hast, leiste in heiliger Armut und lauterer Demut. Sei nicht furchtsam, Tochter: Gott ist treu in all seinen Worten und heilig in all seinen Werken; er wird über Dich und Deine Töchter seinen Segen ausgießen. Er wird Euer Helfer sein und Euer bester Tröster; er ist unser Erlöser und unser ewiger Lohn. Lasst uns beten zu Gott füreinander; so werden wir, eine der anderen die Last der Liebe tragend, leicht das Gesetz Christi erfüllen. Amen.« (Vgl. Brief an Ermentrudis von Brügge 14–17)

Lesetipp

Ordensregeln sind eigentlich kein Lese- oder Betrachtungsstoff, sondern enthalten eben Regeln für das Zusammenleben derer, die dieser Gemeinschaft angehören. Und doch transportieren Regeln nicht nur Vorschriften, sondern auch eine Spiritualität. Sie sind der Versuch, das Leben der Nachfolge Christi zu konkretisieren. Die Regeln sollen helfen, auf diesem Weg der Nachfolge unterwegs zu bleiben. Deshalb enthalten sie immer auch Hinweise und Hilfestellungen konkreter Art, die alles christliche Leben betreffen und nicht nur für ein Ordensleben gelten. Mit dieser »Brille« die Regel zu lesen kann auch für einen Christen außerhalb der Gemeinschaft Betrachtungsgegenstand sein.

Die Briefe der hl. Klara sind deshalb lesenswert, weil sie Zeugnis von einem Menschen geben, der tief in Gottes Wort und den Sinn der eigenen Berufung eingedrungen ist und diese konsequent und radikal gelebt hat. Klaras Briefe sind erfüllt von der Freude und der Kraft aus der »Beobachtung des Evangeliums Jesu Christi« heraus, sie sind durchströmt vom Vertrauen darauf, dass Gott treu ist und den Weg der Schwestern vollenden wird.

Auf dem Hintergrund Klaras harten und kargen Lebens, ihres Kampfes mit allerlei Gebrechen und der bis kurz vor ihrem Tod andauernden Sorge um die Anerkennung ihrer Regel zeugen ihre Briefe von einem beeindruckenden und ermutigenden Glauben.

Bibliografie

Marianne Schlosser, Engelbert Grau, Leben und Schriften der hl. Klara von Assisi, Kevelaer 8. Aufl. 2001.
Marianne Schlosser, Johannes Schneider, Im Spiegel Christi. Die Schriften der Klara von Assisi, Ostfildern 2004.

Weiterführende Literatur

Marco Bartoli, Klara von Assisi, Kevelaer 1993.

Martina Kreidler-Kos, Ancilla Röttger, und Niklaus Kuster, Klara von Assisi. Freundin der Stille – Schwester der Stadt, Topos Taschenbuch 561, Ostfildern 2005.

Martina Kreidler-Kos, Das Leben der Klara von Assisi. Sei gepriesen, weil du mich erschaffen hast, Frauenspuren, München 2. Aufl. 2004.

Helmut Schlegel, Der Sonnengesang. Exerzitien im Alltag mit Franz und Clara von Assisi, Würzburg 2. Aufl. 2005.

15 MECHTHILD VON MAGDEBURG
um 1207/1210–um 1282

Das fließende Licht der Gottheit
Ein vliessende lieht miner gotheit

Autorin und Werk

In den letzten Jahrzehnten des 13. Jahrhunderts war das Kloster der Zisterzienserinnen zu Helfta das Zentrum weiblicher Mystik. Das Kloster stand damals unter der Leitung der Äbtissin Gertrud von Hackeborn (gest. 1291). Zusammen mit der jüngeren Schwester der Äbtissin Mechthild von Hackeborn (gest. 1299), der anderen Gertrud, die später die Große genannt wurde (gest. 1301/1302) und Mechthild von Magdeburg hatten sich dort herausragende geistliche Frauen an einem Ort versammelt. Die Wirkungsgeschichte dieser Frauen reicht bis in die heutige Zeit und war sicher ein entscheidender Grund dafür, Kloster Helfta nach dem Ende der DDR wieder aufzubauen und neu zu besiedeln. Mechthild von Magdeburg kam erst 1270/1271 nach Helfta. Nachdem die ersten sechs Bücher ihrer Schrift mit dem Titel »Das fließende Licht der Gottheit« Aufsehen erregt hatten, denn ihre Visionen und Botschaften sparten nicht mit Kritik an den Zuständen im Adel und in der Kirche, fühlte sie sich offensichtlich in Helfta vor weiteren Anfeindungen sicherer.

Es gibt nur wenig historisch verbürgte Nachrichten über Mechthilds Leben. Die sparsamen selbstbiographischen Angaben in ihrem Buch, die beiden lateinischen Vorreden und einzelne verstreute Mitteilungen ihrer jüngeren Mitschwestern Mechthild von Hackeborn und Gertrud der Großen liefern nur wenig Material für die Biographie Mechthilds.

Mechthild wurde um 1207/1210 von wohlhabenden und wahrscheinlich hochadligen Eltern im Erzbistum Magdeburg geboren. Ihre Sprache, die auch den Wort- und Bilderschatz der höfisch-ritterlichen Welt kennt, bezeugt eine gute weltliche Bildung. Mechthilds wiederholte Anspielungen auf höfische Sitten und Gebräuche, sei es, dass sie diese ins Geistliche überträgt oder direkt von den »unfrommen Frauen, die auf den Burgen saßen« spricht, zeigen ihre Vertrautheit mit dem Hofleben. Diesem entzog sie sich durch ein alternatives Leben.

Mechthild genoss offensichtlich hohes Ansehen, sei es aufgrund ihres Standes oder ihrer Geistesgaben. Dies lässt sich etwa daran ablesen, dass der Domherr Dietrich (von Dobin) bei seiner Ernennung zum Domdekan ihren Rat und Zuspruch erbat.

Mechthild fehlte jedoch das geistliche Studium, wie es die Ordensfrauen pflegten, die von Jugend auf im Kloster Helfta gelebt hatten und bei denen Mechthild ihren Lebensabend verbrachte. Sie beherrschte auch nicht wie diese die lateinische Sprache. Deshalb sagt sie auch später in Helfta: »Ihr wollt von mir belehrt werden, da ich selber doch ungelehrt bin. Was ihr verlangt, das findet ihr ja tausendfach in euern Büchern.«

Umso erstaunlicher sind die Kenntnisse geistlicher Überlieferung, die sie sich schon als Begine erwarb. Mit zwölf Jahren wurde sie nach eigenem Bericht zum ersten Male vom »Heiligen Geiste gegrüßt«. Wohl gegen 1230 verlässt sie ihre Eltern, um ganz dem Ruf der Liebe zu folgen und für Gott allein zu leben. Diese Berufung verwirklichte sie in einer Gemeinschaft von Beginen in der Stadt Magdeburg, wo sie etwa dreißig Jahre ihres Lebens arm und unbekannt verbrachte.

Beginen waren fromme Frauen, meist Jungfrauen und Witwen, die ohne dauernde Gelübde und anerkannte Regel in klosterartigen Gemeinschaften unter der Leitung einer Magistra (»Lehrerin«) lebten. In dieser »Ungebundenheit« wurden sie ab und an von der kirchlichen Obrigkeit verdächtigt oder in die Nähe des Schwärmertums gerückt. Bei den Beginen stand das religiöse Ideal im Vordergrund. Armenfürsorge, Krankenpflege und anderes soziales Tun traten erst später stärker hervor.

Allmählich gewannen die neu gegründeten Bettelorden (Franziskaner, Dominikaner, Augustiner und Karmeliten) Einfluss auf die einzelnen Gemeinschaften, besser gesagt, die einzelnen Gemeinschaften gewannen Mitglieder der Bettelorden als geistliche Führer. Dadurch kam es auch dazu, dass einzelne Beginengemeinschaften sich den Bettelorden anschlossen oder sie eine kirchlich anerkannte Regel, oft die Augustinusregel (die auch die Dominikaner übernommen hatten), übernahmen. In Magdeburg jedenfalls schien ein Näheverhältnis zu den Dominikanern bestanden zu haben.

So war es auch ein Dominikaner, der Lektor in Rupin, Heinrich von Halle, der die Aufzeichnungen Mechthilds zu einem Buche sammelte. Im Vorwort zur lateinischen Ausgabe vergleicht er Mechthild mit den von Gott auserwählten Frauen des Alten Testaments, um deutlich zu machen, dass dieser Vorgang nicht neu ist, dass nämlich Gott eine Frau zu seinem Werkzeug macht.»Denn der allmächtige Gott erwählte gar oft das in den Augen der Welt Schwache, um das Starke heilsam zu beschämen. Es wundere sich also niemand, und keiner sei ungläubig, wenn Gott in der Zeit der Gnade seine Wunder erneuert und dem schwachen Geschlecht seine Geheimnisse enthüllt, da er sich ja zur Zeit des mosaischen Gesetzes in seiner Barmherzigkeit gewürdigt hat, Ähnliches zu wirken.«

Dreißig Jahre lang hatte Mechthild ihre Erfahrungen verschwiegen, die ihren Leib schwächten und sie mit Wonnen, aber auch mit Ängsten erfüllten. Die Unsicherheit im Umgang mit ihren Erfahrungen führte dazu, dass sie schließlich mit Heinrich von Halle, ihrem Beichtvater, darüber sprach. Auf seinen ermutigenden Wunsch hin begann sie zu schreiben und verfasste damit das erste Zeugnisse deutscher Mystik in (nieder-)deutscher Sprache. Mit poetischer Kraft schilderte sie in unermüdlichen Abwandlungen das ihr selbst unbegreifliche Wirken Gottes in der Seele. So beglückend sie Gottes Nähe empfand, sie konnte sich darüber nicht beruhigen:»Großer Gott, was hast du an mir gesehen? Diese erhabenen Geheimnisse solltest du vollkommenen Menschen verleihen. Gott selber ist mein Zeuge dafür: ich bat ihn nie bewusst noch in Sehnsucht darum, dass er mir diese Dinge geben soll, die in diesem Buche beschrieben sind. Ich dachte auch nicht daran, dass einem Menschen so etwas widerfahren könnte.«

Ihren Lebensabend verbrachte Mechthild wie gesagt im Zisterzienserinnenkloster Helfta. Dieses Kloster stand unter der vierzigjährigen Leitung der zweiten Äbtissin Gertrud von Hackeborn (1250–1291) in höchster Blüte. Sie folgte dem von ihr formulierten Grundsatz: »Wenn der Eifer für die Wissenschaft verloren geht, so wird auch die Pflege der Religion aufhören.« Diese, für eine Frau des 13. Jahrhunderts höchst bemerkenswerte Einstellung führte zu einer ungewöhnlich hohen Bildungsstufe der Nonnen von Helfta. Es wurde eifrig das Studium der freien Künste, der Heiligen Schrift, der Väterkommentare und der Liturgie gepflegt. Von der Äbtissin angeregt, lasen die Klosterfrauen Augustinus, Hieronymus, Gregor, Beda, Bernhard von Clairvaux und die Viktoriner. In diesem Kreis fand Mechthild hochgebildete Gesinnungsgefährtinnen. Mechthild vollendete in Helfta ihre Aufzeichnungen mit dem siebten Buch des »Fließenden Lichtes der Gottheit«. Von allen im Kloster verehrt, starb sie hochbetagt und erblindet. Das Todesjahr ist unsicher. Manche Forscher setzen es heute um 1282 an, die ältere Forschung um 1294.

Nach ihrem Tod wurde Mechthild früh als Heilige verehrt. Ihre Schrift wurde verbreitet, doch entfaltete sich wohl in Helfta selbst ihr Werk am nachhaltigsten, denn Mechthild von Hackeborn und Gertrud die Große wurden in ihren Schriften deutlich von Mechthild von Magdeburg beeinflusst.

Inhalt

Im bereits zitierten Vorwort empfiehlt Heinrich von Halle die Lektüre: »So werden auch alle, die dieses Buch schreiben oder lesen werden, sofern sie es in reiner und frommer Absicht unternehmen, Mehrung des Trostes und der Gnade gewinnen, wie es vom Herrn verheißen ist... Denn ihr Urheber ist der Vater und der Sohn und der Heilige Geist, und ihr Inhalt handelt von Christus und der Kirche, vom Satan und seinem Anhang. Ihre Darstellungsweise ist geschichtlich und mystisch ihr Zweck die Ordnung des gegenwärtigen Lebens, die nützliche Erinnerung an Vergangenes und die prophetische Hinweisung auf zukünftige Dinge.«

Damit umschreibt er kurz Herkunft, Inhalt und Absicht des Buches. »Geschichtlich und mystisch« hat in diesem Zusammenhang eine andere Bedeutung als im heutigen Sprachgebrauch. Es meint den buchstäblichen oder historischen Sinn der Schrift und den tieferen geistlichen Sinn. Der mystische oder geistliche Sinn eröffnet den geschichtlichen Sinn: den Sinn der umfassenden Heilsbedeutung in der göttlichen Heilsoffenbarung des Alten und Neuen Testaments. Damit ist ein Grundanliegen des Werkes von Mechthild beschrieben, denn sie schrieb ihre Erfahrungen auf, um auf Gottes Licht und seine Liebe hinzuweisen und die Wirklichkeit auf Gott hin durchsichtig zu machen.

»Das fließende Licht der Gottheit« ist ein programmatischer Titel. Mechthild verwendet zur Beschreibung von Gottes Wesen und Offenbarung sehr häufig Bilder des Fließens und der Bewegung, die oft mit dem Bild des Lichtes verbunden werden. Damit möchte sie die aus Gott hervorquellende Gnade veranschaulichen und die Mitteilung göttlichen Lebens für seine Geschöpfe. Diese Erfahrungen der Liebe Gottes sind tief im Mysterium des Dreifaltigen Gottes geborgen. Mechthild verwendet auch in Anlehnung an das Hohelied des Alten Testaments die Bilder bräutlicher Liebe. Dabei geht es ihr nicht darum in Traktaten und Hymnen mit erotischen Bildern des Hohenliedes die Gottesliebe zu preisen. Vielmehr sind die Bilder des Hohenliedes bei ihr Ausdruck persönlicher Erfahrung und stimmen mit ihnen überein. Sie verpersönlicht das Hohelied und drückt damit ihre eigenen Gotteserfahrungen aus.

Mechthild von Magdeburg siedelt in ihrer mystischen Schau die Erotik nicht zuerst im menschlichen Begehren nach Vereinigung mit Gott an, sondern in der Dreifaltigkeit selbst und im Begehren Gottes nach dem Menschen. Gott brennt in seiner Sehnsucht nach dem Menschen und ist »minnesiech« nach deren Seele. »Gott hat an allen Dingen genug, nur allein die Berührung der Seele wird ihm nie genug.« Das Wesen göttlicher Liebe erklärt sie als eine in sich fruchtbringende Kraft, die sich mitteilen und aus sich heraustreten muss. In der Liebesbewegung innerhalb der Trinität sieht die Mystikerin die Ursache für die Schöpfung.

Der Mensch wurde zur »überaus herrlichen Braut der Heiligen Dreifaltigkeit« erschaffen. Demzufolge findet er erst in der Heiligen Dreifaltigkeit seine vollkommene Natur.

Der einigende Vorgang von Gott und Mensch geschieht im Heiligen Geist. Der Seele wesenhaftes Brautgeheimnis ist, dass sie sich total in »die Heilige Dreifaltigkeit mengt« und dennoch unzerstört bleibt. In der erotischen Sprache des Hohenliedes veranschaulicht Mechthild dieses Geschehen als geistliche Hochzeit, denn der Heilige Geist spricht zum Vater: »Ja, lieber Vater, die Braut werde ich dir zu Bette bringen.« So ist die geringe Seele eine überaus herrliche Braut der Heiligsten Dreifaltigkeit, eine Tochter des Vaters, und Schwester des Sohnes und Freundin des Heiligen Geistes. Aufgrund dieses Adels steht sie über dem Rang der Engel, hoch über den Seraphim. Denn die Engel sind nur reiner Geist, der Mensch hat Fleisch und Geist wie der menschgewordene Gottessohn, ihr Bräutigam. Darum ist »die Seele mit ihrem Fleisch allein Hausherrin des Himmelreiches und sitzt neben dem ewigen Hausherrn, dem sie am meisten gleicht«. In der Sprache höfischer Minne wird bei Mechthild die gottmenschliche Liebesbeziehung sinnlich verlebendigt: »Und da leuchtet Aug in Auge, / und da fließet Geist in Geist, und da greifet Hand zu Hand / und da redet Mund zu Mund / und da grüßet Herz zu Herz.«

Diese enge Vereinigung ist nur dem Menschen als Braut vorbehalten, nicht den Engeln. Die Vorstellung des sakramentalen Essens und Trinkens in der Eucharistie versinnlicht die geradezu leichte, selbstverständliche Verschmelzung mit der Gottheit: »Wie gering ich auch bin, ich esse und trinke ihn (den Sohn), und tue mit ihm, was ich will. Das kann den Engeln nie geschehen, wie hoch sie auch über mir stehen. Und seine Gottheit wird mir nie so fremd, dass ich sie nicht immer und ungehemmt, in allen meinen Gliedern fühle / und deshalb nie erkühle. / Was kümmerts mich denn, was die Engel fühlen?« Der ganze Mensch in seiner Totalität von Leib–Seele–Geist wird in die irdische Betroffenheit mit hineingenommen. Dies ist wegen der größeren Angleichung an den menschgewordenen Gottessohn als »Braut seiner Menschheit« der Vorzug vor den Engeln. Darin eingeschlossen ist allerdings auch die Teilhabe an der Leiderfahrung des Gottessohnes und die Erfahrung der Nacht, der »Entfremdung Gottes«.

Oft wird der christlichen Tradition Leibfeindlichkeit vorgeworfen, was für manche Texte und Traditionen zumindest bei oberflächlicher

Betrachtung stimmen mag. Für Mechthild gilt dies nun gar nicht. Bei ihr finden wir keine Verachtung des Leibes und keine Leibfeindlichkeit. Ganz im Gegenteil, bei Mechthild von Magdeburg wird der Leib, das oft so geschmähte Fleisch, gerade aufgrund seiner oft gegeißelten sinnlichen Qualitäten und Neigungen zum Kriterium der Höherstellung der Menschen über die Engel. Mechthild nimmt die Einheit von Geist, Seele und Leib radikal ernst. Sie kommt zu dieser Erkenntnis jedoch nicht aufgrund intellektueller Überlegung oder theologischer Reflexion, sondern aufgrund ihrer Erfahrungen mit Gott, aus denen sie in einem reflexiven Prozess und im Kontakt mit ihrem Seelenführer ihre Schlüsse zieht. Sie nennt dies die Autorität des »ungelehrten Mundes«. Die mystische Erfahrung ist für Mechthild die Quelle ihrer kirchlich-prophetischen Rede, die sie mit Souveränität und Selbstbewusstsein gegenüber der Kirche und den Lesern und Leserinnen ihres Werkes vorträgt. So tritt neben das Emotionale, Bildhafte und Individuelle mystischer Erfahrung auch und entscheidend die Aktion und das Eingreifen in das Leben von Kirche und Staat.

Lesetipp

Heinrich von Halle beschreibt die Haltung, mit der Mechthilds Werk zu lesen sei, mit folgenden Worten: »Diese Schrift aber ist in frommer Weise zu lesen und gleich den heiligen Schriften in gesunder und vertrauensvoller Weise gläubig zu verstehen. [...] Die Offenbarungen und Gesichte, die der allmächtige Gott sich würdigt, seinen Auserwählten mitzuteilen, gründen und beginnen in der Einfalt des Glaubens. Die Reinheit des Herzens verlangt und erwartet sie, und die Heiligkeit des Lebens bewahrheitet und bekräftigt sie. Nur vor solchen sind die himmlischen Geheimnisse offen, und ihr Zeugnis findet in den Herzen der Zuhörer Glauben.«

»Das fließende Licht der Gottheit« ist das Glaubenszeugnis einer außergewöhnlichen Frau. Es beschreibt ihre Erfahrungen mit Gott und gibt Einblick in die Mühen, diese Erfahrungen wirklich auszudrücken. Als persönliche Erfahrungen sind sie immer individuell und durch den Zeithorizont geprägt und daher nicht einfach zu verallgemeinern. Trotzdem ist ein Zugang im Glauben möglich, wobei nicht die Glaubwürdigkeit Mechthilds im Vordergrund steht und die Frage, ob und wie sie das erlebt hat, was sie aufschreibt, das wäre ein rein historisch-analytisches Interesse, das eben interessant sein kann, mehr aber auch nicht.

Der Blick der Leserin und des Lesers sollte sich über die Autorin hinaus, gemeinsam mit ihr auf Gott richten und nachspüren, wie Mechthild Gott erfuhr oder wie Gott sich von Mechthild erfahren ließ. Das ist nicht nur ein interessanter Zugang. Aus dieser Haltung heraus kann bei der Lektüre der Visionen Mechthilds mehr werden, nämlich Stärkung und Ermutigung im Glauben, Freude an Gott und Ermunterung auf dem geistlichen Weg.

Bibliographie

Mechthild von Magdeburg, Das fließende Licht der Gottheit, Mittelhochdeutsch/Neuhochdeutsch, übersetzt und herausgegeben von Gisela Vollmann-Profe, Berlin 2010.

Mechthild von Magdeburg, Das fließende Licht der Gottheit. Eine Auswahl, Mittelhochdeutsch/Neuhochdeutsch, übersetzt und herausgegeben von Gisela Vollmann-Profe, Ditzingen 2008.

Mechthild von Magdeburg. Das fließende Licht der Gottheit, übersetzt, eingeführt und kommentiert von Margot Schmidt, Stuttgart-Bad Cannstatt 1995.

Mechthild von Magdeburg, Das fließende Licht der Gottheit, kommentiert von Gerhard Wehr, Wiesbaden 2010.

Weiterführende Literatur

Hildegund Keul, Mechthild von Magdeburg. Poetin – Begine – Mystikerin, Freiburg im Breisgau 2007.

16 BONAVENTURA
1217/1218–1274

Der Pilgerweg des Menschen zu Gott
Itinerarium mentis in Deum

Autor und Werk

Bonaventura wurde noch zu Lebzeiten des hl. Franz von Assisi 1217/1218 als Johannes Fidanza in Bagnoreggio bei Viterbo geboren. In seiner Franziskusbiographie berichtet er von einem Wunder des Heiligen, durch das er selbst als Kind dem Tod entging. Nach der Legende verdankt Bonaventura seinen Namen (»günstiger Wind« beziehungsweise »gute Zukunft«) dem hl. Franziskus. Das schwerkranke Kind sei durch Franz von Assisi gesegnet worden und dann bald genesen. Als Franziskus 1226 im Sterben lag, habe ihn die Mutter mit dem Jungen nochmals besucht, und Franziskus habe ausgerufen: »O buona ventura«. Mit achtzehn Jahren immatrikulierte sich Bonaventura 1235 als Laie an der Sorbonne-Universität in Paris. Dort studierte er zunächst die sieben freien Künste. Dabei lag der Schwerpunkt seines Studiums vor allem auf der Sprache: Grammatik, Rhetorik und Logik. 1243 trat er in den Franziskanerorden ein und erwarb 1248 die Bakkalaureuswürde, die ihm von da an erlaubte, in der Franziskanerschule in Paris Vorlesungen zu biblischen Büchern und über die Sentenzen des Petrus Lombardus zu halten.

Als Bonaventura 1257 zum siebten Generalminister des Ordens gewählt wurde, gab er seine Lehrtätigkeit auf. Er versuchte, in den Auseinandersetzungen zwischen den beiden einander heftig bekämpfenden Richtungen im Franziskanerorden zu vermitteln. Inmitten einer radikaleren und einer angepassteren Auslegung des Erbes des hl.

Franziskus, den milderen »Fratres de communitate« und den schroffen »Zelatores« oder »Spirituales« verfolgte er mit großer Nüchternheit einen Weg der Mitte. Bonaventura war vor allem die »Faszination des Anfangs« wichtig, die Orientierung an der Gründergestalt des Ordens – dem hl. Franziskus. Gleichzeitig sah er die neuen Herausforderungen seiner Zeit und die durch das Wachstum des Ordens in den eigenen Reihen fast zwangsläufig gegebene Nivellierung und Aufsplitterung der Motivationen. Sein Anliegen war es, das Erbe lebendig zu erhalten und die Erfordernisse von Zeit und Ordensentwicklung ernst zu nehmen. Auf diese Weise wurde Bonaventura in einer wichtigen Umbruchphase des Franziskanerordens praktisch zu dessen »zweitem Gründer«. Das Generalkapitel in Narbonne erteilte ihm 1260 den Auftrag, eine neue Lebensbeschreibung des Franziskus von Assisi zu verfassen, und das Generalkapitel in Paris erklärte 1266 Bonaventuras Arbeit für die allein authentische Franziskusbiographie.

Als Theologe verkörperte er den Höhepunkt der sogenannten »Älteren Franziskanerschule«, die mit seinem Lehrer Alexander von Hales (gest. 1245) ihren Anfang nahm. Franziskus selbst stand der theologischen Wissenschaft mit Vorbehalten gegenüber, weil er sie im Verdacht hatte, vom Eigentlichen, dem Gebet, abzulenken. So schrieb er an Antonius von Padua: »Es gefällt mir, dass Du den Brüdern Vorlesungen über Theologie hältst, wenn sie nur nicht um dieses Studiums willen das Gebet versäumen und den Geist der Andacht auslöschen, wie er in der Regel steht.«

Die neuen Impulse zur Nachfolge Christi durch Franziskus und seine Gemeinschaft drängen aber geradezu dahin, Ausgangspunkt einer neuen Sichtweise auch in der wissenschaftlichen Theologie zu werden. Dafür steht Bonaventura, er sah – ganz auf der Linie des hl. Franz – »Gott in den Dingen«, die ihm deshalb unmittelbarer Anlass zum Lobpreis Gottes waren. Ebenso riefen sie aber auch in die Nachfolge dessen, der sich in die letzten Dimensionen der Welt und des Menschseins eingelassen hat – des Gekreuzigten. Bonaventura ging den Spuren Gottes nach. In seinem Hauptwerk »Pilgerweg der Seele zu Gott« (»Itinerarium mentis in Deum«) schrieb er: »Wer durch den Glanz der geschaffenen Dinge nicht erleuchtet wird, ist blind; wer von ihrem lauten Ruf nicht aufwacht, ist taub ... Öffne also deine Augen, neige dein geistiges Ohr, löse deine Lippen und bereite dein Herz, damit du in allen Geschöpfen deinen Gott sehen mögest und loben und lieben und verehren und preisen.«

Im Jahre 1273 wurde Bonaventura zum Kardinalbischof von Albano ernannt, um als solcher auch bei den Vorbereitungen zum zweiten Konzil von Lyon mitzuarbeiten. Er starb während des Konzils am 15. Juli 1274 in Lyon, etwas mehr als vier Monate nach seinem großen Zeitgenossen Thomas von Aquin, der auf dem Weg zum gleichen Konzil starb. Papst Sixtus IV. sprach Bonaventura 1482 heilig, und Sixtus V. nahm ihn 1587 als »doctor seraphicus« unter die Kirchenlehrer auf. Sein kirchlicher Gedenktag ist der 15. Juli.

Inhalt

Im Heiligsprechungsprozess wurde das »Itinerarium« als herausragendes Werk Bonaventuras genannt, in dem man die theologische Klarheit und den Geist des Heiligen findet. Hier kommen naturphilosophische Erkenntnis und Betrachtung der Schöpfung zusammen, ebenso wie erkenntnistheoretische Erwägungen und die Betrachtung der Wahrheit Christi, eine Fülle theologischer Gedanken, die auf ein Ziel ausgerichtet sind: die Fähigkeit zur Wahrnehmung der Gegenwart Gottes zu stärken und in Liebe Gott ähnlicher zu werden.

Bonaventura legte mit dem »Itinerarium« zum ersten Mal eine systematisch-reflektierte Darstellung franziskanischer Spiritualität vor. Er erkannte die Grundlage des Weges zu Gott in der Sehnsucht. Durch sie kann der Mensch von Gott die Gnade der Kontemplation geschenkt bekommen. Diese Sehnsucht wird im lauten Rufen des Gebetes und in der Betrachtung, in der Hinwendung zum Licht konkret.

Im Prolog schildert Bonaventura seine Suche nach Frieden und wie er sich dreiunddreißig Jahre nach Franziskus' Tod zum Berg La Verna begab, auf dem Franziskus die Vision des geflügelten Seraphs nach dem Bild des Gekreuzigten hatte und die Wundmale (Stigmata) empfing. Bonaventura erschloss sich an diesem Ort, so berichtet er weiter im Prolog, die Bedeutung der Vision des hl. Franziskus, nämlich die

Erhebung in der Beschauung und den Weg, auf dem man zu ihr gelangt, aufzuzeigen.

Die sechs Flügel des Seraphs deutete Bonaventura als sechs Betrachtungen auf dem Weg zu Gott und teilte sein Werk danach ein: Betrachtung Gottes durch seine Spuren im All (1.), Betrachtung Gottes in seinen Spuren in der sichtbaren Welt (2.), Betrachtung Gottes durch sein Abbild, das den natürlichen Fähigkeiten der Seele wie ein Spiegel eingeprägt ist (3.), Betrachtung Gottes in seinem durch die Gnadengaben neugeschaffenen Bild (4.), Betrachtung der Einheit Gottes durch seinen ersten Namen: das *Sein* (5.), Betrachtung der allerheiligsten Dreifaltigkeit in ihrem Namen: das *Gute* (6.). Das Buch schließt mit dem siebten Kapitel: Die mystische Entrückung des Geistes, in der das Erkenntnisvermögen Ruhe findet, das Liebesvermögen aber sich überschreitend ganz in Gott hinübergeht.

Die Überschriften machen schon deutlich, dass es sich nicht um eine einfache Lektüre handelt. Das »Itinerarium« bietet verzweigte philosophische und theologische Gedankengänge. Es erscheint dadurch manchem als abstrakt und letztlich unverständlich. Doch gehört auch diese literarische Gattung der philosophisch-theologischen Reflexion zum spirituellen Erbe des Christentums, und es ist lohnenswert, sich auch einmal durch »härtere Kost« durchzubeißen.

Lesetipp

Bonaventura selbst gab in seinem Prolog einige Lesetipps. Zunächst weist er darauf hin, dass die Lektüre mit dem Gebet verbunden sein muss, das Forschen mit dem Staunen, das Studium mit innerer Anhänglichkeit, das Wissen mit der Liebe, Verstand mit Demut und das eigene Bemühen mit der göttlichen Gnade. Das Lesen ist also einzubetten in das eigene geistliche Leben und Streben, ein Hinweis, den man durchaus generalisieren könnte und der für alle Werke der geistlichen Tradition gilt.

Schließlich bittet Bonaventura den Leser, die Leserin um Folgendes: »Ich bitte euch, mehr auf die Absicht des Schreibenden als auf das fertige Werk, mehr auf den Sinn der Worte als auf die ungefeilte Sprache, mehr auf die Wahrheit des Gesagten Gewicht zu legen als auf Anmut, mehr auf die Kräftigung der Liebe als auf die Belehrung der Erkenntnis. Damit dies wirklich eintrete, darf man die Folge der Betrachtungen nicht in flüchtiger Lektüre durcheilen, sondern man muss sich viel Zeit nehmen, sie geistig wiederzukauen.« (Prolog)

Diese Worte deuten bereits an, dass es sich nicht um eine »Fast-Food-Lektüre« handelt, sondern ein Lesen, das vom Nachdenken und auch vom Nachforschen und vom Entdecken lebt, was Zeit und Geduld braucht. Die Präsentation des Textes, der Kommentar und die weiterführenden Texte in der Ausgabe von Marianne Schlosser erleichtern nicht nur das Verständnis, sondern sind selbst als »geistliche Anmerkungen« zu verstehen.

Bibliographie

Bonaventura, Itinerarium mentis in Deum. Der Pilgerweg des Menschen zu Gott, Lateinisch/Deutsch, übersetzt und eingeleitet von Marianne Schlosser, St. Ottilien 2004.

Bonaventura, Itinerarium mentis in Deum. Der Pilgerweg des Menschen zu Gott. Lateinisch/Deutsch, übersetzt und erläutert von Marianne Schlosser, mit einer Einleitung von Paul Zahner, Münster 2004.

Weitere Werke

Bonaventura, De triplici via. Über den dreifachen Weg, übersetzt und eingeleitet von Marianne Schlosser, Fontes Christiani Band 14, Freiburg im Breisgau 1993.

Bonaventura, Breviloquium, übertragen und eingeleitet von Marianne Schlosser, Christliche Meister Band 52, Einsiedeln 2. Aufl. 2006.

Weiterführende Literatur

Benedikt XVI. (Joseph Ratzinger), Die Geschichtstheologie des heiligen Bonaventura, St. Ottilien 1992.

Marianne Schlosser, Bonaventura begegnen, Augsburg 2001.

Marianne Schlosser, Franz-Xaver Heibl (Hrsg.), Gegenwart der Offenbarung. Zu den Bonaventura-Forschungen Joseph Ratzingers, Regensburg 2010.

17 GERTRUD VON HELFTA
1256–1301/1302

Geistliche Übungen
Exercitia spiritualia

Autorin und Werk

Als im Jahre 1261 eine Fünfjährige der Obhut des Klosters St. Maria in Helfta übergeben wurde, konnte niemand ahnen, dass damit eine der drei größten, tiefgründigsten und spr achgewaltigsten deutschen Mystikerinnen dort ihren Lebens- und Wirkungsort gefunden hatte. Doch steht die Aufmerksamkeit, die Gertruds Schriften geschenkt wird, in auffälliger Diskrepanz zu dem, was über ihr Leben bekannt ist. Weder die Lebensumstände ihrer Herkunftsfamilie noch der vollständige Name Gertruds sind überliefert. Ebenso wenig ist ihr Todesdatum zweifelsfrei bekannt. Allein drei konkrete Daten sind gesichert: 6. Januar 1256 als Tag ihrer Geburt, 27. Januar 1281 als Tag des ersten mystischen Erlebnisses Gertruds und schließlich der Gründonnerstag des Jahres 1289, an dem sie mit den Aufzeichnungen ihrer Erfahrungen auf göttlichen Auftrag hin begann. Gertruds Biographie tritt ganz hinter dieser Aufgabe zurück.

Als Kind kam sie ohne familiäre Bindungen wie aus dem Nichts, um zu einem unbekannten Zeitpunkt und ohne Kenntnis über den Ort ihres Grabes dorthin wieder zu verschwinden. Und so ist ihre individuelle Person den Vermutungen, Wahrscheinlichkeiten, Spekulationen und Rekonstruktionen unterworfen. Sicher ist, dass Gertrud die Zeit von ihrem fünften Lebensjahr bis zu ihrem Tod im Kloster zu Helfta, also im dortigen Schwesternkonvent, verbrachte. Dort erfuhr sie eine umfassende wissenschaftliche und theologische Ausbildung und war in dieser Zeit schriftstellerisch tätig. Ihr Leben war so mit dem Ort und der Gemeinschaft des Klosters verbunden, dass sie auch in der

Tradition nach dem Klosterort benannt wurde: Gertrud von Helfta. So wird man ihrer Person, aber auch ihrem theologisch-mystischen Denken und Wirken wohl nur dann nahekommen, wenn man auch das soziale Netz und das theologische Umfeld in ihrer Umgebung mit in den Blick nimmt.

Am 29. Juni 1229 beginnt die Geschichte des Klosters St. Maria zu Helfta, wenn auch nicht in Helfta. Ursprünglich wurde es in der Nähe der Burg Mansfeld durch Stiftung der Gräfin Elisabeth von Schwarzburg und ihrem Ehemann Burchard, Graf von Mansfeld, gegründet. Die ersten Schwestern kamen aus dem Mutterkloster St. Jacobi/ St. Burchardi aus Halberstadt, einem Kloster der Zisterzienserinnen. Kloster St. Maria wurde mehrmals umgesiedelt, zuerst 1234 nach Rodersdorf, dann 1258 nach Helfta. 1342 oder 1343 zerstörte es Bischof Albert von Braunschweig aus Rache, weil er vom Papst nicht als Bischof von Halberstadt anerkannt worden war.

Zur Zeit Gertruds von Helfta spiegelten sich in der Sozialstruktur des Klosters die feudalen Strukturen der politischen Gesellschaft wider. So war die soziale Herkunft der dort lebenden Menschen höchst unterschiedlich. Es gab Chorschwestern, die in der Mehrheit aus den adeligen Familien der Umgebung stammten. In den Quellen finden sich viele Namen aus der Stifterfamilie der Grafen von Mansfeld und der Familie der Edlen von Hackeborn, die dem Kloster Land zur Verfügung gestellt hatten. Wie andere Frauenklöster der damaligen Zeit war auch Helfta eine Versorgungsstätte der Stifter- und Förderertöchter. Dabei kamen die Schwestern eher aus dem niederen Adel und manche von ihnen sogar aus der städtischen Bevölkerung. Neben den Chorschwestern lebten im Kloster conversi, die als Laienbrüder und -schwestern die gröbsten und schwersten Arbeiten leisten mussten. Diese stammten meist aus der Schicht der Abhängigen. Unterstützt wurden sie dabei von weiteren Hilfskräften, die als Lohnarbeiter und Dienstmägde im Kloster beschäftigt waren. Es gab also eine deutliche innerklösterliche soziale Schichtung, die der außerklösterlichen mittelalterlichen Gesellschaft im Großen und Ganzen entsprach.

Die eindeutige Ordenszugehörigkeit ist heute umstritten und spitzt sich auf die grundsätzliche Frage zu: War Kloster Helfta im 13. Jahrhundert eine benediktinische oder zisterziensische Kommunität? Die heutige Forschung tendiert zu einer zisterziensischen Prägung ohne feste Ordenseinbindung des Klosters. So belegen Urkunden des 13. Jahrhunderts die Gründung als zisterziensische Ordensgemeinschaft. Weitere Urkunden aus dieser Zeit belegen, dass der jeweilige Bischof von Halberstadt die Rechtsangelegenheiten des Klosters regelte, Helfta also keine rechtliche Eingliederung in den Zisterzienserorden erfahren hatte. Es finden sich weiterhin keine Belege darüber, wer die Seelsorge für die Schwestern innehatte. Für einen ordensrechtlichen Schwebezustand sprechen zudem Gewohnheiten im Kloster, die einer eindeutigen Zuordnung jeweils widersprechen. Wäre Helfta ordensrechtlich im Zisterzienserorden eingegliedert gewesen, hätte Gertrud dort als Kind keine Aufnahme gefunden, denn die Zisterzienser nahmen keine Kinder für das Klosterleben auf, was dagegen im traditionellen Benediktinertum allgemein üblich war. So ist es wahrscheinlich, dass das Kloster in Helfta zwar ein zisterziensisches Selbstverständnis hatte, jedoch nicht die volle Verwirklichung eines Zisterzienserinnenklosters darstellte.

Dieser rechtliche »Schwebezustand« eröffnete einen großen Freiraum in Fragen der Spiritualität und Wahl der Seelsorger, außerdem hatten die Schwestern die Möglichkeit, in Gebet und Liturgie neue Ausdrucksformen zu suchen und in geistlichen Fragen eine neue Sprache zu entwickeln. Gerade dieser Zustand ermöglichte es Gertrud, ihre mystischen Schriften zu entwickeln.

Die Jahre von 1258 bis 1346 werden als die Blütezeit des Klosters in Helfta angesehen. In dieser Zeit lebten und wirkten dort drei der bedeutendsten Mystikerinnen des 13. Jahrhunderts im deutschsprachigen Raum: Mechthild von Magdeburg (ca. 1207–ca. 1282), Mechthild von Hackeborn (1241–1298/1299) und Gertrud von Helfta (1261–1301/1302). Von besonderer Bedeutung war gewiss der Einfluss der langjährigen Äbtissin Gertrud von Hackeborn (1231–1291), die aufgrund der Namensgleichheit oft in der Forschung mit Gertrud von Helfta verwechselt wurde. Dieser Äbtissin lagen die theologische Ausbildung und Qualifikation der Schwestern besonders am Herzen und wurden von ihr ausdrücklich gefördert.

Die Lebensdaten der drei Mystikerinnen sind eng miteinander verknüpft. Mechthild von Hackeborn, die jüngere Schwester der Äbtissin Gertrud, lebte seit ihrem siebten Lebensjahr in Helfta und war 1261 etwa 20 Jahre alt. Zu diesem Zeitpunkt wurde die fünfjährige Gertrud ins Kloster gebracht und der Erziehung Mechthilds, die sowohl Lehrerin als auch Kantorin des Klosters war, anvertraut. Neun Jahre später kam Mechthild von Magdeburg ebenfalls nach Helfta. Etwa zehn Jahre lang lebten die drei Frauen zeitgleich in Helfta.

Kurz vor dem Tod Mechthilds von Magdeburg 1281/1282 ereignete sich im Januar 1281 die erste »Begnadung« Gertruds, die sie selber als die Erweckung ihrer Seele bezeichnete. Mechthild von Hackeborn hatte ihre mystischen Erfahrungen in den Jahren ab 1291. Sie starb nach langer Krankheit am 19. November1299. Gertrud von Helfta, die Jüngste der drei Mystikerinnen, starb als Letzte von ihnen etwa 1301/1302.

Die drei großen Mystikerinnen von Helfta verbanden nicht nur einige Jahre, die sie zeitgleich an einem Ort verbrachten. Mehr noch verbanden sie wohl ihre einzigartigen Gotteserfahrungen, die sie letztlich auf Interventionen von außen niedergeschrieben haben. Inwieweit sie sich dabei gegenseitig beeinflussten, ist strittig und kann hier nicht näher ausgeführt werden.

In den Schriften Gertruds ist eine Mitautorinnenschaft von Schwester N. zu finden. In der Forschung wird einheitlich gesehen, dass Gertrud nur Buch II des fünf Bücher umfassenden »Legatus divinae pietatis« selbst geschrieben hat. Die Bücher III bis V und auch Buch I, welches eher hagiographischen Charakter besitzt, wurden wohl von Schwester N. verfasst. Alle vier von ihr geschriebenen Bücher des »Legatus« sind vom Stil her ähnlich und haben eigene theologische Akzente. Einigkeit besteht in der Forschung darüber, dass Buch II des »Legatus« und auch die »Exercitia spiritualia« authentische Texte der Gertrud von Helfta sind.

Nach derzeitigem Erkenntnisstand sind die »Exercitia spiritualia« einzig durch einen Druck aus dem Jahr 1536 überliefert. Herausgegeben wurde dieser vom Kölner Kartäusermönch Johannes Justus Lanspergius.

Inhalt

Zweifellos erlebte Gertrud eigene unmittelbare Gotteserfahrungen in der unio mystica, der geheimnisvollen Einheit mit Gott. Davon sprechen ihre Texte an den verschiedensten Stellen. Daher kann man Gertrud ohne Zweifel als Mystikerin bezeichnen.

Ob sie sich selbst als eine Vertreterin einer Frauenmystik verstanden hätte, sei dahingestellt. Mit Sicherheit lebte sie in dem Bewusstsein, dass sie als Frau, als Braut die Begegnung mit Jesus Christus ersehnte. Und doch war ihr wohl eine Denkweise, die Frauenmystik von Männermystik unterscheiden würde, fremd. Zum einen finden sich in den »Exercitia spiritualia« Selbstbezeichnungen sowohl in weiblicher als auch in männlicher Form, denn die »Exercitia« sind kein ausschließlich an Frauen gerichtetes Exerzitienbuch, wenngleich die weibliche Erlebniswelt als Nonne im Vordergrund steht. Darüber hinaus ist es vorstellbar, dass Gertrud, die schon als Mädchen in eine fast ausschließlich weiblich geprägte Umgebung kam, das Leben nur unter Frauen als völlig natürlich und als nicht abgrenzend oder unterscheidend erlebt hat. Etwas anderes kannte Gertrud nicht. Doch diese Selbstverständlichkeit gab ihr vielleicht auch einen sicheren Selbststand als Frau, Nonne und Mystikerin.

Gertrud von Helfta steht in der Tradition der Anleitung zum Gebet und Einübung in ein geistliches Leben. Ab dem 12. Jahrhundert finden sich verschiedene Methoden des Gebets und Vorstellungen davon, wie sich ein geistlicher Weg entwickelt und wie diese Entwicklung, die eher als ein Voranschreiten auf dem Weg zur Vervollkommnung gesehen wurde, gefördert werden konnte. Im Gegensatz zu anderen Autoren ihrer Zeit verzichtete Gertrud in den »Exercitia« auf die Beschreibung von Fortschrittsstufen und formulierte auch keine theoretische Mystik. Die Konzentration auf bestimmte Themen in bestimmter Folge, verbunden mit praktischen Anweisungen, wie sie Gertrud in ihren »Exercitia« vorgenommen hat, waren ein bedeutender Schritt für methodische Gebets- und Meditationsübungen.

Gertrud wählte in ihren »Exercitia« einen siebentägigen Aufbau. Doch lag es nicht in ihrer Absicht, Exerzitien mit einer Dauer von sieben Tagen zu entwickeln. In den Einleitungssätzen der jeweiligen Übungen wird deutlich, dass jede zeitlich unabhängig von den anderen durchgeführt werden kann. Die fünfte Übung leitete Gertrud folgendermaßen ein: »Sooft du leer von allem sein willst, frei für die Liebe, so ziehe dein Herz weg von allen ungeordneten Gemütsregungen, hemmenden Fesseln und Einbildungen der Phantasie. Wähle dafür einen geeigneten Tag und Zeitraum.«

Ein weiteres Beispiel ist die Einleitung zum siebten »Exercitium« (Wiedergutmachung der Sünden und Vorbereitung auf den Tod): »Wenn du bereit bist, den Tag, an dem alles in deinem Leben wiedergutgemacht wird, feierlich zu begehen, dann sollst du zu den einzelnen sieben Tagzeiten dich selbst in deinem Innern ganz sammeln, damit du ein Gespräch führen kannst mit der Liebe.«

Im Buch V des »Legatus« findet sich dazu eine Bemerkung im Zusammenhang mit dem Sterben der Mechthild von Hackeborn: »Ungefähr einen Monat vor ihrem Tod, als sie schon krank darniederlag, bemühte sie sich mit ihrer gewohnten, innigen Andacht und gutem Willen, sich nach den Exercitien, die jene (Gertrud) zusammengestellt hatte, an ihren Tod zu denken und sich zum Tode vorzubereiten.«

Auch wenn Buch V nicht von Gertrud selbst, sondern von Schwester N. verfasst wurde, so zeigt diese Stelle doch, dass die »Exercitia« im internen Gebrauch des Klosters zu Helfta waren und situationsgerecht zum Einsatz kamen.

Der inhaltliche Aufbau der »Exercitia« lässt sich in zwei Stränge gliedern. Der erste Strang stellt den Ablauf des menschlichen Lebens von der Taufe (Ex. I) und dem ersten Tag des neuen Lebens bis zum Tod (Ex. VII) in den Mittelpunkt. Damit verwoben ist der zweite Strang, in dem es um den Weg zur Einheit mit dem Göttlichen geht. Als Untergruppen meditieren dann die »Exercitia« I und II die Umkehr zu Gott, III und IV die Vereinigung mit Gott, V und VII das Wirken der göttlichen Liebe, während das VI. Exercitium, als der Höhepunkt des Werks, Lobpreis und Danksagung ausspricht. Die »Exercitia« sind eine Sammlung von persönlichen Gebeten Gertruds, liturgischen Gebeten, biblischen und anderen Zitaten, die sich durch einzelne Anweisungen ordnen.

Gertruds »Exercitia« sind ohne Zweifel ein Hauptwerk christlicher Mystik. Sie zeigt sich darin als hochgebildete Frau, die souverän über das theologische Wissen ihrer Zeit verfügt. In Form und Inhalt gibt Gertrud in den »Exercitia« auf kunstvolle, höchst verdichtete Art gewissermaßen den Ertrag all ihres religiösen Wissens, Lebens und Erlebens wieder.

Kurt Ruh bezeichnet die »Exercitia spiritualia« als »... eine unvergleichliche Summe der personalen Zuwendung des gläubigen und begnadeten Menschen im Gebet. Es hat eine Höhe, die in der gesamten Frauenmystik nie erreicht wurde, und man muss auf Augustinus zurückgehen, um in der Vielstimmigkeit, Innigkeit und Höhenlage Entsprechendes zu finden«.

Lesetipp

Wie deutlich wurde, teilt in den »Exercitia« eine geistliche Autorin ihre eigene Erfahrung mit und stellt sich auf dieser Ebene als eine geistliche Begleiterin zur Verfügung. Mit diesem Hintergrund könnten die »Exercitia« auch als »mystagogisches« (in das Mysterium/Geheimnis Gottes einführendes) Werk bezeichnet werden, dessen Ziel es ist, anderen eine Möglichkeit zur Vereinigung mit Gott aufzuzeigen.

Die Sprache Gertruds zeichnet sich durch hohe künstlerische Qualität aus. Dabei ist sie nicht jedem zugänglich und wird, je nach Blickwinkel, durchaus als schwülstig empfunden. Bei genauerer Betrachtung finden sich aber Kompositionen einer kunstvollen rhetorischen Ausschmückung, die von Gleichklängen, Reimen und Wortwiederholungen geprägt sind.

Exerzitien (vom lateinischen »exercitium«, was mit »Übung« übersetzt wird) sind eigentlich nicht für die Lektüre bestimmt, sondern man sollte Exerzitien »machen« und die Übungen vollziehen. Zunehmend gibt es auch solche Angebote im deutschsprachigen Raum, die sich an den »Exercitia« der Gertrud von Helfta orientieren. Auskünfte geben die Exerzitienreferate der Diözesen oder das wieder errichtete Kloster in Helfta. Nach der politischen Wende und dem Ende der DDR konnte das Kloster St. Maria zu Helfta dank des Engagements von Orden, Kirche und Staat und mit Hilfe einer großen Spendenbereitschaft wieder aufgebaut werden. Seit 1999 ist Helfta selbstständiges Priorat der Ordensgemeinschaft der Zisterzienserinnen.

Bibliographie

Gertrud von Helfta, Geistliche Übungen, übersetzt von Johanna Schwalbe und Manfred Zieger, St. Ottilien 2008.
Gertrud von Helfta, Exercitia spiritualia/Geistliche Übungen, Lateinisch/Deutsch, herausgegeben, übersetzt und kommentiert von Siegfried Ringler, Elberfeld 2. Aufl. 2007.

Weitere Werke

Gertrud die Große von Helfta, Gesandter der göttlichen Liebe, übersetzt von Johannes Weißbrodt, Stein am Rhein 2008.

Weiterführende Literatur

Gudrun Griesmayr, In der Schule der Liebe. Vier Wochen mit Gertrud von Helfta, München 2008.
Josef Hochenauer, Bilder und Gleichnisse aus dem Werk der heiligen Gertrud von Helfta, Lindenberg 2008.
Siegfried Ringler (Hrsg.), Aufbruch zu neuer Gottesrede. Die Mystik der Gertrud von Helfta, Ostfildern 2008.

18 MEISTER ECKHART
um 1260–1326

Reden der Unterweisung
Die rede der underscheidunge

Autor und Werk

Die biographischen Daten zu Meister Eckhart sind nur zum Teil belegt und werden deshalb immer wieder diskutiert. Auch sein Name taucht in verschiedenen Schreibweisen auf, etwa »Ekkehard«, »Aycardus«, »Ekhartus« oder »Hechard«.

Aus den belegten Daten lässt sich schließen, dass Eckhart von Hochheim vermutlich um das Jahr 1260 in der Umgebung von Erfurt, vielleicht in Hochheim bei Gotha geboren wurde. Er wurde Dominikaner und studierte 1277 Philosophie in Paris. Daran schloss sich ein Studium der Theologie an, das er wahrscheinlich in Köln absolvierte. 1293/1294 wurde er als Lektor der Sentenzen des Petrus Lombardus in Paris bezeugt. Diese erste Lehrtätigkeit war allerdings nicht von langer Dauer, denn kurz darauf wurde er Prior von Erfurt und Ordensvikar von Thüringen und wechselte damit auf die Leitungsebene seiner Gemeinschaft. Dieser Wechsel von Lehrtätigkeit und Leitungsaufgaben wiederholte sich in seinem Leben noch einige Male.

1302 promovierte er in Paris zum Magister der Theologie und wurde Inhaber des zweiten, den Nichtfranzosen vorbehaltenen, theologischen Lehrstuhls des Ordens an der Universität.

Das Generalkapitel der Dominikaner in Besançon beschloss die Teilung der deutschen Ordensprovinz in zwei Hälften. Die neue Provinz »Saxonia« umfasste 47 nord- und mitteldeutsche Konvente und über 70 Frauenklöster. Im Sommer 1303 wurde Meister Eckhart zum ersten Provinzial gewählt. Während seiner Amtszeit entstanden drei neue Konvente in Braunschweig, Dortmund und Groningen. 1307 übertrug ihm der General auf dem Generalkapitel in Straßburg neben seinem hohen Amt noch das eines Generalvikars der verwaisten böhmischen Provinz mit allen Reformvollmachten. Eckhart besaß als Ordensmann wie als Lehrer höchstes Ansehen, was dadurch unterstrichen wurde, dass im Herbst 1310 auch die zweite deutsche Dominikanerprovinz Eckhart zu ihrem Provinzial wählte. Diese Wahl wurde allerdings 1311 auf dem Generalkapitel von Neapel nicht bestätigt, stattdessen wurde Eckhart auch von seinem Amt als Provinzial der »Saxonia« entbunden und wieder nach Paris versetzt, um dort Vorlesungen zu halten.

Zwischen 1313 und 1322 sind die historischen Zeugnisse sehr spärlich, deuten aber auf eine Anwesenheit Eckharts im Straßburger Raum hin. Um 1322 berief man ihn zur Leitung des studium generale in Köln. Wahrscheinlich wurde er von eigenen Ordensbrüdern beim Bischof wegen Häresieverdachts angeklagt. Erzbischof Heinrich von Virneburg eröffnete 1326 gegen ihn ein Verfahren wegen Verbreitung glaubensgefährdender Lehren in seinen deutschsprachigen Predigten vor dem Volk. Die Untersuchungskommission ließ 1349 anstößige oder glaubenswidrige Sätze aus seinen Werken und Predigten zusammenstellen und legte diese Eckhart zur Stellungnahme und Verteidigung vor. In der Verhandlung am 26. September 1326 bestritt er, gestützt auf die Exemtion seines Ordens und auf seine Magisterwürde, die Zuständigkeit des Gerichts, verteidigte sich aber trotzdem durch eine Erläuterung der angefochtenen Sätze. Auf seine Rechtfertigungsschrift hin erhielt Eckhart eine neue Liste von 59 Sätzen, allein aus seinen deutschen Predigten. Am 24. Januar 1327 appellierte er an Papst Johannes XXII. in Avignon, wurde aber als unbegründet abgelehnt. Eckhart wandte sich am 13. Februar 1327 nach der Predigt mit einer öffentlichen Erklärung in der Predigerkirche in Köln an das Volk und beteuerte feierlich seine Rechtgläubigkeit. Er erklärte sich zum Widerruf bereit, wenn ihm in seinen Schriften oder Predigten häretische Äußerungen nachgewiesen werden könnten. Daraufhin reiste Eckhart nach Avignon und verteidigte sich noch einmal vor einer vom Papst bestellten Untersuchungskommission, der das von Köln angeforderte Untersuchungsmaterial zur nochmaligen Überprüfung vorlag. Die

Bulle Johannes' XXII. »In agro dominico« vom 27. März 1329 verurteilte siebzehn Textstellen aus den Werken Eckharts als häretisch und elf als häresieverdächtig. Dieses Ende des Prozesses erlebte Meister Eckhart nicht mehr. Am 30. April 1326 teilte Johannes XXII. dem Erzbischof von Köln mit, dass Eckhart verstorben sei, der Prozess aber weitergeführt werde. Das bedeutet, dass er vor diesem Termin in Avignon oder Köln verstarb.

Das umfangreiche Werk Eckharts kennzeichnet ein ständiges Ineinander von Lehre und Leben: Collationes (aufgezeichnete Gespräche), Disputationen, Traktate, Schriftkommentare und Predigten. Bei aller Reflexions- und Abstraktionsfähigkeit wollte Eckhart ein »Lebemeister«, nicht nur ein »Lesemeister« sein. Seine Begabung lag nicht im Verfassen umfassender theoretischer Systeme, er zog das kleine Fragment vor, in dem er für das Leben Anregungen und Anstöße gab. Diese Anstöße trug er allerdings zugespitzt und pointiert vor, wodurch er Menschen, die nur in gewohnten Gleisen denken, verwirrte. Dabei war sein Grundanliegen, über die Gottesgeburt in den Herzen aller Gläubigen zu reden. Womit das »mystische« Element in Meister Eckharts Denken benannt ist.

Mystik war bei Eckhart auf keinen Fall ein besonderes, womöglich ekstatisches religiöses Erleben oder der Verzicht auf das Reflektieren, ganz im Gegenteil. Mystik ist in seinen Schriften das ständige denkerische Bemühen, alle Wirklichkeit von Gott her zu erschließen, und zwar so, dass Gott selbst als das »Herz« aller Dinge, vor allem des Menschen, erscheint. Gott in mir und in allem, ich in Gott, ja ich umso mehr in Gott, als ich mich selbst ganz lasse und ihm den Raum des Wirkens anheimstelle. In diesem Sinne ist das »Einswerden« mit Gott zu verstehen, ohne dass der Mensch deshalb mit Gott identisch ist. Wo dies gelingt, wird Gott im Herzen der Menschen geboren, und sie finden ihn in allen Dingen. Dann gibt es keinen entscheidenden Unterschied mehr zwischen religiöser und profaner Praxis, zwischen Glaube und Welt. Gott ist und wirkt alles in allem, und der Mensch in ihm und mit ihm. Der Mensch, der Einheit mit Gott gefunden hat, lebt »darum, dass er lebt«, einfältig, einfach und im Einklang mit sich selbst, mit der Welt und mit Gott.

Damit sind auch die Hauptthemen der Predigten Eckharts umrissen. Er selbst charakterisiert sie so: »Wenn ich predige, so pflege ich von Abgeschiedenheit zu sprechen und dass der Mensch ledig werden soll seiner selbst und von allen Dingen. Zum zweiten, dass man (hin)eingebildet werden soll in das einfaltige Gut, das Gott ist. Zum dritten, dass man des großen Adels gedenken soll, den Gott der Seele zuteilwerden ließ, damit man zu Erstaunlichem in Gott gelange. Zum vierten von der Lauterkeit der göttlichen Natur – welche Klarheit in der göttlichen Natur sei, dies ist unsagbar.« (Predigt 53).

Die »Reden der Unterweisung« entstanden in den Jahren von 1294 bis 1298 in Erfurt. Der heute gebräuchliche Titel ist nicht authentisch, ursprünglich hatte der Text folgende Überschrift: »Das sind die Reden, die der Vikar von Thüringen, der Prior von Erfurt, Bruder Eckhart vom Predigerorden, mit solchen Kindern geführt hat, die ihn zu diesen Reden nach vielen Dingen fragten, als sie zu Lehrgesprächen (in collationibus) beieinander saßen.« Die Collationen, das »Zusammengetragene«, in diesem Fall von Fragen, schließen an ein Lieblingsbuch der Dominikaner an: Johannes Cassians »Collationes«. Das Lehrgespräch führte der Prior mit den ihm anvertrauten Brüdern, wohl den jüngeren Mitbrüdern einschließlich der Novizen, denn es geht um eine Einführung in die richtige Lebensführung und -haltung im Kloster. Bei den »Reden« handelt es sich nicht um Protokolle, sondern die schriftliche Wiedergabe der vorgetragenen Antworten. Die schriftlich-literarische Form erfolgte zum Zweck der Verbreitung innerhalb der Konvente des Ordens wie auch einer breiteren Öffentlichkeit. Der Überlieferung gemäß, waren die »Reden« auch in Laienkreisen verbreitet. Bemerkenswert ist dabei, dass die »Reden« offensichtlich ursprünglich in der Volkssprache gehalten und überliefert wurden und nicht in Latein.

Inhalt

Die »Reden der Unterweisung« haben 23 Kapitel, die nicht systematisch angeordnet sind, sich jedoch in drei deutlich voneinander abhebende Gruppen von Kapiteln einteilen lassen: Kapitel 1 bis 8, Kapitel 9 bis 17 und Kapitel 18 bis 23. Die erste Gruppe hat als Thema die Entäußerung des Selbst, damit Gott an dessen Stelle treten kann. In der zweiten Gruppe erörtert Eckhart Fragen der Lebensführung, die eher praxisorientiert sind. Die dritte Gruppe lässt sich schwer auf einen Nenner bringen. Zum Teil werden Fragen aus der ersten Gruppe aufgegriffen und Fragen aus der zweiten Gruppe vertieft, ergänzt durch neue Themen. Das Schlusskapitel ist das längste von allen und bündelt zahlreiche Fragen. Eckhart lässt sich hier offensichtlich von den Fragen der »Kinder« leiten, die am Ende wohl das Bedürfnis hatten, die noch offenen oder nicht restlos geklärten Fragen vorzutragen und sich von ihm beantworten zu lassen.

Im ersten Kapitel gibt Eckhart einen Leitsatz an, der fast allen einzelnen Themen zugrunde liegt. Es ist seine Definition des Gehorsams, die in die Mitte der menschlichen Existenz führt: »Wo immer der Mensch im Gehorsam aus dem Seinen herausgeht und sich des Seinen entschlägt, eben da muss Gott notgedrungen wieder eingehen.«

Gleich im zweiten Kapitel zum Gebet nimmt er Bezug darauf, wenn für ihn das Gebet nichts anderes ist als das »Heraustreten aus dem Seinen« eines ledigen und frei von sich selbst gewordenen Gemüts. Ähnlich erscheint der Leitsatz im dritten Kapitel, das bezüglich des Gelübdes der Armut feststellt: »Fürwahr, ließe der Mensch ein Königreich oder die ganze Welt, behielte aber sich selbst, so hätte er nichts gelassen. Lässt indes ein Mensch von sich selbst ab, was er dann noch behalten mag, sei's Reichtum oder Ehre oder was immer, so hat er alles gelassen.«

Die Selbstentäußerung ist nach Eckhart eine neue Form der Selbstfindung: »Richte dein Augenmerk auf dich selbst, und wo du dich findest, da lass von dir ab; das ist das Allerbeste.« Ein zugespitzter Satz, der sowohl im Gegensatz zu modernen Überzeugungen zum Wert der Selbstfindung steht als auch zur Überschrift am delphischen Orakel: »Erkenne dich selbst!«.

Die »Ich-Entäußerung« ist für Eckhart deshalb wahre Selbstfindung, weil er damit die Erkenntnis des wahren, vom Eigenwillen befreiten »Ich« meint. Das »Lassen« bedeutet unendlichen Gewinn, weil der Ausgang vom Ich den Eingang Gottes bedeutet. »Daran setze all dein Trachten, dass dir Gott groß werde und dass all deine Aufmerksamkeit und dein Eifer ihm gelte in allem deinem Tun und Lassen.« So ist für ihn auch klar: »Man gedenke nicht Heiligkeit zu gründen auf ein Tun, man soll Heiligkeit gründen auf ein Sein, denn die Werke heiligen nicht uns, sondern wir sollen die Werke heiligen.«

In den weiteren Kapiteln entfaltet Eckhart wichtige Grundthemen. Dabei wird deutlich, dass er durchaus hohe Anforderungen an den Christen, die Christin stellt, der/die nach einem Leben in Gott strebt. Doch es sind Anforderungen ohne asketische Härte. Dem entspricht auch das Fehlen der Vorstellungen von Hölle, Teufel und Strafe. Das Leiden, das dem Menschen auferlegt ist, ja zu seiner Existenz gehört, trägt Gott mit. Die unvermeidbare Sünde braucht den Menschen nicht zu zerstören, Gott ist immer nahe. Meister Eckhart will den Menschen von der Daseinsangst befreien und zum Wesentlichen führen, sofern er Gott gehören will und nicht sich selbst.

Die »Reden« sind ein Trostbuch, in dem Eckhart nicht vertröstet, sondern dem Menschen die Gewissheit vermitteln will: »So viel du in Gott bist, so viel bist du im Frieden.«

Lesetipp

Die »Reden der Unterweisung« sind ein frühes Werk Eckharts, aber geprägt von seiner gereiften Persönlichkeit. Der »Sitz im Leben«, die Unterweisung der jüngeren Mitbrüder, führt dazu, dass Eckhart eine einfachere Sprache wählt. Er wendet sich an Anfänger im Ordensleben, die auf der Suche nach Gott sind und somit nach der eigentlichen Bestimmung des Menschen. Er will Hilfestellung geben, nicht ohne Herausforderung, denn der Weg des Gottfindens hat mit Selbstentäußerung zu tun. Gerade diese Infragestellung gegenwärtiger Vorstellungen von Selbstverwirklichung und Selbstbestimmung können bei modernen Lesern einen Prozess des Nachdenkens und der Besinnung hervorrufen. Dieser Prozess kann eine wirkliche Standortbestimmung jenseits von Mode und Ideologie anstoßen und zu einer Neuentdeckung des alten Wertes des »Lassens«, nicht um des »Lassens« willen, sondern um Gottes willen führen.

Bibliographie

Meister Eckhart, Deutsche Predigten und Traktate, herausgegeben und übersetzt von Josef Quint, Zürich 2007.

Meister Eckhart, Predigten, Traktate, herausgegeben von Niklaus Largier, 2 Bände, Frankfurt am Main 2008.

Weitere Werke

Meister Eckhart, Das Buch der göttlichen Tröstung, übersetzt von Josef Quint, Frankfurt am Main 8. Aufl. 1987.

Weiterführende Literatur

Kurt Flasch, Meister Eckhart. Philosoph des Christentums, München 2010.
Dietmar Mieth, Meister Eckhardt – Einheit mit Gott. Die bedeutendsten Schriften zur Mystik, Mannheim 2007.
Thomas Polednitschek, Meister Eckhart. Philosophisch leben, Freiburg im Breisgau 2010.
Andreas Schönfeld, Meister Eckhart. Geistliche Übungen: Meditationspraxis nach den ›Reden der Unterweisung‹, Mainz 2002.
Rolf Siller, Meister Eckhart. Das Brennholz Gottes, Frankfurt am Main 2010.

19 HEINRICH SEUSE
1295/1296–1366

Büchlein der ewigen Weisheit
Der ewigen Weyßheit Büchlin

Autor und Werk

Heinrich entstammte väterlicherseits wahrscheinlich von einem Ritter von Berg (aus dem Thurgau). Er benannte sich aber später nach dem Familiennamen seiner Mutter (Seuse). Sein Geburtsort ist nicht völlig geklärt: Aus Überlingen scheint das Geschlecht der Mutter zu stammen, die besseren Gründe sprechen aber dafür, dass Heinrich in Konstanz geboren wurde. Als Geburtstag steht der »Benediktstag« (21. März) fest, das Geburtsjahr wurde für 1295 oder 1296 errechnet. Schon mit dreizehn Jahren trat er in den Dominikanerorden ein. Fünf Jahre danach, so berichtet er selbst, habe er eine »Kehr«, eine Bekehrung erfahren: von der Lauheit zum Eifer.

Sein Studium, das wohl bis etwa 1326 oder 1327 dauerte, absolvierte er in Konstanz und in Köln, wo er Schüler Meister Eckharts war, der ihn tief beeindruckte. Im »Büchlein der Wahrheit«, das Seuse nach 1327 verfasste, versuchte er, die Lehre Eckharts rechtgläubig zu interpretieren und gegen Missdeutungen abzusichern. Vom Ende seines Studiums an war Heinrich etwa 20 Jahre hindurch im Dominikanerkloster Konstanz tätig, zeitweilig auch als Prior.

Aus seinem Buch »Horologium Sapientiae« wird ersichtlich, dass Seuse die Lebensführung vieler Ordensbrüder (etwa hinsichtlich ihrer Kleidung, ihrer Studiengewohnheiten, ihre Haltung gegenüber den Oberen) als zu lau empfand und für eine strenge Rückbesinnung auf die von den Vätern gesetzten Regeln sowie auf die Urkirche im Allgemeinen eintrat. Er machte die Seelsorge und Wanderpredigt zu seinen Hauptaufgaben und wirkte in Konstanz, im Elsaß, im Rheinland und in der Schweiz. Während seiner Tätigkeit als Seelsorger in Nonnenklöstern lernte er Elsbeth Stagel aus Töß kennen, die seine geistliche Tochter wurde und maßgeblich zur Entstehung der »Vita« beitrug. Von 1339 bis 1346 drängte ein Interdikt des Papstes die Konstanzer Dominikaner ins Exil. Kurz nach der Rückkehr des Konvents wurde Heinrich Seuse 1348 nach Ulm versetzt. Im dortigen Konvent verblieb er bis zu seinem Tod am 25. Januar 1366. Papst Gregor XVI. hat 1831 seinen Kult als Seliger bestätigt. Im deutschen Regionalkalender wird sein Gedenktag am 23. Januar begangen.

In Ulm fasste Seuse seine deutschen Schriften zu einem »exemplar«, einem »Musterbuch« zusammen. Es enthält die Lebensbeschreibung, das schon erwähnte Büchlein der Wahrheit, das Büchlein der ewigen Weisheit sowie Briefe und Predigten. Das geistliche Schrifttum Seuses sind auch von den Grundgedanken Meister Eckharts geprägt. Aber neben der spekulativen Begabung ist Seuse auch mit dichterischer Empfindsamkeit und großem Reichtum des Gefühls ausgestattet.

Seuses Werk war im Mittelalter weit verbreitet. Das gilt in erster Linie für das »Büchlein der ewigen Weisheit«, das zwischen 1328 und 1330 entstand. Es ist die Vorlage für das von Seuse selbst verfasste lateinische »Horologium Sapientiae« (»Stundenbuch der Weisheit«) und in Form und Inhalt über weite Strecken mit diesem identisch.

Inhalt

Das »Büchlein der ewigen Weisheit« ist in Dialogform abgefasst, Gesprächspartner der Weisheit (Jesus Christus) ist ihr Diener (Seuse). Den Grundstock, das heißt die Ausgangslage und Inspiration für dieses Buch bilden die »Hundert Betrachtungen«, eine Gebetsübung, welche dem Diener in einer Erleuchtung eingegeben worden war, um ihm über einen von ihm beklagten Mangel an Mitleidensfähigkeit bei der Passionsbetrachtung hinwegzuhelfen. Seuse schreibt einleitend: »Einst stand ein Predigerbruder (Seuse selbst ist gemeint) nach der Mette vor dem Kreuzbild des Heilandes. Er klagte Gott von Herzen, dass er Christi Qual und Leiden nicht (so) betrachten könne (wie sie es verdienten) und dass ihm das gar bitter sei; denn darin hatte es ihm bis zu dieser Stunde sehr, sehr gefehlt. Und als er so klagte, ward er seinen inneren Sinnen in ungewohnter Weise entrückt, und in einem raschen und hellen Leuchten ward ihm Antwort: ›Wirf dich hundertmal zu Boden und verbinde jedes Hinstrecken mit einer besonderen Betrachtung meines Leidens und die Betrachtungen mit je einer Bitte; und jegliches Leiden wird dir in geistlicher Weise so eingeprägt werden, dass du dasselbe um meinetwillen leidest, soweit es dir möglich ist.‹«

Dieses zentrale Anliegen Seuses hat Bezüge zu seiner eigenen Erfahrung. Zum einen war ihm seine Mutter Vorbild für das Mitleiden mit der Passion Christi gewesen, zum anderen führte ihn seine eigene Schwermütigkeit, wie er es nennt, zur Betrachtung des Leidens Christi. Schließlich beschreibt Seuse im ersten Teil der »Vita« eine Zeit härtester Askese, in welcher der Diener (Seuse) seinen Körper auf so drastische Art züchtigte, dass er ihn bis an den Rand des Todes führte. Die akute Lebensgefahr, in welche er sich brachte, zwang ihn, von zu harten Übungen abzulassen, wonach sein Leben jedoch nicht weniger leidvoll war. Der Schmerz, den er in der Folge zu erleiden hatte, war ein in sein Inneres verlagerter seelischer Schmerz geworden. Denn das Hauptziel, die Angleichung an den leidenden Christus, liegt, so erklärt Seuse, in einer inneren Leidenshaltung, die durch äußeres, selbst gewähltes Leiden nicht zu erreichen ist. Sie übt sich vielmehr im geduldigen, selbstentsagenden Ertragen von Leid, das außerhalb des eigenen Einflussbereichs liegt, wie Demütigung, üble Nachrede, Zweifel und Verlassenheit.

Diese Angleichung an den leidenden Christus ist das zentrale Thema des Büchleins der ewigen Weisheit. Der erste Teil enthält 20 Betrachtungen über das Leiden Christi. In Dialogform abgefasst, werden die Allegorie der ewigen Weisheit (mal weiblich, dann männlich als Jesus Christus) und deren Diener Seuse im fortlaufenden Gespräch miteinander gezeigt.

Dabei geht es zentral um die Notwendigkeit des Durchgangs durch das Leiden Christi für den, der in die »ungewordene« Gottheit gelangen möchte: »Willst du mich schauen in meiner ungewordenen Gottheit, so sollst du mich hier erkennen und lieben lernen in meiner leidenden Menschheit.«

Der zweite Teil des »Büchlein der ewigen Weisheit« handelt vom leiblichen und geistlichen Tod. Der Einblick in die Verdammnis ist dem Diener Anlass, wiederum den Tod Christi zu meditieren und sich so angemessen auf den Tod vorzubereiten.

Die »Hundert Betrachtungen« haben ihren Ort im dritten Teil gefunden. Es sind kurze Anrufungen an Jesus und Maria zu den einzelnen Stationen des Leidens Christi, die der Diener täglich in Kreuzgang und Chor der Kirche betet.

Sowohl der erste wie der dritte Teil des »Büchlein der ewigen Weisheit« sind im Spätmittelalter einzeln als Andachts- und Betrachtungsbüchlein erfolgreich vertrieben worden. Aber auch das ganze Buch gehört mit seinen 180 erhaltenen Handschriften zu den im 14. und 15. Jahrhundert verbreitetesten Andachtsbüchern.

Lesetipp

Das zentrale Thema der Leidensnachfolge Christi ist für heutige Leser und Leserinnen unter Umständen schwierig, da dieser Aspekt doch allzu gerne auch aus der frommen Literatur ausgeblendet wird. Andererseits gehören aber zum Leben Jesu auch sein Leiden und Sterben. Darin erweist sich seine Menschwerdung endgültig.

Wichtig ist die Erkenntnis Seuses, die ihn einiges an vergeblicher Anstrengung und selbst gemachtem Leiden gekostet hat, dass Leidensnachfolge nicht Selbstkasteiung meint, sondern Mitleiden mit dem leidenden Christus. Der Umgang mit den Leiden und dem Sterben ist ohnehin Teil unseres Lebens als Menschen. Darin könnte Seuses Büchlein ein wichtiger Anstoß auch für heute sein, nämlich Leiden und Tod nicht zu verdrängen, sondern mit dem Weg Jesu durch sie hindurchzugehen zur Begegnung mit dem Gott, der Erlösung und Heil verheißen hat.

Die Betrachtung des leidenden Christus kann dabei helfen und gleichzeitig auf einen wichtigen Impuls der Leidensfrömmigkeit aufmerksam machen. Gemeint ist das Mitleiden mit Christus, das dabei nicht stehen bleiben darf, sondern nach dem Wort Jesu selbst auf alle auszudehnen ist, die heute leiden und/oder am Rand stehen.

Für andere Mitleiden ist heute eher verdächtig und ein Zeichen von Schwäche. Doch ohne Mitleiden ist eine menschliche Gesellschaft nicht möglich, weil ihr ein zentrales Moment der Solidarisierung fehlt, das Absehen von sich selbst und das Hinschauen auf die andere, den anderen, vor allem die Leidende, den Leidenden. Wo Leiden nicht mehr wahrgenommen werden, entsteht eine kalte, selbstgefällige und inhumane Spaßgesellschaft. Auf diesem Hintergrund ist die sicher nicht ganz einfache Lektüre des »Büchlein der ewigen Weisheit« sehr zu empfehlen.

Bibliographie

Heinrich Seuse, Das Büchlein der ewigen Weisheit, übersetzt von Oda Schneider, Stein am Rhein 3. Aufl. 2007.
Heinrich Seuse, Stundenbuch der Weisheit. Erste vollständige Übersetzung des Horologium Sapientiae ins Deutsche mit einem Vorwort von Alois Maria Haas, übersetzt von Sandra Fenten, Würzburg 2007.

Weitere Werke

Heinrich Seuse, Deutsche mystische Schriften, übertragen und herausgegeben von Georg Hofmann, Mannheim 2008.

Weiterführende Literatur

Sandra Fenten, Mystik und Körperlichkeit. Eine komplementär-vergleichende Lektüre von Heinrich Seuses geistlichen Schriften, Dissertation, Würzburg 2007.

20 JOHANNES TAULER
1300/1305–1361

Predigten

Autor und Werk

Über Herkunft und Biographie Johannes Taulers kann nur spekuliert werden, da keine verlässlichen Quellen vorliegen. Taulers wahrscheinliches Geburtsjahr in Straßburg liegt zwischen 1300 und 1305. Nimmt man hinzu, dass nach dem Generalkapitel der Dominikaner von 1265 ein Novize beim Eintritt mindestens vierzehn Jahre alt gewesen sein muss, dann ergeben sich als mögliche Eintrittsjahre in den Straßburger Konvent der Dominikaner die Jahre von 1315 bis 1320.

Tauler studierte in Straßburg. Der Dominikanerkonvent hatte dort ein Hausstudium eingerichtet. Zum Studium gehörten damals die lateinische Sprache, die philosophische Logik und der Sentenzenkommentar des Petrus Lombardus, als das Lehrbuch der Theologie. Darüber hinaus wurden Pseudo-Dionysius Areopagita und Werke des Thomas von Aquin gelesen. Viele Kirchenväter, vor allem Augustinus und Gregor, auf die Tauler besonders häufig in Predigten verweist, waren durch die Lesungen des Breviers und durch Zitatensammlungen und Handschriften ihrer Werke weit verbreitet. Prediger in deutscher Sprache und Gelehrte des Ordens, von denen Tauler indirekt beeinflusst wurde, waren Albertus Magnus und Dietrich von Freiberg. Meister Eckhart erlebte er in seiner Eigenschaft als Vikar des Ordensmeisters 1314 und 1322/1324 in Straßburg persönlich.

1324 verhängte Papst Johannes XXII. das Interdikt (Untersagung gottesdienstlicher Handlungen) über die Stadt Straßburg, da diese in der Auseinandersetzung mit dem Papst dem Kaiser Ludwig dem Bayern und nicht dem Papst die Treue hielt. Tauler musste 1339 mit dem ganzen Konvent Straßburg verlassen und in den papsttreuen Baseler Konvent übersiedeln. 1346/1347 konnte die Gemeinschaft nach Straßburg zurückkehren.

Die Predigten Taulers entstammen weitgehend der sogenannten »Cura monialium«, der pastoralen Betreuung der Schwestern des Dominikanerordens. Der Provinzial der Dominikaner Hermann von Minden (1286–1290) hatte dies gewünscht und angeordnet. In Straßburg gab es außerhalb der Stadtmauern zu dieser Zeit acht Frauenkonvente, die durch päpstlichen Erlass zum Teil gegen deren Willen oder gegen den Willen der Dominikaner zu Dominikanerinnen erklärt wurden.

Tauler gehörte zur losen Bewegung der Gottesfreunde und hatte darüber Kontakt zu Heinrich von Nördlingen und Margaretha Ebner und anderen Mystikern seiner Zeit. Davon beeinflusst und aufgrund seiner eigenen religiösen Erfahrungen war Tauler davon überzeugt, dass das Ziel eines geistlichen Lebens die persönliche Gotteserfahrung ist. Er war ein guter Beobachter seines eigenen geistlichen Lebens mit seinen Chancen und Tücken. Diese Erfahrungen versuchte er in seinen Predigten zu vermitteln, um den Zuhörerinnen (meist wohl Dominikanerinnen) bei der Gestaltung ihres geistlichen Lebens zu helfen und sie immer wieder auf das Ziel der Gottesbegegnung hinzuweisen beziehungsweise dafür zu begeistern. Dies versuchte er in einer lebensnahen Sprache zu vermitteln. Dafür wählte er zumeist Beispiele aus der Natur, dem Handwerk und bäuerlichem Leben.

Taulers Persönlichkeit lässt sich am besten erahnen, wenn man von seiner Sprache in den Predigten ausgeht. Er muss eine große Anziehungskraft ausgeübt haben, obwohl er sich selbst stets als unvollkommen empfand.

In Straßburg selbst und in Köln und Basel versah Tauler hauptsächlich den liturgischen Dienst in Frauenklöstern, einschließlich der dortigen Predigten. Die ältesten Editionen seiner Predigten stammen aus Dominikanerinnenklöstern dieser Orte. Die Zuhörerinnen ließen mitschreiben und liehen die Texte dann auch anderen Klöster zur Abschrift oder als Predigtsammlungen aus beziehungsweise verschenkten sie. Predigtsammlungen, nicht selten mit den Predigten mehrerer Personen, waren beliebte Vorleseliteratur in Frauenklöstern. 83 Predigten können Tauler sicher zugeschriebenen werden.

Nach einem Vermerk starb Tauler bei seiner Schwester, ebenfalls Mitglied des Dominikanerordens, im Kloster St. Nikolaus zu Straßburg. Erhalten ist die Grabplatte Taulers im ehemaligen Dominikanerkloster zu Straßburg (jetzt Temple-Neuf) mit dem einzigen Abbild des Predigers. Laut Aufschrift war der 16. Juni 1361 sein Todestag.

Inhalt

Taulers Predigten ordnen sich nach dem liturgischen Kalender des römischen oder des dominikanischen Messbuchs. Die Orden hatten in dieser Zeit zum Teil eigene Riten für die Messfeier und auch eigene liturgische Kalender.

Seine Predigten haben die Umkehr und Hinwendung des Menschen zu Gott zum Inhalt. Der geistliche Weg beginnt mit der Selbsterkenntnis, es ist ein Weg der inneren Läuterung zur Befreiung von allem, was den Menschen an der Gemeinschaft mit Gott hindert. Es gilt, in wahrer Gelassenheit alle Kräfte aus der Zerstreuung einzuholen und zu sammeln.

Wesentlicher Zielpunkt des geistlichen Lebens ist für Tauler die Gottesgeburt im »Grund« der Seele. Er teilt den spirituellen Weg in drei Phasen ein und gibt damit dem traditionellen Drei-Wege-Schema (Reinigung – Erleuchtung – Einung) seine eigene Prägung. Tauler benennt die Phasen mit Jubilus, Bedrängnis und Überfahrt. Der Anfang des geistlichen Lebens ist von Freude und positiven Erfahrungen erfüllt, die, wenn der Mensch Finsternis erfährt und manchen Tod sterben muss, in der Bedrängnis verschwinden. Hier gilt es, geduldig zu leiden und durchzuhalten. Die Überfahrt ist schließlich der Übergang in ein gottförmiges Wesen. Dabei geht es Tauler vor allem um Zustandsbeschreibungen und Erfahrungen des Menschen in diesen verschiedenen Phasen.

Wie Meister Eckhart versteht sich Tauler nicht als »Lesemeister«, sondern als »Lebemeister«, das heißt, er entwickelt den Weg zu Gott am faktischen Leben entlang und fühlt sich nicht zuerst einem Denken oder einer Theorie verpflichtet. Sein Anliegen sind nicht weitausholende Spekulationen. Seine Theologie wird im Leben des Einzelnen verkündet und nicht im Lesen des allgemeinen Abstrakten. Die eigentliche Wahrheit ist nur zu erlangen, wenn sie sogar die Vernunft übersteigt und im Seelengrund erfahren wird.

Lesetipp

Die praktische Orientierung Taulers macht seine Predigten auch heute noch gut lesbar und in Teilen sofort verstehbar. Für das Gesamtverständnis ist es allerdings hilfreich, sich etwas mit Taulers Hintergrund und dem Denken der deutschen Mystik (Eckhart, Tauler und Seuse) vertraut zu machen, damit die verwendeten Bilder und Begriffe sich erschließen können.

Dabei ist zu beachten, dass Tauler sich an Nonnen wendet, die schon einige Zeit ein intensives geistliches Leben geführt haben. Das bedeutet, dass die Lektüre eher für Menschen geeignet ist, die schon eine Weile auf dem geistlichen Weg unterwegs sind, und nicht unbedingt für Anfänger.

Bibliographie

Johannes Tauler, Predigten (2 Bände), Einleitung von Alois Maria Haas, übersetzt von Georg Hofmann, Einsiedeln 4. Aufl. 2007.

Weitere Werke

Lousie Gnädiger, Johannes Tauler. Lebenswelt und mystische Lehre, München 1993.

Weiterführende Literatur

Suzanne Eck, Gott in uns. Hinführung zu Johannes Tauler, übersetzt von Viktor Hofstetter, Leipzig 2006.

21 JULIANA VON NORWICH
1342–um 1413

Offenbarungen von göttlicher Liebe
Revelations of Divine Love

Autorin und Werk

Noch immer steht in der englischen Grafschaft Norfolk die kleine Kirche St. Juliana zu Norwich. Im 14. Jahrhundert war Norwich eine wichtige Handelsstadt, die auch ein breites geistliches Leben entfaltete. So befanden sich in unmittelbarer Nähe der kleinen Kirche das Kloster der Augustiner und der Benediktinerinnen in Carrow, denen auch das Kirchlein St. Juliana gehörte. Aus diesem Grund wird Juliana von Norwich wohl manchmal als Benediktinerin bezeichnet. Tatsächlich haben wir nur wenige gesicherte Daten aus ihrem Leben. Auch ist nicht einmal klar, ob Juliana (im Englischen oft »Julian« genannt) wirklich der Name der Klausnerin war, die sich an der kleinen Kirche niedergelassen hatte, oder ob der Name einfach von der Kirche stammt. Klausnerinnen waren Frauen, die sich in eine Klause (Zelle, kleiner Raum) meist bei einer Kirche oder Kapelle zurückzogen und oft einmauern ließen. So auch Juliana. Als Klausnerin war sie darauf angewiesen, durch eine Dienerin, die in einem Gemach in der Nähe wohnte, versorgt zu werden. Klausnerinnen wurden offensichtlich gerne von Menschen aufgesucht, um sich Rat und Trost zu erbitten. So schreibt ein Zeitgenosse Julianas, Walter Hylton (gest. 1395) in seinem Werk »The Scale of Perfection«, dass eine Klausnerin zwar die Pflicht habe, die Menschen, die um Rat zu ihr kommen, anzuhören und nach Möglichkeit zu trösten und zu beraten, allerdings muss sie sich nicht Geschwätz und Klatsch anhören.

Das 14. Jahrhundert war in mancher Hinsicht eine schwierige und leidvolle Zeit für England und Europa. Edward III., der Monarch, der 1330 an die Macht kam und bis 1377 regierte, bestieg den Thron, nachdem seine ehebrecherische Mutter und ihr Geliebter seinen Vater ermordet hatten. Im Jahre 1334 stürzten Schottland und Frankreich das Land in den Hundertjährigen Krieg. Der Schwarze Tod, die Pest, tötete in Europa ein Drittel der Bevölkerung. Die Missernten von 1348 und 1363 wurden 1369 noch übertroffen, wodurch es zu Bauernaufständen kam. Im Jahre 1377 war die Kirche mit rivalisierenden Prätendenten auf das Papsttum mit Sitz in Rom und Avignon gespalten. Der Bischof von Norwich wurde in die Auseinandersetzungen hineingezogen und lieh dem römischen Papst Truppen gegen den Konkurrenten in Avignon. Militärisch geschlagen, kehrte der Bischof zurück nach Norwich und fiel in Ungnade.

Durch Julianas eigenes Zeugnis in ihrem Werk wissen wir, dass sie ihre Visionen im Mai 1373 hatte, als sie dreißig und ein halbes Jahr zählte. Das bedeutet, dass sie in der zweiten Hälfte des Jahres 1342 geboren wurde. Aus ihrer eigenen Erzählung ist weiter zu entnehmen, dass ihre Mutter und andere um sie herumstanden, während sie scheinbar sterbend im Bett lag und die Visionen schaute. Wäre sie schon Klausnerin gewesen, dann wäre ein solcher Besuch nicht möglich gewesen. Daher ist anzunehmen, dass sie noch zu Hause lebte, als sie die Visionen empfing.

Die folgenden Jahre verbrachte Juliana als Klausnerin im Nachdenken über die Bedeutung des Geschauten. Ihren Niederschlag fand diese Beschäftigung in zwei Fassungen der »Revelations of Divine Love«, der »Offenbarungen von göttlicher Liebe«, die beide Juliana selbst zuzuschreiben sind: einer kürzeren, die zeitlich früher liegt und in weiterem Umfang biographische Details enthält, und einer längeren, die stärker theologisch durchgearbeitet ist. Ihre Schriften lassen auf fundierte biblische und theologische Kenntnisse schließen.

Die Frage, ob Juliana ihre Offenbarungen selbst geschrieben oder diktiert hat, muss offenbleiben. Hinweise im Text lassen sich verschieden deuten. Als sicher gilt, dass Juliana Englisch lesen und schreiben konnte.

Die kürzere, ältere Fassung der »Sechzehn Offenbarungen von göttlicher Liebe« ist in einer Abschrift aus dem Jahr 1413 erhalten, in der erwähnt wird, dass Juliana noch lebte. Die spätere, durch angeknüpfte Meditationen erweiterte Fassung ist in drei vollständigen und einem unvollständigen Manuskript erhalten, die von Ende 15. bis Anfang 18. Jahrhundert datiert wurden. Die Meditationen entstanden im Lauf von 20 Jahren, so vermerkt es die Verfasserin. Juliana soll alt geworden sein. Sie wird im Laufe ihres Reklusenlebens manches gelesen, manche Predigt gehört, unter manchen literarischen Einflüssen gestanden haben, deren Spuren in den Meditationen der erweiterten Fassung sichtbar sind.

Inhalt

Die »Offenbarungen von göttlicher Liebe« geben nicht nur eine erstaunlich lebhafte und sehr persönliche Schilderung der Visionen Julianas wieder, sondern sind auch durch die Motive der Zeit geprägt. Aufgrund verschiedener Entwicklungen, und auch mannigfacher Leiderfahrung der Menschen, rückte die Betrachtung der Menschheit Jesu Christi mehr in den Vordergrund, vor allem auch seine Leidensgeschichte. Der leidende Christus weiß um die menschlichen Schicksale, ihm konnte man sein Leid im Gebet klagen, da er als Gott und als Mensch am täglichen Leben seiner Brüder und Schwestern teilnimmt.

Julianas Aufzeichnungen beschränken sich nicht auf eine bloße Wiedergabe ihrer individuellen mystischen Erfahrungen, sondern haben stets Gottes Heilswillen bezüglich aller Menschen im Blick.

Sie war nicht naiv. Juliana kannte die Gefahren, in die sie sich begab, wenn sie behauptete, Offenbarungen gehabt zu haben. Sie war sich bewusst, dass man sie mit den ketzerischen Richtungen ihrer Zeit in Verbindung bringen könnte, den Lollarden und Spiritualen. Deshalb beteuerte sie wiederholt ihre Treue und ihren Gehorsam gegenüber den Geboten der Heiligen Kirche. »Aber ich sah in der gesegneten Schau unseres Herrn, dass die Kirche eins ist in Gott, und ich verstand nie etwas anderes darunter, was mich von den wahren Lehren der Heiligen Kirche entbinden oder loslösen könnte, denn ich glaube in allen Dingen, was die Heilige Kirche lehrt.«

Juliana verstand ihre Begabung nicht exklusiv, sondern sah sich immer nur als ein unwürdiges Werkzeug, das der Herr benützt, um ihr und ihren Mitchristen seine Botschaft zu übermitteln. Julianas Beziehung zu Christus war frisch und trotz aller Ehrfurcht unbekümmert und von kindlichem Vertrauen geprägt. Sie sprach mit ihm wie mit einem großen Bruder, konnte in seiner Gegenwart »unbändig lachen« und sich herzlich darüber freuen, dass er mit ihr, »einer sündigen Kreatur, die noch in diesem elenden Leibe lebt, so traulich verkehren kann«.

Ihre Mystik könnte als christozentrisch bezeichnet werden, weil sie mit intensiven Visionen des Kreuzesleidens einsetzt, aus denen sich alles Weitere entrollt. Aber liest man vor allem auch die später erweiterten Fassungen, so wird deutlich, dass Christus für sie ganz und gar eingebunden war in die Dreifaltigkeit. Überall sah sie Spuren, Bilder, verborgene und offene Zeichen des trinitarischen Gottes. Nichts war bei ihr von einer gewissen spätmittelalterlichen Verengung auf die rein persönliche Beziehung der Braut-Seele zu ihm zu spüren, dem leidenden Bräutigam. Christus erscheint nicht als Bräutigam. Die »Braut« ist in ihrer Sprache immer nur die Kirche.

Wo sie für die Einigung zwischen Gott und der Seele Bilder und Vergleiche suchte, wählte sie das Beispiel des Verhältnisses von Mutter und Kind. Jesus ist ihr »die himmlische Mutter der Barmherzigkeit«, die uns das übernatürliche Leben gab und uns so zärtlich nährt und führt durch das heilige Sakrament und die tägliche Gnade des Beistandes wie eine liebe Mutter ihr Kind. Diesen Vergleich, der vor allem in neueren Beiträgen zu Juliana immer wieder betont wird, enthält die kürzere Fassung noch nicht, er wird erst in der längeren Fassung ausgeführt. Allerdings bleibt anzumerken, dass die später hinzugefügten Meditationen im Allgemeinen die breitere Nachzeichnung der in der Urfassung gezogenen Linien darstellen.«

Für Julianas Offenbarungen war die Freude prägend. Sie empfand diese Freude aus der Glaubensgewissheit heraus, dass Gott sie liebt, sie erlöst hat und sie in die ewige Seligkeit führen wird. Der Gekreuzigte versichert ihr, dass es ihm »eine Freude, eine Seligkeit und eine unendliche Lust« sei, »das Leiden für sie erlitten« zu haben. Juliana war von einer frohen Liebe erfüllt, die in Christus nicht nur ihren Heiland und Gott sieht, sondern auch den Liebenden, der sein Opfer mit Freuden gebracht hat.

Lesetipp

Immer wieder wird Julianas Vergleich von Christus als Mutter beziehungsweise ihre Versicherung, dass Gott Vater und Mutter sei, betont und dabei manchmal der Rest der Offenbarungen fast vergessen. Bei aller Bedeutung dieses Vergleichs darf man nun Juliana nicht zur feministischen Theologin stilisieren.

Ihr Werk macht jedoch deutlich, und das gilt nicht nur für sie, dass in der mystischen Tradition die Frage nach dem Geschlecht Gottes zwar nicht ausdrücklich problematisiert, doch oft ignoriert wird. Das heißt, dass männliche und weibliche Bilder und Vergleiche für Gott verwendet werden. Julianas Stärke liegt in der Vermittlung der Osterstimmung, des Heilsbewusstseins der Erlösten in einer Zeit, die offensichtlich viel stärker von der Erfahrung des Unheils und des Leidens geprägt war. Auch für den heutigen Leser, die heutige Leserin ist Julianas froher und unbekümmerter Umgang mit Gott erfrischend und anspornend zugleich.

Bibliographie

Juliana von Norwich, Offenbarungen von göttlicher Liebe, übersetzt und eingeleitet von Elisabeth Strakosch, Christliche Meister Band 36, Einsiedeln 3. Aufl. 2004. [Gibt die ältere, kürzere Fassung wieder]

Juliana von Norwich, Offenbarungen der göttlichen Liebe, übersetzt von Gertraud Gerlach, herausgegeben von Otto Karrer, Dokumente der Religion, Paderborn 1926. [Gibt die erweiterte, jüngere Fassung wieder]

Weiterführende Literatur

Margaret Collier-Bendelow, Gott ist unsere Mutter, Die Offenbarung der Juliana von Norwich, Freiburg im Breisgau 1989.

Elftraud von Kalckreuth, Liebe ist die Antwort: Gespräche mit der Mystikerin Julian von Norwich, Ostfildern 2007.

22 KATHARINA VON SIENA
1347–1380

Gespräch von Gottes Vorsehung
Dialogo della divina provvidenza

Autorin und Werk

Katharina wurde in eine geistig wie politisch höchst unruhige Zeit sozialer Spannungen und Machtkämpfe hineingeboren. Kaiser und Papst rivalisierten um die Vorherrschaft. Die großen Stadtstaaten Florenz, Pisa, Siena stiegen zu wirtschaftlicher und kultureller Blüte auf, kämpften aber auch erbarmungslos gegeneinander. Sie wurde als dreiundzwanzigstes von fünfundzwanzig Kindern des Färbers Jacopo Benincasa und seiner Frau Monna Lapa am Palmsonntag, dem 25. März 1347, in Siena geboren. Ein Jahr nach Katharinas Geburt, 1348, brach in Europa die Pest aus und versetzte als »Schwarzer Tod« die Menschen, die ihm hilflos ausgeliefert waren, in Angst und Schrecken.

Katharina wuchs als Liebling ihrer Eltern auf, sie war attraktiv und ließ eine gute Heiratspartie erwarten. Doch bereits mit zwölf Jahren erwachte in Katharina der Wunsch nach einem geistlichen Leben. Dadurch geriet sie vor allem mit ihrer Mutter in Konflikt, die für Katharina wie für ihre anderen Töchter nach einem geeigneten Ehemann suchte. Gegen den Widerstand der Eltern schnitt sie ihre dichten, prachtvollen Locken ab, trug von da an ein Kopftuch und schloss sich bis zu ihrem fünfzehnten Lebensjahr in ein Kämmerchen ein. Drei Jahre, die von Gebet, Fasten und asketischen Übungen geprägt waren, verbrachte sie in der Kammer. Schon in dieser Zeit erlebte sie teuflische Versuchungen und religiöse Visionen. Vor allem aber lebte sie in intensiver Beziehung zu Christus. Nach diesen drei Jahren aber sagte der Herr zu ihr: »Geh nun hinaus, es ist Zeit aufzuhören. Die anderen möchten, dass du an den Tisch kommst.«

Katharina verließ ihre Zelle und fühlte sich in die Welt gesandt. Vom noch jungen Orden der Dominikaner und dessen apostolischem Geist der Hingabe angezogen, trat sie nicht einfach in den weiblichen Zweig mit strenger Klausur (sogenannter Zweiter Orden) ein, sondern wählte bezeichnenderweise einen anderen Weg. Sie trat der Laiengemeinschaft des Dritten Ordens, den sogenannten Mantellaten des hl. Dominikus in Siena bei, die sie zunächst wegen ihrer Jugend und ihrer attraktiven Gestalt abgewiesen hatten. Doch als eine Krankheit ihr die Schönheit raubte, wurde sie Mitglied der Mantellaten, deren Kleidung sie fortan trug: einen langen schwarzen Mantel über einem weißen Kleid. Die »Werke der Barmherzigkeit« wurden nun zu ihrem Lebensinhalt.

Im Sommer 1370 erlebte sie eine Vision, die sie gänzlich verwandelte. Christus selbst nahm mit liebevoller Geste ihr Herz aus ihrer Brust und gibt ihr dafür sein eigenes. Einige Monate später fiel sie in eine Ekstase und vernahm darin eine göttliche Sendung, die der Dominikanertheologe Raimund von Capua, ihr von der Kirche zugeteilter geistlicher Begleiter und späterer Biograph, so beschreibt: »Die Rettung vieler Menschen verlangt danach, dass du zurückkehrst (aus dieser Ekstase). Von jetzt an wirst du keine Zelle mehr besitzen, sondern wirst zur Stadt hinausziehen, um die Welt besser zu machen. Ich werde dich zu Päpsten führen, zu Kirchenfürsten und dem christlichen Volk; und ich werde dir eine Sprache und eine Weisheit verleihen, der niemand widerstehen kann. Denn durch das Schwache werde ich das Starke überwinden.«

Von nun an prägte das Miteinander von mystischer Erfahrung und politisch-sozialer Aktion einzigartig Katharinas Lebensweg. Sie fühlte sich gesandt, den Geist des Evangeliums in alle Bereiche des Lebens, vor allem auch in den Bereich der politischen, staatlichen und kirchlichen Öffentlichkeit hineinzutragen. Das bedeutete, auch vor die Mächtigen der Welt und Kirche hinzutreten und Gottes Willen zu verkünden. Als sie vor dem Herrn Bedenken wegen ihres Geschlechtes äußerte, erhielt sie zur Antwort: »Bin nicht ich es, der alle Menschen erschaffen hat, Männer und Frauen? Ich gieße die Gnade meines Geistes ein, wo ich will. Vor mir gibt es weder Mann noch Frau, vor mir sind alle gleich.« Eine fast »umstürzlerische Erkenntnis« im Europa des 14. Jahrhunderts.

Durch unzählige Briefe, die sie manchmal drei Sekretären zugleich diktierte, und/oder durch persönliche Besuche, suchte sie Frieden zwischen verfeindeten Parteien und Regionen zu stiften.

Ein beschauliches Leben hinter Klostermauern war gewiss nicht Katharinas Weg, sie kümmerte sich nicht nur um Kranke und Arme, sie begrub Tote, besuchte Verbrecher in den Gefängnissen und begleitete die zum Tode Verurteilten zum Richtplatz.

Dieses im Sinne des vorherrschenden Frauenbildes unzeitgemäße und ungewöhnliche Leben rief nicht nur Bewunderung hervor, sondern auch Misstrauen und Ablehnung. Das Generalkapitel der Dominikaner zitierte sie 1374 nach Florenz, wo sie einem Verhör unterzogen wurde. Katharina jedoch konnte sich überzeugend verteidigen.

Als geistlicher Führer und Beichtvater (oder wohl besser als Aufpasser) wurde ihr Raimund von Capua beigegeben, der bald einer ihrer wichtigsten Mitarbeiter wurde. Unter seinem Schutz und mit seiner Autorität konnte Katharina nunmehr unbehelligt ihrer Sendung nachgehen. Sie begab sich auf zahlreiche Reisen und forderte den in Avignon unter französischem Einfluss residierenden Papst auf, an seinen ihm gemäßen Sitz, Rom, zurückzukehren. Sie setzte sich für die Anerkennung Urbans VI. gegen dessen Gegenpapst ein. Katharina wendete sich an führende Männer ihrer Zeit und beschwor sie, ihre kleinlichen Streitereien zu lassen und stattdessen alle Kraft in einen neuen Kreuzzug zu investieren.

Mit großer Härte brandmarkte sie Priester, Prälaten und Kardinäle, welche »die Seelsorge vernachlässigen« und »aufgeblasen vor Hochmut« sind, »unersättlich in der Jagd nach irdischen Reichtümern und Vergnügungen« und »gierig den Armen gegenüber«. Dagegen war sie einfühlsam und milde, wenn es um die Fehler der »einfachen Christen« ging.

Katharina, die niemals schreiben und erst sehr spät etwas lesen gelernt hat, besaß die Gabe der »Unterscheidung der Geister«, kraft derer sie in die Herzen der Menschen blickte. Sie bewegte sich durch alle Schichten und Stände und geistlichen Kampfplätze Europas, um überall Gott und das Evangelium zur Sprache zu bringen. Anfang März 1380 hatte Katharina vor einem Bild von Giotto mit der Darstellung eines kleinen Schiffs – Symbol der Kirche – plötzlich das Empfinden, das Schiff würde ihr auf die Schultern gelegt, und sie brach unter seiner Last zusammen. Von ihrer überragenden Liebe zur Kirche geben ihre Worte vor ihrem Tode Zeugnis: »Glaubt nur, wenn ich jetzt sterbe, so ist nichts anderes schuld an meinem Tod als unauslöschliche Glut und Liebe zur Kirche; sie verbrennt mein Herz und verzehrt das Mark meiner Gebeine. Für die Befreiung der Kirche erdulde ich dies alles gern und sterbe willig dafür.« Umringt von vielen ihrer Anhänger und Schüler verstarb Katharina am 29. April 1380 knapp dreiunddreißigjährig in Rom.

Katharina von Siena ist eine durch und durch ungewöhnliche Heilige, die ihrer Zeit weit voraus war. Als ungebildete Tochter eines sozial niedrig stehenden Wollfärbers hat sie in einer von Männern (beziehungsweise Klerikern) dominierten Welt das Evangelium nicht nur bezeugt, sondern auch in konkretes »politisches« Handeln umgesetzt. Davon geben die Briefe, die Katharina ihren Sekretären diktiert hat, beredtes Zeugnis.

Das umfassende Werk, das sie in Siena zwischen Oktober 1377 und 1378 diktierte, der »Dialogo della divina provvidenza« (»Buch von der göttlichen Vorsehung«), ist, ähnlich wie die »Orazioni«, die 26 Gebete, die ihre Schüler während Katharinas Ekstasen mitschrieben, ein Gespräch mit Gott. Die Gebete wurden in mehreren Handschriften überliefert und erstmals im Jahre 1500 als Anhang zu den Briefen in Venedig gedruckt. Der »Dialogo« ist in 19 Handschriften überliefert und wurde um 1475 in Bologna erstmals gedruckt.

Durch Papst Pius II. wurde Katharina 1461 heiliggesprochen. Ihr Grab befindet sich unter dem Hauptaltar der Kirche Santa Maria sopra Minerva in Rom. Am 4. Oktober 1970 ernannte Papst Paul VI. die hl. Katharina von Siena zusammen mit der hl. Teresa von Ávila zur Kirchenlehrerin (»doctor ecclesiae«) – ein Titel, der vorher ausschließlich Männern zuerkannt worden war.

Inhalt

Der »Dialogo della divina provvidenza« gliedert sich in 167 Kapitel. Katharina versprachlicht darin und fasst zusammen, was sie von Gott lernen durfte. Auch dieses Buch diktierte sie ihren drei Sekretären. Katharina stellt in verdichteter und systematischer Form ihre Erfahrung und Lehre von Gottes Liebe und Heilshandeln dar. Das Buch ist, wie der Name schon verdeutlicht, ein Dialog und ein Gespräch der Seele mit der göttlichen Vorsehung. Die Kapitel folgen dem Schema: Frage, Bitte, Antwort, Dank. Die Seele fragt beziehungsweise bittet Gott, dieser gibt Antwort, worauf die Fragestellerin ein Lob- beziehungsweise Dankgebet formuliert. Der Mensch kann und darf durch Gebet und Handeln teilhaben an der Vorsehung Gottes und an seinem Heilsplan. Selbsterkenntnis ist der Seele nur möglich, wenn sie sich und ihre Nichtigkeit im Spiegel Gottes sieht und sich in seiner Liebe erkennt.

Am Anfang des Werkes stehen vier Bitten der Seele: die erste für sich selbst, die zweite für die Erneuerung der heiligen Kirche und die dritte für die gesamte Welt im Allgemeinen und im Besonderen für den Frieden unter den Christen. In der vierten Bitte fleht sie die göttliche Vorsehung an, für alle insgesamt und im Besonderen zu sorgen.

Als Schöpfer und Erlöser offenbart Gott seine tiefe Liebe zum Menschen. So erblickt die Seele das Weltall von seiner Faust umschlossen. Gott spricht: »Keiner kann mir entrissen werden. Sie sind Mein, von Mir erschaffen und unaussprechlich geliebt.« Nach dem Sündenfall hat er seinen eingeborenen Sohn zur Brücke »zwischen Erde und Himmel gemacht«; denn er hat in sich »die Würde der Gottheit mit dem Lehm eurer Menschennatur verbunden«. Die Lehre Christi aber ist der Weg zu Gott.

Der vom Vater und vom Sohn gesandte Heilige Geist »befestigte den Weg der Lehre, den Meine Wahrheit auf Erden zurückließ«. Auf dem Weg zum Heil kann aber auch der Mensch dem Menschen Helfer sein, wobei sich Gottes unendliches Erbarmen auch im Erbarmen seiner Knechte erweist: »Geschaffen habe Ich euch ohne euch, aber retten werde Ich euch nicht ohne euch.« Durch die Liebe kann der Mensch für Gottes Heilswerk fruchtbar sein. Immer wieder wird betont, dass Gottes- und Nächstenliebe untrennbar zusammengehören: »Wären diese letzten Tränen (die der Freude), bei denen die Seele so tiefe Einigung gefunden hat, nicht von der Nächstenliebe ausgegangen, sie ermangelten der Vollkommenheit … Nächstenliebe muss dauernd in wahrer Selbsterkenntnis gepflegt werden. Dann wird die Seele das Feuer Meiner Liebe in sich nähren, weil die Nächstenliebe aus der Liebe zu Mir stammt, aus jener Einsicht nämlich, die der Seele kam, als sie sich selbst und Meine Güte zu ihr erkannte und sich von Mir unaussprechlich geliebt sah.« Die mystische Liebeseinheit der Seele mit Gott ist keinerlei Selbstzweck, sondern ein Wachsen in der Liebe und im Mitleid für die Menschen. So zeigt sich auch hier die wichtigste Triebkraft für Katharinas Leben, die Liebe zu Gott und die daraus entspringende Sorge um das Heil der Mitmenschen, der Kirche und der gesamten Welt. So zeigt sich Katharinas Wirken und Lehren von der universellen Liebe Gottes durchdrungen, der ihr offenbart: »Aus diesem Nichts der Schuld, diesem Dorn, der die Seele verwundet, ziehe Ich vorsehend die Rose seines Heils.«

Lesetipp

Für die Lektüre des »Dialogo« ist es wichtig, im Hinterkopf zu behalten, dass sich Katharina von Siena auf ihr Erfahrungswissen beruft, das natürlich im Dialog im Rahmen ihrer »famiglia« (geistliche Freunde und Anhänger) und mit Raimund von Capua besprochen und reflektiert wurde. Trotzdem ist Katharina der direkte Bezug zur göttlichen Vorsehung wichtig, was in der literarischen Form des Dialogs zwischen Katharina und der göttlichen Vorsehung zum Ausdruck kommt. Dabei sieht sie in ihrer eigenen, subjektiven Erfahrung Hinweise und Anhaltspunkte, die auch für andere oder allgemein bedeutsam werden können. Das bringt sie dazu, deren Anliegen, das Heil der Kirche, aber auch das Heil für alle in Christus, den »Dialogo« zu diktieren. Die Sorge um die Welt und um die Kirche weitet immer wieder die Dimension religiöser Subjektivität. Natürlich lebte Katharina in ihrer Welt des 14. Jahrhunderts, und deshalb sind verschiedene Passagen ihres »Dialogo« nur auf diesem Hintergrund verständlich. Das sollte beim Lesen berücksichtigt werden, spricht aber nicht gegen eine unmittelbare Lektüre, wenn diese es aushalten kann, nicht alles zu verstehen beziehungsweise sich nicht an für heute unverständlichen Bildern oder Themen festbeißt, es sei denn im Bemühen um eine Klärung durch weiteres Nachforschen.

Bibliographie

Caterina von Siena, Gespräch von Gottes Vorsehung, übersetzt von Ellen Sommer-von Seckendorff und Cornelia Capol, Lectio spiritualis Band 8, Einsiedeln 5. Aufl. 2010.

Weitere Werke

Caterina von Siena, Meditative Gebete, herausgegeben und übersetzt von Hilarius M. Barth, Christliche Meister Band 5, Einsiedeln 1980.

Katharina von Siena, Ich will mich einmischen in die Welt. Engagierte Briefe des Glaubens, eingeleitet und übersetzt von Ferdinand Strobel, herausgegeben von Manfred Baumotte, Zürich 1997.

Weiterführende Literatur

Eleonore Dehnerdt, Katharina von Siena. Das Mädchen aus Fontebranda, Gießen 2004.

Hanno Helbling, Katharina von Siena. Mystik und Politik, München 2000.

Gerda Riedl, Katharina von Siena. Lebenswelt, Glaubenswelt, Wirkungswelt, Paderborn 2011.

Marianne Schlosser, Katharina von Siena begegnen, Augsburg 2006.

23 ANONYMUS
1375–1400

Die Wolke des Nichtwissens
The Cloud of Unknowing

Autor und Werk

Sieben mittelenglische Schriften aus dem letzten Viertel des 14. Jahrhunderts werden inzwischen von der Forschung als »Cloud-Gruppe« bezeichnet. Der Name kommt von einem der Werke: »Die Wolke des Nichtwissens« (im englischen Original: The Cloud of Unknowing). Gemäß dem mittelalterlichen Brauch, legte der Autor keinen Wert darauf, seinen Namen der Nachwelt zu überliefern. So begannen Forscher schon früh, sich Gedanken über dessen Identität zu machen. In den benannten Werken gibt es nur spärliche Hinweise zu seiner Person, was einerseits gewisse Rückschlüsse zulässt, andererseits aber auch weiten Raum für Spekulationen.

So viel kann festgehalten werden: Der anonyme Autor verfasste seine geistliche Weisung im Dialekt der »North-East-Midlands«. Der Bildungshintergrund des Werkes legt ein umfassendes Studium nahe, sei das nun in Oxford, Cambridge oder einer Kathedral- wie Ordensschule. Die Segensformeln in den Briefen verweisen unter Umständen darauf, dass der Autor Priester gewesen ist. Sein literarisches Schaffen weist auf eine eremitisch-kontemplative Lebensform hin. Die vorhandenen monastischen Motive sind unspezifisch, so dass eine konkrete Zuordnung zu einer Ordenstradition spekulativ bleibt. Ein Kartäuser oder als Einsiedler lebender Diözesanpriester sind die wahrscheinlichsten Varianten.

Das 14. Jahrhundert war die Blütezeit einer geistlichen Theologie, die die klassischen Werke der spirituellen Tradition bis zum 13. Jahrhundert erneut las und für volkssprachliche Leser neu interpretierte.

Wichtige Quellen waren Augustinus, Dionysius Areopagita, Gregor der Große, Bernhard von Clairvaux und Guigo II. Auch scholastische Autoren wie Thomas von Aquin und Bonaventura wurden rezipiert. Schließlich ist auch der Einfluss englischer Autoren wie Walter Hilton und Juliana von Norwich festzuhalten.

Die sieben einzelnen Schriften zur geistlichen Theologie wurden in Brief- oder Traktatform verfasst und wenden sich an eine angesprochene Person, wie auch an einen weiteren Leserkreis. Ob der Adressat, einmal als vierundzwanzigjähriger Mann angesprochen, in allen Briefen identisch ist oder überhaupt nur eine literarische Figur, kann nicht entschieden werden. Die lebendige Schilderung legt aber nahe, dass wirklich eine oder mehrere konkrete Personen gemeint waren. Neben der »Wolke des Nichtwissens« werden heute noch weitere vier Werke dem »Cloud«-Autor mit Sicherheit zugeschrieben: »Epistle of Prayer«, eine Einführung in die Gebetstheologie; »Treatise of Discretion of Stirrings«, eine Einführung in die Theologie der Berufung mit einer Diskussion der Eignung und der Vorbedingungen zum Vollzug der Kontemplation; »Hid Divinity«, eine mittelenglische Umschreibung des pseudo-dionysischen Briefs über die mystische Theologie; »Book of Privy Counseling«, eine Unterweisung für die höheren Stufen der Kontemplation. Wahrscheinlich, jedoch in der Forschung umstritten, gehören noch zwei weitere Werke zur Cloud-Gruppe: »Epistle of Discretion of Spirits«, ein Traktat über die Unterscheidung der Geister, und »Study of Wisdom«, eine mittelenglische Zusammenfassung einer Schrift des Richard von St. Viktor (1110–1173) über die Theologie der Kontemplation.

Die Textüberlieferung lässt Rückschlüsse auf den Leserkreis zu. Neben den Kartäusern, die sich besonders um die handschriftliche Verbreitung verdient gemacht und die ersten Drucke initiiert haben, wie auch Leser aus monastischen und eremitischen Kreisen, fanden die Unterweisungen der Cloud-Texte auch bei Laien Gehör. Weiter lässt sich zeigen, dass die Texte nicht so sehr von einer breiten Leserschicht, sondern eher von einem kleinen Kreis religiös interessierter und entsprechend vorgebildeter Laien gelesen wurden. Es dürfte sich um Leser aus dem niederen Adel und einem entstehenden Bürgertum gehandelt haben, die für die Gestaltung ihres geistlichen Lebens Anregungen suchten. Diese Beobachtung stützt auch der Umstand, dass »Die Wolke des Nichtwissens« von den Kartäusern aus der mittelenglischen Volkssprache ins Lateinische übertragen wurde.

Die Originalfassung des Werkes entstand zwischen 1375 und 1400, und wie das Vorhandensein einer großen Anzahl von Handschriften zeigt, erfuhr sie eine hohe Wertschätzung. Die Wiederentdeckung der »Wolke des Nichtwissens« im 20. Jahrhundert geschah durch Anhänger oder Sympathisanten der christlichen Zen-Bewegung, die, obwohl das Werk ganz vom Christentum her entwickelt wurde, gewisse Strukturanalogien zu asiatischen Kontemplationsformen, insbesondere zum Zen-Buddhismus, sahen.

Inhalt

Das zentrale biblische Bild, das der Schrift ihren Namen gegeben hat, ist die Wolke auf dem Gipfel des Berges Sinai, in der Mose Gott erfahren durfte (Ex 16,10). Auch Psalm 97,2 spricht davon, dass Gott von Wolken und Dunkel umgeben sei. Die Wolke ist gleichzeitig ein Bild für die Ambivalenz der Gotteserfahrung. Umhüllt von der Wolke herrscht Dunkelheit, es ist nichts zu sehen, gleichzeitig aber vernimmt Mose die Stimme Gottes. Gott offenbart und verbirgt sich zugleich, er kommt dem Menschen nahe und bleibt dennoch Geheimnis.

Damit ist der Inhalt des Werkes vorgezeichnet, nämlich die geistliche Einung des Menschen mit Gott, bei der der Mensch über den normalen Erkenntnisbereich der Vernunft hinaus Gott erfährt.

Mose wird zum Prototyp des kontemplativen Menschen und der Berggipfel zur affektiven Seelenspitze. Das Wolkendunkel ist der eigentliche Ort der Kontemplation. Die kontemplative Wolke beinhaltet ihrerseits verschiedene Aspekte: Mit der Wolke des Vergessens ist die Notwendigkeit bezeichnet, dass alles Welthafte bedeckt werden muss, wenn sich der Beter Gott vorbehaltlos zuwenden will. Mit der »Wolke des Nichtwissens« wird die zentrale These ausgedrückt, dass Gott mit der Vernunft unfassbar ist und bleibt, eine erkenntnishafte Begegnung aber möglich ist. »Die Wolke des Nichtwissens« ist der

»bedrängende Ort« eines geistlichen Kampfs, ein Ort der bedrückenden Geheimnishaftigkeit Gottes, aber auch ein »edler Ort« des mystischen Schlafs und der Erfahrbarkeit Gottes (bei bleibender Unbegreifbarkeit).

Im englischen Original wird »to feel« für diese Erfahrung gebraucht, also Gott zu »fühlen«. Doch würde diese Übersetzung dem Gemeinten nicht gerecht, denn es geht um eine die Ganzheit des Menschen betreffende existenzielle Erfahrung. Der Autor setzt beim gelebten Glauben an und versteht sich als geistlicher Begleiter, der aufgrund seiner Erfahrung (vgl. Kap. 51) und auf Nachfrage (vgl. Kap. 48) den Adressaten in seinem geistlichen Streben unterstützt, was manchmal auch Hinweise auf eventuelle Täuschungen und Gefahren einschließt (zum Beispiel Kap. 40 und 45).

Als eine mögliche Form des Glaubensvollzugs ist in den Cloud-Texten von einem kontemplativen Aufstieg die Rede, dessen Zielpunkt die mystische Einung darstellt. Diese mystische Erfahrung bleibt aber eingebettet in den Kontext des gelebten Glaubens, denn die mystische Erfahrung selbst kann nicht eingeübt werden, sondern höchstens eine Erfahrungsfähigkeit. Voraussetzung ist der Mut zu radikaler Selbsterkenntnis, die zur Demut führt (vgl. Kap. 2f). Wesentliche Hilfen dafür sind die Lektüre, die Selbstbesinnung und das Gebet (vgl. Kap. 35), vor allem das persönliche (vgl. Kap. 37) und das kurze Gebet (vgl. Kap. 38).

Ganz auf dieser Linie liegen zum Teil sehr praktische Erwägungen. So gibt der Autor Tipps, wie mit aufdringlichen Gedanken umzugehen ist, und spricht von »geistigen Kunstgriffen« (Kap. 31f).

Lesetipp

Der Autor erweckt bewusst den Eindruck, ein geistliches Gespräch mit einem Adressaten zu führen, ob der nun fiktiv ist oder nicht, sei dahingestellt. Auf jeden Fall erhält das Werk einen sehr persönlichen Ton, was die Lektüre erleichtert.

Im Prolog warnt der Autor regelrecht vor einem falschen Gebrauch des Buches, denn es wendet sich an einen Menschen, »der sich nach

Kräften bemüht und sich ... schon seit langem durch ein tugendhaftes, aktives Leben bemüht hat, die Voraussetzungen für ein kontemplatives Leben zu erlangen; andernfalls würde ihm nämlich dieses Buch nichts nützen«. (Prolog)

Wie der Autor sich adäquate Leser vorstellt, beschreibt er wenig später. Es sind solche, »deren äußeres Leben zwar aktiv ist, die aber durch den inneren Ansporn des geheimnisvollen, gnädigen Geistes Gottes mit seinen unerforschlichen Ratschlüssen eine Bereitschaft verspüren, am Höhepunkt des kontemplativen Geschehen teilzuhaben«. (Prolog) Und im ersten Kapitel spricht er davon, dass Gott gnädig das Verlangen seines Gesprächspartners entfacht und es »an den Strick der Sehnsucht« (Kap. 1) gebunden habe. Offensichtlich ist also der Zugang zur Sehnsucht nach Gott die Voraussetzung für eine fruchtbare Lektüre.

Inwieweit es tatsächlich Analogien zum Zen-Buddhismus gibt, wird je nach Verfasser und Sichtweise unterschiedlich beurteilt. Es bleibt allerdings festzuhalten, dass das Werk ganz der christlichen Spiritualitäts- und Theologietradition verbunden ist und gerade durch die Betonung des Schriftbezugs, des persönlichen Gebets und der absoluten Gnadenhaftigkeit der Kontemplation auffällt.

Bibliographie

Die Wolke des Nichtwissens, übertragen und eingeleitet von Wolfgang Riehle, Christliche Meister Band 8, Einsiedeln 8. Aufl. 2007.

Weiterführende Literatur

Thomas Keating, Das Gebet der Samlung. Einführung und Begleitung des kontemplativen Gebetes, übersetzt von Guido Joos, erweiterte und überarbeitete Ausgabe Münsterschwarzach 2010. [Einführung in das kontemplative Gebet auf Grundlage der »Wolke des Nichtwissens«]

Karl-Heinz Steinmetz, Mystische Erfahrung und mystisches Wissen in den mittelenglischen Cloudtexten, Veröffentlichungen des Grabmann-Institutes Band 50, Berlin 2005.

24 THOMAS VON KEMPEN
um 1380–1471

Die Nachfolge Christi
De Imitatione Christi

Autor und Werk

Die letzte Fassung des Buches »De Imitatione Christi«, das heute Thomas von Kempen zugeschrieben wird, wurde 1441 in Latein niedergelegt. In den nächsten 30 Jahren schrieb man das Buch über 700-mal ab. 1471 erschien kurz nach Erfindung des Buchdrucks mit beweglichen Lettern (Mitte des 15. Jh.) die erste gedruckte Ausgabe. Bereits im 16. Jahrhundert lag das Werk in allen europäischen Sprachen vor. Als eine der bekanntesten deutschen Ausgaben gilt die Übersetzung von Johann Michael Sailer, Bischof von Regensburg, aus dem Jahr 1794. Zu dieser Zeit gab es bereits mehr als dreitausend Ausgaben in allen Kultursprachen der Welt.

Noch im frühen 20. Jahrhundert war die »Nachfolge Christi« als Andachtsbuch vor allem in Europa weit verbreitet. Somit ist das Buch neben der Bibel das am meisten übersetzte und gedruckte Werk der Weltliteratur.

Um die Verfasserschaft des Werkes gab es zeitweilig einen heftigen Gelehrtenstreit (mehr als 35 mögliche Verfasser wurden vorgeschlagen und verteidigt). Heute ist relativ unbestritten, dass die Endfassung des Werkes von Thomas von Kempen (auch: Thomas á Kempis) stammt. Die Urfassung von der »Nachfolge Christi« dürfte allerdings auf Geert Groote und das Jahr 1377 zurückgehen. Damals hatte dieser Sohn eines reichen Kaufherrn aus Deventer, der die Welt kennengelernt, studiert und sich dann zurückgezogen hatte, dem Kartäuser-Orden sein geistliches Tagebuch anvertraut, das wohl der Grundstock zur »Nachfolge Christi« wurde.

Der Autor des Buches selbst unterstreicht, dass die Frage nach seiner Identität nicht nur zweitrangig, sondern einfach uninteressant ist: »Frage nicht, wer dies gesagt hat; sondern achte darauf, was gesagt wird.« (Nachfolge Christi I,5)

Das äußere Leben des Thomas von Kempen war nicht sehr ereignisreich. Er wurde 1379 oder 1380 in Kempen am Niederrhein als zweiter Sohn des Handwerkers Johann Hemerken und seiner Frau, der Lehrerin Gertrud Kumt, geboren. Schon während seiner Schulzeit an der Lateinschule in Kempen entschied er sich für einen geistlichen Beruf. Die Gemeinschaft der Windesheimer Augustiner-Chorherren hatte ihn schon als Kind stark beeindruckt. Durch Vermittlung seines Bruders Johannes kam er 1392 in die Schule nach Deventer (Holland) und nahm Kontakt mit den »Brüdern vom Gemeinsamen Leben« auf. Er fand einen Kreis von Männern, die unter dem geistlichen Einfluss des Geert Groote von Deventer standen und durch ihn ein neues geistliches Leben, die sogenannten »Devotio moderna« kennengelernt hatten. 1384 starb Groote im Alter von 44 Jahren an der Pest.

Thomas war so begeistert von den neuen Ideen der spirituellen Reformbewegung, dass er 1398 in das Haus der »Brüder vom Gemeinsamen Leben« zog. Hier erlernte er das »Scribieren«, das sorgfältige Abschreiben von Texten. Doch Thomas wollte mehr, und so verließ er 1399 Deventer, um in das Kloster der Augustiner-Chorherren von St. Agnetenberg bei Zwolle einzutreten. 1414 wurde er mit 34 Jahren zum Priester geweiht. Über 70 Jahre lebte Thomas in der Stille und Zurückgezogenheit dieses Klosters. Er verbrachte viel Zeit mit dem Abschreiben von Büchern, was eine Haupteinnahmequelle für das Kloster war. Die Bibel schrieb er viermal ab. Auch die Werke von Bernhard von Clairvaux kopierte er. Thomas selbst wurde durch diese gleichermaßen handwerkliche wie meditative Tätigkeit geprägt und beschäftigte sich so fast ständig mit der Schrift und den Werken bedeutender geistlicher Autoren. Hinzu kamen die Tätigkeiten eines typischen Klosterpriesters (Pater) jener Zeit: Predigen und Beichte hören.

Thomas von Kempen starb am 25. Juli 1471, gut 90 Jahre alt im Kloster St. Agnetenberg. Seine Gebeine ruhen seit 1897 in der St.-Michaelis-Kirche in Zwolle.

Inhalt

Die »Nachfolge Christi« des Thomas á Kempis gehört von der Literaturgattung her in die Nähe der sogenannten »Rapiarien«. Dies waren kleine Heftchen, die von Anhängern der Devotio moderna als Gedächtnisstütze für ihre geistlichen Übungen angelegt wurden. Sie enthalten Punkte, Exzerpte aus Traktaten, wie Schriften und Predigten. Das heißt, die formulierten Gedanken sind meist knapp und zugespitzt, wobei jeder Abschnitt für sich steht und sie doch zusammen ein Ganzes bilden.

Thomas teilte das Werk in vier Bücher ein: Das erste Buch vermittelt eher allgemeine Impulse für ein vertieftes geistliches Leben. Das zweite Buch konzentriert sich auf die Erfahrung, dass der Weg zum Reich Gottes, das in uns ist, durch Not, Drangsal und Leiden führt. Im dritten Buch führt Christus als Freund ein Gespräch mit dem fragenden und vieles in Frage stellenden Menschen. Das vierte Buch ist ebenso wie das dritte dialogisch strukturiert: Christus spricht von der Liebe Gottes und der alles wandelnden Eucharistie.

Die vier Bücher sind nicht vier Teile eines systematisch angelegten Werkes, sondern vier ursprünglich wohl selbstständig entstandene Schriften, die nachträglich miteinander verbunden wurden.

Die geistige Heimat des Buches, die Devotio moderna, hatte als Programm, den einzelnen Christen durch das Üben der wahren Tugenden, in Einfachheit und Schlichtheit, zum Herrn zu führen. Hohe Spekulationen und theologische Systementwürfe standen nicht hoch im Kurs. Der Einzelne sollte sich der inneren Welt zuwenden und den Weg Christi gehen. »Mir wäre es lieber, Reue zu empfinden, als ihr Wesen erklären zu können.« (Nachfolge Christi I,1)

Natürlich ist das Werk von seiner Zeit geprägt und weist manche Einseitigkeiten auf. Das kann negativ bewertet werden. Josef Weismayer sieht dies jedoch ganz anders, wenn er konstatiert: »Einseitigkeit ist die Stärke dieses Buches!«

Im Übrigen ist die Feststellung von Einseitigkeiten für einen zu untersuchenden Gegenstand immer sehr leicht, jedoch für die eigene Position, die vermutlich genauso einseitig ist, oft sehr schwierig. Der

Vorwurf der Einseitigkeit ist natürlich meist mit dem Anspruch verbunden, selbst einen ausgewogenen Standpunkt zu vertreten, wobei jedoch dann auch großzügig die eigenen Begrenztheiten und Einseitigkeiten übersehen werden. Genau an dieser Stelle setzt die »Nachfolge Christi« an, denn sie stellt oft sehr pointiert scheinbare Selbstverständlichkeiten in Frage. Außerdem wirkt die »Imitatio Christi« des Thomas á Kempis vielleicht besonders einseitig und übertrieben, weil ihre Einseitigkeiten den heutigen Einseitigkeiten unserer Gesellschaft und Zeit oft konträr gegenüberstehen.

Im Gegensatz zu allgemein vorherrschendem Narzissmus und der Förderung des Durchsetzungsvermögens schreibt Thomas: »Das ist die höchste und nützlichste Wissenschaft: sich selbst wahrhaft erkennen und gering schätzen. Von sich selbst nichts halten und von anderen immer gut und hoch denken, das ist große Weisheit und Vollkommenheit.« (Nachfolge Christi I,2)

Gegen falsche Erwartungen an die anderen und das Messen mit zweierlei Maß: »Wir erwarten, dass andere streng zurechtgewiesen werden, und wollen uns selbst nicht zurechtweisen lassen. Es missfällt uns, dass anderen so viel gestattet wird, und doch wollen wir uns selbst nichts versagt wissen, was wir wünschen. Andere wollen wir durch Satzungen eingeschränkt sehen, aber wir selbst lassen uns nicht im Geringsten einschränken.« (Nachfolge Christi I,16)

Das Sterben, so Thomas á Kempis, beginnt jetzt und ist eine Herausforderung nicht der ungewissen Zukunft, sondern der zu gestaltenden Gegenwart: »Denk immer an das Ende und dass die verlorene [vertane] Zeit nie wiederkommt.« (Nachfolge Christi I,25)

Damit zusammen hängt die klare Kritik neoliberaler Habgier: »Das macht doch die Seligkeit des Menschen nicht aus, dass er an zeitlichen Gütern mehr habe, als er bedarf.« (Nachfolge Christi I,22)

Gegen das Prinzip des Loslassens steht heute oft das Prinzip des Habens beziehungsweise des Festhaltens. Wer Geld hat, lebt sehr oft in dem Wahn, sich jetzt alles leisten zu können und zu müssen. Das meiste bleibt übrig, wenn der Tod kommt. Die Folge dieser konsequenten Diesseitigkeit ist das ständige Gefühl, etwas zu verpassen, und ein schier unersättlicher Hunger nach Abenteuer, Erleben und letztlich nach Leben. Die Verlängerung des biologischen Lebens um jeden Preis droht sich in einen Fluch zu verwandeln, denn die Menschen verlernen zu sterben. Sehr pragmatisch fragt Thomas: »Was nützt es, lange zu leben, wenn wir uns so wenig bessern?« (Nachfolge Christi I,23) Dieser Hunger nach Erleben prägt auch das religiöse Leben. Thomas stellt lakonisch klar: »Halte dich auch nicht für etwas Großes oder für einen besonderen Freund Gottes, wenn du große Andacht und fromme Gefühle spürst. Daran erkennt man den wahren Freund der Tugend nicht, und darin besteht nicht der Fortschritt und die Vollkommenheit des Menschen.« (Nachfolge Christi III,25) Aber auch »fromme Werke« sind dem Autor suspekt: »Es werden die selten heilig, die viele Wallfahrten machen.« (Nachfolge Christi I,23)

Kommt die Beziehung zu Christus in den Blick, wird die »Nachfolge Christi« noch deutlicher:

»Viele lieben Jesus so lange, als sie keine Widerwärtigkeiten erleiden. Viele loben und preisen ihn so lange, als sie von ihm Trost erfahren. Wenn aber Jesus sich verbirgt und sie auch nur ein wenig verlässt, dann verfallen sie entweder in Klagen oder in völlige Verzweiflung. Die aber Jesus um Jesu willen – und nicht um ihres eigenen Trostes willen – lieben, die lieben und preisen ihn in der Trübsal und in der Bedrängnis des Herzens ebenso wie in der höchsten Tröstung. Und auch wenn er ihnen niemals Trost gewähren wollte, auch dann werden sie ihn loben und ihm immer Dank sagen.« (Nachfolge Christi II,11)

Ist es nicht wirklich heute dringend nötig, darauf hinzuweisen, dass »unser Leben« nicht nur »ein Fest ist«? Engagement und Verantwortung erschöpfen sich nicht darin, »Spaß« zu haben. Gegen die »Spaßgesellschaft« steht das schroffe Wort: »Zum Dienen bist du auf der Welt, nicht zum Herrschen. Zum Dulden und Arbeiten wisse dich berufen, nicht zum Müßiggehen und Plaudern.« (Nachfolge Christi I,17)

Thomas fordert dazu auf, genau hinzusehen und kritisch zu sein, gerade den eigenen Gedanken, inneren Bewegungen, Gefühlen, Meinungen und Bewertungen gegenüber und den verschiedensten Einflüssen von außen. Vor allem diese Einflüsse von außen sind in den letzten Jahrzehnten rasant gestiegen. Zunehmend mehr Menschen haben heute Schwierigkeiten, Wirklichkeit überhaupt wahrzunehmen.

Gerade auf diesem Hintergrund scheint die Mahnung zur kritischen Grundhaltung des Christen, der Christin gegenüber den Einflüssen von außen, wie sie Thomas á Kempis unermüdlich fordert, so aktuell zu sein wie vielleicht noch nie in der Geschichte.

Wer sich also den Schriften des Thomas á Kempis aussetzt, der schärft seinen Blick. Wer sich auf die sicherlich da und dort erlebte Provokation durch diese Sichtweise einlässt, kann viel über sich und die Welt lernen. Er wird aufmerksamer sich selbst und die Welt betrachten und letztlich, denn darauf kommt es an, seinen Glauben bewusster und kritischer leben.

Lesetipp

Die »Nachfolge Christi« sperrt sich einer schnellen Lektüre. Die Faszination des Buches liegt in seiner Einfachheit, in seiner überzeugenden Unmittelbarkeit. Die Praxis bekannter Personen der Geschichte berichtet von einem regelmäßigen Umgang. So las Ignatius von Loyola täglich zwei Kapitel. Robert Bellarmin hat nach eigenem Zeugnis von Jugend an bis ins hohe Alter täglich darin gelesen. Einen ähnlichen Rat gibt der Philosoph Leibniz.

Da es sich um Gedanken und Sinnsprüche handelt, ist es erwünscht, »hängen« zu bleiben, zu verweilen, das Gelesene zu überdenken und den Gedanken nachzugehen. Dabei ist es wichtig, nicht nur den positiven eigenen Gedanken nachzuhängen, sondern sich auch mit den Widerständen auseinanderzusetzen, die das Buch mit Sicherheit auch hervorruft.

Die »Nachfolge Christi« ist nicht »das Evangelium« und hat zeitbedingte Engführungen. So kommt zum Beispiel die Gemeinschaft der Gläubigen nur sehr sporadisch und oft sogar eher negativ in den Blick. Trotzdem lohnt es sich, den empfundenen Provokationen nachzugehen und sie nicht vorschnell als einseitig oder zeitbedingt abzutun. Auf diese Weise lernt der Leser, die Leserin etwas über sich selbst und über seine, ihre Gottesbeziehung. Nichts anderes ist das Ziel der »Nachfolge Christi«: »Je mehr jemand zum Frieden mit sich selbst und zu innerer Einfalt gelangt, desto mehr und desto höhere Dinge erkennt er ohne

Mühe, weil er von oben das Licht der Erkenntnis empfängt.« (Nachfolge Christi I,3)

Bibliographie

Thomas von Kempen, Die Nachfolge Christi, herausgegeben und erläutert von Joseph Sudbrack, Kevelaer 2. Aufl. 2010.
Thomas von Kempen, Anleitung zum Leben und Sterben. Aus dem Buch von der Nachfolge Christi, übersetzt von Johann Michael Sailer, München 2008.

Weiterführende Literatur

Peter Dyckhoff, Auf dem Weg in die Nachfolge Christi. Geistlich leben nach Thomas von Kempen, Freiburg 7. Aufl. 2004.

25 MARTIN LUTHER
1483–1546

Deutsche Auslegung des Vaterunsers für einen einfältigen Laien
Sermon von den guten Werken
Eine einfältige Weise zu beten

Autor und Werk

Die Gestalt und die Bedeutung Martin Luthers werden oft je nach Konfessionszugehörigkeit unterschiedlich eingeschätzt. Dabei ist gerade in den Jahren seit dem II. Vatikanischen Konzil (1962–1965) eine Entwicklung festzustellen, die auf Seiten der katholischen Kirche zu einer positiven Neubewertung Luthers führte. In der protestantischen Lutherforschung wird zunehmend Luthers Beeinflussung durch die mittelalterliche Mystik herausgearbeitet und damit deutlich, dass Luther ein genialer Theologe war, wenn auch nicht so monolithisch, wie es früher gerne dargestellt wurde. Luther hat sehr bewusst die mittelalterlichen Traditionen aufgegriffen, theologisch verarbeitet und zum Teil in einen neuen Kontext gestellt. In unserem Rahmen interessiert nun nicht so sehr das reformatorische und (kirchen-)politische Wirken Luthers und auch weil es unmöglich ist, hier die ganze Weite seiner Theologie abzuschreiten, sollen im Folgenden nur einige wenige Züge seines Lebens skizziert werden, die etwas vom geistig-geistlichen Hintergrund seiner Lehre verdeutlichen.

Luther wurde am 10. November 1483 als Sohn eines Bergmannes in Eisleben geboren. Er begann im Jahre 1501 das Grundstudium der sogenannten »Freien Künste« an der Artistenfakultät in Erfurt, um sich danach (1505) dem Studium der Jurisprudenz zu widmen. Zwei Monate später trat er zur allgemeinen Überraschung in den Orden der Augustiner-Eremiten in Erfurt ein. Dieser Schritt hatte ihn sicher schon länger beschäftigt. Luthers Erfahrung, während einer Reise vom Blitz verschont worden zu sein, war höchstens der Anlass gewesen. Den jungen Luther trieb die Frage nach dem Seelenheil um und wie der Mensch des Heils teilhaftig werden kann. Angesichts des weit verbreiteten Bildes, Gottes majestätischer Allmacht, stellte sie sich vielen Christen: Wie konnte das ohnmächtige und sündige Geschöpf Sicherheit vor der Größe dieses Gottes und seinen strengen Forderungen finden? Luther formulierte es 1531 so: »Ich wurde von Kindheit auf so gewöhnt, dass ich erblassen und erschrecken musste, wenn ich den Namen Christi auch nur nennen hörte: denn ich war nicht anders unterrichtet, als dass ich ihn für einen strengen und zornigen Richter hielt.«

Die angefochtenen Christen suchten möglichst viele »gute Werke« anzuhäufen und eifrig die Heilsmittel der Kirche zu erlangen, um sich Gottes gnädigem Erbarmen und seines Heils würdig zu erweisen. Das Klosterleben galt damals als der bessere Weg zur Erlangung des (ewigen) Heils. Doch das, was Luther suchte, fand er auch im Kloster nicht. Im Gegenteil, er machte ganz andere Erfahrungen: »Ich war sehr fromm im Mönchtum, und war doch traurig, weil ich dachte, Gott wäre mir nicht gnädig.« Luther erfuhr sein frommes Tun ständig als defizitär, als ungenügend, was er zunächst mit gesteigertem Bemühen auszugleichen versuchte. Doch der Teufelskreis dauernder Überforderung und Mehrleistung stürzte ihn nur in größere Ungewissheit. Seine Angst vor dem ewigen Gericht wuchs.

Luther wurde 1506 zu den Gelübden zugelassen, 1507 zur Priesterweihe und danach zum Studium der Theologie. Schon 1513 berief man ihn in Wittenberg zum Professor der Theologie. Ein Amt, das er sein Leben lang bekleidete.

Die wissenschaftlich-theologische Beschäftigung mit der Heiligen Schrift wurde nun »zum Weg, auf dem Luther auch die Antwort auf seine religiösen Fragen, die Klärung seiner religiösen Unruhe sucht. Er wird dadurch fortschreitend er selbst, dass er gerade seine doch so ernste dauernde geistliche Selbstbefragung, um nicht zu sagen: Selbstbespiegelung als Irrweg erkennt, die Frage nach der zureichenden Qualität, ja nach der Vollkommenheit seiner Gottesliebe als unbeantwortbar durchschaut und darum die immer gesuchte Gewissheit der Gnade Gottes nicht länger in seiner subjektiven Gewissenslage zu verankern sucht, sondern sie festmacht im ›Objektivsten‹, was es im christlichen Glauben gibt: ... im Wort Gottes« (O. H. Pesch). In einem allmählich sich immer mehr klärenden Prozess, auf dessen Weg und an dessen Ende die sogenannte »reformatorische Wende« (oder auch: Entdeckung, Umbruch) steht, verstand Luther, dass der Mensch alles, aber auch restlos alles von Gott empfangen darf. Die Gerechtigkeit Gottes (vgl. Röm 1,17) war nicht die richtende und strafende, sondern die schenkende Gerechtigkeit Gottes. Das Heil des Menschen gründete sich in keiner Weise auf dessen Werke oder fromme Leistung und auch nicht auf der Liebe des Menschen zu Gott. Luther erkannte den Menschen vor Gott, als radikal empfangender. Wenn sich der Mensch im Glauben von Gott rückhaltlos beschenken und sich auf Jesus Christus als die persongewordene Liebe Gottes einließe, würde die Gewissheit seines Heils und seines Angenommenseins durch Gott wachsen. Von dieser Entdeckung sagte Luther später: »Da hatte ich das Empfinden, ich sei geradezu von neuem geboren und durch geöffnete Tore in das Paradies selbst eingetreten.«

Diese Glaubenserfahrung hatte jedoch für Luther nicht ihren letzten Zielpunkt in der persönlichen Heilsgewissheit, sondern im Dienst am Nächsten und an der Welt. Die folgenden theologischen Auseinandersetzungen und kirchenpolitischen Querelen sowie ganz weltliche Interessen verschiedenster Akteure führten schließlich 1521 zur Exkommunikation Luthers. Aus einer weiteren verallgemeinernden Ausfaltung der im Ansatz Luthers gegebenen kirchenkritischen Elemente resultierte dann schließlich – nicht zuletzt mit gefördert durch das politische und kirchenpolitische Kräfte- und Interessenspiel – die Entstehung von getrennten Konfessionskirchen, gegen den ursprünglichen Willen des Reformators. Eingehendes darüber und über den weiteren Verlauf des Lebens Luthers kann man in jeder Kirchengeschichte finden. Trotz vielerlei gesundheitlicher Beeinträchtigungen arbeitete Luther in ungebrochener Schaffenskraft an der theologischen und kirchlichen Durchsetzung der innerchristlichen Reform aus dem Wort Gottes heraus. Am 18. Februar 1546 starb er auf einer Reise nach Eisleben.

Die hier zur Lektüre empfohlenen Werke Luthers sind durchweg seelsorgliche Schriften, in denen Luther versucht, die reformatorischen Grundüberzeugungen für »einfältige Laien« zu formulieren und in die Praxis alltäglicher Frömmigkeit zu übersetzen.

Die »Deutsche Auslegung des Vaterunsers für einen einfältigen Laien« entstand 1519. Im »Sermon von den guten Werken« von 1520 geht es Luther um eine Grundlegung der Ethik, die anhand der Zehn Gebote durchgeführt wird. Die Schrift »Eine einfältige Weise zu beten, für einen guten Freund« entstand 1535 wohl auf Wunsch von Meister Peter Beskendorf. Der Barbier gehörte zu den ältesten Freunden Luthers. Kurz nach Erhalt dieser Schrift stieß ihrem Adressaten Schlimmes zu. Vermutlich erstach Meister Peter im Rausch am Ostersamstag 1535 seinen Schwiegersohn. Er wurde zwar begnadigt, aber des Landes verwiesen.

Inhalt

Gerade das Vaterunser, als Gebet des Herrn in der Schrift bezeugt, gewinnt in der Gebetslehre Luthers zentrale Bedeutung. Jesus selbst lehrt das Gebet in der Bergpredigt und setzt es gegen das »Plappern« der Heiden (vgl. Mt 6,7–15) und gegen die öffentliche Zurschaustellung eigener Frömmigkeit. Das Beten und Singen von Priestern (Stundengebet), die Gebete als Buße nach der Beichte oder irgendwelche selbstauferlegten Gebetsleistungen achtet Luther als Frucht bringendes Gebet, wenn es aus »schlichter Gehorsamsabsicht« heraus und nicht um des Geldes oder der Ehre willen geschieht. Gebete aus Unlust oder um der Ehre und des Geldes willen verurteilt Luther sogar. Die höchste und anzustrebende Weise ist die »Herzensandacht«. Damit meint er die innere Besinnung und nicht die Worte. Das geistliche Gebet im Gegensatz zum äußerlichen oder leiblichen Gebet ist ein innerliches

Begehren, Seufzen und Verlangen aus dem Herzensgrund. Das Herzensgebet schafft Heilige, während das äußerliche Gebet Heuchler hervorbringt. Es ist hier natürlich eine gewisse Kritik zeitgenössischer Gebetspraxis festzustellen, doch wird sowohl am Anfang der Schrift wie im weiteren Verlauf deutlich, dass es Luther in erster Linie um die Darlegung einer praktikablen Gebetslehre geht und nicht so sehr um Polemik. Luther legt das Vaterunser im Kontext der Schrift aus und bietet damit Stoff, Vieles und Tiefes beim Beten zu denken oder im Sinn zu haben, wie er selbst die rechte Weise des Betens beschreibt.

In beeindruckender Weise wird im »Sermon von den guten Werken« die einzigartige Bedeutung des Glaubens für das christliche Handeln hervorgehoben. Ohne gläubiges Vertrauen ist alles menschliche Wirken nichts. Menschliche Werke sind vor Gott nur als Äußerung solchen Glaubens gut. Damit fällt jeder Unterschied zwischen ihnen weg, ob die Werke nun klein oder groß, profan oder fromm sind: Als »Gestalt« des Glaubens bereiten sie Frieden, Freude und Hoffnung. Ohne Glauben führen sie letztlich in Verzweiflung. Auf diese Weise erfüllen der Glaube und die im Glauben getanen Werke das erste Gebot.

Wann ist nun ein Werk gut? Luther macht deutlich, dass es keine guten Werke gibt als allein die, welche Gott geboten hat, so wie es auch keine Sünde gibt als allein die, welche Gott verboten hat. Wer daher gute Werke tun will, der orientiere sich an den Geboten Gottes. In diesem Sinn spricht Christus: »Willst du selig werden, so halte die Gebote!« (Mt 19,17) Die unterscheidenden Merkmale der guten Werke sind aus den Geboten Gottes zu lernen und nicht aus ihrem Anschein heraus oder der Größe und Menge der Werke als solcher. Ebenso wenig meint Luther die Werke aus dem Gutdünken der Menschen heraus und aufgrund menschlicher Satzungen oder Gepflogenheiten.

Ähnlich wie beim Gebet wird auch hier von Luther die Frage nach der Haltung gestellt, aus der heraus die Werke getan werden, und die Orientierung an Äußerlichkeiten kritisiert.

»Eine einfältige Weise zu beten« kombiniert nun das Vaterunser und die Zehn Gebote zu einer einfachen Gebetslehre. In gelegentlich polemischen Tönen gegen das zeitgenössische Papsttum, gegen das Mönchsleben und veräußerlichte Frömmigkeitsformen wird die konkrete Situation dieses Textes deutlich. Doch zeigt sich hier, wie sich die Neubelebung des Schriftbezuges durch Luther, das Sündersein des Menschen und das im Glauben vorbehaltlose Angenommensein durch Gott, in schlichte geistliche Vollzüge umsetzt, die über alle Zeiten hinweg beispielhaften Charakter haben. Zugleich gibt der Text sofort im ersten Satz zu erkennen, dass man nur dann und nur in dem Maße »Lehrer« im geistlichen Leben für andere sein kann, wie man selbst ein geistliches Leben zu führen versucht: »Lieber Meister Peter, ich geb's euch so gut, wie ich's habe und wie ich selber mich beim Beten verhalte. Unser Herr Gott gebe es euch und jedermann, es besser zu machen. Amen.«

Lesetipp

Die empfohlenen Schriften Luthers sind für Anfänger auf dem geistlichen Weg geeignet, weil sie sehr einfach die Grundsätze seiner Gebetspraxis vermitteln. Luther schreibt nach eigenen Angaben für »einfältige« Menschen. Dabei ist zu beachten, dass hier »einfältig« nicht negativ gebraucht wird wie in unserem heutigen Sprachgebrauch, der »einfältig« mit »naiv« oder »dumm« gleichsetzt. Am ehesten ist die gemeinte »Einfalt« wohl mit »einfach« wiederzugeben.

Luther will einen einfachen Weg zum Gebet lehren, eine alltägliche Praxis, die er selbst vollzieht. Gerade dieser Bezug zum Alltag ist wichtig, denn das Christentum hat kein Interesse an komplizierten und elitären Versenkungslehren und Theorien, auch wenn es immer wieder Versuche oder besser Versuchungen in diese Richtung gab. Das »einfache« Christentum ist an einer alltäglichen Glaubenspraxis interessiert. Die Gestalt dieser Glaubenspraxis zeigt sich durch regelmäßige und verlässliche »Askese« (= Übung) im Alltag.

Die polemischen Teile der Schriften Luthers sind bei der Lektüre unter Umständen hinderlich, weil sie, was Luther ja auch beabsichtigt, die Emotionalität wecken und unmittelbar zu inneren Stellungnahmen und Positionierungen herausfordern. Es lohnt sich allerdings, einmal danach zu fragen, was Luther kritisiert, also um welchen »Sachverhalt« es geht, und nicht, wen er – natürlich überzogen und pauschal –

kritisiert. Wenn das gelingt, dann können gerade auch die polemischen Stellen dazu beitragen, für Fallen und Versuchungen auf dem geistlichen Weg zu sensibilisieren.

Ein weiterer Aspekt im Umgang mit diesen zugespitzten Formulierungen Luthers könnte die Auseinandersetzung mit den eigenen Reaktionen sein, das heißt zunächst sehr genau wahrzunehmen, was durch welche Formulierung ausgelöst wird und warum sich diese Reaktion bei mir einstellt. Übertreibungen und Einseitigkeiten decken manchmal eigene Einseitigkeiten und pauschale Urteile auf, zum Beispiel die Überzeugung, dass jede Kritik am Papst schädlich sei für den Glauben und die Kirche. Diese Position ist genauso undifferenziert und ideologieverdächtig wie manche Aussagen Luthers.

Natürlich steht bei der Lektüre eines Textes die Auseinandersetzung mit dem Text im Vordergrund, dazu gehört aber auch notwendigerweise die Auseinandersetzung mit den Reaktionen und Emotionen und den »inneren Bewegungen«, die die Lektüre des Textes im Leser, in der Leserin auslöst.

Bibliographie

Martin Luther, Gerhard Schittko, Wie man beten soll. Martin Luther als Beter, Gießen 8. Aufl. 2005.
Martin Luther, Eine Auslegung des Vater-Unsers. Wie man beten soll. Vom richtigen Gebet des Vater-Unsers, herausgegeben von Heinrich Dölle, Groß Oesingen 2002.
Martin Luther, Von der Freiheit eines Christenmenschen. Von weltlicher Obrigkeit. Sermon von den guten Werken, Gütersloh 4. Aufl. 2004.
Martin Luther, Eine einfältige Weise zu beten. Für einen guten Freund, Quellen der Spiritualität Band 3, Münsterschwarzach 2011.
Martin Luther, Auslegung des Vaterunsers. Sermon von den guten Werken, Calwer Luther Ausgabe Band 3, Neuhausen-Stuttgart 1996.

Weiterführende Literatur

Hans-Martin Barth, Die Theologie Martin Luthers. Eine kritische Würdigung, Gütersloh 2009.

Veit-Jakobus Dieterich, Martin Luther: Sein Leben und seine Zeit, München 2008.

Volker Leppin, Martin Luther, Darmstadt 2006.

Hanns Lilje, Martin Luther, Rowohlts Monographien Band 50098, Reinbek bei Hamburg 27. Aufl. 2008.

Graham Tomlin, Luther und seine Welt, übersetzt von Gabriele Stein, Freiburg im Breisgau 2007.

26 IGNATIUS VON LOYOLA
1491–1556

Geistliche Übungen
Ejercicios espirituales

Autor und Werk

Ignatius, genauer Íñigo López de Loyola, wurde am 31. Mai 1491 auf Schloss Loyola im Baskenland geboren. Ignatius selbst überlieferte uns die verschiedenen Stationen seines Lebens in der von ihm diktierten Autobiographie »Der Bericht des Pilgers«. Nach dem Tod seines Vaters 1507 wurde er Page am Hof von Juan Velázquez de Cuéllar. Als dieser 1517 starb, schloss sich Ignatius dem Militär an und diente unter dem Herzog von Nájeras und Vizekönig von Navarra, Antonio Manrique de Lara.

Am 23. Mai 1521, kurz vor seinem dreißigsten Geburtstag, wurde er bei der Verteidigung Pamplonas von einer französischen Kanonenkugel verletzt und musste im Haus seines Bruders in Loyola gepflegt werden. Nach und nach ging es ihm besser. Weil er das Bein aber nicht belasten konnte, war er weiter an das Bett gebunden. Die Erfahrungen dieser Zeit bilden die Grundlage eines wesentlichen Teils seiner geistlichen Lehre. Ignatius verlangte zum Zeitvertreib nach Ritterromanen, die er gerne las, jedoch fanden sich im Haus keine derartigen Bücher. Stattdessen brachte man ihm die Legenda aurea (eine Sammlung von Heiligenlegenden) des Jacobus de Voragine und die vier Bücher der Vita Christi des Ludolph von Sachsen, eine Art früher Jesusroman.

Ignatius beobachtete aufmerksam die Wirkungen, die verschiedene Gedanken und »Träumereien« während seiner Lektüre auf ihn hatten. Im »Bericht des Pilgers« (= BP) 8 heißt es: »Indessen gab es dabei diesen einen Unterschied: wenn er sich mit weltlichen Gedanken beschäftigte, hatte er zwar großen Gefallen daran; wenn er aber dann, müde geworden, davon abließ, fand er sich wie ausgetrocknet und missgestimmt. Wenn er jedoch daran dachte, barfuß nach Jerusalem zu gehen und nur noch wilde Kräuter zu essen und alle andern Kasteiungen auf sich zu nehmen, die, wie er las, die Heiligen auf sich genommen hatten, da erfüllte ihn nicht bloß Trost, solange er sich in solchen Gedanken erging, sondern er blieb zufrieden und froh, auch nachdem er von ihnen abgelassen hatte. Allerdings gab er darauf nicht acht, und er hielt nicht inne, um diesen Unterschied richtig einzuschätzen, bis ihm schließlich eines Tages die Augen darüber ein wenig aufgingen. So fing er endlich an, diese Verschiedenheit als merkwürdig zu empfinden und darüber nachzugrübeln. Aus seiner Erfahrung ergab sich ihm, dass er nach den einen Gedanken trübsinnig und nach den andern froh gestimmt blieb; und allmählich kam er dazu, darin die Verschiedenheit der Geister zu erkennen, die dabei tätig waren, nämlich einmal der Geist des Teufels und das andere Mal der Geist Gottes. Dies war die erste Überlegung, die er über die Dinge Gottes anstellte. Und als er später die Exerzitien verfasste, begann er von hier aus Klarheit über die Lehre von der Verschiedenheit der Geister zu gewinnen.«

Ignatius selber sah also in dieser Erfahrung das Fundament seiner Regeln zur Unterscheidung der Geister im Rahmen der Exerzitien (vgl. Geistliche Übungen [= GÜ] 313 bis 336).

1522 pilgerte er zum Montserrat, einem damals beliebten Wallfahrtsort mit Benediktinerkloster. Dort legt er eine dreitägige Generalbeichte ab, wobei hier wohl eher an eine Übung zur Beichtvorbereitung mit anschließender Beichte zu denken ist. Ignatius begegnete dort auch einer Sammlung geistlicher Übungen, dem »Compendium breve de ejercicios espirituales«, das von einem unbekannten Autor aus den umfangreichen Werken »Exercitatorio« und »Directorio« des Fray García Jiménez de Cisneros (1455–1510), der siebzehn Jahre dem Kloster vorstand, zusammengestellt worden war. Es gibt gute Gründe anzunehmen, dass Ignatius dieses »Compendium« kannte und wahrscheinlich auch ein Exemplar bei sich hatte, als er von Montserrat nach Manresa ging, um einige Tage im Spital zu bleiben »und auch einige Dinge in seinem Buch anzumerken, das er sehr behütet bei sich trug und mit dem er sehr getröstet ging«. (BP 18)

Neuere Untersuchungen ergaben eine enge Beziehung zwischen dem »Compendium« vom Montserrat (2006 neu herausgegeben) und den von Ignatius verfassten Exerzitien. Im Gewand eines Bettlers hielt sich Ignatius elf Monate in Manresa auf, eine Zeit, die er später als seine »Urkirche« bezeichnete. Währenddessen reifte in ihm der Entschluss, den Seelen zu helfen: »Außer den sieben Stunden Gebet gab er sich damit ab, einigen Seelen, die ihn aufsuchten, in Fragen des geistlichen Lebens Hilfe zu leisten.« (BP 26) Schon sehr früh, bereits ein Jahr nach seiner Bekehrung beginnt er mit der Seelenführung. Nach seiner Pilgerfahrt ins Heilige Land im Jahre 1523 entschließt sich Ignatius, zu studieren und Priester zu werden, »um den Seelen besser helfen zu können«. (BP 50)

Die gleiche Ausrichtung bestimmte den Kreis der ersten Gefährten, die Ignatius um sich geschart hatte: »Damals hatten sie bereits darüber beraten, was sie unternehmen wollten, nämlich nach Venedig und dann nach Jerusalem zu gehen und ihr ganzes Leben dem Heil der Seelen zu widmen.« (BP 85) Die Seelen zum Lob Gottes und zum Dienst für Gott zu führen und ihnen für diesen Weg Hilfen anzubieten wurde zum zentralen Anliegen seiner Spiritualität, so dass zum Dienst an Gott für ihn untrennbar die Hilfe für die Seelen gehörte.

1537 wurde Ignatius mit sechs seiner Gefährten zum Priester geweiht. 1538 stellten sie sich dem Papst zur Verfügung, um von ihm Auftrag und Sendung zu erhalten. Gleichzcitig beschlossen sie, als Gruppe in der Form eines neuen Ordens, der »Societas Jesu«, der »Gesellschaft Jesu« (Ordenskürzel: SJ), zusammenzubleiben. 1540 wurde der neue Orden bestätigt und Ignatius der erste Generalobere.

Die neue Gemeinschaft war sehr zentralistisch strukturiert, und der Generalobere bildete die entscheidende Instanz. Deshalb fallen von nun an die Geschichte des Ordens und die Biographie des Ignatius zusammen. Trotz angeschlagener Gesundheit organisierte, leitete und inspirierte er mit Hilfe einiger Vertrauter in Rom bis zu seinem Tod am 31. Juli 1556. Der Orden breitete sich rasch aus. Bei seinem Tod umfasste er eintausend Mitglieder in 110 Niederlassungen.

Vor allem war ihm die religiöse Bildung ein Anliegen. Zahlreiche Kollegien wurden von Jesuiten gegründet und geleitet. Ignatius selbst gründete das Collegio Romano (Vorläufer der späteren päpstlichen Universität Gregoriana). Die im Zuge der Reformen des Konzils von Trient gegründeten Priesterseminare wurden oft von Jesuiten geleitet oder hatten einen Jesuiten als Spiritual (geistlicher Leiter). Letzteres war bis in das 20. Jahrhundert hinein in vielen Seminaren gängige Praxis. Diese Ausrichtung des Ignatius und der Jesuiten, zusammen mit dem kirchlichen und politischen Einfluss des neuen Ordens, vor allem in den Bereichen der Katechese und der Ausbildung, führte dazu, dass bis heute im Rahmen geistlicher Begleitung und Exerzitien das ignatianische Konzept dominiert.

Ignatius hinterließ neben seinen Exerzitien und dem »Bericht des Pilgers« ein sehr fragmentarisches geistliches Tagebuch, das vor allem von seiner Tränengabe Zeugnis gibt, und etwa siebentausend Briefe und Briefabschriften. Die Briefe beziehen sich natürlich häufig auf seine Aufgabe als Generaloberer, jedoch sind auch viele Briefe geistlicher Begleitung und Beratung darunter.

1609 wurde Ignatius selig- und 1622 heiliggesprochen. Sein Fest feiert die Kirche am 31. Juli, seinem Sterbetag.

Inhalt

In ihrer vollen Länge sind die »Geistlichen Übungen« eine vierwöchige Zeit des intensiven betrachtenden Vertrautwerdens mit dem Wort Gottes und der Person Jesu Christi. Gleichzeitig sollen sie der Suche nach einer entsprechenden Lebensentscheidung dienen. Die Einteilung in vier Wochen, mit entsprechenden thematischen Schwerpunkten, dient als strukturelle Orientierung. Dabei können die Wochen kürzer oder länger angepasst werden, je nach dem Prozess dessen, der die Exerzitien macht.

Die Abschnitte der »Geistlichen Übungen« sind in allen Ausgaben einheitlich durchnummeriert, weshalb die entsprechenden Texte jeweils leicht gefunden werden können. 20 praktische Anweisungen für den Begleiter, die Begleiterin der »Geistlichen Übungen« bilden den Auftakt (GÜ 1 bis 20). Darin unterstreicht Ignatius, dass für ihn Geistliche Übungen durchaus vergleichbar sind mit körperlich-sportlichen Übungen, denn beide brauchen Regelmäßigkeit und Stetigkeit. Geistliche Übungen beziehen sich auf die Ordnung des (inneren) Lebens, um den göttlichen Willen zum Heil der Seele suchen und finden zu können. (GÜ 1) Dabei geht es Ignatius um einen Prozess, der den ganzen Menschen erfasst und gerade auch seine Sinne mit einbezieht: »Denn nicht das viele Wissen sättigt und befriedigt die Seele, sondern das Innerlich-die-Dinge-Verspüren-und-Schmecken.« (GÜ 2)

Im Prinzip und Fundament (GÜ 23) formuliert Ignatius, wie die Überschrift schon sagt, das Ziel des Menschseins und seiner Entwicklung, auch im Prozess der Exerzitien.

Die erste Woche der Exerzitien dient der Gewissenserforschung und der Meditation der eigenen Erlösungsbedürftigkeit (GÜ 21 bis 90).

Die zweite bis vierte Woche sind der Meditation des Lebens Jesu gewidmet. Dabei bilden die Betrachtungen vom »Ruf des Königs« (GÜ 91 bis 99), von den »Zwei Bannern« (GÜ 136 bis 148), die Besinnung über die »drei Arten von Menschen« (GÜ 149 bis 157) und die Erwägung über die »drei Weisen der Demut« (GÜ 164 bis 168) einen Schlüssel zum Verständnis der zu betrachtenden Texte aus den Evangelien. Es geht immer um die Reflexion der eigenen Situation im Licht der zu meditierenden Texte. Die von Ignatius dabei vorgestellte Form der Meditation wird auch als Imagination bezeichnet, denn Ignatius empfiehlt, sich mit Hilfe seiner Phantasie in die biblische Szene hineinzuversetzen und mit den »inneren Sinnen« zu hören, zu sehen, zu riechen, zu schmecken und zu tasten, was sich an sinnlichen Eindrücken bietet (zum Beispiel GÜ 122 bis 125). Für die Betrachtung der Geburt Jesu empfiehlt Ignatius: »... ich mache mich dabei zu einem kleinen Armen und einem unwürdigen Knechtlein, indem ich sie anschaue, sie betrachte und ihnen in ihren Nöten diene, wie wenn ich mich gegenwärtig fände ...« (GÜ 114). Die Betrachtungen haben eine klare Struktur und werden in bestimmter Weise wiederholt.

In der zweiten Woche wird die Geburt des Sohnes Gottes, sein verborgenes Leben in Nazaret und sein öffentliches Wirken betrachtet. Die dritte Woche hat sein Leiden zum Thema. In der vierten Woche meditiert man Jesu Auferstehung und Himmelfahrt. In einem Anhang »Die Geheimnisse des Lebens Christi unseres Herrn« werden zu den

Schriftperikopen gewöhnlich jeweils drei Punkte benannt, auf die in der Betrachtung das Augenmerk gerichtet werden soll (GÜ 261 bis 312). Dies dient dem Exerzitienbegleiter zur Orientierung, denn er soll sich in seinen Erläuterungen kurz fassen. Für Ignatius geschieht das eigentlich Wichtige in der Betrachtung des Textes durch den, der die Exerzitien macht. Daher ist es wichtig, dass der Exerzitienbegleiter nicht zu viel vorwegnimmt (vgl. GÜ 2).

Ursprünglich von Ignatius als Einzelexerzitien gedacht und konzipiert, entwickelten sich im Lauf der Zeit daraus sogenannte Vortragsexerzitien mit oft sehr vielen Teilnehmern und Teilnehmerinnen. In dieser Konzeption war die Begleitung des jeweils eigenen Weges nur bedingt bis gar nicht möglich und die oft sehr ausufernden Vorträge missachteten die ursprüngliche Intention des Ignatius. Kern seiner Exerzitien sind eben nicht Belehrung oder Katechese, sondern das eigene »Verkosten« der Texte in ihrer Bedeutung für sein Leben.

Die »Betrachtung, um Liebe zu erlangen« (GÜ 230 bis 237) dient letztlich dem Übergang von den Exerzitien zurück in den Alltag. Sie ist grundlegend für das Verständnis der ignatianischen Maxime »Gott unseren Herrn in allen Dingen finden«. Das Leben in und aus der Gemeinschaft mit Gott gibt allem Tun und allen Dingen einen geistlichen Bezug und Sinn. Daran schließen sich Hinweise für verschiedene Weisen des Betens an (GÜ 238 bis 260).

Die »Geistlichen Übungen« ergänzt Ignatius durch eine Reihe von Regeln für verschiedene Situationen. Den bedeutsamsten und wohl auch ältesten Teil des Exerzitienbuches bilden die Regeln zur Unterscheidung der Geister (GÜ 313 bis 336), die Ignatius der ersten und der zweiten Woche der Exerzitien zuordnet. Weitere Zusätze sind: Über den Umgang mit Skrupeln (GÜ 345 bis 351), »Für das wahre Gespür, das wir in der streitenden Kirche haben müssen« (GÜ 352 bis 370) und Regeln, sich beim Essen zu ordnen (GÜ 210 bis 217).

Die Exerzitien dienen der Einübung (vgl. GÜ 1) in die Vertrautheit mit dem Wort Gottes, um im Alltag immer selbstverständlicher aus dieser Verbindung mit Gott beziehungsweise Christus zu leben. Je mehr jemand mit Gottes Wort vertraut ist, desto mehr wird sein Gebet einfach werden und in schlichte »liebende Aufmerksamkeit« münden.

Zugleich sollen diese Übungen helfen, zu lernen und einzuüben, wie man gut »wählt«, also zu Entscheidungen kommt, zu denen man auch stehen kann. Ignatius denkt dabei zuallererst an die Wahl des Lebensstandes. Seine Anleitungen sind jedoch auch auf alle Entscheidungen anwendbar.

Lesetipp

Die »Geistlichen Übungen« wurden nicht für Menschen geschrieben, die Exerzitien machen wollen, sondern für diejenigen, die Exerzitien anbieten beziehungsweise begleiten möchten. Das zeigt sich in den ersten 20 Anmerkungen und der Struktur des Buches. Wer sich also über Anlage und Struktur von ignatianischen Exerzitien informieren will, wird natürlich fündig. Als Begleitbuch für eigene Exerzitien sind höchstens einige Teile sinnvoll, deren Auswahl jedoch eigentlich dem Exerzitienbegleiter überlassen werden sollte.

Die »Geistlichen Übungen« entstanden wie alle Texte geistlicher Tradition immer auch in einem bestimmten Umfeld und in einer bestimmten Zeit. Dies führt zu Formulierungen oder Zuspitzungen, die für unser heutiges Verständnis unter Umständen schwer nachvollziehbar erscheinen. Hier kann ein wenig Studium der Hintergründe helfen (siehe Bibliographie), aber auch das aktive Bemühen um das Verstehen des Textes in seiner Grundrichtung und Grundaussage. Folgendes Beispiel kann dies verdeutlichen:

Heutigen Leserinnen und Lesern erscheinen manche Passagen aus den »Regeln für das wahre Gespür in der streitenden Kirche« schwierig (GÜ 352 bis 370). Diese Regeln sind den eigentlichen Exerzitien angehängt und, wie die Überschrift schon deutlich macht, ein typischer Text der Gegenreformation, die in Reaktion auf die Infragestellungen der Reformation die Autorität der hierarchischen Kirche betont und inhaltlich die katholischen Positionen referiert.

Dabei kommt es zu eindeutigen und in der Zuspitzung auch falschen Übertreibungen. Die bessere Kenntnis der Zeitumstände hilft zum Verständnis und vermeidet Missverständnisse (es lohnt sich gerade hier, die Anmerkungen und Fußnoten der Ausgaben zu lesen).

Ein weiterer Aspekt der Exerzitien könnte wiederum die Erkenntnis sein, dass auch wir heute zeitbedingten Einstellungen selbstverständlich und manchmal reichlich unkritisch gegenüberstehen. Die Ablehnung kirchlicher oder auch sonstiger institutioneller Autorität ist heute häufig gepaart mit einem schier grenzenlosen Individualismus, der dazu neigt, die eigene Sicht der Dinge, die eigene Erfahrung, die eigene Meinung und Weltsicht zu verabsolutieren und zu »dogmatisieren«. Damit wird nicht nur ein Dialog immer schwieriger, sondern auch der Respekt vor der Meinung des anderen und die Rücksichtnahme auf die Freiheit des anderen immer problematischer. Wer keine andere Autorität als die eigene anerkennt, wird zum »Soziopathen«, einem Menschen mit geringem Einfühlungsvermögen, unfähig zum Mitleid und mit fehlendem Schuldbewusstsein, ein Mensch, der unter Ausnutzung seiner Mitmenschen seine eigene Lust befördert.

Die Lektüre der »alten Texte« kann so zur »kritischen Erinnerung« werden, kritisch im Blick auf die Einseitigkeiten heutiger Positionen, ohne dadurch die Zeitbedingtheit der Texte zudecken zu wollen. Es geht heute um eine doppelte kritische Lektüre im Hinblick auf den Text und seine Begrenztheiten, wie auch im Hinblick auf die »Lektüre« oder besser, Wahrnehmung unserer Zeit, mit ihren eigenen Standpunkten und Gewohnheiten.

Die ignatianischen »Geistlichen Übungen« sind eine Form von Exerzitien, die aus der Tradition der Kirche heraus entstanden und daher selber von älteren Traditionen beeinflusst wurden. Ihre Wirkungsgeschichte prägt bis heute das Grundverständnis von Exerzitien. Deshalb sind die »Geistlichen Übungen« allen zu empfehlen, die Exerzitien geben wollen, unabhängig von ihrer geistlichen Tradition, in der sie beheimatet sind, da Ignatius sehr prägnant und geordnet wichtige Prozesse der Exerzitien beschreibt und gerade in den Anmerkungen (GÜ 1 bis 20) grundlegende Hinweise gibt.

Bibliographie

Ignatius von Loyola, Geistliche Übungen. Nach dem spanischen Urtext übersetzt von Peter Knauer, Würzburg 4. Aufl. 2006.

Weitere Werke

Die Deutsche Werkausgabe umfasst zwei Bände:

Ignatius von Loyola, Briefe und Unterweisungen, Deutsche Werkausgabe Band I, übersetzt von Peter Knauer, Würzburg 1993. [Enthält eine breite Auswahl an Briefen und Unterweisungen des Ignatius und einen Bericht von seinem Tod (verfasst von Juan de Polanco am 6. August 1556)]

Ignatius von Loyola, Gründungstexte der Gesellschaft Jesu, Deutsche Werkausgabe Band II, übersetzt von Peter Knauer, Würzburg 1998. [Dokumentiert die wesentlichen Gründungstexte der Gesellschaft Jesu, wozu auch die »Geistlichen Übungen« und der »Bericht des Pilgers« gehören, sowie Direktorien zu den Exerzitien, verschiedene Berichte der ersten Gefährten und Satzungen der Gesellschaft Jesu]

Ignatius von Loyola, Bericht des Pilgers, übersetzt und kommentiert von Peter Knauer, Würzburg 2. Aufl. 2005.

Ignatius von Loyola, Die Exerzitien, aus dem Spanischen übertragen von Hans Urs von Balthasar, Christliche Meister Band 45, Einsiedeln 14. Aufl. 2010.

Ignatius von Loyola, In allem – Gott, Würzburg 2. Aufl. 2009.

Weiterführende Literatur

Helmut Feld, Ignatius von Loyola. Gründer des Jesuitenordens, Wien 2006.

Stefan Kiechle, Ignatius von Loyola. Mystiker und Manager, Freiburg im Breisgau 2007.

Peter Knauer, Hinführung zu Ignatius, Freiburg im Breisgau 2006.

Lutz Müller, Ignatius von Loyola begegnen, Augsburg 2004.

27 TERESA VON ÁVILA
1515–1582

Das Buch meines Lebens
Vida

Weg der Vollkommenheit
Camino de perfección

Autorin und Werk

Teresa von Ávila, geboren 1515 in Ávila und gestorben 1582 in Alba de Tormes, lebte in einer bewegten Zeit, dem »Siglo de Oro«, dem goldenen Zeitalter Spaniens. In Deutschland schlug Luther 1517 seine Thesen an, womit die Reformation eingeleitet wurde. Die sogenannte »Neuzeit« war angebrochen – und das hatte auch Auswirkungen auf die Spiritualität.

Teresa wuchs als Tochter aus gutem Haus auf. Ihr Großvater war 1485 vom jüdischen zum katholischen Glauben konvertiert, was jedoch möglicherweise nicht freiwillig geschehen war. Der Druck auf Juden und Moslems nahm zu, und wer seinen Besitz behalten und in Spanien bleiben wollte, musste konvertieren (1492 wurden die Juden und 1502 die Moslems aus Spanien ausgewiesen). Diese politisch-militärische »Stärke« des christlichen Glaubens konnte jedoch die bestehende Schwäche des gelebten Glaubens in Klöstern, beim Klerus, in der kirchlichen Hierarchie und beim Volk nicht verdecken.

Teresas Kindheit und Jugend waren insofern nicht typisch für die Zeit, da sie auch als Mädchen Zugang zur Bildung hatte. Sie las Bücher und interessierte sich für unterschiedliche Themen. Wohl auch auf diesem Hintergrund erschien ihr die Rolle einer Ehefrau im damaligen Zeitkontext nicht sehr erstrebenswert. Sie ließ sich mit ihrer Entscheidung sehr lange Zeit und wies so manchen Bewerber ab. Schließlich trat sie 1535 mit 20 Jahren (verheiratet wurden Mädchen damals mit 13 bis 15 Jahren) bei Nacht und Nebel in das Karmelitinnenkloster Encarnación (Menschwerdung) in Ávila ein. Nach und nach erkannte sie, dass in den überkommenen Strukturen und Formen, in dem von Adelsprivilegien und Ausnahmen geprägten Ordensalltag das geistliche Leben starr und festgefahren war. Ihr eigener Weg war inmitten dieser Strukturen und religiösen Vorstellungen von vielen Umwegen, Krankheiten und Leiden, sowie Unverständnis und Engstirnigkeit mancher Zeitgenossen geprägt. Dieser Weg führte sie jedoch 1554/1555 beim Anblick eines Bildes des leidenden Christus zu einer intensiven Gottesbegegnung, die für sie eine radikale Neubesinnung und innere Umkehr zur Folge hatte. Der innere Prozess Teresas trug in der Gründung des Reformklosters San José in Ávila 1562 konkrete Früchte. Diese Gründung sollte gleichzeitig den Beginn einer grundlegenden Reform des Karmelitenordens markieren.

Das Fundament Teresas Lebens, die Kraft ihres Wirkens und ihres gesunden Selbstbewusstseins, waren ihre Erfahrungen mit Gott und ihre vertraute Beziehung zu ihm. Das Leben und das Werk Teresas wurden Beispiel für eine geerdete Mystik. Sie war davon überzeugt, dass jede und jeder eingeladen ist, den geistlichen Weg zu gehen und zur Begegnung mit Gott unterwegs zu sein. Durch ihre Werke wollte sie primär ihren Schwestern, aber natürlich dann allen ihren Leserinnen und Lesern Weisungen und Hilfestellung dafür geben.

Teresas Gründungstätigkeit gab jahrelang Anlass zu heftigem Widerspruch, da man darin einen Verstoß gegen die strengen Klausurgesetze des Konzils von Trient sah. Teresa war klug genug, sich nicht auf eine sachliche Diskussion einzulassen, die sie als Frau verlieren musste, sondern sich mit dem Hinweis auf Gottes Willen zu verteidigen. Mit dieser Antwort, die in einer sakralisierten Gesellschaft noch große Bedeutung und Gewicht hatte, sagt Christus (oder lässt Teresa Christus sagen), was sie als Frau nicht sagen darf, aber sehr wohl denkt.

Wie so oft machte Teresa aus einer Beschränkung einen Gewinn. Sie genoss es, endlich in der Klausur zu sein, das heißt nicht mehr von der Willkür der Bischöfe und Behörden abzuhängen. Denn die Klausur war für sie und die Schwestern auch ein Schutzraum vor zu viel

Einfluss der Kirchenmänner und der Welt. Die Klausur bedeutete für sie vor allem Lebensraum und nicht Trennung von der Welt, da sie in diesem Schutz zusammen mit ihren Schwestern ihr Leben nach ihren Vorstellungen gestalten konnte: »Wer es nicht erlebt hat, wird es nicht glauben, welche Freude uns bei diesen Gründungen zuteilwird, wenn wir uns endlich in der Klausur erleben, wo keine weltliche Person hineindarf. So gern wir sie auch haben, so reicht es doch nicht aus, um von diesem großen Trost, unter uns zu sein, abzusehen. Es ist, glaube ich, wie wenn viele Fische mit einem Netz aus einem Fluss gezogen werden: Sie können nicht am Leben bleiben, wenn man sie nicht ins Wasser zurückwirft. Genauso ergeht es den Seelen, die es gewohnt sind, in den strömenden Wassern ihres Bräutigams zu verweilen: sie leben nicht wirklich, sobald sie von dort herausgeholt werden und sich in den Netzen der Dinge dieser Welt befinden, bis sie nicht wieder dorthin zurückkehren.« (Buch der Gründungen 31,46)

Das Ordensleben sah Teresa gerade für Frauen als Freiraum, weil Christus sie »davon befreit hat, einem Mann unterworfen zu sein, der ihnen oftmals ihr Leben ruiniert und gebe Gott, nicht auch ihre Seele«. (Buch der Gründungen 31,46) Damit sprach Teresa etwa drei Monate vor ihrem Tod ganz unverblümt und kritisch die wirkliche Situation der meisten Frauen an.

Am 4. Oktober 1582 starb Teresa und wurde am nächsten Tag, dem 15. Oktober 1582 beigesetzt. (Das ist kein Druckfehler, sondern durch die Einführung des Gregorianischen Kalenders unter Papst Gregor XIII. wurden die Tage zwischen 4. und 15. Oktober 1582 gestrichen.)

Bereits 1614 wurde Teresa selig- und 1622 heiliggesprochen. Zusammen mit Katharina von Siena ernannte sie Papst Paul VI. 1970 als erste Frau zur Kirchenlehrerin.

Inhalt

Die Schriften Teresas zeigen vor allem, dass Mystik für sie kein exklusiver Weg aufgrund besonderer Berufung ist, sondern die Grundberufung aller Christen zur Begegnung mit Gott. Der Weg dorthin ist der des inneren Betens und der Umformung (transformatio). Dabei ist und bleibt die Begegnung mit Gott Geschenk und Gnade und kann nicht verdient werden, wofür sich der Mensch aber bereiten kann.

Für Teresa ist ohne Frage Gott der ganz andere, die Majestät, unendlich größer als alle irdischen Könige, Mächtigen und Majestäten. Bei ihr finden wir die Anerkennung der Souveränität und Andersartigkeit Gottes. Daraus wachsen Demut und Gottesfurcht. Auf diesem Weg wächst die Ehrfurcht wohlgemerkt, nicht die Angst. Die Demut, so die Überzeugung Teresas, beunruhigt, verängstigt und verwirrt die Seele nicht, sondern bringt ihr Frieden, innere Freude und Ruhe.

Durch Ehrfurcht und die Anerkennung der Größe Gottes wird der Menschen offen und weit für all das, was Gott ihm schenken will. Sie verwischt nicht die Grenzen, sondern sie lässt Gott Gott sein und streckt sich im Bewusstsein eigener Endlichkeit und Bedürftigkeit nach diesem Größeren aus.

Teresa von Ávila betonte die Würde und Schönheit der Seele, in der Gott wie in einem Paradies lustwandelt. Gottes Wohnen im Menschen ist nicht statisch, nicht gleichsam verschlossen im Tabernakel des Herzens, sondern es ist ein dynamisches Geschehen, ein Wandeln durch einen Garten. Es ist eine musevolle Einkehr und bereitet Gott und dem Menschen Gefallen und Lust.

Teresa ermutigt in ihren Schriften ihre Schwestern zu einem familiären Umgang mit Gott, besonders im Beten. Es bedarf keiner besonderen Worte, keiner außergewöhnlichen Haltung oder besonderer Verfasstheiten, um mit Gott in Kontakt zu treten und mit ihm zu sprechen. Es ist also ein freies Gebet aus freiem Herzen gemeint, dessen Basis das Vertrauen (der Glaube) ist.

Teresa kommt zu dieser Überzeugung durch die Betrachtung der Menschheit Jesu, durch die Orientierung an der biblischen Botschaft und durch ihren inneren Dialog mit Gott, den sie folgendermaßen beschreibt: »Denn meiner Meinung nach ist inneres Beten nichts anderes als das Verweilen bei einem Freund, mit dem wir oft allein zusammenkommen, einfach um bei ihm zu sein, weil wir sicher wissen, dass er uns liebt.« (Leben 8,5) Diese Definition führt nun bei Teresa nicht zu einer abgehobenen Innerlichkeit, sondern sie unterstreicht, dass inneres Beten und Arbeiten, also innerliches und äußerliches Tun sich ergänzen und nicht gegeneinander ausgespielt werden dürfen. Für sie gibt es keine Trennung von Gottesdienst und Weltdienst, von heilig und profan, von Sonntag und Alltag in ihrer Gottesbeziehung. Diese Beziehung ist eine ganzheitlich totale, alles umfassende und alles verbindende, deshalb heil und ganz machende, liebende Beziehung zu einer Person, mit der sie in ständigem Kontakt und Dialog steht.

Teresa praktiziert und lehrt eine »Christologie von unten«, die sich nicht in abstrakten Begriffen und philosophisch-theologischen Überlegungen verstrickt, sondern den Menschen Jesus von Nazaret in die Mitte stellt.

Ihre Betrachtung des biblischen Jesus wirkte sich aus. Im menschlichen Antlitz Jesu zeigt sich, wie Gott ist. Sein Handeln macht Gottes Handeln sichtbar. Dabei geht es ihr um den ganzen Jesus, der das menschlichste Antlitz als Leidender und Sterbender trägt, weil darin Gottes Hinwendung zum Menschen ihren tiefsten und überzeugendsten Punkt erreicht.

Im »Buch der Gründungen« wird immer wieder deutlich, wie Teresa all ihr Tun, alles, was ihr begegnet, nicht nur in Beziehung zu Gott bringt, sondern aus ihrer Beziehung zu Gott heraus sieht und beurteilt.

Teresa von Ávila begnügt sich nicht mit der Weitergabe ihrer eigenen Erfahrungen an die Schwestern, sie geht auch konzeptionell neue Wege. In den Konstitutionen für die neu gegründeten Schwesternklöster versucht sie, die Bedeutung des inneren Betens auch in der Struktur des Tages, als Übung der Gemeinschaft zu verankern.

Teresa wagt als Frau Neues und Ungewöhnliches, daher ist sie doppelt verdächtig. Doch sie lässt sich nicht einschüchtern, sie setzt sich scharf mit der Inquisition auseinander, und sie tut dies im Gespräch mit Gott: »Du, Herr meiner Seele, dir hat vor den Frauen nicht gegraut, als du durch diese Welt zogst, im Gegenteil, du hast sie immer mit großem Mitgefühl bevorzugt und hast bei ihnen genauso viel Liebe und mehr Glauben gefunden als bei den Männern, denn es war da deine heiligste Mutter, durch deren Verdienste – und weil wir ihr Gewand tragen – wir das verdienen, was wir wegen unserer Schuld nicht verdient haben. Reicht es denn nicht, Herr, dass die Welt uns eingepfercht und für unfähig hält, in der Öffentlichkeit auch nur irgendetwas für dich zu tun, was etwas wert wäre, oder es nur zu wagen, ein paar Wahrheiten auszusprechen, über die wir im Verborgenen weinen, als dass du eine so gerechte Bitte von uns nicht erhörtest? Das glaube ich nicht, Herr, bei deiner Güte und Gerechtigkeit, denn du bist ein gerechter Richter, und nicht wie die Richter dieser Welt, für die, da sie Söhne Adams und schließlich lauter Männer sind, es keine Tugend einer Frau gibt, die sie nicht für verdächtig halten. O ja, mein König, einmal muss es doch den Tag geben, an dem man alle erkennt. Ich spreche nicht für mich, denn meine Erbärmlichkeit hat die Welt schon erkannt, und ich bin froh, dass sie bekannt ist, sondern weil ich die Zeiten so sehe, dass es keinen Grund gibt, mutige und starke Seelen zu übergehen, und seien es Frauen (nur weil es Frauen sind).« (Weg 4,1)

Kein Wunder, dass dieser Text der Zensur zum Opfer fiel und in der zweiten Fassung des »Weges der Vollkommenheit« (Handschrift von Valladolid) ganz fehlt.

Teresa ist klug bezüglich ihrer Schriften, sie legt sich nicht eindeutig fest, um im Falle eines Verhörs durch die Inquisition einen »Interpretationsspielraum« zu haben. Mit ironischem Unterton schreibt sie: »Immer, wenn es um schwierige Dinge geht, gebrauche ich die Wendung ›mir scheint‹, obwohl ich den Eindruck habe, dass ich es weiß und die Wahrheit sage; denn falls ich im Irrtum sein sollte, bin ich jederzeit bereit, das zu glauben, was diejenigen sagen, die eine hohe Gelehrsamkeit besitzen.« (Innere Burg V,1,7f)

Lesetipp

Teresas Schreibstil ist sehr lebendig und assoziativ. Er orientiert sich an ihren Erfahrungen. Sie hält sich dabei nicht an logische Abfolgen oder an einen durchgehenden Erzählfluss. Das stellt sehr systematisch und geordnet denkende Leser manchmal auf eine harte Probe. Doch es lohnt sich, ihren Gedanken zu folgen, denn schließlich führt sie den Leser, die Leserin immer wieder zum entscheidenden Punkt der Erkenntnis.

Mit dem »Buch ihres Lebens« zu beginnen ist empfehlenswert, denn es bildet sowohl biographisch als auch geistlich die Grundlage für das

Verständnis ihres Anliegens und ihrer weiteren Werke. Die neue Übersetzung von Elisabeth Peeters und Ulrich Dobhan enthält zusätzlich eine gute Hinführung zum Leben und Werk Teresas.

»Der Weg der Vollkommenheit« beschreibt Dynamik und Gefahren des geistlichen Weges für ihre Schwestern. Kernstück bildet die sehr kreative Auslegung des Vaterunsers.

Bibliographie

Teresa von Ávila, Das Buch meines Lebens, herausgegeben, übersetzt und eingeleitet von Ulrich Dobhan und Elisabeth Peeters, Freiburg im Breisgau 6. Aufl. 2002.

Teresa von Ávila, Weg der Vollkommenheit, herausgegeben, übersetzt und eingeleitet von Ulrich Dobhan und Elisabeth Peeters, Freiburg im Breisgau 3. Aufl. 2003.

Weitere Werke

Teresa von Ávila, Wohnungen der Inneren Burg, herausgegeben, übersetzt und eingeleitet von Ulrich Dobhan und Elisabeth Peeters, Freiburg im Breisgau 2. Aufl. 2005.

Teresa von Ávila, Die innere Burg, herausgegeben und übersetzt von Fritz Vogelgsang, Zürich 2006.

Teresa von Ávila, Gedanken zum Hohenlied, Gedichte und kleinere Schriften, herausgegeben, übersetzt und eingeleitet von Ulrich Dobhan und Elisabeth Peeters, Freiburg im Breisgau 2004.

Teresa von Ávila, Schicken Sie mir doch ein paar Täubchen. Briefe – Band 1 (1546–19. November 1576) herausgegeben von Ulrich Dobhan und Elisabeth Peeters, Freiburg im Breisgau 2010.

Teresa von Ávila, Das Buch der Gründungen, Gesammelte Werke Band 5, herausgegeben, übersetzt und eingeleitet von Ulrich Dobhan und Elisabeth Peeters, Freiburg im Breisgau 2007.

Weiterführende Literatur

Teresa von Ávila, Ich bin ein Weib – und obendrein kein gutes. Eine große Frau, eine faszinierende Mystikerin, herausgegeben und übersetzt von Erika Lorenz, Freiburg im Breisgau 7. Aufl. 2010.

Peter Dyckhoff, Aus der Quelle schöpfen. Das innerliche Gebet nach Teresa von Ávila, München 2002.

Waltraud Herbstrith, Teresa von Ávila. Lebensweg und Botschaft, München 2007.

Cornelia M. Knollmeyer, Evaldine M. Ketteler, Gott zum Freund haben. Exerzitien mit Teresa von Ávila, Würzburg 3. Aufl. 2008.

Erika Lorenz, Weg in die Weite. Die drei Leben der Teresa von Ávila, Freiburg im Breisgau 2003.

Veronika Elisabeth Schmitt, Kontemplative Exerzitien mit Teresa von Ávila und Johannes vom Kreuz, München 2009.

Maria Antonia Sondermann, Teresa von Ávila begegnen, Augsburg 2007.

28 JOHANNES VOM KREUZ
1542–1591

Aufstieg auf den Berg Karmel
Subida al monte Carmelo

Die Dunkle Nacht
Noche oscura del alma

Lebendige Liebesflamme
Llama de amor viva

Autor und Werk

Geboren im Jahre 1542 in Fontiveros (Ávila), Spanien, verlor Juan de Yepes bereits zwei Jahre nach der Geburt seinen Vater. Da seine Eltern eine nicht standesgemäße Heirat eingegangen waren, hatte die Mutter von den wohlhabenden Verwandten des Vaters keine Hilfe zu erwarten, so dass ihren drei Kindern Not und Armut nicht erspart blieben. Diese beiden Umstände, die Liebesheirat der Eltern und die Erfahrung von Leid und Not, prägten Johannes vom Kreuz nachhaltig.

In den Jahren von 1559 bis 1563 versuchte er sich in verschiedenen Ausbildungssparten: Studien, Schreiner, Schneider, Bildhauer, Maler. Am erfolgreichsten erwies er sich im Bereich der Studien, die er bei den Jesuiten in Medina del Campo absolvierte, wobei er sich als Krankenpfleger im Spital dieser Stadt verdingte.

1563 trat er in das Noviziat der Karmeliten ein. In den folgenden vier Jahren (1564 bis 1568) studierte er an der Universität in Salamanca und wurde 1567 zum Priester geweiht. Weil er im zeitgenössischen Ordensleben nicht fand, was er suchte, trug er sich mit dem Gedanken eines Übertritts zu den Kartäusern, als er im August 1567 Teresa von Ávila trifft.

Teresa entdeckte sehr schnell, dass Johannes ein geeigneter Kandidat für die Reform des männlichen Ordenszweiges ist und gewann ihn für ihre Pläne. Mit zwei Mitbrüdern begann Johannes am 28. November 1568 in Duruelo (Ávila) gemäß dem Reformideal Teresas zu leben.

Bald folgten für Juan verantwortungsvolle Aufgaben im neuen, rasch aufblühenden Ordenszweig: Rektor des Studienkollegs in Alcalá de Henares, Visitator im Noviziatskonvent, Beichtvater im Kloster der Menschwerdung in Ávila, das unter seiner geistlichen Leitung und mit Teresa als Priorin eine neue Blütezeit erlebte.

Die am 2. Dezember 1577 erfolgte Festnahme und neunmonatige Einkerkerung im Kloster zu Toledo, eine Folge der Rivalitäten zwischen dem Stammorden und dem neuen Ordenszweig, wurde für Juan de la Cruz zur Sternstunde, denn dort machte er seine einzigartigen Gotteserfahrungen, die er in eindrucksvollen Gedichten besang. Die Poesie offenbart uns mehr als die in den folgenden Jahren neben intensiver äußerer Tätigkeit entstandenen Traktate, wer Johannes vom Kreuz wirklich war: Ein in Gott verliebter Mensch, für den alles, was nicht Gott war, zu gering, zu unerfüllt, zu ungenügend war.

So erweist sich Johannes nicht als der ewige Nein-Sager und finstere Asket, der nur das Nichts (nada) predigte, sondern als der ganz offene, in Gott alles (todo) bejahende Mensch, was in einem seiner schönsten Gebete deutlich wird: »Mein sind die Himmel, und mein ist die Erde; mein sind die Völker, die Gerechten sind mein, und mein sind die Sünder; die Engel sind mein, und die Mutter Gottes ist mein, und alle Dinge sind mein, und Gott selbst ist mein und für mich, denn Christus ist mein und mein Ein und Alles für mich. Was ersehnst und suchst du also noch, meine Seele? Dein ist all dies, und alles ist für dich.«

Johannes war weiter unermüdlich und mit unterschiedlichen Aufgaben für die Ausbreitung und Festigung der Reform tätig. Auseinandersetzungen und Richtungsstreitigkeiten im neuen Ordenszweig führten dazu, dass Johannes 1591 aller Ämter enthoben wurde. Am 14. Dezember 1591 starb er in Ubeda.

Das Kernstück seines Werkes bilden seine Gedichte, die er in seinen Hauptwerken auslegt. Zentral ist das Gedicht »Dunkle Nacht«, das die Grundlage für die beiden Werke »Aufstieg auf den Berg Karmel« und

»Die Dunkle Nacht« ist, die in der Zeit zwischen 1582 bis 1588 in Granada entstanden. Seine Werke wurden schließlich 1618 zum ersten Mal herausgegeben.

Inhalt

Zu Beginn des »Aufstiegs auf den Berg Karmel« schreibt Johannes: »Diese Schrift handelt davon, wie sich ein Mensch bereit machen kann, um bald zur gottgewirkten (Gott-)Einigung zu gelangen. Sie gibt Anweisungen und eine sowohl für Anfänger als auch für Fortgeschrittene sehr förderliche Lehre, damit sie es verstehen, sich von allem Zeitlichen zu entlasten, sich mit dem Geistlichen nicht zu belasten und in der größtmöglichen Nacktheit und Freiheit des Geistes zu verharren, was zur gottgewirkten Gotteinung erforderlich ist.«

Damit benennt Johannes die wesentliche Dynamik und das Ziel von Aufstieg und Dunkler Nacht. Es handelt sich um einen Prozess zunehmender Befreiung von allem, Zeitlichem oder Geistlichem, was den Menschen an der innigen Gemeinschaft mit Gott hindert. Dabei wirken Gott und Mensch zusammen, denn die Vereinigung mit Gott und die dafür notwendige Freiheit sind und bleiben geschenkte Zuwendung Gottes, bedürfen aber gleichzeitig der Einwilligung und auch Anstrengung des Menschen. Letzteres gilt vor allem im Hinblick auf eine radikale Selbsterkenntnis und die Auseinandersetzung mit den verschiedenen Gebundenheiten und Abhängigkeiten des Menschen.

Dieser Prozess der Umformung (transformatio) ist für Johannes die entscheidende Herausforderung des geistlichen Lebens und beinhaltet als unerlässliches Element das Erwachsenwerden im Glauben und auch in der Beziehung zu Gott. Dies bringt er in einem Bild zum Ausdruck: »Die Umgangsform der Anfänger auf dem Weg zu Gott ist noch sehr von Unzulänglichkeit, Eigenliebe und Wohlgeschmack durchsetzt. Gott aber will sie weiterführen und aus dieser unzulänglichen Liebe zu einer höheren Stufe der Gottesliebe heraufholen und sie von der unzulänglichen Übungsweise im Sinnenbereich und den Gedankengängen befreien, womit sie so berechnend und unangebracht Gott suchten, wie wir sagten. Er möchte sie in die Übung des Geistes stellen, wo sie sich ausgiebiger und schon mehr befreit von Unvollkommenheiten mit Gott austauschen können ... Da Gott spürt, dass sie bereits ein klein bisschen gewachsen sind, nimmt er sie von der süßen Brust weg, damit sie nun erstarken und aus den Windeln herauskommen, lässt sie von seinen Armen herab und gewöhnt sie daran, auf eigenen Füßen zu gehen. Dabei verspüren sie etwas ganz Neues, denn für sie hat sich alles auf den Kopf gestellt.« (Johannes vom Kreuz, Dunkle Nacht I,8,3)

Johannes ist in seinen Beobachtungen und im Aufspüren von Abhängigkeiten sehr genau und kritisch. Die Fixierung des Menschen auf die Erfahrung führt dazu, dass er im Wachstum stecken bleibt. Den Weg zur Befreiung und zum Wachstum beschreibt Johannes als Entwöhnungsprozess und als Krisenerfahrung.

Zum Erwachsenwerden in der Gottesbeziehung gehört die Überwindung der kindlichen Fixierung auf den »Wohlgeschmack«. Mystik beschreibt daher nicht einen Gegensatz zum Glauben, sondern sie führt zum Glauben, der am Ende nackter Glauben wird und das Vehikel der Erfahrung nicht mehr braucht. Johannes sieht dafür den Grund in Gottes Handeln selbst, nämlich in der Inkarnation.

Wer besondere Erfahrungen und Offenbarungen sucht, dem könnte Gott antworten und sagen: »Wenn ich dir doch schon alles in meinem Wort, das mein Sohn ist, gesagt habe und kein anderes mehr habe, was könnte ich dir dann jetzt noch antworten oder offenbaren, was mehr wäre als dieses? Richte deine Augen allein auf ihn, denn in ihm habe ich dir alles gesagt und geoffenbart, und du wirst in ihm noch viel mehr finden, als du erbittest und ersehnst ... er ist meine ganze Rede und Antwort, er ist meine ganze Vision und Offenbarung.« (Aufstieg II,22,5)

Lesetipp

Die Werke des hl. Johannes vom Kreuz sind für Anfänger auf dem geistlichen Weg nicht geeignet und verwirren eher, als dass sie helfen. Zum »Aufstieg« und zur »Dunklen Nacht« sollten Menschen greifen, die bereits eine Zeitlang auf dem geistlichen Weg unterwegs sind und bei denen sich unter Umständen erste Schwierigkeiten einstellen wie Trockenheit, Langweile oder eine Krise des geistlichen Lebens. Johannes ist sehr an den Übergangsphänomenen im geistlichen Entwicklungsprozess und im Fortgang der transformatio interessiert, die oft krisenbehaftet sind.

Menschen, die andere auf dem geistlichen Weg begleiten, sollten sich mit diesen Prozessen beschäftigt haben und etwas darüber wissen. Wer darüber hinaus etwas über die Haltung des Begleiters, der Begleiterin erfahren will, sollte auch »Lebendige Liebesflamme« (vor allem III) lesen.

Die Einführungen in die Werke, wie sie die Neuübersetzungen von Ulrich Dobhan, Elisabeth Hense und Elisabeth Peeters bieten, sind sehr informativ und gut lesbar. Dies gilt auch für das jeweilige Glossar zu wichtigen Begriffen bei Johannes vom Kreuz.

Bibliographie

Johannes vom Kreuz, Die Dunkle Nacht, Sämtliche Werke Band 1, herausgegeben und übersetzt von Ulrich Dobhan, Elisabeth Hense und Elisabeth Peeters, Freiburg im Breisgau 1995.

Johannes vom Kreuz, Aufstieg auf den Berg Karmel, Sämtliche Werke Band 4, herausgegeben und übersetzt von Ulrich Dobhan, Elisabeth Hense und Elisabeth Peeters, Freiburg im Breisgau 3. Aufl. 1999.

Johannes vom Kreuz, Lebendige Liebesflamme, Sämtliche Werke Band 5, herausgegeben und übersetzt von Ulrich Dobhan, Elisabeth Hense und Elisabeth Peeters, Freiburg im Breisgau 2. Aufl. 2000.

Weitere Werke

Johannes vom Kreuz, Der geistliche Gesang (Cantico A), Sämtliche Werke Band 3, herausgegeben und übersetzt von Ulrich Dobhan, Elisabeth Hense und Elisabeth Peeters, Freiburg im Breisgau 1997.

Johannes vom Kreuz, Worte von Licht und Liebe. Briefe und kleinere Schriften, Sämtliche Werke Band 2, herausgegeben und übersetzt von Ulrich Dobhan, Elisabeth Hense und Elisabeth Peeters, Freiburg im Breisgau 1996.

Weiterführende Literatur

Regina Bäumer, Michael Plattig (Hrsg.), »Dunkle Nacht« und Depression. Geistliche und psychische Krisen verstehen und unterscheiden, Ostfildern 2008.

Ulrich Dobhan, Reinhard Körner, Johannes vom Kreuz, Freiburg im Breisgau 1992.

Reinhard Körner, Dunkle Nacht. Mystische Glaubenserfahrung nach Johannes vom Kreuz, Münsterschwarzacher Kleinschriften Band 154, Münsterschwarzach 2006.

Veronika Elisabeth Schmitt, Kontemplative Exerzitien mit Teresa von Ávila und Johannes vom Kreuz, München 2009.

29 FRANZ VON SALES
1567–1622

Philothea
Philothea

Autor und Werk

Franz von Sales (François de Sales) wurde am 21. August 1567 auf Schloss Sales bei Annecy geboren und stammte aus einem Adelsgeschlecht aus Savoyen. Er war das erste von zwölf Kindern. Sein Vater, François de Boisy, organisierte für ihn eine gute schulische Ausbildung. 1578, also mit zwölf Jahren, kam er in das Collège de Clermont nach Paris.

Die entscheidende Wende im Leben des hl. Franz von Sales war eine Krise von Dezember 1586 bis Januar 1587. Keines seiner späteren Werke oder Schriften ist ohne diese sechs Wochen in Paris richtig verstehbar. Die zweite Hälfte des 16. Jahrhunderts war in Frankreich von der theologischen Auseinandersetzung zwischen Katholiken und den Calvinisten unter anderem um die Frage der Vorherbestimmung (Prädestination) geprägt. Franz von Sales fühlte sich nicht nur in diesem theologischen Konflikt zerrissen, er war selbst unsicher. Ende des Jahres 1586 erlebte er diese innere Zerrissenheit dermaßen stark, dass er davon körperlich krank wurde. Er glaubte, die Ursache seiner Zerrissenheit und Unsicherheit liege darin, dass Gott ihn zur Hölle vorherbestimmt hätte. Er sei verloren, egal, wie er sein Leben gestalte. In seinen Zweifeln und in seiner Verzweiflung schleppte er sich in die dem Kolleg Clermont nächstgelegene Kapelle St.-Etienne-des-Gres. Dort betete er vor der Statue der Schwarzen Madonna. Mitte Januar 1587 fand er dann jene Worte, die ihn von allen Glaubenszweifeln befreiten. Er ließ sich völlig in die Hände Gottes fallen. Egal, ob Gott seine Verdammnis oder seine Vollendung wollte, alles würde für ihn gut, denn er erkannte plötzlich: »Gott war die Liebe, und egal, wie Gott mit mir verfährt, es würde immer gut sein, denn die Liebe will immer nur das Beste.«

Dieser Grundansatz, sein positives Gottes- und Menschenbild, sowie sein Optimismus gehen auf diese Erfahrung am Ende seiner Krise von Paris zurück und prägten von da an Leben und Lehre des Heiligen.

»Was auch kommen mag, Herr, in dessen Hand alles gelegt ist und dessen Wege alle Gerechtigkeit und Wahrheit sind; was immer durch den ewigen Ratschluss der Vorherbestimmung über mich beschlossen sein mag, der du stets ein gerechter Richter und barmherziger Vater bist: ich will dich wenigstens in diesem Leben lieben, mein Gott; ich werde immer auf deine Barmherzigkeit hoffen und werde stets dein Lob vermehren.« (Deutsche Ausgabe der Werke 11,328)

1588 wechselte Franz von Sales von Paris an die Universität von Padua. Dort studierte er neben der Rechtswissenschaft auch Theologie. Der Entschluss festigte sich in ihm, Priester zu werden. 1592 schloss er sein Studium mit einer Promotion zum Doktor beider Rechte (kirchliches und weltliches Recht) ab. Nur mit Mühe konnte sich sein Vater damit abfinden, dass sein Sohn inzwischen ein anderes Berufsziel verfolgte.

Franz wurde am 18. Dezember 1593 in Annecy zum Priester geweiht. Kurz nach der Priesterweihe erklärte er sich bereit, an der Wiedereinführung des katholischen Glaubens im calvinistisch gewordenen Teil der Diözese Genf, dem Chablais, zu arbeiten. Da die Calvinisten den Menschen unter Strafe verboten, seine Predigten zu hören, nutzte Franz von Sales das damals neue Medium des Flugblattes, um seine Gedanken unter den Menschen zu verbreiten. Und er hatte damit Erfolg. Nach vier Jahren war fast die gesamte Bevölkerung des Chablais zum katholischen Glauben zurückgekehrt.

1599 wurde Franz zum bischöflichen Koadjutor der Diözese Genf-Annecy mit dem Recht auf Nachfolge ernannt. Ende 1601 reiste Franz von Sales zu seiner ersten diplomatischen Mission nach Paris, um mit König Heinrich IV. die Rekatholisierung der zu Frankreich gehörenden Teile der Diözese Genf zu besprechen. Seine Gespräche brachten nicht den gewünschten Erfolg, doch lernte er in dieser Zeit Madame

Barbe Acarie kennen und schätzen. Diese leitete damals zusammen mit ihrem Ehemann einen Kreis christlicher Laien, die das religiöse Leben in Frankreich erneuern wollten.

Bei seiner Rückreise von Paris erfuhr Franz von Sales vom Tod seines Bischofs. Am 8. Dezember 1602 wurde er in seiner Heimatkirche von Thorens bei Annecy zum Fürstbischof von Genf geweiht. Da Genf unter der Herrschaft der Calviner stand, mussten die Bischöfe von Genf in Annecy residieren.

Seine Haupttätigkeiten als Bischof in den kommenden 20 Jahren bis zu seinem Tod galten vor allem der reformatorischen Umsetzung des Trienter Konzils, hauptsächlich der Reform der Klöster und des Klerus. Franz besuchte als erster Bischof alle 311 Pfarrkirchen seiner Diözese und hielt mehr als dreitausend Predigten. Er kümmerte sich um den Religionsunterricht der Kinder und förderte die Erwachsenenbildung. Besonderes Augenmerk legte Franz von Sales auch auf die geistliche Begleitung. In vielen der etwa 20.000 Briefe, die er in seinem Leben verfasste, wendete er sich an Menschen, die ihn um Rat in Lebens- und Glaubensfragen baten.

Aus der Begegnung mit der Witwe Johanna Franziska Frémyot, Baronin von Chantal im Jahre 1604 entwickelte sich eine einzigartige geistige Freundschaft, die am 6. Juni 1610 zur Gründung der Ordensgemeinschaft der Schwestern von der Heimsuchung Mariens führte. 1609 erschien sein Buch »Philothea – Anleitung zum frommen Leben«, das aus der Begleitung von Johanna Franziska von Chantal entstand. Sein theologisches Hauptwerk veröffentlichte Franz von Sales 1616 mit dem Titel »Abhandlung über die Gottesliebe« oder »Theotimus«.

Zu seinen weiteren Werken zählen Kontroversschriften, Geistliche Gespräche, Predigten (dreitausend sind bekannt) und Weisungen, die er als Bischof zu unterschiedlichen Fragen herausgab. Auffällig ist bei vielen seiner Schriften, sein Interesse an der Förderung des geistlichen Lebens und der Spiritualität der Menschen seiner Zeit.

Durch seine rastlose Tätigkeit litt seine Gesundheit. Immer stärker wurde sein Wunsch, das Bischofsamt abzulegen und sich in eine Einsiedelei zurückzuziehen, um Gott mit dem Rosenkranz und der Feder zu dienen. Dieser Traum ging aber nicht mehr in Erfüllung. Im Spätherbst 1622 begleitete Franz trotz seines angeschlagenen Gesundheitszustandes den Herzog von Savoyen nach Avignon zu einem Treffen mit König Ludwig XIII. Auf der Rückreise erlitt er in Lyon einen Schlaganfall. Franz starb im Alter von 55 Jahren am 28. Dezember 1622. Sein Leichnam wurde nach Annecy überführt und in der Kirche des Klosters der Heimsuchung beigesetzt.

Inhalt

Im Vorwort zur »Philothea« beschreibt Franz von Sales sein Grundanliegen: »Die vor mir über die Frömmigkeit schrieben, hatten fast ausnahmslos Leser im Auge, die ein Leben fern von weltlichen Geschäften führten, oder solche, die sich zur Weltflucht bewegen wollten. Ich dagegen will gerade jenen helfen, die in der Stadt, im Haushalt oder bei Hof leben und durch ihren Stand notwendigerweise oft mit anderen zusammenkommen. Bei ihnen findet man oft die irrige Ansicht, ihnen sei das Streben nach Frömmigkeit unmöglich; sie wollen daran also nicht einmal denken.«

Die Frömmigkeit, so die Überzeugung des Franz von Sales, ist die Ausdrucksform der Gottesliebe und muss daher für jeden Christen, jede Christin unabhängig von Stand, Beruf und Alter möglich sein. Er lehnt daher ein am Ordens- oder Klerikerstand orientiertes Frömmigkeitsideal ab, das bei »Weltleuten« immer nur Frustration auslösen muss, da sie es nicht erreichen können, wenn sie sich auch noch so anstrengen.

Franz von Sales liebt bildhafte Vergleiche, und so schreibt er in der »Philothea« (I/3): »Bei der Schöpfung befahl Gott den Pflanzen, Frucht zu tragen, jede nach ihrer Art. So gibt er auch den Gläubigen den Auftrag, Früchte der Frömmigkeit zu tragen, jeder nach seiner Art und seinem Beruf. Die Frömmigkeit muss anders geübt werden vom Edelmann, anders vom Handwerker, Knecht oder Fürsten, anders von der Witwe, dem Mädchen, der Verheirateten. Mehr noch: die Übung der Frömmigkeit muss auch noch der Kraft, der Beschäftigung und den Pflichten eines jeden angepasst sein.«

Die »Philothea« wendet sich an einen Menschen, der fromm sein will und nach der Gottesliebe strebt. Das ist die Voraussetzung, denn »die wahre und lebendige Frömmigkeit setzt die Gottesliebe voraus; ja sie ist nichts anderes als wahre Gottesliebe. Freilich nicht irgendeine Liebe zu Gott; denn die Gottesliebe heißt Gnade, insofern sie unserer Seele Schönheit verleiht und uns der göttlichen Majestät wohlgefällig macht; sie heißt Liebe, insofern sie uns Kraft zu gutem Handeln gibt; wenn sie aber jene Stufe der Vollkommenheit erreicht, dass wir das Gute nicht nur tun, sondern es sorgfältig, häufig und rasch tun, dann heißt sie Frömmigkeit«. (Philothea I/1)

Die Gestaltung der Beziehung des Menschen zu Gott ist also das zentrale Thema, wobei die Gnade Gottes und das Tun des Menschen, also die Befähigung durch Gottes Geist und die menschliche Anstrengung der Einübung, zusammenspielen. Diese Frömmigkeit wird nicht irgendwo gelebt, sondern im Alltag jedes Christen und jeder Christin.

Der erste Teil der »Philothea« behandelt Erwägungen und Übungen, die helfen wollen, den festen Entschluss zu einem frommen Leben auch in die Tat umzuwandeln. Der zweite Teil beschäftigt sich mit den Sakramenten und dem Gebet. Die Übung der Tugenden ist Gegenstand des dritten Teils. Versuchungen zu erkennen und mit ihnen umzugehen ist Inhalt des vierten Teils. Im letzten Teil schließlich lädt Franz von Sales den Leser, die Leserin ein, »ein wenig in die Einsamkeit zu gehen. Hier soll er sich wieder auffrischen, Atem schöpfen und seine Kräfte erneuern. Dann vermag er umso kräftiger auszuholen und in der Frömmigkeit voranzukommen« (Philothea, Vorwort)

Lesetipp

Franz von Sales geht in seinen Schriften zuweilen sehr ins Detail, was die Lektüre einerseits manchmal etwas mühsam macht, andererseits aber helfen kann, die eigene Befindlichkeit zu klären und aufmerksam für die inneren Bewegungen zu werden. Seine Beispiele und Bilder sind natürlich zeitbedingt, doch die entscheidenden Fragestellungen der »Philothea« bleiben aktuell, denn sie beziehen sich auf die Gestaltung des gelebten Glaubens, also auf die praktische Gestalt einer christlichen Spiritualität. Das Buch »Philothea« ist für Anfänger auf dem geistlichen Weg gut geeignet, da es sich doch ausdrücklich an solche wendet. Voraussetzung dafür ist jedoch deren feste Entschlossenheit, diesen Weg zu beginnen und nicht gleich beim ersten Nichtverstehen oder beim ersten Konflikt die Flinte ins Korn zu werfen.

Franz von Sales bietet ein Kompendium von Übungen und Formen für die Gestaltung des geistlichen Lebens. Dabei gilt seine eigene Maxime, dass eine angemessene, das heißt dem Alter und den Lebensumständen entsprechende persönliche Auswahl zu empfehlen ist.

Die Zeit des Franz von Sales wird auch die »Zeit der Methoden« genannt. Auf allen Gebieten einschließlich der Frömmigkeit suchte man nach Methoden. Unzählige Anleitungen und Einführungen wurden verfasst. Die Gefahr, die sich daraus ergab, ist eine gewisse Methodengläubigkeit, die auch vor der Frömmigkeit nicht Halt machte. Franz von Sales sieht das Problem, wenn er immer wieder auf das Fundament aller frommen Methodik, die Gottesliebe, verweist.

Andererseits besteht wohl heute eher die Gefahr in einem einseitigen Verständnis von Unabhängigkeit zu glauben, dass Spiritualität keine Formen, keine Regelmäßigkeit und keine Übungen bräuchte. Man müsse Spiritualität kreativ gestalten und aus dem Augenblick heraus leben.

Diesem Ansatz fehlt vor allem die notwendige Stetigkeit, und er erweist sich in der Erfahrung der Tradition auch als zu anstrengend. Formen und Übungen, die natürlich lebensnah und alltagstauglich sein müssen, verleihen der eigenen Spiritualität Stetigkeit und Dynamik. Auf diese Weise kann die Beziehung zu Gott wirklich gestaltet und gelebt werden, da sie nicht auf den kreativen Augenblick angewiesen ist. So wichtig dieser auch ist, besteht die Gefahr darin, dass die Beziehungsaufnahme zu Gott von der eigenen Stimmung abhängig gemacht wird.

Für alle, die Menschen geistlich begleiten, ist die Lektüre der »Weisungen für die Unterscheidung der Geister« zu empfehlen, die Franz von Sales als Bischof um 1604 für die Seelenführer (Beichtväter) verfasst hat. Die zwölf Punkte sind ein Kompendium der Unterscheidung der Geister und für die Begleitung von Menschen sehr hilfreich.

Bibliographie

Franz von Sales, Philothea. Anleitung zum frommen Leben, Deutsche Ausgabe der Werke des heiligen Franz von Sales Band 1, übersetzt von Franz Reisinger, Eichstätt 9. Aufl. 2005.

Weitere Werke

Franz von Sales, Deutsche Ausgabe der Werke des heiligen Franz von Sales, Band 1–12, übersetzt von Franz Reisinger, Eichstätt 1959–1993. [Gesamtausgabe]

Franz von Sales, Theotimus, übersetzt von Franz Reisinger, Deutsche Ausgabe der Werke des heiligen Franz von Sales Band 3 und 4, Eichstätt 3. Aufl. 1990/1992.

Franz von Sales, Weisungen für die Unterscheidung der Geister, übersetzt von Franz Reisinger, Deutsche Ausgabe der Werke des heiligen Franz von Sales Band 12, Eichstätt 2. Aufl. 1992, 88–91.

Weiterführende Literatur

Hans Berghuis, Nichts so sehr als Mensch. Franz von Sales, der liebenswürdige Heilige, Eichstätt 1992.

Dirk Koster, Franz von Sales, Eichstätt 2002.

30 PAUL GERHARDT
1607–1676

Liedtexte

Autor und Werk

Paul Gerhardt wurde am 12. März 1607 in Gräfenhainichen bei Wittenberg als Sohn eines Bürgermeisters, Ackerbauers und Gastwirts geboren. Beide Eltern starben früh und ließen vier Vollwaisen zurück. Paul war damals erst 14 Jahre alt. Etwa zeitgleich brach der Dreißigjährige Krieg aus und sollte für lange Zeit die traurige Begleitmusik seines Lebens werden. Das Familienvermögen reichte für den Besuch der Fürstenschule in Grimma von 1622 bis 1627. 1628 begann er mit dem Studium der Theologie in Wittenberg. Gerhardt hielt sich 1643 in Berlin auf und wohnte beim Kammergerichtsadvokaten Andreas Berthold. Vielmehr ist aus dieser Zeit nicht bekannt.

Nach einer erfolgreichen Probepredigt in Mittenwalde wurde Gerhardt am 18. November 1651 in der Berliner Nikolaikirche ordiniert und verpflichtete sich bei dieser Gelegenheit nachdrücklich auf die lutherischen Bekenntnisschriften, einschließlich der Konkordienformel. Obgleich die Pfründe nicht besonders hoch dotiert war, reichte sie doch für eine Familie aus. Deshalb wagte der 48-jährige Junggeselle im Februar 1655 die Eheschließung mit der ihm seit langem bekannten Anna Maria Berthold (1622–1668). Seine erste Tochter Maria Elisabeth kam am 19. Mai 1656 im großelterlichen Haus zur Welt und wurde wenige Tage später in der Nikolaikirche getauft. Sie starb aber schon Mitte Januar 1657 in Mittenwalde. Bis 1664 kamen im Hause Gerhardt vier weitere Kinder zur Welt. Doch nur der am 15. August 1662 geborene Paul Friedrich erreichte das Erwachsenenalter, überlebte die Eltern und starb 1716. Obgleich die Kindersterblichkeit damals sehr hoch war, traf der Verlust eines Neugeborenen die Angehörigen stets hart.

1657 kam Gerhardt als Diakonus nach Berlin an St. Nikolai. Es ist eine Zeit schwerer Lehrstreitigkeiten unter den lutherischen und reformierten Theologen und Predigern. Friedrich Wilhelm, der Große Kurfürst, verschärfte in seinem Bestreben, dem Land den Kirchenfrieden zu verschaffen, den Streit noch, als er die Verpflichtung der Pfarrer auf die »Konkordienformel« bei der Ordination aufhob. Die Konkordienformel entstand 1577 auf Veranlassung des Kurfürsten August von Sachsen, um die Streitigkeiten und Zerwürfnisse der Lutheraner beizulegen.

Friedrich Wilhelm verbot sogar »das unnötige Eifern, Gezänk und Disputieren der Geistlichen auf den Kanzeln« und untersagte seinen Landeskindern das Studium der Theologie und Philosophie in Wittenberg.

Paul Gerhardt arbeitete für das von dem Großen Kurfürsten ausgeschriebene Religionsgespräch zwischen den lutherischen und reformierten Predigern Berlins lutherische Gutachten aus. Das Gespräch dauerte von Anfang September 1662 bis Ende Mai 1663, führte aber nicht zu einer Einigung, sondern verschärfte nur noch den Konflikt. Paul Gerhardt konnte sich aufgrund seiner einstigen Verpflichtungen auf die Konkordienformel nicht dazu entschließen, durch seine Unterschrift die kurfürstliche Verordnung von 1664 anzuerkennen, die unter Androhung der Amtsenthebung den Kirchenstreit verbot. So wurde er am 10. Februar 1666 seines Amtes enthoben. Sofort traten die Berliner Bürgerschaft, der Berliner Magistrat und die brandenburgischen Landstände in mehreren Schreiben an den Kurfürsten nachdrücklich dafür ein, Gerhardt die Unterschrift zu erlassen und seine Wiedereinsetzung zu verfügen. Mehrfach wurde unter anderem betont, dass der beliebte Prediger und Seelsorger in seiner ganzen bisherigen Amtszeit »keine Seele mit worten oder wercken angegriffen« habe.

Sicher nicht zufällig brachte gerade in dieser Situation Mitte Februar 1666 Johann Georg Ebeling (1637–1676) die erste Lieferung der Gesamtausgabe der Lieder des amtsenthobenen Dichters unter dem Titel »Pauli Gerhardi Geistliche Andachten« heraus. Bis ins Jahr 1667 erschienen nach und nach neun weitere Foliohefte mit je zwölf Texten und vierstimmigen Melodien. 110 der 120 Sätze sind darunter Neuvertonungen, mit zusätzlich zwei Violinstimmen und einer Generalbassnotierung für den Hausgebrauch. Die einzelnen Lieferungen sind bekannten Berliner Persönlichkeiten beiderlei Geschlechts gewidmet, die sich wohl nicht nur an den Druckkosten beteiligten, sondern sich auch mit dem Dichter-Theologen solidarisierten.

1667 wurde Paul Gerhardt wieder in sein Amt eingesetzt. Er konnte seiner Wiedereinsetzung jedoch nicht viel frohen Herzens abgewinnen, weil ihm die Unterschrift zwar erlassen worden war, der Kurfürst aber von ihm erwartete, dass er sich auch so den Verordnungen fügen werde. Darum nahm Gerhardt seine Amtsgeschäfte wohl wieder auf, aber noch nicht die Predigttätigkeit. Daraufhin wandte sich der Magistrat mit der Bitte an den Kurfürsten, er möchte ihm den Gehorsam gegen die Verordnungen erlassen und ihm gestatten, bei allen lutherischen Bekenntnisschriften, namentlich der Konkordienformel, zu verbleiben und nach ihr seine Gemeinde zu unterweisen. Da der Große Kurfürst auf diese Bitte nicht einging, glaubte Gerhardt um seines Gewissens und Bekenntnisses willen im Februar 1667 freiwillig auf sein Amt verzichten zu müssen. Am 5. März 1668 starb seine Frau, was auch zum Ende seiner Dichtungen führte.

Im Oktober 1668 wählte ihn der Magistrat von Lübben einstimmig zum Archidiakonus, und am Trinitatisfest 1669 wurde er in sein neues Amt eingeführt. Am 27. Mai 1676 starb Paul Gerhardt in Lübben (Niederlausitz).

Nach Martin Luther ist Paul Gerhardt der bedeutendste Liederdichter der evangelischen Kirche. Seine dichterische Schaffenskraft erreichte während der Kandidatenjahre in Berlin ihren Höhepunkt, denn die meisten und wertvollsten seiner Lieder wurden die Frucht eines einzigen Jahrzehnts, etwa der Zeit von 1643 bis 1653. Die »Praxis pietatis melica« von 1647, das älteste Berliner Gesangbuch von Johann Crüger, enthält 18 Lieder von Gerhardt, die Ausgabe von 1653 bereits 81. Für die Verbreitung seiner Lieder hat der Dichter selbst nichts unternommen. Ihre Verbreitung und Bekanntheit verdanken sie Johann Crüger und dessen Nachfolger Johann Georg Ebeling.

Inhalt

Genau 139 deutsche Dichtungen Gerhardts haben sich bis heute erhalten. Sie sind nicht alle von gleicher sprachlicher Qualität und inhaltlicher Tiefe. Gerhardt hat sich der geistlichen Lyrik, die bis zu seiner Zeit im Schatten der weltlichen Lyrik stand, fast ausschließlich deshalb gewidmet, weil er davon überzeugt war, dass nur durch sie Menschen in Grenzsituationen erreicht und aufgerichtet werden können: »Weltskribenten und Poeten / Haben ihren Glanz und Schein, / Mögen auch zu lesen sein, / Wenn wir leben außer Nöten; / In dem Unglück, Kreuz und Übel / Ist nichts Bessers als die Bibel«.

Der besondere Wert der aus Gottes Wort gespeisten Dichtung besteht im Zuspruch des Trostes für den Menschen, da Christi Leiden und Tod den Menschen vom Tod erlöst hat. »Der Grund, da ich mich gründe, / Ist Christus und sein Blut«. Gerhardts Christusbekenntnis hat sich vornehmlich in seinen Weihnachts-, Passions- und Osterliedern niedergeschlagen. In seiner Meditation an der Krippe ist die Menschwerdung als Sünden tilgender Akt aus abgrundtiefer Liebe beschrieben (»Ich steh an deiner Krippen hier«). Auf sie kann der voraussetzungslos erwählte, im Glauben erleuchtete und mit Licht, Leben, Freud und Wonne beschenkte Mensch nur so angemessen reagieren, indem er dem Kind alles, was er selbst empfangen hat, zurückgibt und ihm so zum »Kripplein« wird.

Unter allen von Gerhardt besungenen Naturphänomenen steht die Sonne an erster Stelle. Sie ist unverzichtbar für alles irdische Leben. Gott bedient sich ihrer als Mittel für Strafe und Belohnung, und sie ist gleichzeitig ein Bild für Christus, die »unerschaffne Sonne« (»Nun freut euch hier und überall«). Gerhardts Glaubens- und Ewigkeitsoptimismus bestimmt besonders sein Sommerlied »Geh aus, mein Herz, und suche Freud«, das in Deutschland zum Volksliedgut gehört. Darin sind Naturbeschreibung und geistliche Deutung der Natur miteinander verknüpft. Der Dichter beschreibt mit beispielloser Liebe zum Detail die Großartigkeit des sommerlichen Gartens, der den Menschen umgibt. Das Gartenmotiv unterstreicht das geordnete Gestaltet- und Beherrschtsein der Natur und verweist auf ihren göttlichen Erhalter.

Gerhardts Christusglaube wurzelt in seiner Gottesvorstellung: Gott ist für ihn eine absolute Größe, der sich alles Sichtbare und Erfahrbare verdankt. Ein Theodizeeproblem kennt er letztlich nicht, und um innerweltliche Kausalitäten kümmert er sich kaum. Alles Geschehen, auch das belastende und zerstörerische, steht für ihn unter göttlicher Regie. So überwiegen am Ende in fast all seinen Liedern Bitte, Lob, Dank und Freude. Klage, Zweifel und Strafdrohungen treten demgegenüber zurück. Vielleicht ist diese aus einem tiefen religiösen Urvertrauen erwachsene Zuversicht einer der Gründe dafür, dass Gerhardts Texte von vielen Zeitgenossen wie von vielen Nachgeborenen angenommen und zu ihren Kirchenliedern erklärt wurden.

Bei Paul Gerhardt steht die produktive Lebens- und Leidensbewältigung im Vordergrund und nicht ein billiger Trost. Menschen wie Matthias Claudius, Dietrich Bonhoeffer, Jochen Klepper, Elisabeth von Thadden und unzählige Namenlose, die in Grenzsituationen gerade durch das Singen oder Rezitieren von Paul Gerhardts Trostliedern trag- und widerstandsfähig wurden, bezeugen das.

Eines der bekanntesten Adventslieder ist »Wie soll ich dich empfangen« (Evangelisches Gesangbuch [= EG] 11) und eines der populärsten Weihnachtslieder: »Ich steh an deiner Krippen hier« (EG 37 und Gotteslob [= GL] 141). Zur Passionszeit gehört Gerhardts Lied »O Haupt voll Blut und Wunden« (EG 85 und GL 179). Im Unterschied zu Luther, der aus Angst vor der Wiederkehr einer rein äußerlichen, verdienstlichen Passionsfrömmigkeit nur Osterlieder dichtete, hat Gerhardt insgesamt 14 Passions- und drei Osterlieder geschrieben. Am Morgen wird gesungen: »Wach auf, mein Herz, und singe« (EG 446), »Die güldne Sonne voll Freud und Wonne« (EG 449) oder »Lobet den Herren alle, die ihn ehren« (EG 447 und GL 671) und am Abend: »Nun ruhen alle Wälder« (EG 477). Gerhardt dichtete mehrere Lob- und Danklieder: »Ich singe dir mit Herz und Mund« (EG 324) und »Nun danket all und bringet Ehr« (EG 322 und GL 267). Seine Kreuz- und Trostlieder wollen Lichtstrahlen im Dunkel sein und zur Quelle des Trostes und der Kraft werden: »Befiehl du deine Wege« (EG 361), »Warum sollt ich mich denn grämen« (EG 370) und »Ich bin ein Gast auf Erden« (EG 529). Das Evangelische Gesangbuch (von 1993) enthält dreißig, das Katholische Gesangbuch (Gotteslob) vier Lieder von Paul Gerhardt. Über den Gottesdienst hinaus wurden verschiedene Choräle Paul Gerhardts einem breiteren Publikum bekannt durch deren Aufnahme in Oratorien Johann Sebastian Bachs – zum Beispiel »Wie soll ich dich empfangen« und »Ich steh an Deiner Krippe hier« im Weihnachtsoratorium oder »Befiehl du deine Wege« und »O Haupt voll Blut und Wunden« in der Matthäuspassion.

Lesetipp

Initiiert durch Martin Luther, der selbst etliche Kirchenlieder dichtete, nahm das Kirchenlied und dessen Pflege in der reformatorischen Spiritualität eine wichtige Stellung ein. Die durch Reim, Metrum und Melodie einprägsamen Lieder wurden für die Erziehung der Jugend in Glauben und Lehre eingesetzt. In der Hausandacht gaben Lieder dem Arbeitstag eine Ordnung und wurden auch auf dem Feld oder in der Werkstatt gesungen, wodurch sie alltägliche Begleiter christlichen Lebens waren.

Im häuslichen Musizieren führte die Freude am gemeinsamen Tun auch zur Begegnung mit geistlichen Texten. Geistliche Aufbruchsbewegungen im Protestantismus (zum Beispiel Pietismus, Erweckungsbewegungen) waren immer auch Singbewegungen, deren Lieder auch außerhalb des Gottesdienstes die Gemeinschaft prägten. Früh wurden Kirchenlieder auch zu Begleitern für das geistliche Leben und eine Sprachschule für das persönliche Gebet und den Glauben.

Dietrich Bonhoeffers Briefe aus der Haft zeugen davon, dass seine Zelle auch ein Ort für das Kirchenlied gewesen war. Die überlieferten Lieder, vornehmlich die von Paul Gerhardt, begleiteten ihn. Bonhoeffer selbst schrieb dort sein Gedicht »Von guten Mächten treu und still umgeben«, das zu einem der bekanntesten Kirchenlieder des 20. Jahrhunderts wurde (EG 65 und im GL in den Ergänzungsheften verschiedenster Diözesen).

Im katholischen Umfeld waren zu dieser Zeit die Gesänge der Messe durch die Gregorianik und lateinischen Choräle beziehungsweise durch die »Messen« bestimmt, die meist während der Liturgie vom Chor gesungen wurden. Die volkssprachlichen Lieder fanden sich eher im Bereich der Andachts- und Volksfrömmigkeit beziehungsweise auch der Volksmusik und erreichten dort durchaus vergleichbare Bedeutung wie im Protestantismus.

Das Singen berührt oft mehr als das Lesen vor allem die Gefühlswelt des Menschen. Darin liegt Chance und Gefahr zugleich. Die Chance besteht in einer ganzheitlicheren Aufmerksamkeit, einer größeren Offenheit nicht nur für das Verstehen, sondern für das »Erleben« der Botschaft des Evangeliums. Gleichzeitig besteht die Gefahr, in Emotionalität zu versinken und zu »entschweben« und die Bodenhaftung zu verlieren.

Deshalb ist das Singen der Lieder Paul Gerhardts eine Möglichkeit, sich mit seinen Liedern auseinanderzusetzen. Das Singen erlaubt jedoch durch den Fortgang der Melodie nicht das Verweilen und Innehalten bei einem Wort, bei einem Vers, bei einem Bild. So lohnt es sich durchaus, die Lieder auch lesend zu betrachten und zu meditieren und ihre Sprachbilder wirken zu lassen.

Auch ursprünglich waren wohl nicht nur der Gottesdienst, sondern auch die häusliche Andacht, die Reflexion und Meditation des Einzelnen die Gelegenheiten, bei denen die Lieder Paul Gerhardts gesungen, gelesen und betrachtet wurden.

Die offiziellen Gesangbücher der beiden großen Konfessionen bieten nur eine kleine bis kleinste Auswahl der Dichtung Paul Gerhardts. Es lohnt sich durchaus, auch die anderen, in diversen Ausgaben zugänglichen Dichtungen zu lesen. Dabei ist wie bei allen Texten deren zeitgeschichtlich geprägte Sprache zu beachten, sie sollte nicht als Hinderungsgrund, sondern als Herausforderung begriffen werden.

Bibliographie

Reinhard Mawick (Hrsg.), Paul Gerhardt, Geh aus mein Herz. Sämtliche deutsche Lieder, Darmstadt 2006.
Ineke Scholz (Hrsg.), Lobet den Herren alle, die ihn ehren. Die schönsten Lieder von Paul Gerhardt, Witten 2009.

Weiterführende Literatur

Petra Bahr, Paul Gerhardt. »Geh aus mein Herz ...«. Leben und Wirkung, Freiburg im Breisgau 4. Aufl. 2007.

Petra Bahr, Christhard-Georg Neubert (Hrsg.), Ein Gast auf Erden. Annäherungen an Paul Gerhardt, Frankfurt 2007.

Winfried Böttler (Hrsg.), Paul Gerhardt – Erinnerung und Gegenwart. Beiträge zu Leben, Werk und Wirkung, Beiträge der Paul-Gerhardt-Gesellschaft Band 1, Berlin 2. Aufl. 2007.

Winfried Böttler (Hrsg.), »Mach in mir deinem Geist Raum«. Poesie und Spiritualität bei Paul Gerhardt, Beiträge der Paul-Gerhardt-Gesellschaft Band 5, Berlin 2009.

31 BLAISE PASCAL
1623–1662

Gedanken über die Religion und andere Themen
Les Pensées

Autor und Werk

Bereits in seiner Kindheit und Jugend zeigte sich die Genialität Blaise Pascals zunächst vor allem auf dem Gebiet der Mathematik. Am 19. Juni 1623 in Clermont-Ferrand in einer wohlhabenden Familie geboren, wurde er vom naturwissenschaftlich interessierten Vater und von Hauslehrern unterrichtet. Ihn interessierten besonders mathematische, aber auch praktische Probleme. So entwickelte er mit 17 Jahren eine Abhandlung über die Kegelschnitte, experimentierte mit Luftdruck und konstruierte 1642 für seinen Vater die sogenannte »Pascaline«, eine der ältesten Rechenmaschinen.

In dieser Zeit suchte Pascal nach Sicherheit und Antworten auf seine Fragen durch Vernunft und Wissenschaft. Er erfuhr angesichts seiner eigenen Kränklichkeit und in seiner Umgebung die Fragilität des menschlichen Lebens und die Abgründigkeit des menschlichen Wesens. Die aufkommende Wissenschaft, der er zunächst begeistert diente, stellte das bisherige Welt- und Menschenbild in Frage und verhieß Antworten auf drängende Fragen. Doch genau dies wurde Blaise Pascal immer fragwürdiger. Immer wieder stieß er an die Grenzen jeden Versuchs der Selbstbegründung des Menschen durch sich selbst.

Während einer Rekonvaleszenz des Vaters nach einem Unfall 1646 näherte sich die eher von laxer Religiosität geprägte Familie dem Jansenismus an. Dies war eine geistig-religiöse Bewegung, die eine auf Augustinus aufbauende Lehre vertrat, diese jedoch extrem radikalisierte, indem sie den absoluten Vorrang der Gnade (gegenüber der menschlichen Freiheit) lehrte. Die Folgen daraus waren zum Teil zu extreme sittliche Forderungen und moralische Strenge. Trotz aller Anstrengung des Menschen wurde dessen Hoffnung auf das Heil pessimistisch betrachtet, denn am Ende erwartete man das Heil nur für wenige.

Von Paris aus kommt der jugendliche Pascal in Beziehung mit der Zisterzienserinnenabtei Port-Royal, die stark jansenistisch geprägt war. Seine Schwester Jacqueline trat nach dem Tod des Vaters 1651 gegen den Willen ihrer Familie in dieses Kloster ein. Um die Abtei hatte sich ein Zirkel von Männern gesammelt, die ihr früheres Leben aufgegeben hatten und sich ganz dem geistlich-religiösen Leben im Sinne des Jansenismus widmeten.

Blaise Pascal führte sein mondänes Leben zunächst weiter, bis es zu einem Bekehrungserlebnis kam. Das sogenannte Memorial, ein Schriftstück, das an dieses Ereignis erinnert, fand sich nach seinem Tod, eingenäht in seinen Rock. Pascal schrieb: »Das Jahr der Gnade 1654, Montag, 23. November, von ungefähr zehn und einhalb Uhr am Abend bis ungefähr eine halbe Stunde nach Mitternacht, Feuer, Gott Abrahams, Gott Isaaks, Gott Jakobs, nicht der Philosophen und Gelehrten. Gewissheit. Gewissheit. Empfindung. Freude. Friede. Gott Jesu Christi. ›Dein Gott soll mein Gott sein.‹ Vergessen der Welt und aller Dinge, ausgenommen Gott. Er wird nur auf den Wegen gefunden, die im Evangelium gelehrt sind. Größe der menschlichen Seele. ›Gerechter Vater, die Welt hat dich nicht erkannt, aber ich habe dich erkannt.‹ Freude, Freude, Freude, Tränen der Freude ... Jesus Christus. Ich habe mich von ihm getrennt; ich bin vor ihm geflohen, ich habe ihn verleugnet, gekreuzigt. Möge ich nie von ihm getrennt sein ...«

Die wesentliche Veränderung betraf Pascals Gottesbild. Ihm ging auf, dass Gott keine philosophische oder theologische Idee ist, sondern ein personales Gegenüber. Gott kann nicht mit menschlicher Vernunft erfasst, sondern nur mit dem Herzen erreicht werden. Das Herz hat seine Vernunft, die der Verstand nicht kennt.

Das beeinflusste natürlich auch sein Denken vom Menschen. Pascal war überzeugt, dass der Mensch selbst das Rätsel seines Menschseins nicht lösen kann, genauso wenig wie die inneren Gebrochenheiten seiner Existenz heilen. Dazu ist nur Gott in der Lage. Gott kann das Herz des Menschen zu sich wenden und ihm die wahre Liebe schenken. Mit »Herz« ist hier die Mitte des Menschen gemeint, das Zentrum seiner Erkenntnisfähigkeit und der Ort der wirklichen Wahrnehmung. Wenn sich der Mensch dem Wirken Gottes in seinem Herzen überlässt, dann kann er in Jesus Christus das Bild wahren Menschseins erkennen. Auf diese Weise empfängt er die Lösung seiner inneren Zerissenheiten und die Antworten auf seine Fragen. In Jesus Christus sind alle Widersprüche versöhnt.

Diese Erkenntnis krempelte das Leben Pascals um, er zog sich zurück, schränkte seine Bedürfnisse ein und wendete sich der Sorge für die Armen zu. Er suchte sie auf und teilte mit ihnen. Zugleich näherte er sich den Kreisen um Port-Royal an, die wegen der Verurteilung des Jansenismus durch Papst Innozenz X. (1653) in Bedrängnis geraten waren. Blaise Pascal kämpfte mit schriftstellerischen Mitteln vor allem gegen die Jesuiten, die die Jansenisten als Hauptgegner betrachteten, und warf ihnen moralische Laxheit und einen minimalistischen Glauben vor. Trotz dieses Einsatzes war für Pascal klar, dass er nie mit der Kirche brechen würde. Zudem ließ er sich nicht gänzlich von den Jansenisten vereinnahmen und in Beschlag nehmen und wahrte eine gewisse Distanz.

In dieser Zeit begann Pascal die Arbeit an seiner »Apologie (Verteidigung) der christlichen Religion«, die unvollendet blieb, weil er noch vor seinem Tod die Arbeit abbrach, um sich nur noch den Armen, dem Gebet und der Buße zu widmen. Zeitlebens gesundheitlich angeschlagen, waren die letzten Monate vor seinem Tod von schlimmen Leiden geprägt. Blaise Pascal starb am 19. August 1662 in Paris.

Er hinterließ nur Notizen und Fragmente, rund 1000 Zettel in rund 60 Bündeln, auf deren Grundlage 1670 seine jansenistischen Freunde eine Ausgabe unter dem Titel »Les Pensées« (»Gedanken über die Religion und andere Themen«) besorgten.

Die Herausgeber griffen jedoch inhaltlich ein und respektierten nicht die durchaus auch in der Zettelsammlung teilweise vorfindliche Ordnung des Stoffes. Weitere Ausgaben enthalten neuerliche Veränderungen und Kürzungen. Dies führte dazu, dass der Philosoph Victor

Cousin 1842 in einem Bericht an die Académie française auf die Notwendigkeit einer neuen Edition der »Pensées« angesichts der offensichtlichen Unzulänglichkeit der Erstausgabe hinwies.

1844 versuchte Prosper Faugère erstmals eine vollständige Edition nach den originalen Zetteln Pascals. Doch er ordnete sie wieder nach eigenem Gutdünken, was auch für die weiteren Ausgaben im 19. und im beginnenden 20. Jahrhundert gilt.

Erst 1930 trennte sich die philologische Forschung von dem Vorurteil, Pascals Zettel seien ungeordnet gewesen. Zumindest bei 27 Bündeln (das heißt rund 400 Zettel) konnte eine innere Ordnung festgestellt werden. Auch andere Bündel stellten sich als sehr wohl geordnet heraus. Louis Lafuma gab 1952 eine Edition heraus, die diese Erkenntnisse und Vermutungen berücksichtigte (diese Edition bildet auch die Grundlage für die deutsche Übersetzung). Trotzdem bleiben auch diese Versuche weitgehend hypothetisch, und die Frage, wie Pascal seine »Pensées« geordnet hätte, muss offenbleiben.

Die Wirkungsgeschichte der »Pensées« reicht bis in unsere Tage, und manch namhafte Philosophen wie Schopenhauer und Nietzsche haben sich mit Pascal auseinandergesetzt. Letzterer schrieb: »Pascal, den ich beinahe liebe, weil er mich unendlich belehrt hat: der einzige logische Christ.« (Brief Nietzsches an Georg Brandes 1888)

Inhalt

Das Anliegen Blaise Pascals war es, mit seinen »Pensées« Wissenschaft und Glaube, wie Herz und Verstand in Einklang zu bringen und miteinander zu versöhnen. In einer Zeit, in der Wissenschaft und Glaube sich zunehmend auseinanderbewegten, wollte Pascal ein begründetes Zeugnis für deren Einheit ablegen.

Die 27 Kapitel, die eine gewisse Ordnung zeigten und in der deutschen Ausgabe als »Eingeordnete Papiere« bezeichnet werden, machen den Weg der Argumentation sichtbar, den Pascal verfolgen wollte. Seine Verteidigung des Christentums ist zweigeteilt: Der erster Teil behandelt das Elend des Menschen ohne Gott, der zweiter Teil die Glückseligkeit des Menschen mit Gott. Die Kapitel zeichnen mit den Themen

»Eitelkeit – Elend – Langeweile – Gegensätze – Zerstreuung« und so weiter mit vortrefflichen und ironischen Formulierungen ein dramatisches Bild der menschlichen Lage. Danach wird die Philosophie auf ihrer Suche nach dem »höchsten Gut« dargestellt, und die aufgebaute Spannung findet ihre Auflösung durch die menschliche Existenz, wie sie das Christentum sieht. Pascal bezieht sich in seiner »Beweisführung« sehr stark auf die Kirchenväter. Ziel der Schrift ist die Bekehrung von Atheisten oder Zweiflern.

Das zusätzliche Material der »Pensées«, die sogenannten »Nichteingeordneten Papiere« der übrigen Zettelbündel, besteht aus Fragmenten, größeren ausgearbeiteten anthropologischen Texten und Gedankensplittern. Die Einheit des Denkens Pascals, das seine mathematischen, philosophischen und theologischen Schriften umgreift, macht das Fragment über die drei Ordnungen der Körper, des Geistes und der Liebe beziehungsweise Heiligkeit deutlich.

Ebenfalls nicht eingeordnet findet sich ein oft zitierter Text, die sogenannte »Pascal'sche Wette«, gemäß welcher der Glaube an Gott nicht nur richtig, sondern auch vernünftig ist, denn: »Wenn Ihr gewinnt, so gewinnt Ihr alles, und wenn Ihr verliert, so verliert Ihr nichts.«

Bis heute gilt Pascal als Genie, wortgewandter Verteidiger des Christentums und Verfechter einer tiefen christlichen Ethik.

Lesetipp

Die Entstehung und Überlieferungsgeschichte der »Pensées« liefert den entscheidenden Hinweis auf die Art und Weise der Lektüre. Das Werk bietet nur im ersten Teil logisch zusammenhängende Themenfelder. Insgesamt enthalten sie, eben wie der Titel sagt, »Gedanken«, die zum eigenen Denken anregen sollen. Manche Texte sind erfrischend, ermutigend und humorvoll, andere ziemlich ironisch. Die »Pensées« sind Verteidigungsschriften und leben zum Teil auch von der bewussten Scharfzeichnung bis Übertreibung der darzustellenden Inhalte. Da und dort finden sich Einflüsse der jansenistischen Kreise, doch Pascal war ein zu genialer Denker, um sich jansenistischer Theologie, in Teilen jansenistischer Ideologie, zu unterwerfen.

Schließlich handelt es sich bei aller Würdigung der Absicht, nämlich das Christentum gegenüber der Wissenschaft zu verteidigen, eher um das kraftvolle und lebendige Zeugnis eines gläubigen Menschen, das gerade aufgrund seiner Tiefe anspricht und besticht.

Bibliographie

Blaise Pascal, Gedanken über die Religion und einige andere Themen, herausgegeben von Jean-Robert Armogathe, übersetzt von Ulrich Kunzmann, Ditzingen 1997.

Weitere Werke

Blaise Pascal, Kleine Schriften zur Religion und Philosophie, herausgegeben von Aalbert Raffelt, Hamburg 2006.

Weiterführende Literatur

Jacques Attali, Blaise Pascal. Biographie eines Genies, herausgegeben von Hans-Peter Schmidt, Stuttgart 2. Aufl. 2007.
Albert Raffelt, Peter Reifenberg, Universalgenie Blaise Pascal. Eine Einführung in sein Denken, Würzburg 2010.
Eduard Zwierlein, Blaise Pascal. 1623–1662. Eine Einführung, Wiesbaden 2005.

32 NIKODEMUS
1749–1809

Philokalie
Philokalia

Autor und Werk

Der Mönch Nikodemus vom Athos, auch Nikodemos von Naxos, Nikodemos Hagioreites oder Nikodemus vom Heiligen Berg genannt, war ein bedeutender Theologe und Lehrer der orthodoxen Kirche. Er wurde 1749 auf Naxos geboren und 1775 Mönch im Kloster Dionysiou auf dem Berg Athos. Als ausgezeichneter Kenner der monastischen Tradition der Ostkirche beschäftigte sich Nikodemus aber auch mit geistlicher Literatur der römisch-katholischen Tradition und übersetzte im Zuge dessen die Exerzitien des Ignatius von Loyola ins Griechische.

1782 gab er die »Philokalie«, eine Sammlung von Schriften über den Sinn des geistlichen Lebens und der Askese heraus, die in Venedig als Buch erschien. Es umfasst 1207 doppelspaltige Seiten und wurde in Griechisch verfasst. »Philokalia« heißt übersetzt: »Liebe zur Schönheit oder zum Schönen«. Im Sinne des Mönchtums ist hier die Schönheit der geistlichen Existenz oder der Tugenden gemeint.

Im Buch kommen insgesamt 62 geistliche Autoritäten zu Wort oder werden erwähnt. Es ist eine bunte Mischung aus kürzeren und längeren Abschnitten, die unterschiedliche Themen des geistlichen Lebens erörtern, wobei das Gebet eine zentrale Stellung einnimmt. Die »Philokalie« enthält Sprüche und Belehrungen, die von den Asketen selbst oder von ihren Schülern und Zeitgenossen mündlich und schriftlich festgehalten wurden. Auch spürt man die Absicht des Sammlers, nicht nur der Überlieferung durch Weitergabe zu dienen, sondern sie überhaupt zu erhalten. Nikodemus selbst schrieb knappe Einführungen und verfasste biographische Notizen zu den hauptsächlichen Autoren. Die »Philokalie« hat sehr schnell große Verbreitung gefunden. Bald wurde sie in zwei Bänden in kirchenslawischer Übersetzung herausgegeben. Vor allem auch in der russisch-orthodoxen Kirche und Frömmigkeit fand sie hohen Anklang.

Im ersten Viertel des 18. Jahrhunderts sank die Zahl der russischen Mönche. Die Reformen Peters des Großen (1672–1725) erlaubten nur unter bestimmten Bedingungen die Mönchsweihe. Unter Katharina der Großen (1729–1796) wurden viele Klöster geschlossen und ihre Güter zu Gunsten des Staates eingezogen. Es war die Zeit des klösterlichen Niederganges. Doch bald erfolgte eine Neubelebung, für die Archimandrit und Starez Paisij Welitschkowskij (1722–1794) von großer Bedeutung war. Mit Hilfe von Mönchen, die des Griechischen kundig waren, übersetzte Paisij die »Philokalie« des Nikodemus ins Kirchenslawische. Sie wurde 1793 in zwei Foliobänden in Petersburg gedruckt.

Die kirchenslawische Übersetzung der »Philokalie«, die »Dobrotoljubie«, erreichte breite Kreise der Mönche und des gläubigen Volkes. Die Schüler des Paisij und das russische Starzentum verbreiteten sie mit großem Eifer, sie wurde nach und nach zur Richtschnur für das spirituelle Leben und für die geistliche Begleitung.

Die »Dobrotoljubie« des Paisij Welitschkowskij erlebte bis 1857 sechs gleichbleibende Auflagen. Das russische Panteleimonkloster auf dem Athos gab 1877 die »Philokalie« in modernem Russisch neu heraus. Im Vergleich mit der griechischen und kirchenslawischen Ausgabe, wurden in dieser Ausgabe einige Teile ergänzt und die Abfolge etwas verändert.

Die neue Übersetzung und Zusammenstellung stammte von dem gelehrten russisch-orthodoxen Mönch Theophan dem Einsiedler (1815–1894), der 1860 sein Bischofsamt niedergelegt hatte, um als Einsiedler zu leben. Die Ausgabe umfasste fünf große Bände. Sie war in Russland sehr gefragt. Auch in den »Aufrichtigen Erzählungen eines russischen Pilgers« steht die »Dobrotoljubie« im Mittelpunkt.

Die griechische »Philokalie« erschien 2004 in einer fünfbändigen deutschen Übersetzung, ergänzt durch einen schmalen sechsten Band mit Stichwort-, Autoren- und Bibelstellenverzeichnis.

Da dieses Werk mit seinen fünf Bänden sehr umfangreich und in der Anschaffung teuer ist, hat Matthias Dietz eine »Kleine Philokalie« zusammengestellt, die eine Auswahl von Texten zum Herzensgebet beinhaltet und sich als Einführung in die Spiritualität der Ostkirche versteht.

Die Textauswahl und Anordnung, aus »Philokalie« und »Dobrotoljubie« entnommen und manchmal aus Übersetzungen (nicht aus dem Original) übertragen, variiert in den verschiedenen Ausgaben und Auflagen der »Kleinen Philokalie«.

Inhalt

Im Vorwort des Ökumenischen Patriarchen Bartholomaios von Konstantinopel für die deutschsprachige Ausgabe heißt es: Die »Philokalie« »beinhaltet die schönste und vollständige Synopse und Zusammenstellung der othodoxen mystischen Theologie, welche sich verstreut in den Sprüchen der frühen Mönchsväter und den Werken der alten mystischen Väter der Kirche findet ... Auf den Seiten der Philokalie findet sich kein leeres Wort menschlicher Weisheit, nicht einmal ein Wort ›über‹ die heiligen Dinge und ›über‹ die Errettung. Ganz im Gegenteil: Aus diesen fließen Ströme lebendigen Wassers und entspringen Quellen des Lebens und der Errettung. Hier erfährt der Gläubige, in welcher Weise das Herz durch die Gnade gereinigt und durch das ungeschaffene Licht der Gottheit erleuchtet wird, in welcher Weise sich Jesus eine ›Wohnstatt‹ im Herzen dessen schafft, der Ihn liebt und nach Ihm sucht, indem Er auch den Vater und den Allheiligen Geist mit sich bringt.«

Die »Philokalie« schließt in gewisser Weise an die »Apophthegmata Patrum« an und überschneidet sich teilweise mit diesen. Sie ist eine Textsammlung, die versucht, die wichtigen Texte und Begebenheiten der ostkirchlichen Spiritualität zu sammeln und zu bündeln. Dabei hat sie keinen wissenschaftlichen Anspruch und ist nicht an einer textkritischen Ausgabe interessiert. Nicht alle Texte wurden vollständig aufgenommen. Vieles gab man in Auszügen wieder, zum Teil systematisch, zum Teil unsystematisch durch den bloßen Abdruck einzelner Sprüche.

Außerdem enthält die »Philokalie« Reiseberichte, so Theophan der Einsiedler, die in verschiedene Richtungen die Pfade spirituellen Lebens erkunden und aufzeichnen, was auf der Wanderschaft geschehen ist. Diese soll den Leserinnen und Lesern auf ihren eigenen Wegen helfen, wobei sie immer mehr von den überlieferten Reiseberichten verstehen, je weiter sie selbst vorankommen.

Theophan sieht die »Philokalie« darüber hinaus als Begleiterin und Ratgeberin in zweifelhaften und problematischen Situationen des geistlichen Lebens und als beständigen Ansporn, unterwegs zu bleiben. »Um es einmal ganz schlicht zu sagen: Die hier versammelten Schriften sind ein geistliches Treibhaus, das die Gläubigen mit Herz und Verstand betreten sollen, wenn sie sich über die spirituelle Lebenswelt lesend informieren wollen.« (Theophan der Einsiedler)

Lesetipp

Die »Kleine Philokalie« zitiert folgenden Hinweis, wie die »Philokalie«/«Dobrotoljubie« zu lesen sei: »Lies zuerst das Buch des Mönches Nikephoros ..., dann lies das gesamte Buch Gregors vom Sinai mit Ausnahme der kurzen Kapitel, dann lies die Ausführungen des Symeon, des Neuen Theologen, über die drei Arten des Gebetes und seine Schrift über den Glauben, und anschließend lies das Buch des Kallistos und Ignatios. Das Werk dieser Väter enthält sämtliche Anweisungen und die Lehre vom inneren Herzensgebet und kann von allen verstanden werden.« Die »Kleine Philokalie« in der neuesten Auflage (2006) bietet dann die erwähnten Texte in der entsprechenden Reihenfolge.

Zusammen mit den »Aufrichtigen Erzählungen eines russischen Pilgers« erhält der Leser, die Leserin durch diese Lektüre eine gute Einführung in das Jesus- beziehungsweise Herzensgebet.

Die ganze »Philokalie« gibt einen guten und eindrucksvollen Überblick über die tausendjährige Geschichte des Eremitentums, des Klosterlebens und des theologischen Denkens der Ostkirche. Sie ist ein asketisch-pädagogisches Handbuch für das klösterliche Leben. Dies ist bei der Lektüre zu berücksichtigen, wenngleich sie auch für Laien fruchtbar werden kann. Denn das christliche Leben bleibt, im Streben nach der Heiligung des Alltags und der Begegnung mit Gott, in seiner Zielsetzung für Mönche und Laien gleich, bei aller Unterschiedlichkeit der Lebenslagen und Lebenswege.

Im Mittelpunkt des Interesses der »Philokalie« steht das Gebet. Nicht die Reflexion über das Gebet, sondern die Übung des Gebets und die Gebetsaskese, die immer eine gewisse Ausdauer und regelmäßige Ordnung verlangt. Gerade hier können die Texte und Abhandlungen der »Philokalie« für die eigene Übung und Auseinandersetzung, aber auch in Begleitungsprozessen hilfreich sein. Denn heute erweisen sich gerade das Moment der Regelmäßigkeit und die Geduld in der Übung, die nicht unter Erwartungs- oder Erfahrungsdruck geraten darf, besonders als geistliches Problem.

Bibliographie

Philokalie der heiligen Väter der Nüchternheit, herausgegeben von Georg Hohmann, Bände 1–6, Würzburg 2004.
Kleine Philokalie. Betrachtungen der Mönchsväter über das Herzensgebet, gesammelt und übersetzt von Matthias Dietz, Düsseldorf 2006.

Weiterführende Literatur

Schule des Herzensgebetes. Die Weisheit des Starez Theophan, Salzburg 1985.
Martin Tamke, Achtsamkeit in jedem Atemzug: Einführung in die ostkirchliche Spiritualität, Kevelaer 2007.

33 ANONYMUS
um 1855

Aufrichtige Erzählungen eines russischen Pilgers

Autor und Werk

Ein unbekannter Verfasser erzählt von einem russischen Pilger des 19. Jahrhunderts, der das Bibelwort »Betet ohne Unterlass!« (1 Thess 5,17) zu verwirklichen sucht. Damit stellt der Verfasser seine Erzählung in die Tradition des Mönchtums, denn genau diese Frage nach der Verwirklichung des »unablässigen Betens« war immer wieder dessen zentrale Frage. Das Buch gliedert sich in zwei Teile. Unter dem Titel »Aufrichtige Erzählungen eines Pilgers, seinem geistlichen Vater mitgeteilt« erschien die erste Version des ersten Teils 1870 in gedruckter Form in Kasan (Russland), nachdem vorher schon Handschriften verbreitet waren. Für den Druck wurde die Abschrift von Abt Paisij Welitschkowsky (1722–1794) des Kasaner Michaelsklosters auf dem Berg Athos herangezogen. Er hatte das Werk bei einem Starez auf dem Berg Athos abgeschrieben. Sergeij N. Bolšakov berichtet, dass er 1951 im russischen Kloster St. Panteleimon die Urschrift des ersten Teils gesehen habe. Diese habe nach Auskunft des Gastmeisters ein Pilger auf dem Athos, selber Laie, für seinen geistlichen Führer, den Priestermönch Ieroni Ieronim Solomenzev, aufgeschrieben. Der Abt aus Kazan hatte angeblich mehrere für die Theologen und das Mönchtum kritische Teile nicht in seine Abschrift aufgenommen. Die kritische Aufarbeitung des Textes steht noch aus. 1881 erschien die zweite Auflage des ersten Teils und 1884 die dritte, die praktisch allen heutigen Ausgaben und Übersetzungen zugrunde liegt.

Der zweite Teil des Buches, ebenfalls von einem unbekannten Verfasser, erschien 1911 in Moskau. Das Manuskript fand sich im Nachlass von Starez Amvrosij von Optina (1812–1891). Theophan der Klausner (1815–1894), einer der bedeutendsten geistlichen Schriftsteller Russlands und Bischof, bestätigte in einer Art »Gutachten«, dass die darin enthaltene Lehre vom Gebet korrekt sei.

Beide Teile haben also einen »geheimnisvollen« Verfasser. Die in der Schrift berichteten Begebenheiten lassen sich ungefähr in die Jahre zwischen 1853 und 1861 datieren.

Inhalt

Der erste Teil ist ein in der Ich-Form verfasster Bericht eines russischen Pilgers. Bei einem Gottesdienstbesuch hört er das Bibelwort »Betet ohne Unterlass!«. Er fragt sich, wie er diese Mahnung verwirklichen könne. Der Pilger tritt als Suchender auf, der seiner Sehnsucht nach lebendiger Erfahrung von Erlösung und Befreiung folgt. Auf seiner Pilgerreise begegnet er einem Starez (wörtlich übersetzt: »Alter«), einem durch ausdauernde, intensive Übung im geistlichen Leben erfahrener Mönch, der Ordensleute wie Laien auf dem geistlichen Weg begleitet. Das Starzentum hat in Russland eine lange Tradition, gelangte jedoch im 19. Jahrhundert zu einem gewissen Höhepunkt, so dass es auch in der russischen Literatur seinen Niederschlag findet, etwa in dem Roman »Die Brüder Karamasow« von Fjodor Michailowitsch Dostojewskij (1821–1881).

Der Starez führt den Pilger in das Jesusgebet ein und empfiehlt ihm die Lektüre der »Philokalie« (vgl. »Kleine Philokalie«). Die Verknüpfung von Jesusgebet, dem Lesen der Philokalie und der Bibel führt beim Pilger zu einem Prozess geistlicher Vertiefung und zunehmender Einsicht. Im weiteren Verlauf des ersten Teils erzählt der Pilger von seinen eigenen Erfahrungen mit diesem Gebet und von Begegnungen mit anderen Menschen, mit denen er über das Jesusgebet spricht.

Der zweite Teil ist eine in Dialogform verfasste Gebetslehre. In drei Begegnungen, hauptsächlich mit dem Starez und einigen anderen »literarischen« Personen, werden die Beweggründe und die notwendige innere Haltung für den Weg des Jesusgebetes erläutert und entfaltet. Das sogenannte Jesusgebet besteht aus der beständigen Wiederholung des Satzes: »Herr Jesus Christus, erbarme Dich meiner.« Die Einführung erfolgt behutsam, bei der ersten Unterweisung lernt der Pilger, das Gebet bei jeder Perle eines Rosenkranzes zu beten. Der kluge Lehrer beschränkt zunächst das Gebetspensum auf wenige Male. Nach und nach wird das Gebet häufiger, bis der Pilger die Erlaubnis erhält, das Gebet jederzeit in Gedanken oder Worten zu beten. Mit der Zeit wird das Jesusgebet zum ständigen Begleiter und verlässt ihn auch während des Essens oder im Gespräch mit anderen nicht mehr.

Das Jesusgebet oder auch Herzensgebet nimmt im sogenannten Hesychasmus und anderen Meditationsformen der Ostkirchen eine zentrale Stellung ein. Das griechische Wort »Hesychia« hat die Bedeutung »Sitzen«, kann aber auch heißen: im Frieden, in Ruhe sein, aber auch Schweigen, Einsamkeit, Abgeschiedenheit. Verwurzelt im alten Mönchtum (vgl. Apophthegmata Patrum), beschreibt Hesychasmus eine Bewegung der inneren Einkehr und der Reinigung des Herzens, um auf diesem Weg durch Gottes Gnade zur Schau Gottes zu gelangen. Gregor Palamas (1296/1297–1359), einflussreicher Mönch des Athos, Theologe und Erzbischof, beschreibt die Bewegung so: »Der Geist, der sich weder unter den äußeren Dingen zerstreut noch durch die Sinne auf der Welt umherschweift, kehrt zu sich selbst zurück und steigt durch sich selbst zu Gott empor.«

Dieser Rückkehr zu sich selbst und dem damit verbundenen Aufstieg zu Gott dient die Übung des Herzensgebetes. Dabei geht es nicht um eine Form ich-bezogener Innerlichkeit mit dem Ziel der »Selbsterlösung« durch Übung, denn alles steht unter dem Vorbehalt göttlicher Gnade. Der Übungsweg hat die ganzheitliche Verwandlung des Menschen zum Ziel, die gerade auch beim Pilger deutlich wird, der zu einer neuen liebevollen Beziehung zu den Menschen und allen Kreaturen findet. Deshalb enden die »Aufrichtigen Erzählungen« nicht zufällig mit einer Betrachtung über das Fürbittgebet. In dem Zusammenhang ist es erwähnenswert, dass die »Aufrichtigen Erzählungen« von einer bemerkenswerten Toleranz geprägt sind. So entlarven sie – für die damalige Zeit völlig ungewöhnlich – den Judenhass als Projektion.

Lesetipp

Die »Aufrichtigen Erzählungen« verstehen sich als Einführung in den Übungsweg des Herzensgebetes. Die Ich-Form unterstützt die Solidarisierung mit der Gestalt des Pilgers. Der Leser, die Leserin tritt in die Geschichte ein und erlebt die Begegnungen aus der Perspektive des Autors. Dabei darf der Wegcharakter nicht unterschätzt werden. Das Jesusgebet ist keine »Abkürzung« auf dem Weg zu Gott, auch wenn der Pilger relativ schnell vorankommt. Der behutsame Übungscharakter ist ernst zu nehmen, damit das Jesusgebet sich nach und nach entfalten kann. Die geschilderten Begegnungen machen auf manche Gefahren aufmerksam und unterstreichen auch die Bedeutung des Starez, des Begleiters auf diesem Weg. Wer wirklich das Herzensgebet üben möchte, sollte dies nicht ohne eine gute Einführung tun und sich gerade am Anfang um eine gute Begleitung bemühen. Dies gilt erst recht für die Übungsform, die den Atemrhythmus einbezieht und eine Synchronisation von Gebet und Herzschlag versucht. Dieser Übungsform wird von den Starezen höchstens eine unterstützende Wirkung zugestanden. Sie ist für die Übung selbst nicht entscheidend.

Bibliographie

Aufrichtige Erzählungen eines russischen Pilgers, herausgegeben und eingeleitet von Emmanuel Jungclaussen, Freiburg im Breisgau 17. Aufl. 2010.

Weiterführende Literatur

Franz Jalics, Kontemplative Exerzitien. Eine Einführung in die kontemplative Lebenshaltung und in das Jesusgebet, Würzburg 11. Aufl. 2009.
Emmanuel Jungclaussen, Unterweisung im Herzensgebet, St. Ottilien 3. Aufl. 2008.
Peter Köster, Die Übung des Herzensgebets nach der Tradition der Ostkirchen, St. Ottilien 2007.

34 CHARLES DE FOUCAULD
1858–1916

Der letzte Platz
La Dernière Place

Autor und Werk

Comte Charles Éugene de Foucauld de Pontbriand wurde am 15. September 1858 als Sohn einer der reichsten Familien des Landes in Straßburg geboren. Bereits als Fünfjähriger verlor er seine Eltern und wuchs bei seinem Großvater mütterlicherseits erst in Straßburg, dann in Nancy auf. Mit Ausnahme seiner Cousine, der späteren Marie de Bondy, die ihm zeitlebens mütterliche Freundin und geistliche Begleiterin blieb, verlor er nach und nach den Kontakt zu seiner Familie. Noch während der Schulzeit kam ihm sein Kinderglauben abhanden, und er wurde Agnostiker. Während seiner Zeit an der berühmten französischen Militärakademie von Saint-Cyr, die er im Jahre 1876 abschloss, galt er als liederlich und verschwenderisch. Seine Freunde gaben ihm den Spitznamen »Schweinchen«. Er versuchte zunächst, dieses Leben auch in der Armee weiterzuführen, und nahm die Halbweltdame Mimi als seine Frau mit nach Algerien, wohin sein Regiment verlegt wurde. Doch schließlich entließ man ihn in Unehren wegen Disziplinlosigkeit und ausgesprochen schlechter Führung. Als er von neuen Kämpfen hörte, bat er um Neuaufnahme in sein altes Regiment und erwarb sich durch seinen mutigen Einsatz neue Anerkennung. Diese Kampferfahrungen ließen Charles nicht ungerührt. Er änderte sein Leben radikal und unternahm, beeindruckt von der Wüste, 1883 bis 1884 als erster Europäer in der Verkleidung eines armenischen Juden eine Forschungsreise in das damals Europäern verschlossene Marokko. Dafür erhielt er 1885 die Goldmedaille der Société de Géographie von Paris.

Die Begegnung mit der Frömmigkeit des Islam und das einfache Zeugnis seiner gläubigen Cousine ließen in ihm, zurück in Paris, neu die Frage nach Gott lebendig werden, und er betete: »Mein Gott, wenn es dich gibt, lass mich dich erkennen!« Im Oktober 1886 suchte Foucauld Abbé Huvelin, einen angesehenen Geistlichen, auf, den er über seine Cousine kennengelernt hatte, um über den Glauben zu diskutieren. Huvelin aber forderte ihn auf, eine Lebensbeichte abzulegen. Nach anfänglichem Widerstand ließ sich Foucauld darauf ein, was den Wendepunkt in seinem Glaubensleben markierte.

War er die vergangenen zehn Jahre in keiner Kirche mehr, so besuchte Charles nun täglich die heilige Messe, kommunizierte fast täglich und ging wöchentlich beichten. Am 16. Januar 1890 trat er in die Trappistenabtei Notre-Dame de Neiges ein. Am 27. Januar als Postulant aufgenommen, erhielt er zehn Tage später das Gewand eines Chornovizen und den Ordensnamen Marie-Albéric. Die Armut und der einfache Lebensstil der Trappisten faszinierten ihn. Ein Satz Abbé Huvelins sollte von da an Foucaulds Leben begleiten: »Jesus Christus hat so sehr den letzten Platz eingenommen, dass dieser ihm von keinem Menschen jemals streitig gemacht werden kann.«

Nach und nach stellte sich jedoch heraus, dass das Leben als Trappist nicht seiner Berufung zu einem Leben der Nachfolge Christi nach dem Vorbild »Nazaret«, wie er es nannte, entsprach. Auch reifte in ihm die Idee zur Gründung einer Gemeinschaft, die in kleinen Gruppen unter den Armen leben und deren Los teilen sollte. Im Januar 1897 erhielt er nach seinem Theologiestudium in Rom vom Generalabt der Trappisten die Erlaubnis, den Trappistenorden zu verlassen und seiner Berufung zu einem »Leben in Nazaret« zu folgen.

Er brach nach Nazaret auf, wo er im dortigen Klarissenkloster als einfacher Hausbursche arbeitete. Dort verrichtete er niedrigste Dienste und verbrachte den Rest der Zeit im kontemplativen Gebet. So war seine erste Verwirklichung von »Nazaret« ein wortgetreues, rein kontemplatives Nachleben der Existenz Jesu.

Die Klarissen-Äbtissin von Jerusalem ließ nicht locker und überzeugte Charles schließlich davon, dass es seinen Gründungsplänen förderlich wäre, Priester zu werden. So kehrte er 1900 nach Frankreich zurück, um 1901 die Priesterweihe zu empfangen. In dieser Zeit reifte in ihm der Plan, das »Leben in Nazaret« in Nordafrika zu führen, um den Menschen dort Jesus nahezubringen. In Beni-Abbès, einer kleinen Oasen- und Garnisonstadt am Rande der Sahara, baute er, da er mit künftigen Brüdern rechnete, eine geräumige Eremitage. Wie von selbst erschloss sich ihm hier die zweite Form von »Nazaret«. Er verbrachte viel Zeit kniend vor dem Allerheiligsten und betrachtete die Lebenshingabe Jesu am Kreuz für die vielen. Diese Erfahrung im Gebet und der zunehmende Strom der Besucher und Bittsteller drängten ihn zu einem radikalen Dasein für die anderen. Foucauld wurde in Beni-Abbès zum »frère universel«, zum Bruder aller Menschen. Er schrieb: »Ich möchte, dass alle Einwohner, Christen, Moslems, Juden und Heiden, mich als ihren Bruder, den Bruder aller Menschen betrachten.«

Das Zeugnis seines Glaubens war sein Dasein für die Menschen, die zu ihm kamen, ohne Ansehen der Person. Zugleich kämpfte er für die Rechte der Armen und Kleinen und wendete sich in verschiedenen Eingaben an das Parlament in Paris leidenschaftlich gegen die geduldete Sklaverei.

Auf verschiedenen Reisen traf er auch die Tuareg, die noch nicht vom Evangelium erreicht wurden und deshalb für ihn die Ärmsten der Armen waren. Auf Einladung seines früheren Offizierskameraden Laperinne gründete er im August 1905 in Tamanrasset, damals einer winzigen Oasenniederlassung im Herzen der Sahara, und im Jahre 1910 im Hoggar Einsiedeleien.

Bei den Tuareg erreichte das »Leben in Nazaret« eine neue Verwirklichungsform: Er verbrachte zwar weiterhin viele Stunden vor dem Allerheiligsten, um tiefer in die Haltung Jesu einzudringen und stellvertretend die Menschen seiner Umgebung vor Gott hinzutragen, aber gleichzeitig leistete er mehr und mehr Entwicklungshilfe. Charles wurde zum Vertrauten von Amenokal, des »Königs« der Tuareg und der französischen Kolonialoffiziere. Er gab Ratschläge für die Landwirtschaft und für die medizinische Betreuung, lehrte die Tuareg-Frauen stricken und häkeln und lernte vor allem aber die Sprache und literarische Tradition der Tuareg kennen. Bis zuletzt arbeitete er an einem erst nach seinem Tod veröffentlichten, bis heute unübertroffenen großen Wörterbuch Französisch–Tuareg (Tamaschek).

Nach wie vor hatte Foucauld den Wunsch, eine Gemeinschaft zu gründen, doch fanden sich keine Brüder, die dieses Leben mit ihm teilen wollten. Ein neuer Gedanke begann ihn zu beschäftigen: Laien, die sich als vorbildliche Christen dafür gewinnen ließen, in Missionsgebieten anzusiedeln. Sie sollten »durch ihr Beispiel eine lebendige Predigt sein: Der Unterschied zwischen ihrem Leben und dem der Nichtchristen muss Aufsehen erregen, wie es der Wahrheit entspricht. Sie sollen ein lebendiges Evangelium sein: Die Menschen, die Jesus fern sind, vor allen Dingen die Ungläubigen, sollen ohne Bücher und ohne Worte durch den Anblick ihres Lebens das Evangelium kennenlernen«. (Brief an Abbé Caron 1909)

Foucaulds Einschätzung des Verhältnisses von Laien und Klerus Anfang des 20. Jahrhunderts ist ernüchternd: »Die Welt der Kirche und die Welt der Laien wissen so wenig voneinander, dass die eine der andern nichts zu geben vermag. Es ist aber gewiss, dass neben den Priestern Laien gebraucht werden, die sehen, was der Priester nicht sieht, die dorthin vordringen, wohin er nicht vordringen kann, die zu denen gehen, welche ihn fliehen, die durch einen wohltätigen Kontakt evangelisieren, durch eine auf alle überströmende, eine immer hingabebereite Liebe.« (Brief an Abbé Caron 1909)

Zur Gründung einer solchen Laiengemeinschaft reiste Foucauld öfter nach Frankreich, doch war auch dieser Initiative nur bescheidener Erfolg beschieden. Er hat zwar Christen gefunden, die sein Werk unterstützen wollten, jedoch nicht bereit waren, sich in Afrika niederzulassen.

Infolge völliger Erschöpfung erlitt Bruder Charles 1908 einen totalen Zusammenbruch und machte nun die für ihn zunächst beschämende, dann aber entscheidende Erfahrung, auf die Ärmsten der Armen angewiesen zu sein, die das wenige, das sie besaßen, nicht nur mit ihm teilten, sondern selbst noch mehr Entbehrungen auf sich nahmen, damit er genesen konnte.

Diese Erfahrung wurde zu seiner »zweiten Bekehrung«. Charles musste sich von seinen Vollkommenheitsidealen lösen, von seinem willentlichen Streben und seinen gut ausgetüftelten Plänen. Als bisher Gebender war er dazu gezwungen, sich als wirklich arm und bedürftig anzunehmen und zu lernen, mit sich selbst menschlicher umzugehen.

Im Zuge des Ersten Weltkriegs dangen räuberische Stämme von Libyen her in die Sahara ein. Zum Schutz errichtete Charles de Foucauld in Tamanrasset ein Fort für sich und die Bewohner des Ortes. Am 1. Dezember 1916 wurde es von 40 Plünderern umstellt und er selbst durch eine List nach außen gelockt und gefesselt. In einem Tumult heraus und wohl aus Panik wurde Charles erschossen. Auf seinem Grab bei El Golea stehen die Worte: »Ich will das Evangelium durch mein Leben hinausschreien!«

Charles de Foucauld starb allein. Sein sehnlichster Wunsch, Gefährten zu finden, hat sich nicht erfüllt. Es sollte aber nur noch siebzehn Jahre dauern, denn 1933 entstanden verschiedene geistliche Gemeinschaften. Die bekanntesten von ihnen sind die Kleinen Brüder und Kleinen Schwestern Jesu, die an die Spiritualität Charles de Foucaulds anknüpften.

Darüber hinaus wurde deutlich, wie hellsichtig und vorausschauend Charles' Ideen und Pläne waren. Die Verkündigung des Evangeliums, so seine Einsicht, setzt Bedingungen, wie Freundschaft und Integration des Verkündigers im entsprechenden Umfeld und in der sozialen Gemeinschaft voraus. Nur eine arme Kirche, die mit armen Mitteln an Arme das Evangelium verkündet, ist letztlich glaubwürdig. Charles entdeckte und formulierte das Apostolat der Laien in und für die Kirche. Das Ideal von »Nazaret« bewegte ihn als eine zeitgemäße Lebensform sein Leben lang, das kontemplatives und aktives Leben miteinander verband und mit dem Glauben an die Fleischwerdung Gottes in unserer gewöhnlichen Alltagswelt Ernst machte.

Charles de Foucauld wurde am 13. November 2005 in Rom seliggesprochen. An diesem Gottesdienst nahmen auch mehrere Angehörige von Tuareg-Stämmen teil. Charles de Foucaulds Gedenktag in der Liturgie der katholischen Kirche ist der 1. Dezember.

Inhalt

Die Textsammlung »Der letzte Platz« enthält unter elf Überschriften, 187 kurze Abschnitte aus verschiedenen Schriften Charles de Foucaulds. Eine Einleitung, ein kurzer Lebenslauf und der Verweis auf die Quellen runden diese Ausgabe von Martha Gisi ab. Zu empfehlen wären natürlich die ungekürzten Texte seiner geistlichen Schriften, die jedoch im Moment auf Deutsch nicht zu erwerben sind.

Die Textsammlung bietet daher im Augenblick den besten Zugang zu den Originalschriften Charles de Foucaulds. Demut, Gebet und Apostolat sind für ihn die wichtigsten Stichworte des geistlichen Lebens.

Im Kapitel »Apostolat durch Gegenwart« wird seine spezifische Sendung deutlich. Das Kapitel »Schwierigkeiten im Apostolat« beschäftigt sich mit seiner beständigen Auseinandersetzung mit Rückschlägen und Enttäuschungen. »Selbstheiligung« verweist auf den alten Grundsatz, dass Apostolat und Nächstenliebe nicht ohne die eigene Bekehrung und ehrliche Selbsterkenntnis möglich sind. »Man wählt seine Berufung nicht, man erhält sie«, so wird Foucauld unter dem Stichwort »Wahl« zitiert, und die weiteren Texte füllen dies mit eigenen Erfahrungen Foucaulds.

Die Stichworte »Armut« und »Gehorsam« verweisen auf die evangelischen Räte und Foucaulds Auslegung derselben. »Kreuz« und »Liebe« sind die Abschlusskapitel, die eng zusammengehören und das innerste Anliegen Foucaulds thematisieren. Ein Gebet Foucaulds fasst die Textsammlung wie in einem Brennglas zusammen und schließt sie mit den Worten ab: »Mein Vater, ich überlasse mich Dir, tue mit mir nach Deinem Gefallen. Was immer Du tun magst mit mir, ich danke Dir. Ich bin bereit zu allem, ich nehme alles an, wenn nur Dein Wille in mir geschieht und in all Deinen Geschöpfen. Ich habe kein anderes Verlangen, mein Gott. Ich lege meine Seele in Deine Hände. Ich gebe sie Dir, mein Gott, mit der ganzen Liebe meines Herzens, weil ich Dich liebe und aus Liebe danach verlange, mich hinzugeben, mich in Deine Hände zu legen, ohne Maß, mit einem unendlichen Vertrauen, denn Du bist mein Vater.«

Lesetipp

Eine Textauswahl hat immer den Nachteil, dass die Stücke aus dem Zusammenhang gerissen sind, und den Vorteil, dass sie thematisch vorsortiert wurden. So gibt die Textauswahl einen guten Überblick, sie sollte aber durch die Lektüre einer Biographie ergänzt werden, denn wie auf dem Grab Foucaulds schon vermerkt, war seine Stärke das gelebte Evangelium. Dies soll die Bedeutung seiner Schriften nicht schmälern, jedoch sind sie auf diesem Hintergrund und unter dieser Prämisse zu lesen und zu verstehen.

Bibliographie

Charles de Foucauld, Der letzte Platz. Aufzeichnungen und Briefe, ausgewählt, übersetzt und eingeleitet von Martha Gisi, Christliche Meister Band 50, Einsiedeln 9. Aufl. 2006.

Weitere Werke

Charles de Foucauld, Die geistlichen Schriften. Alle ungekürzten Texte der Originalausgabe, Wien 1963.

Weiterführende Literatur

Annie de Jesus, Charles de Foucauld. Auf den Spuren Jesu von Nazareth, München 2004.
Jürgen Rintelen, Der das Leben suchte. Die vielen Schritte des Charles de Foucauld, Würzburg 2005.
Jean-François Six, Charles de Foucauld. Mit Leidenschaft und Entschlossenheit, München 2008.

35 PIERRE TEILHARD DE CHARDIN
1881–1955

Die Messe über die Welt
La Messe sur le Monde

Autor und Werk

Grenze und Exil sind Stichworte, die das Leben und Wirken Teilhard de Chardins charakterisieren. Von den Theologen nicht besonders anerkannt, weil er sich mit »nur« naturwissenschaftlichen Fragen beschäftigte, und von den Naturwissenschaftlern nicht als ernsthafter Gesprächspartner akzeptiert, sondern als Schwärmer betrachtet, fand sich Teilhard oft einsam im Grenzgebiet zwischen Theologie und Naturwissenschaften wieder. Er war »ohne ein Zuhause, ständig auf Reisen, stets in der Verbannung. Dem entspricht sein Werk: kein am Schreibtisch errichtetes Gedankengebäude, sondern kurze Essays, die auf dem Schiff, auf dem Raupenfahrzeug der Expedition, auf dem Rücken des Maultiers entworfen werden« (S. Daecke).

Marie-Joseph Pierre Teilhard de Chardin wurde am 1. Mai 1881 in Sarcenat in der Auvergne (Frankreich) geboren. Sein Vater entstammte einem alten Adelsgeschlecht. Er vermittelte seinen Kindern schon früh vielfältige Zugänge zur Natur. Teilhard entwickelte so bereits als Kind Interesse an Mineralogie und biologischen Beobachtungen. Seine Mutter, eine Großnichte Voltaires, war für die religiöse Erziehung verantwortlich. Damit fand sich die spannende und spannungsreiche Beziehung seines Lebens bereits in seinen Eltern repräsentiert.

Ab 1892 besuchte Teilhard das Jesuitenkolleg Notre-Dame de Mongré in Villefranche-sur-Saône. Ihm lagen sowohl die humanistischen als auch die naturwissenschaftlichen Fächer. Am 20. März 1899 trat er in das Noviziat der Jesuiten in Aix-en-Provence ein und durchlief die ordensüblichen Ausbildungsstationen. In dieser Zeit erreichte der

Antiklerikalismus in Frankreich seinen Höhepunkt. Die Jesuiten mussten sich nach England und auf die Kanalinseln zurückziehen. So studierte Teilhard ab Oktober 1902 drei Jahre Philosophie in Saint-Louis auf Jersey. Dort erhielt er die erste Ausbildung in Physik, Chemie und Geologie und beteiligte sich an geologischen Exkursionen auf der Insel. 1905 wurde er Lehrer für Physik und Chemie am Jesuitenkolleg in Kairo. Anschließend begab er sich 1908 zum Theologiestudium wieder nach England, wo er 1911 zum Priester geweiht wurde.

1912 begann Teilhard naturwissenschaftliche Studien (Biologie, Geologie und Paläontologie) in Paris, die durch den Militärdienst im Ersten Weltkrieg unterbrochen wurden. Ab 1915 diente Teilhard als Sanitäter und erlebte den Stellungskrieg und die Materialschlachten in Ypern und Verdun mit. Trotz der widrigen Kriegsumstände begann Teilhard 1916, kleinere geistliche Schriften zu verfassen.

1918 legte er seine feierlichen Gelübde ab und wurde 1919 aus dem Militärdienst entlassen. Nach Abschluss seiner naturwissenschaftlichen Studien mit einer Dissertation über die Säugetiere des französischen unteren Eozäns (erdgeschichtliches Zeitalter von ca. 59–34 Millionen Jahren) wurde Teilhard 1922 zum außerordentlichen Professor für Geologie am Institut Catholique de Paris ernannt. Wegen seiner unorthodoxen Auffassungen unter anderem zur Erbsündenlehre und seiner Bejahung der Evolutionstheorie verlor Teilhard 1926 den Lehrstuhl.

1923 brach er zu einer Forschungsreise nach China auf. In dieser Zeit entstand die Meditation »Die Messe über die Welt«. Anlass war, wie oft in seinem Leben, eine Begebenheit auf einer seiner Exkursionen, als er wahrscheinlich am Tag des Festes der Verklärung mitten in der Ordos-Wüste in der inneren Mongolei keine Gelegenheit hatte, Eucharistie zu feiern. Seine Reisebriefe machen deutlich, dass er nach diesem unmittelbaren Erleben seine Gedanken nach und nach ausarbeitete und entfaltete. Von 1923 bis 1946 unternahm er Forschungsreisen in China, Äthiopien, Zentralasien, Indien, Java und vielen anderen Ländern der Welt. Verschiedene Veröffentlichungen dieser Zeit führten immer wieder zu Problemen mit der Glaubenskongregation beziehungsweise verbot diese die Veröffentlichung seiner Schrift »Le phénomène humain«.

Eine Seite seines Lebens erschloss sich nach seinem Tod, als seine Briefe zugänglich waren, nämlich seine Freundschaft mit Frauen. Vor allem mit der amerikanischen Bildhauerin Lucile Swan verband ihn von der ersten Begegnung in Peking bis zu seinem Tod eine heimliche Liebe. Diese »Liebesgeschichte« war vom Ringen zwischen Hoffen, Hadern und Sichabfinden geprägt. Teilhard versuchte, auch in dieser »unmöglichen Liebe« der göttlichen Dimension innezuwerden.

Von 1946 bis 1950 lebte er wieder in Paris und wurde für seine geowissenschaftlichen Leistungen 1947 zum Offizier der Ehrenlegion und drei Jahre später zum korrespondierenden Mitglied des Institut de France ernannt. Teilhard litt vor allem in den letzten Jahren seines Lebens unter der zunehmenden Spannung mit Rom und seinem Orden. Dennoch lehnte er es entschieden ab, den Orden oder gar die Kirche zu verlassen. Er war davon überzeugt, dass er nicht mit dem religiösen Strom brechen kann, den es seiner Meinung nach nicht zu bekämpfen, sondern umzuwandeln galt. Seine innerste Überzeugung ließ einen Bruch aus politischen Überlegungen nicht zu. Teilhard sah bis zum Ende seines Lebens im Dialog zwischen Theologie und Naturwissenschaft eine große Chance, sich weiterzuentwickeln. Bereits 1917 schrieb er in sein Tagebuch: »Die Theologie ist vielleicht die lebendigste Wissenschaft, die, in der noch am meisten zu finden ist. Und man stellt sie als eine einfache, umfassende Kenntnis eines Systems fertig vorgefundener, fertig kodifizierter Wahrheiten dar.«

1950 musste Teilhard auf Anordnung seiner Ordensoberen Paris wieder verlassen und lebte bis zu seinem Tod in New York, von wo aus er weitere Forschungsreisen nach Südafrika unternahm. In einem Gespräch wünschte sich Teilhard im März 1955: »Ich möchte gerne am Tage der Auferstehung sterben!« Knapp vier Wochen später starb er tatsächlich am Ostersonntag, dem 10. April 1955, an einem Herzinfarkt. Seine Beerdigung war denkbar einsam. Am Osterdienstag feierten etwa zehn seiner Freunde ein Requiem in St. Ignatius. Anschließend begleiteten zwei Mitbrüder den Verstorbenen zum Jesuitenfriedhof St. Andrews-on-Hudson.

Nach seinem Tod konnten seine Bücher veröffentlicht werden. Doch noch 1962 warnte ein Lehrschreiben des Vatikan vor seinen schweren Irrtümern. Erst mit dem II. Vatikanischen Konzil (1962–1965) trat eine grundsätzliche Wende ein, und seine Werke konnten nun auch offiziell in der katholischen Kirche gelesen und seine Auffassungen diskutiert werden. Inzwischen erschienen 13 Bände seiner Werkausgabe, dazu Briefe und Tagebücher. Viele Anliegen Teilhards wurden von zahlreichen Theologen und vom II. Vatikanischen Konzil (vor allem in der Pastoralkonstitution »Gaudium et spes«) aufgegriffen, auch wenn seine Positionen immer auch umstritten waren. Teilhard erlangte in den 1960er- und 1970er-Jahren gerade auch in Deutschland eine hohe Popularität. Ein Beleg dafür ist das 1971 von Adolf Haas herausgegebene zweibändige »Teilhard de Chardin-Lexikon – Grundbegriffe – Erläuterungen – Texte«, das als Taschenbuch erschien. Dies unterstreicht allerdings auch, dass der Zugang zum Werk Teilhards nicht ganz einfach ist und einer Hilfestellung bedarf.

Teilhards grundlegende Überzeugung war, dass die Schaffung des Kosmos zielgenau ausgerichtet war auf die Schaffung von Leben, des Menschen und der Vernunft. Sein Hauptwerk »Der Mensch im Kosmos« will erweisen, dass die Entwicklung des Universums nicht zufällig, sondern mit dem Zielpunkt Mensch vor sich ging, vom Willen des Schöpfergottes geleitet war und in Christus zur Erfüllung und Vollendung kommt. In seinem letzten Tagebucheintrag fasste er seine Gedanken zusammen: »Die beiden Artikel meines Credo: Das Universum ist zentriert – evolutiv, nach oben/vorn. Christus ist sein Zentrum.«

Inhalt

Die Meditation »Die Messe über die Welt« erschließt Dimensionen der Eucharistie, die nach dem II. Vatikanischen Konzil und seiner Liturgiereform etwas in den Hintergrund getreten sind. Teilhard erschließt die universal-kosmische Dimension der Eucharistie als Vergegenwärtigung der himmlischen Liturgie. Dabei verwechselte er die Gegenwart Christi im Sakrament der Eucharistie nicht mit der universalen Gegenwart Gottes in seiner Schöpfung. Aber die Eucharistie gibt gleichsam die Richtung der kosmischen Bewegung an und nimmt sie voraus: die Vergöttlichung der Welt. »Diese universal-kosmische Dimension gilt es«, so Kardinal Walter Kasper, »gegenüber individualistischen Verkürzungen wie gegenüber der neuerlichen Reduktion der Eucharistie auf eine verengte Gemeindeperspektive wieder zurückzugewinnen.«

Lesetipp

Der Text Teilhard de Chardins ist eine Meditation und deshalb auch als solche zu lesen. Es gilt, seinen Gedanken nachzuspüren und sie mit dem eigenen Verständnis der Eucharistie in einen fruchtbaren Dialog treten zu lassen. So kann die Beschäftigung mit der Meditation Teilhards zu einer Horizonterweiterung führen, ohne die Notwendigkeit eines individuellen Zugangs zur Eucharistie und deren Bedeutung für die Gemeinde zu schmälern.

Alle drei Dimensionen sind wichtig, die persönliche, die gemeinschaftlich-kirchliche und die kosmische, und es darf, wie das leider in Diskussionen oft geschieht, nicht die eine gegen die andere ausgespielt werden. Wenn Kardinal Kasper im oben zitierten Wort beim Eucharistischen Kongress 2004 in Mexiko von »Reduktion« und »verengter Gemeindeperspektive« spricht, so beinhaltet dies eine negative Wertung der bezeichneten Zugänge. Dies darf allerdings nicht dazu führen beziehungsweise dazu missbraucht werden, diese Zugänge grundsätzlich und nicht nur in ihren Übertreibungen abzuwerten. Nur eine differenzierte Sicht, die in ausgewogener Weise die verschiedenen Zugänge würdigt, wird der Bedeutung der Eucharistie gerecht, was sicher auch im Sinne von Kardinal Kasper wäre.

Dieser kleine Exkurs zur Diskussionskultur will auf eine Grundschwierigkeit aufmerksam machen, nämlich dass Positionen und Gegenpositionen in Auseinandersetzungen oft zu Übertreibungen neigen und sich verselbstständigen. So ist es bei der Lektüre immer hilfreich, zwischen der dargelegten Position und den damit verbundenen ausgesprochenen und unausgesprochenen Wertungen zu unterscheiden. Wertungen sind deshalb nicht einfach schlecht. Wir kommen ohne sie nicht aus, denn sie haben mit unseren Werten und Grundorientierungen zu tun, ohne die Lebensgestaltung nicht möglich ist. Geht es aber darum, einen Standpunkt zu verstehen, einem Gedanken, einer Meditation, einem geistlichen Text zu folgen, sind vorschnelle Wertungen nicht hilfreich, weil sie das Verständnis beeinträchtigen. Der alte Grundsatz der CAJ (Christliche Arbeiterjugend) »Sehen – Urteilen – Handeln« macht dieses Anliegen noch einmal als »Merksatz« deutlich. Das Urteilen kommt erst nach dem Sehen, und vorschnelles Urteilen oder Bewerten ist dem wirklichen Sehen abträglich und würde das Urteilen und das Handeln beeinträchtigen.

Bibliographie

Die Meditation »Die Messe über die Welt« ist in zwei deutschen Ausgaben zu finden:

Pierre Teilhard de Chardin, Lobgesang des Alls, herausgegeben und übersetzt von Nicole und Karl Schmitz-Moormann, Freiburg im Breisgau 7. Aufl. 1981.
Pierre Teilhard de Chardin, Das Herz der Materie. Kernstück einer genialen Weltsicht, übersetzt von Richard Brüchsel, Düsseldorf 2. Aufl. 2005.

Weitere Werke

Pierre Teilhard de Chardin, Der Mensch im Kosmos, übersetzt von Othon Marbach, München 4. Aufl. 2010.
Pierre Teilhard de Chardin, Die Entstehung des Menschen, übersetzt von Günther Scheel, München 2. Aufl. 2006.

Weiterführende Literatur

Günther Schiwy, Ein Gott im Wandel. Teilhard de Chardin und sein Bild der Evolution, Düsseldorf 2001.
Günther Schiwy, Eine heimliche Liebe. Lucile Swan und Teilhard de Chardin, Freiburg im Breisgau 2005.
Karl Schmitz-Moormann, Pierre Teilhard de Chardin. Evolution, die Schöpfung Gottes, Mainz 1996.

36 THÉRÈSE VON LISIEUX
1873–1897

Selbstbiographische Schriften

Autorin und Werk

Thérèses Leben war rein äußerlich betrachtet wenig spektakulär. Am 2. Januar 1873 wurde sie in Alençon geboren und wuchs im kleinbürgerlich katholischen Milieu Frankreichs auf.

Bemerkenswert war die Energie, die sie entwickelte, um durch eine Dispens ihren frühzeitigen Eintritt in den Karmel von Lisieux zu erwirken. Dies begründete auch ihre einzige längere Reise nach Rom, wo sie während einer Audienz Papst Leo XIII. gegen alle Etikette direkt ansprach und ihm ihr Anliegen vortrug. Die Dispens wurde gewährt, und Thérèse trat 1888 in den Karmel von Lisieux ein, einem damals unbedeutenden Ort in der Provinz. Thérèse lebte dort als kontemplative Nonne, arbeitete, betete und starb mit 24 Jahren, am 30. September 1897, an Tuberkulose.

Sie gründete kein caritatives Werk und keinen Orden. Sie setzte keine sozialpolitischen Impulse oder hinterließ theologische Werke. Was blieb, war ihr Leben, wie sie es in ihren »Selbstbiographischen Schriften« beschrieben hat.

Thérèses »Selbstbiographische Schriften« bestehen aus drei Manuskripten. Manuskript A enthält die Kindheitserinnerungen Thérèses und entstand zwischen Januar 1895 und Januar 1896. Sie widmete es ihrer leiblichen Schwester Pauline, die vor ihr im Jahr 1882 in den Karmel von Lisieux eingetreten war und zu dieser Zeit das Amt der Priorin innehatte. Manuskript B ist ein Brief an Schwester Marie du Sacré-Cœur, Thérèses ebenfalls leiblicher Schwester und Taufpatin und wie sie Karmelitin in Lisieux. Der Brief wurde zwischen dem

13. und 16. September 1896 verfasst. Eine Fortsetzung zu den Kindheitserinnerungen, worin Thérèse ihr Leben im Kloster behandelt, ist Manuskript C, das im Laufe des Juni 1897 für die ehrwürdige Mutter Marie de Gonzague niedergeschrieben wurde, die ebenfalls Priorin im Karmel von Lisieux geworden war. Hinzu kommen Thérèses Briefe und die Aufzeichnungen über ihre letzten Gespräche. Darüber hinaus erhielten sich noch Gedichte und kleinere Schriften. Ergänzt werden diese Schriften aus der Hand Thérèses beziehungsweise von ihr diktiert, durch Aussagen ihrer Mitschwestern im Selig- und Heiligsprechungsprozess, durch Briefe, die an sie gerichtet waren, und durch Beschreibungen von Angehörigen, besonders die Familie und Kindheit Thérèses betreffend.

So entsteht ein gleichwohl differenziertes Bild eines Glaubensweges, dessen Zentrum und Hauptquelle aber die »Selbstbiographischen Schriften« bleiben, die auch die weiteste Verbreitung gefunden haben. Diese globale Verbreitung, die weltweite, quer durch alle Schichten reichende Verehrung für Thérèse, ist ein Phänomen, für das es sicherlich unterschiedliche Ursachen gibt und das letztlich nicht gänzlich zu erklären ist.

Die Wirkungsgeschichte Thérèses ist auch eine Geschichte ihrer Verniedlichung und Verkitschung, wozu ihre leiblichen Schwestern im Karmel von Lisieux den Grundstein legten, als sie die Selbstbiographie zur »Geschichte einer Seele« machten und die Texte Thérèses »korrigierten«, um sie in einer von Ecken und Kanten gereinigten, der Leserschaft jener Zeit genehmen Form vorzulegen. Die ungekürzten, authentischen »Selbstbiographischen Schriften« erschienen erst 1956 in deutscher Übersetzung und in englischer Übersetzung 1958.

Thérèse gehört heute zu den weltweit bekanntesten und am meisten verehrten Heiligen der katholischen Kirche. Es ist evident, dass seitdem Thérèses Schriften zugänglich sind, viele Menschen bei der Lektüre ihrer Autobiographie etwas von der inneren Freiheit dieser Heiligen verspürten und miterleben konnten, wie diese Frau in einem weltabgeschiedenen Karmel zu einer Heiligen in der Freiheit der Kinder Gottes wurde. Dies geschah nicht durch komplizierte Reflexion, nicht durch heroische Taten und anstrengende Askese, nicht durch selbstverneinenden Verzicht und strenge Zucht, sondern durch die ganz einfachen Erfahrungen einer Frau, die das Evangelium ernstnahm. Die Einfachheit der frohen Botschaft entdeckt und gelebt zu haben und darin zur Freiheit, zu Reife und Heiligkeit gelangt zu sein ist das Vermächtnis der Thérèse von Lisieux. Dies ist heute, nach dem II. Vatikanischen Konzil (1962–1965), vielleicht nicht mehr in seiner Brisanz deutlich. Auf dem Hintergrund des ausgehenden 19. Jahrhunderts, einer Zeit, in der Rubrizismus, Kompliziertheit und Steifheit auf weiten Strecken die Frömmigkeit gelähmt hatten und Skrupulanten produziert wurden, war dies umso erstaunlicher.

Diese schlichte, unaufdringliche, innere Freiheit hat Menschen angesprochen, sie in ihrem alltäglichen Leben ermutigt und ihnen das Evangelium neu erschlossen, jenen Menschen, die auch wie Thérèse unter lähmenden Vorschriften, alten Riten, verstaubten Meinungen und autoritärem Gebaren litten.

Thérèse wurde zur Patronin der Missionen ernannt. Sie, die die meiste Zeit ihres Lebens abgeschieden hinter Klostermauern lebte, ließ ihren Geist und ihren Horizont dadurch nicht eindämmen. Sie wollte nicht *etwas*, sie wollte *alles,* und so wurde sie zu Recht Patronin der Missionen. Sie verkörpert eine Mission, die die Menschen lehrt, dass die Einfachheit der Gottesbeziehung, wie sie Jesus vorgelebt und wie sie Thérèse für sich und ihre Leserinnen und Leser wiederentdeckte, zur Freiheit, Reife und Heiligkeit, kurz: zur Vollkommenheit führt.

Papst Johannes Paul II. ernannte sie 1997 zur Kirchenlehrerin und unterstrich damit die große Bedeutung ihres »kleinen Weges« für die Kirche.

Inhalt

Das Leben Thérèses ereignete sich Ende des 19. Jahrhunderts. Diese Zeit war durch eine gewisse Abschottungspolitik der Kirche geprägt, die sich zunehmend von der Welt in ihren Werten und Überzeugungen bedroht sah und sich deshalb nach und nach in ein gesellschaftliches Ghetto begab. In den katholischen Familien der Zeit wurde diese Bewegung aufgegriffen, und es herrschte eine Enge, die sich natürlich auch in den Klöstern auswirkte. Thérèse hat sich immer wieder mit der Enge im Gottesbild der Zeit, im Verständnis der Sakramente und mit der Leistungsbezogenheit der Frömmigkeit auseinandergesetzt.

Gegenstand der überlieferten Schriften Thérèses ist ihr Leben und sind ihre Erfahrungen. Die Quelle ihres geistlichen Lebens waren vor allem die Heilige Schrift und die Werke des Johannes vom Kreuz. Beides war in der Zeit selbst in einem Karmelitinnenkloster nicht selbstverständlich, wurde die Bibellektüre doch sehr stark auf biblische Geschichten reduziert und beschränkte sich die geistliche Lektüre der Karmelitinnen doch weitgehend auf Teresa von Ávila.

Aus ihren Erfahrungen heraus stellte Thérèse in ihren »Selbstbiographischen Schriften« manches in Frage und entwickelte ihren »kleinen Weg« des unmittelbaren Zugangs zu Gott. Sie beschloss: »... ich will das Mittel suchen, in den Himmel zu kommen, auf einem kleinen Weg, einem recht geraden, recht kurzen, einem ganz neuen kleinen Weg.« (Selbstbiographische Schriften [= SS] 214) Die Bibel gab ihr eine Antwort: »›Wie eine Mutter ihr Kind liebkost, so will ich euch trösten; an meiner Brust will ich euch tragen und auf meinen Knien euch wiegen!‹ (Jes 66,13.12) Ach! Niemals sind zartere, lieblichere Worte erfreuend an meine Seele gedrungen; der Fahrstuhl, der mich bis zum Himmel emporheben soll, deine Arme sind es, o Jesus! Dazu brauche ich nicht zu wachsen, im Gegenteil, ich muss klein bleiben, ja, mehr und mehr es werden.« (SS 215)

Dieses Leben aus dem kindlichen Gottvertrauen prägt auch ihre Auffassung vom Gebet: »Für mich ist das Gebet ein Schwung des Herzens, ein einfacher Blick zum Himmel empor, ein Schrei der Dankbarkeit und der Liebe, aus der Mitte der Prüfung wie aus der Mitte der Freude; kurz, es ist etwas Großes, Übernatürliches, das mir die Seele ausweitet und mich mit Jesus vereint.« (SS 254f)

Thérèse beschrieb in ihren Erfahrungen einen Prozess des Wachstums im Glauben, der ganz auf Gott und sein Wirken vertraut. Der Motor dieses Weges war die Liebe, die sich in der Alltagsgestalt des Christseins verwirklicht. »Ich bin von Natur so beschaffen, dass die Furcht mich zurückschlägt, mit der Liebe aber schreite ich nicht nur voran, ich fliege ...« (SS 178)

Vor allem gegen Ende ihres Lebens machte sie eine Erfahrung, die ihr Lehrer Johannes vom Kreuz die »Dunkle Nacht« nennt. Sie erlebte ihren Glaubens- und vor allem auch ihren Leidensweg als solidarischen Weg mit den Menschen, die ihren Glauben in der Moderne verloren haben, sie erlebte und durchlebte dieses Glaubensdunkel: »Jesus ließ zu, dass dichteste Finsternisse in meine Seele eindrangen und der mir so süße Gedanke an den Himmel bloß noch ein Anlass zu Kampf und Qual war ... Diese Prüfung sollte nicht nur ein paar Tage, ein paar Wochen dauern, sie sollte erst zu der vom Lieben Gott bestimmten Stunde erlöschen und ... diese Stunde ist noch nicht gekommen ... Gerne wollte ich ausdrücken, was ich fühle, aber ach! es erscheint mir unmöglich. Man muss durch diesen dunkeln Tunnel gewandert sein, um zu wissen, wie finster er ist.« (SS 219)

Was Thérèse durchgängig erhalten blieb, ist der Friede auf dem Grund der Seele. Am 24. September, sechs Tage vor ihrem Tod, antwortete sie auf die Frage: »Sie haben also kein Vorgefühl, an welchem Tag Sie sterben werden?«: »O Mutter! Vorgefühle! Wenn Sie wüssten, wie armselig ich bin! Ich weiß nichts, was Sie nicht auch wissen; ich errate nichts, als ich sehe und fühle, aber meine Seele ist trotz der Finsternisse in einem erstaunlichen Frieden.« (Letzte Gespräche 220)

Bis zum Ende blieben das Paar Kleinsein und Friede zusammen, denn, wie sie selbst sagte, das eine ist die Frucht des anderen. Ein Zitat Thérèses, dessen Authentizität zwar nicht erwiesen ist, das aber sehr gut ihr Anliegen zusammenfasst, lautet: »Die Heiligkeit liegt nicht in dieser oder jener Übung, sondern sie ist eine Gesinnung des Herzens, die uns demütig macht und klein in den Armen Gottes, unserer Schwachheit bewusst und bis zur Verwegenheit vertrauend auf seine Vatergüte.« (Letzte Gespräche 141)

Durch ihr verborgenes Leben hat sie gezeigt, dass in der radikalen Nachfolge Jesu Christi, in der bedingungslosen Liebe zu Gott eine ungeheure Befreiung steckt. Diese Freiheit Thérèses begründete sich im Glauben daran, dass sie von Gott angenommen und gerechtfertigt ist, ungeschuldet und unverdient, aus Gnade, oder besser: aus Liebe.

Lesetipp

Die Frömmigkeit dieser Zeit Ende des 19. Jahrhunderts war einerseits sehr stark von der strikten Einhaltung religiöser Formen und Pflichten geprägt und andererseits vielleicht als ein gewisser Ausgleich, sehr süßlich und in ihren schriftlichen Ausdrucksformen gefühlsbetont. Bunte bis kitschige Bilder beherrschen die Ikonographie und Verniedlichungen und Blumigkeit die fromme Sprache.

Davon sind auch die Bilder und die Sprache Thérèses geprägt, was nüchternen und rationalen Menschen den Zugang manchmal erschwert. Doch es lohnt sich, dabeizubleiben und nach der Bedeutung der Bilder und dem Sinn des Gesagten zu fragen, denn hinter einer zuweilen blumigen Sprache verbirgt sich ein höchst nüchternes Glaubensleben, das oft in kleinen Sätzen und Nebenbemerkungen aufblitzt und eine allzu gefühlsgeschwängerte Frömmigkeit kritisiert. Auch die manchmal sehr lieblichen »Jesusbilder« sollten nicht darüber hinwegtäuschen, dass die Erfahrung Thérèses gerade in ihren letzten Jahren vor allem von einem Bild geprägt war, nämlich vom Gekreuzigten, dem sie konsequent nachfolgte. Hinter einer durchaus zeitbedingten Sprache verbirgt sich mithin ein sehr unzeitgemäßes Leben, das im Ringen mit den Bedingtheiten der Zeit zur Freiheit der Kinder Gottes gelangte.

Zu empfehlen ist das Buch allen, die sich auf den Weg der Gottsuche gemacht haben und die Anregungen für die Gestaltung dieses Weges suchen. Sie sollten gelernt haben, Texte auf ihren Gehalt hin zu lesen und sich nicht vom Stil ablenken zu lassen. Ein wenig Hintergrundwissen zur Zeit Thérèses, vor allem zur Frömmigkeit der Zeit, lässt deutlicher hervortreten, wie klar Thérèse ihrer Zeit voraus war.

Bibliographie

Thérèse vom Kinde Jesus, Selbstbiographische Schriften, Einsiedeln 16. Aufl. 2009.

Weitere Werke

Thérèse von Lisieux, Sammlung. Briefe, Leutesdorf 3. Aufl. 1983.
Thérèse von Lisieux, Gedichte der heiligen Theresia von Lisieux. Eine Prosaübersetzung, herausgegeben von Maximilian Breig, Leutesdorf 2. Aufl. 1997.
Thérèse von Lisieux, Sammlung. Theaterstücke, Leutesdorf 2002.
Thérèse von Lisieux, Ich gehe ins Leben ein. Letzte Gespräche der Heiligen von Lisieux, mit einer Einleitung von Guy Gaucher, Leutesdorf 6. Aufl. 2003.

Weiterführende Literatur

Christian Feldmann, Thérèse von Lisieux. Die schwarze Nacht des Glaubens, Freiburg 2. Aufl. 1998
Waltraud Herbstrith, Thérèse von Lisieux. Geschichte eines angefochtenen Lebens, München 2005.
Waltraud Herbstrith, Wege in neue Weiten. Vier Wochen mit Thérèse von Lisieux, München 2. Aufl. 2008.
Klaus Leist, Theresia von Lisieux. Meine Berufung ist die Liebe, Trier 2004.
Michael Plattig, Ich wähle alles! Leben und Botschaft der Hl. Thérèse von Lisieux, Münsterschwarzacher Kleinschriften Band 167, Münsterschwarzach 2008.
Jean-François Six, Licht in der Nacht – Die (18) letzten Monate im Leben der Thérèse von Lisieux, Würzburg 1997.
Andreas Wollbold, Thérèse von Lisieux. Eine mystagogische Deutung ihrer Biographie, Würzburg 2. Aufl. 2002.

37 MARIE NOËL
1883–1967

Erfahrungen mit Gott
Notes intimes

Autorin und Werk

Die französische Dichterin Marie Noël (mit bürgerlichem Namen Marie Rouget) wurde am 16. Februar 1883 in Auxerre geboren. Bis zu ihrem Tod am 22. Dezember 1967 lebte sie in der kleinbürgerlichen Welt ihrer Geburtsstadt. Ihr Vater war als Lehrer für Philosophie und Kunstgeschichte am Gymnasium tätig. Durch ihn lernte sie sehr früh wichtige klassische Dramen der Griechen, philosophische Schriften Platons, große Werke der europäischen Weltliteratur sowie auch das gesamte Alte und Neue Testament kennen.

Marie Noël führte ein unscheinbares Leben, erfüllt von der Verwaltung des Familienerbes, das heißt einiger baufälliger Mietshäuser, und der Betreuung alter und pflegebedürftiger Glieder ihrer Verwandtschaft. In der Pfarrei übernahm sie caritative und seelsorgerliche Aufgaben, gab Religionsunterricht, übernahm Patenschaften für verlassene Kinder aus zerrütteten Familien und mühte sich um eine Erneuerung des liturgischen Gesangs. So führte sie ein Leben in der provinziellen Abgeschiedenheit Burgunds. Sie war eingeengt in die häuslichen Pflichten einer Familie, von der sie sich zeit ihres Lebens nie wirklich verstanden fühlte. Der Tod ihres jüngeren Bruders, einen Tag nach Weihnachten, ist wohl der Grund dafür, dass sie Noël (Weihnachten) als Pseudonym wählte. Nach außen hin war sie angepasst und verzichtete auch bewusst auf Möglichkeiten der eigenen Verwirklichung. Ihr Kampf war ein innerer, nämlich der Auseinandersetzung mit der Familie, mit der Kirche und ihren Vorschriften und mit einem Glauben, der Gott als überirdische Kontrollinstanz verstand.

Ihr Hauptwerk besteht aus einigen Bänden religiöser Lyrik. Abseits der literarischen modischen Strömungen bringen sie mit manchmal ergreifender Spontaneität die Empfindung des Mädchens und der Frau, der gläubig und zugleich moralisch gequälten Seele, in Gedichten klassischer Form zum Ausdruck. Allgemein zeichnet sich ihre Dichtung durch eine außergewöhnliche Musikalität, eine an mittelalterliche Kunst und an das Volkslied erinnernde kindliche Schlichtheit und Innigkeit aus. Für ihr Werk wurde sie zum Offizier der Ehrenlegion ernannt, was bis heute die ranghöchste Auszeichnung Frankreichs ist.

Noch deutlicher als ihre Lyrik geben die sogenannten »Notes intimes« aus fast 40 Jahren (von 1920 bis 1958) Einblick in ihre innere Auseinandersetzung und ihren Kampf um die Freiheit des Denkens und Glaubens. Sie sind nur teilweise mit genauen Daten versehen. Marie Noël schreibt selbst dazu: »Die folgenden Aufzeichnungen habe ich, ausgenommen einiger weniger früherer Seiten, seit 1920 während einer Glaubenskrise, in einer Zeit der religiösen Angst, niedergeschrieben. Weil ich damals zu geschwächt war, um länger schreiben zu können, riet mir Pater Mugnier, meine Empfindungen und Gedanken nur von Zeit zu Zeit aufzuschreiben, um mir in meiner Einsamkeit selbst nahe zu sein. Nur einige Notizen über die Jahre hinweg. Mehr nicht. ›Um mir selbst zu helfen‹ – unter diesem Leitgedanken begann ich, sie flüchtig in ein Heft zu schreiben, und diese Gewohnheit habe ich seither beibehalten.« (Erfahrungen mit Gott 12)

In einer Zeit, in der die Kirche erstarrt darauf bedacht schien, Macht zu demonstrieren, zeigte Marie Noël deren eigentliche Mitte auf und setzte sich als Laie mit den religiösen und theologischen Fragen ihrer Zeit auseinander. Der Geist Gottes wirkt in jedem Einzelnen, weshalb ihrer Meinung nach eine dynamische Unruhe genauso wesentlich zur Kirche gehört wie das bewahrende Amt. Sie suchte als Dichterin nach der eigentlichen, Sinn gebenden und tragenden Mitte des christlichen Glaubens, nach Christus. Dabei durchdrang sie die Fragen und Themen der katholischen Spiritualität des 20. Jahrhunderts – die Frage nach der wahren Gottesliebe, nach dem Verhältnis von Glaube und Welt sowie Glaube und Alltag, nach dem Selbstverständnis der Kirche und nach einem erneuerten Eucharistieverständnis. Nie gab sie sich dabei mit vorgefertigten, glatten Antworten zufrieden. Ihre Notizen sind nicht das Ergebnis flüchtig hingeworfener Gedanken, sondern eines Ringens mit der Wahrheit bis hin zum Durchleiden von Lebens- und Glaubensfragen.

Marie Noëls Aufzeichnungen sind Zeugnis ihres schonungslosen und manchmal sehr einsamen Kampfes um die Wahrheit. Die im französischen Sprachraum bekannte Lyrikerin bringt ihre menschlichen und geistlichen Erfahrungen in großer poetischer Dichte und bewegenden Bildern zur Sprache, nicht ohne eine gehörige Portion Selbstironie, die sie bei aller Klarheit ihrer Gedanken so sympathisch macht.

Die Texte bilden den wesentlichen Hintergrund zum Verständnis ihres gesamten Werkes. Sie geben Einblick in ihren inneren Glaubensweg, in ihre religiösen Krisen, aber auch in ihren Weg als Dichterin. Viele dieser Reflexionen kreisen um das Wesen des Menschen, um sein Leben, seinen Tod und um sein Verhältnis zum anderen. An erster Stelle steht die Frage nach Gott. Er nahm auch im Leben der Dichterin selbst stets die erste Stelle ein. Sie war überzeugt, dass der Mensch von einem Hunger und einem Durst erfüllt ist, den nur Gott selbst stillen kann. Eine Seele zu haben heißt, dem Wehen Gottes in sich immer mehr Raum zu geben – einem Wehen, welches nicht immer inneren Frieden verheißt. Marie Noël ist dieses Abenteuer des Glaubens eingegangen.

Inhalt

»Erfahrungen mit Gott« ist ein Buch, das herausfordert, vertraute Gedanken in Frage stellt, eingefahrene Vorstellungen aufbricht und neue Horizonte religiöser Erfahrung eröffnet. Es sind Gedanken, die aufwühlen und nachdenklich machen. Marie Noël schrieb über ihr spirituelles Leben unter anderem: »Dieses Ich, meine innerste Wahrheit, mein verborgenstes Ich: Unruhe. Als Gott über meinen Erdenstaub geblasen hat, um daraus meine Seele zu formen, muss er zu heftig geblasen haben. Ich habe mich nie mehr von diesem Anhauch Gottes erholt. Ich habe nie mehr aufgehört, wie eine flackernde Kerze zu zittern, zwischen zwei Welten.« (Erfahrungen mit Gott 24)

Die Suche dieser innerlich so offenen, weitsichtigen und kühnen Frau war in einer zunehmend säkularisierten Welt von einer starken und lebendigen Sehnsucht nach Gott getragen. In vielen Texten dieses Buches klingen Gedanken der großen mystischen Tradition des Christentums an. Marie Noël schrieb keine langen Abhandlungen, auch eigene Erfahrungen lassen sich mehr erahnen, als dass sie als solche beschrieben sind. Aber viele ihrer Texte spiegeln, verdichtet und eigenständig verarbeitet, ihre Lektüre der Schriften von Franz von Sales, Franz von Assisi, Johannes vom Kreuz, Teresa von Ávila, Thérèse von Lisieux, Augustinus, Thomas von Aquin und Blaise Pascal wider – um nur eine kleine Auswahl von Autorinnen und Autoren der christlichen Spiritualität aus ihrer reichhaltigen Bibliothek zu nennen. Marie Noëls »Notes intimes« sind im säkularen Umfeld des 20. Jahrhunderts ein beeindruckendes Zeugnis authentischer geistlicher Erfahrung.

Lesetipp

»Ich glaube nicht, dass dies hier eine Lektüre für jeden ist.« (Erfahrungen mit Gott 12) So kommentiert Marie Noël einleitend ihre Aufzeichnungen. Es handelt sich also nicht um leichte geistliche Unterhaltung oder Unterweisung. Marie Noël fordert heraus und stellt in Frage. Damit schult die Lektüre, wenn sich Leserinnen und Leser auf den Dialog mit Marie Noël einlassen, die Aufmerksamkeit für die spirituelle Weite des Lebens in allen seinen Dimensionen. Gleichzeitig schärfen diese Texte das Auge für eine kritische Wahrnehmung subtiler Formen des Machtmissbrauchs in Verkündigung, Kirche und geistlicher Begleitung. Marie Noëls Texte gehören deshalb zur Tradition der Unterscheidung der Geister, auch wenn dies nur selten ausdrücklich thematisiert wird.

Die Widmung zu Beginn des Vorworts, die von Pater Mugnier stammt und von Marie Noël unterschrieben ist, lautet: »Für die verirrten Seelen, ihre Schwester.« (Erfahrungen mit Gott 13). Damit wird eine Weite des Glaubens angesprochen, die für die christliche Spiritualität wichtig war und ist, auch wenn sie da und dort von allzu eifrigen Verfechtern des Glaubens in Frage gestellt wurde und wird. Vor

Gott und mit Gott lässt sich alles, aber auch alles besprechen, Zweifel und Verwirrung, eingeschlossen atheistische Gedanken. Vielleicht finden manche »verirrten Seelen« in den Texten von Marie Noël Ausdrucksformen und Worte, wie sie sich selbst und ihre Erfahrungen zur Sprache bringen können – vor und mit sich selbst, was gleich bedeutet, mit Gott.

Bibliographie

Marie Noël, Erfahrungen mit Gott (Notes intimes), übersetzt von Franziska Knapp, Mainz 2005.

Weiterführende Literatur

Franziska Knapp, Lieben. Sein Herz zum Fenster hinauswerfen. Die Botschaft der Liebe in Leben und Werk Marie Noëls auf dem Hintergrund der französischen Spiritualität, Würzburg 1998.

38 ROMANO GUARDINI
1885–1968

Von heiligen Zeichen
Vom Sinn der Schwermut

Autor und Werk

Walter Dirks kam zu der Feststellung: So kann man »niemanden mit größerem Recht einen Wegbereiter des Konzils nennen als Romano Guardini«. Dies bezog sich vor allem auf sein Wirken im Rahmen der katholischen Erneuerungs- und Jugendbewegung vor dem Zweiten Weltkrieg. Romano Guardini wurde am 7. Februar 1885 als Sohn italienischer Eltern in Verona geboren. Schon in seinem ersten Lebensjahr übersiedelte er nach Mainz und absolvierte dann Anfang des 20. Jahrhunderts sein Theologiestudium in Freiburg und Tübingen. Dort traf er auf eine triste, römisch verordnete Neuscholastik. Die Kirche war durch den Antimodernismus weitgehend gelähmt und abgeschnitten von der Gegenwartskultur.

Doch es zeigten sich Reformansätze, die zunächst ein Nischendasein führten, dann aber an Bedeutung gewannen, so etwa die Hinwendung zur Patristik oder zum großen mittelalterlichen Denken. Guardini nahm diese Entwicklung auf, er promovierte 1915 und habilitierte 1922 jeweils mit Arbeiten zu Bonaventura. Die Liturgische Bewegung ergriff von Frankreich her auch den deutschen Raum und wurde vor allem von der Jugendbewegung begierig aufgenommen. Die Jugendbewegung war es auch, die sich begeistert der Heiligen Schrift zuwendete und eine neue Sicht der Kirche als Gemeinschaft entdeckte und verwirklichte. Guardini arbeitete ab 1920 in der katholischen Jugendbewegung mit, deren geistliches Zentrum die »Burg Rothenfels« am

Main war. Alsbald wurde er zum geistlichen Mentor der sogenannten »Quickborner«. Von 1927 bis 1933 war er Mitglied der Bundesleitung, von 1927 bis zur Konfiszierung durch die Nationalsozialisten im Jahre 1939 Burgleiter. Die Burg Rothenfels wurde auch zum »Experimentierfeld« für die Erneuerung der Liturgie. 1927 veröffentlichte Guardini seine Betrachtung »Von heiligen Zeichen«, in der er versuchte, Zeichen, Gegenstände und Haltungen der Liturgie wieder zu erden.

Nach einem Jahr als Privatdozent in Bonn wurde Guardini 1923 zum Ordentlichen Professor für Religionsphilosophie und katholische Weltanschauung in Berlin ernannt. Seine Lehrtätigkeit endete 1939 durch Zwangspensionierung. Er hatte sich 1935 in seiner Schrift »Der Heiland« offen gegen die von den nationalsozialistischen deutschen Christen propagierte Mythisierung der Person Jesu gewandt und dagegen die enge Verbundenheit von Christentum und jüdischer Religion aus der existenziellen Historizität Jesu heraus begründet.

Nach dem Krieg begann er seine Lehrtätigkeit in Tübingen erneut, und schon 1948 wurde er auf den Lehrstuhl für christliche Weltanschauung und Religionsphilosophie in München berufen, der heute Guardini-Lehrstuhl heißt. Guardini prägte die katholische Nachkriegsgeneration nachhaltig. Es gelang ihm, die verschiedenen Reformansätze, die in den 1920er-Jahren leise begannen, aufzugreifen. Er führte sie im Gespräch mit den Impulsen der Jugendbewegung, der zeitgenössischen Philosophie und mit der die Gegenwart beeinflussenden Literatur weiter. Was er unter »Christlicher Weltanschauung« verstand, ist das Zentrum seines imponierenden literarischen Werkes (1952 erhielt er den Friedenspreis des Deutschen Buchhandels) und seiner unermüdlichen Predigt-, Vorlesungs- und Vortragstätigkeit. Er schrieb: Ihm sei »klar geworden, was christliche Weltanschauungslehre besagt: die beständige, sozusagen methodische Begegnung zwischen dem Glauben und der Welt. Und nicht nur der Welt im Allgemeinen, so wie das auch die Theologie in verschiedenen Fragestellungen tut, sondern im Konkreten«.

Diese Begegnung mit der konkreten Welt und der Dialog mit ihr wurde zum zentralen Thema des II. Vatikanischen Konzils, das 1962 begann. Im gleichen Jahr beendete Guardini aus gesundheitlichen

Gründen die Vorlesungstätigkeit an der Universität München. In seinen letzten Lebensjahren war der von Schwermut geplagte Guardini häufig krank. Bereits 1928 hatte er sich mit dem Phänomen der Schwermut am Beispiel Kierkegaards in einem Zeitschriftenartikel auseinandergesetzt. Dieser Artikel »Vom Sinn der Schwermut« enthält auch autobiographische Motive. Krankheitsbedingt konnte er auch nicht wie vorgesehen als Theologe in die Liturgie-Kommission des II. Vatikanischen Konzils eintreten. Romano Guardini starb am 1. Oktober 1968 in München.

Inhalt

»Von heiligen Zeichen« ist ein Werk, das einen tiefen Einblick von Romano Guardinis Sicht über die Liturgie gibt. Er war vor allem an der »Form« interessiert. Guardini setzt bei den elementaren, natürlichen wie menschlichen Gestalt-Vorgaben, bei der leibhaften Erscheinung und ihrem Sinn, bei der Symbolgestalt der Dinge, bei der Gestik, beim Schreiten, beim Spielelement oder bei der naturhaften »Phänomenologie« der Tageszeiten an. Erst durch die Verwurzelung des Liturgischen im natürlichen Rhythmus des Lebens vermag die Liturgie das Mysterium Gottes dem Menschen nahezubringen.

Romano Guardini erschließt in seinem Werk Grundvollzüge, Zeichen und Symbole, die zur alltäglichen Praxis des christlichen Lebens gehören. Welche innere Grundhaltung kommt in Gesten zum Ausdruck, oder wie prägen Kerzen, Weihrauch und Kirchenglocken den gläubigen Alltag? Guardinis Gedanken helfen, die reiche Symbolsprache des Glaubens neu zu entdecken.

Anhand von Texten aus den Tagebüchern und anderen Werken Sören Kierkegaards beschreibt Guardini in seinem Artikel »Vom Sinn der Schwermut« die destruktiven Kräfte, aber auch das Große, Kostbare und Hohe, das aus der Not der Schwermut aufsteigt. Er möchte die Schwermut nicht ausschließlich den Psychiatern überlassen. Heute entwickeln sich depressive Zustände, so würde man wohl heute Schwermut benennen, fast zu einer Volkskrankheit. Auch geistliche Menschen sind davor nicht gefeit, wie das Beispiel Romano

Guardinis selbst zeigt. Leider herrscht durchaus nicht selten die Ansicht, dass man nur richtig glauben müsse, um vor Schwermut und Depression geschützt zu sein – ein oft fataler Aberglaube. Guardinis Gedanken können helfen, aus einem anderen Blickwinkel auf das Phänomen zu schauen und anders darüber zu denken als nur in psychisch-pathologischen Bahnen. Ein »Warnhinweis« ist hier allerdings wichtig. Eine solche Betrachtung bezieht sich auf die Schwermut und damit auf depressive Zustände, also auf eine charakterliche Disposition, nicht auf die Depression als psychische Krankheit. Letztere braucht unbedingt professionelle Hilfe!

Lesetipp

»Von heiligen Zeichen« erschien 1927. Was hat es also mit der inzwischen reformierten Liturgie nach dem II. Vatikanischen Konzil zu tun? Hat das Buch nur historischen Wert? Wenn dies so wäre, dann taugte es nicht für eine solche Auswahl.

Doch der Wert von Guardinis Buch liegt auf einer anderen Ebene, nämlich die Liturgie als menschliche Ausdrucksform zu verstehen und darüber nachzudenken, was das für den Gottesdienst und für den Menschen bedeutet. Manche Formen wurden und werden verändert, ohne darüber nachzudenken, was sie eigentlich ausdrücken. Manches wurde abgeschafft, und wir beobachten heute, dass ähnliche Formen außerhalb der Kirche und ihrer Liturgie wieder auftauchen und von Menschen offensichtlich geschätzt, vielleicht gebraucht werden.

Bei der Gestaltung heutiger Liturgie ist neben einer Armut der Formen (vieles konzentriert sich auf die Eucharistie) häufig ein Bemühen um die Inhalte und die Texte und weniger ein Ernstnehmen der Gesten und Symbole festzustellen. Oder aber die Gesten und Symbole werden durch Erklärungen trivialisiert und ihrer Vielschichtigkeit beraubt. Das, was liturgisch vollzogen, gefeiert wird, der »liturgische Akt«, so schrieb Romano Guardini 1964 in einem Brief an Johannes Wagner, realisiert sich »im Akt selbst«, im Tun, im Schauen, in der Geste, in der Bewegung, im »lebendigen Mitvollzug« und nicht etwa in der vorlaufenden, mitlaufenden, nachlaufenden Reflexion darüber.

»Also nicht dadurch«, so hält Guardini fest, »dass dazugesagt oder dazugedacht wird: ›das bedeutet das und das‹, sondern das Symbol wird vom Ausübenden als religiöser Akt ›getan‹ und vom Anwohnenden in einem analogen Akt ›gelesen‹, der innere Sinn im Äußeren angeschaut. Sonst ist alles nur Vergeudung von Zeit und Kraft, und man täte besser, das Gemeinte einfach zu ›sagen‹«.

Guardinis Gedanken regen zum Mit- und Weiterdenken und zur Reflexion der eigenen Haltung an. Was drücke ich aus, oder was drückt sich für mich in den Haltungen, Gesten, Symbolen der Liturgie aus? Welchen Ausdruck gebe ich meinem Gebet, und was heißt das? Da wir körperliche Wesen sind, ist auch jeder geistig-geistliche Akt mit einem körperlichen Ausdruck verknüpft, und man kann fragen, ob die Verknüpfung stimmig ist, oder was sie für mich bedeutet. Guardinis Betrachtungen sind weniger als Information, sondern mehr als Anfangsimpulse zur eigenen Betrachtung zu lesen.

»Vom Sinn der Schwermut« ist nicht nur für Betroffene lesenswert, sondern vermittelt durch den veränderten Blickwinkel auch grundsätzliche Einsichten. Dies hilft im Umgang mit Menschen, die schwermütig sind, stellt aber auch die Frage, welche Stellung im eigenen Leben die Momente der Schwermut haben, die fast jeder und jede kennt. Und sollten solche Momente nicht auftreten, stellt sich die Frage, ob nicht vielleicht etwas beschönigt oder verdrängt wird im (geistlichen) Leben. Damit soll niemandem die Schwermut eingeredet oder schmackhaft gemacht werden, jedoch machen Guardinis Gedanken auf Fragen aufmerksam, die sich existenziell und nicht nur im Rahmen der Schwermut stellen und einer Bearbeitung, nicht unbedingt einer Beantwortung, bedürfen.

Bibliographie

Romano Guardini, Von heiligen Zeichen, Ostfildern 7. Aufl. 2008.
Romano Guardini, Vom Sinn der Schwermut, Ostfildern 9. Aufl. 2008.

Weitere Werke

Romano Guardini, Die Lebensalter. Ihre ethische und pädagogische Bedeutung, Ostfildern 9. Aufl. 2010.

Romano Guardini, Die Annahme seiner selbst. Den Menschen erkennt nur, wer von Gott weiß, Ostfildern 9. Aufl. 2008.

Romano Guardini, Die letzten Dinge. Die christliche Lehre vom Tode, der Läuterung nach dem Tode, Auferstehung, Gericht und Ewigkeit, Ostfildern 6. Aufl. 2008.

Romano Guardini, Der Herr. Betrachtungen über die Person und das Leben Jesu Christi, Mainz 2007.

Romano Guardini, Briefe über Selbstbildung, herausgegeben von Ingeborg L. Klinger, Ostfildern 2001.

Romano Guardini, Vom Geist der Liturgie, herausgegeben von Franz Henrich, Mainz 2007.

Romano Guardini, Das Gebet des Herrn, Ostfildern 11. Aufl. 2008.

Romano Guardini, Deutscher Psalter, Ostfildern 2010.

Romano Guardini, Der Rosenkranz Unserer Lieben Frau, Ostfildern 2002.

Romano Guardini, Engel. Theologische Betrachtungen, Ostfildern 2008.

Weiterführende Literatur

Frédéric Debuyst, Romano Guardini. Einführung in sein liturgisches Denken, übersetzt von Walter Zahner, Regensburg 2009.

Hanna-Barbara Gerl-Falkowitz, Romano Guardini. Konturen des Lebens und Spuren des Denkens, Mainz 2005.

Hanna-Barbara Gerl-Falkowitz (Hrsg.), »Ich fühle, dass Großes im Kommen ist«. Romano Guardinis Briefe an Josef Weiger (1908–1962), Mainz 2008.

Hanna-Barbara Gerl-Falkowitz (Hrsg.), Gib Raum den Dingen. Romano-Guardini-Lesebuch, Mainz 2008.

39 EDITH STEIN
1891–1942

Das Weihnachtsgeheimnis

Ein Beitrag zur Chronik des Kölner Karmel

Autorin und Werk

Am 12. Oktober 1891, dem jüdischen Versöhnungstag Jom Kippur, wurde Edith Stein in Breslau geboren. Sie wuchs in ihrer jüdischen Familie auf und bekannte sich zum Judentum. 1911 legte sie das Abitur ab und studierte zuerst in Breslau Germanistik und Geschichte. Ab 1913 nahm sie zusätzlich in Göttingen die Fächer Philosophie und Psychologie dazu. In dieser Zeit verlor sie ihren Glauben und bezeichnete sich rückblickend als Atheistin. 1915 bestand sie das Staatsexamen und arbeitete anschließend im freiwilligen Rot-Kreuz-Dienst des Seuchenlazaretts in Mährisch-Weißkirchen. Im folgenden Jahr wurde Edith Stein Assistentin bei Edmund Husserl an der Universität Freiburg, bei dem sie auch zum Dr. phil. promovierte (Thema: Zum Problem der Einfühlung).

Ab 1918 arbeitete Dr. Stein wissenschaftlich weiter und versuchte bis 1932 insgesamt viermal vergeblich, zur Habilitation an einer deutschen Universität zugelassen zu werden. Was sich in den Jahren ihrer Promotion und ihrer wissenschaftlichen Arbeit, nicht zuletzt durch Begegnungen mit gläubigen Kolleginnen und Kollegen anbahnte und immer mehr verdichtete, kam 1921 nach der Lektüre der Autobiographie Teresas von Ávila zum Durchbruch. Edith Stein fand zum christlichen Glauben und wurde am 1. Januar 1922 in Bergzabern getauft.

Von 1923 bis 1931 war sie Lehrerin am Lyzeum und der Lehrerinnenbildungsanstalt St. Magdalena in Speyer. Von 1932 bis 1933 lehrte sie als Dozentin am Deutschen Institut für wissenschaftliche Pädagogik in Münster. Dieses eine Jahr in Münster war für Edith Stein entscheidend, denn sie musste erfahren, dass ihre Lehrtätigkeit aufgrund ihrer jüdischen Abstammung zunehmend eingeschränkt und schließlich im April 1933 verboten wurde. Das führte dazu, dass ihr Wunsch, den sie seit ihrer Taufe hegte, Karmelitin zu werden, nun neue Aktualität gewann. Nach Gesprächen mit ihrem Begleiter Erzabt Walzer von Beuron rang sie mit Gott in der Ludgerikirche in Münster um die richtige Entscheidung: »Am 30. April, es war der Sonntag vom Guten Hirten, wurde in der Ludgerikirche das Fest des hl. Ludgerus mit 13stündigem Gebet gefeiert. Am späten Nachmittag ging ich dorthin und sagte mir: Ich gehe nicht wieder fort, ehe ich Klarheit habe, ob ich jetzt in den Karmel gehen darf. Als der Schlusssegen gegeben war, hatte ich das Jawort des Guten Hirten.«

Schließlich trat Edith Stein am 14. Oktober 1933 in den Kölner Karmel ein und wurde am 15. April 1934 eingekleidet. Sie erhielt den Namen Schwester Teresia Benedicta a Cruce (»Teresia vom Kreuz gesegnete«). Dieser Name sollte sich auf grausame Weise erfüllen. Wegen zunehmender antijüdischer Hetze übersiedelte Edith Stein an Silvester 1938 in den Karmel von Echt in den Niederlanden. Als Racheakt für ein Wort der holländischen Bischöfe gegen die Nazis wurden in den Niederlanden mehrere getaufte Juden, vornehmlich Ordensleute, am 2. August 1942 von der Gestapo verhaftet und im Sammellager Westerbork interniert, unter ihnen Edith Stein und ihre Schwester Rosa. Einige Tage später erfolgte der Transport nach Auschwitz, wo sie am 9. August 1942 in der Gaskammer getötet wurde.

Am 1. Mai 1987 sprach sie Papst Johannes Paul II. selig und am 11. Oktober 1998 heilig. Ihr liturgischer Gedenktag ist traditionell ihr Todestag, der 9. August. In ihrem Buch »Endliches und ewiges Sein« schrieb sie: »Der unleugbaren Tatsache, dass mein Sein ein flüchtiges, von Augenblick zu Augenblick gefristetes und der Möglichkeit des Nichtseins ausgesetztes ist, entspricht die andere ebenso unleugbare Tatsache, dass ich trotz dieser Flüchtigkeit bin und von Augenblick zu

Augenblick im Sein erhalten werde und in meinem flüchtigen Sein ein dauerndes umfasse. Ich weiß mich gehalten und habe darin Ruhe und Sicherheit, nicht die selbstgewisse Sicherheit des Mannes, der in eigener Kraft auf festem Boden steht, sondern die süße und selige Sicherheit des Kindes, das von einem starken Arm getragen wird, eine, sachlich betrachtet, nicht weniger vernünftige Sicherheit. Oder wäre das Kind vernünftig, das beständig in der Angst lebte, die Mutter könnte es fallen lassen?«

Am 13. Januar 1931 hielt Edith Stein in der Ortsgruppe Ludwigshafen am Rhein des katholischen Akademikerverbandes einen Vortrag mit dem Titel »Das Weihnachtsgeheimnis«. Geschrieben hatte sie den Text in den Weihnachtstagen 1930 in Beuron.

Die autobiographischen Aufzeichnungen unter dem Titel »Aus dem Leben einer jüdischen Familie« hat Edith Stein nicht vollenden können, es gibt jedoch einen kurzen Bericht von ihrer Hand, der die Vorgeschichte ihres Eintritts in den Orden der Unbeschuhten Karmelitinnen mit dem Titel schildert: »Ein Beitrag zur Chronik des Kölner Karmel. Wie ich in den Kölner Karmel kam.« Den Text verfasste Edith Stein am 4. Adventssonntag 1938 in Köln.

Inhalt

Im Text »Das Weihnachtsgeheimnis« zeigen sich zentrale geistliche und theologische Anliegen Edith Steins. Sie stellt neben den Zauber der Weihnacht die Realitäten der Bosheit, den gesteinigten Stephanus und die erschlagenen Kinder von Betlehem. Sie sieht auf die Krippe bereits den Schatten des Kreuzes fallen. Edith Stein will eine Hilfe zum geistlichen Miterleben des Weihnachtsfestes geben und in die Nähe der Krippe führen, ohne eine sentimentale oder gar kindische Haltung einzunehmen. Unerbittlicher Ernst und tröstliche Verheißung gehören eng zusammen. Für sie muss Weihnachten im Kontext der ganzen Geschichte Jesu gesehen werden.

Edith Steins »Beitrag zur Chronik des Kölner Karmel« ist ein geistliches und ein zeitgeschichtliches Dokument. Es gibt persönliche Einblicke in die dunkelste Epoche deutscher Geschichte und gleichzeitig

Zeugnis von einem Menschen, der konsequent seiner erkannten Berufung folgt. Edith Steins Texte sind voll von geistlicher Klarheit und Frieden inmitten einer immer bedrohlicher werdenden gesellschaftlichen und politischen Situation. Dabei entsteht nicht der Eindruck von Weltflucht. Edith Stein ist sich der Situation und ihrer Bedeutung bewusst. Sie schreibt diesen Text knapp zwei Wochen bevor sie nach Echt flüchten muss, nach den Pogromen der Reichskristallnacht (9./10. November 1938).

Lesetipp

»Für uns Menschen und zu unserem Heil ist er [Jesus Christus] vom Himmel gekommen, hat Fleisch angenommen durch den Heiligen Geist von der Jungfrau Maria und ist Mensch geworden.« So bekennen wir Christen im Nicäno-Konstantinopolitanum oder auch Großen Glaubensbekenntnis. Die Menschwerdung Gottes ist also zentraler Glaubensgegenstand. Soweit das Bekenntnis, aber was bedeutet dies für die christliche Lebensgestaltung und die christliche Spiritualität? Welche Bedeutung hat das Weihnachtsgeheimnis für mein Leben als Christ, als Christin? Diese Leitfragen stehen vor der Lektüre des Textes »Das Weihnachtsgeheimnis« von Edith Stein. Der Text wurde für ein akademisches, aber nicht unbedingt philosophisch oder theologisch vorgebildetes Publikum verfasst, was ihn gut lesbar macht. Das Interesse und die Assoziationen Edith Steins gehen vielleicht in eine Richtung, die dem Leser, der Leserin nicht sofort einleuchtet oder auch nicht gleich nachvollziehbar erscheint. Der Text versteht sich als Einladung, selbst in einer lebendigen Beziehung zu Christus zu leben und das eigene Weihnachtsgeheimnis persönlich zu entdecken.

»Wie ich in den Kölner Karmel kam« gewährt als autobiographischer Text zunächst Einblicke in die persönliche und geistliche Entwicklung Edith Steins. Hier geht es darum, die Faszination des anderen Lebens zu entdecken und den Reichtum mitgeteilter Erfahrungen zu heben. Ob der Weg nun beispielhaft für den eigenen Weg sein kann, bleibt offen und kann sich nur aus der Lektüre heraus erschließen. Im Vordergrund steht eher die Anteilnahme und das Staunen über den Weg Gottes mit einem bestimmten Menschen in dunkler Zeit. Letzteres macht den Text über ein biographisch-geistliches Interesse hinaus bedeutsam, denn er transportiert auch eine politische Botschaft und Mahnung, den Anfängen von Diskriminierung und Ausgrenzung aus welchen Gründen auch immer zu wehren und entgegenzutreten. Der Text unterstreicht leider deutlich, auch wenn dies nicht seine primäre Absicht ist, dass die sogenannte geistige Elite und Intellektuellen in akademischen Einrichtungen nicht gegen Ideologien und politische Instrumentalisierungen gefeit sind.

Bibliographie

Edith Stein, Das Weihnachtsgeheimnis, Edith Stein Gesamtausgabe Band 19, Freiburg im Breisgau 2009, 2–14.
Edith Stein, Ein Beitrag zur Chronik des Kölner Karmel. Wie ich in den Kölner Karmel kam, Edith Stein Gesamtausgabe Band 1, Freiburg im Breisgau 2. Aufl. 2002, 345–362.

Weitere Werke

Edith Stein, Aus dem Leben einer jüdischen Familie, Edith Stein Gesamtausgabe Band 1, Freiburg im Breisgau 2. Aufl. 2002, 1–343.

Die Gesamtausgabe mit den verschiedensten Schriften Edith Steins umfasst insgesamt 24 Bände.

Weiterführende Literatur

Susanne M. Batzdorff, Edith Stein – Meine Tante. Das jüdische Erbe einer katholischen Heiligen, Würzburg 2000.
Andreas Uwe Müller, Maria Amata Neyer, Edith Stein. Das Leben einer ungewöhnlichen Frau, Düsseldorf 2002.
Viki Ranff, Edith Stein begegnen, Augsburg 2004.

40 KARL RAHNER
1904–1984

Das große Kirchenjahr

Autor und Werk

Karl Rahner ist zweifellos einer der bedeutendsten und einflussreichsten Theologen des 20. Jahrhunderts. Die Spuren seiner Theologie finden sich in theologischen Werken und kirchlichen Verlautbarungen auf der ganzen Welt, nicht zuletzt und prominent in den Dokumenten des II. Vatikanischen Konzils (1962–1965).

Karl Josef Erich wurde am 5. März 1904 als viertes von sieben Kindern der Eheleute Karl und Louise Rahner (geb. Trescher) in Freiburg im Breisgau geboren. Dort besuchte Karl von 1910 bis 1913 die Knabenbürgerschule und dann das Realgymnasium (Kepler-Gymnasium), an dem er am 29. März 1922 sein Abitur ablegte. Durch sein religiöses Elternhaus geformt und der sogenannten Quickborn-Bewegung (geprägt von Romano Guardini) nahestehend, entschied er sich wie sein älterer Bruder Hugo, bei den Jesuiten einzutreten.

Gleich nach dem Abitur begann er sein Noviziat in Tisis (Vorarlberg/Österreich). Zwischen 1924 und 1927 studierte er Philosophie an den Ordenshochschulen der Jesuiten in Feldkirch (1924/1925) und Pullach bei München. Von 1927 bis 1929 war er Sprachlehrer der Novizen für Griechisch, Latein und Deutsch in Feldkirch. Auf diesen praktischen Einsatz folgte das Theologiestudium an der Ordenshochschule in Valkenburg/Niederlande (1929 bis 1933).

1932 empfing er durch Michael Kardinal Faulhaber in der Jesuitenkirche St. Michael in München die Priesterweihe. An die Weihe schloss sich das ordensinterne dritte Probejahr (Tertiat) an, das er von 1933 bis 1934 in St. Andrä im Lavanttal (Kärnten/Österreich) verbrachte. Von 1934 bis 1936 studierte Karl Rahner Philosophie in Freiburg im Breisgau unter anderem bei Martin Heidegger.

Seine philosophische Dissertation »Geist in der Welt« wurde vom Freiburger Professor Martin Honecker nicht angenommen. Rahner wechselte daraufhin zur Theologie und ging nach Innsbruck, wo er 1936 zum Doktor der Theologie promoviert wurde. Er habilitierte sich 1937 ebenfalls in Innsbruck mit fünf Aufsätzen zur spirituellen Theologie des Origenes, Evagrius Ponticus und Bonaventura, die er bereits 1932 und 1934 veröffentlicht hatte. Bis zur Aufhebung der Fakultät und des Jesuitenkollegs durch die Nationalsozialisten im Oktober 1939 wirkte Rahner dort als Privatdozent. Er wurde mit seinen Mitbrüdern aus Tirol ausgewiesen, und sie erhielten »Gauverbot«.

In der Erzdiözese Wien bot sich Karl Rahner ein Unterschlupf, und er konnte dort als Mitarbeiter des Wiener Seelsorgeinstituts von 1939 bis 1944 unbehelligt wirken. In dieser Zeit unternahm er viele Vortragsreisen, etwa nach Leipzig, Dresden, Straßburg und Köln, und beschäftigte sich hauptsächlich mit der Philosophie Heideggers sowie mit der Stellung der Laien in der Kirche.

1944/1945 war er in Mariakirchen (Niederbayern) als Seelsorger tätig. Nach dem Einmarsch der Amerikaner wurde Karl Rahner Dozent für Dogmatik an die Ordenshochschule der Jesuiten in Pullach und konnte 1948 als ordentlicher Professor für Dogmatik und Dogmengeschichte nach Innsbruck zurückkehren. Rahner hielt neben seiner Lehrtätigkeit zahlreiche Vorträge im In- und Ausland sowie in Rundfunk und Fernsehen. Ab 1954 wurden wichtige Aufsätze Rahners, die in vielen Zeitschriften verstreut waren, zusammengefasst und als »Schriften zur Theologie« (16 Bände bis 1984) herausgegeben. Neben theologischen Lexika wie dem »Lexikon für Theologie und Kirche« (2. Auflage 1957–1968) und »Sacramentum Mundi. Theologisches Lexikon für die Praxis« (1968–1969) ist es bemerkenswert, dass Rahner als Systematischer Theologe Mitherausgeber des Nachschlagewerkes »Handbuch der Pastoraltheologie« (1964–1972) wurde. Das war kein Zufall, verstand Rahner doch Theologie als »ein Reden von Gott und Gotteserfahrung zugleich. Sie ist die Rede vom Gott des eigenen Lebens aus der Erfahrung dieses Lebens. Sie ist Rede vom Leben selber, dem Ort der Begegnung mit dem absoluten Geheimnis, in dem Gott erfahren wird«. (E. Klinger)

Karl Rahners theologische Positionen wurden immer wieder von der römischen Kurie scharf angegriffen. 1962 musste er seine Veröffentlichungen einer römischen Vorzensur unterwerfen. Trotzdem ernannte ihn der Wiener Kardinal König zu seinem »Peritus« (fachtheologischen Berater) für das II. Vatikanische Konzil in Rom, und Karl Rahner lieferte entscheidende Impulse für die Beratungen und Dokumente des Konzils. 1964 berief man ihn als Nachfolger Romano Guardinis auf den Lehrstuhl für Christliche Weltanschauung und Religionsphilosophie an die Universität München. Rahner wechselte jedoch 1967 als Ordinarius für Dogmatik und Dogmengeschichte an die Universität Münster. 1969 wurde er Mitglied der Internationalen Theologenkommission in Rom, und von 1971 bis 1975 gehörte er der Glaubenskommission der Deutschen Bischofskonferenz und der Synode der Bistümer Deutschlands an. Nach seiner Emeritierung 1971 wurde Karl Rahner Honorarprofessor für Grenzfragen von Theologie und Philosophie an der Jesuitenhochschule in München. 1981 zog er nach Innsbruck, wo er noch den Grundstock zur Sammlung seiner Manuskripte legte, aus der das jetzige Karl-Rahner-Archiv wurde (seit 2008 in München). Er starb am 30. März 1984 in Innsbruck an Herzversagen und wurde in der Krypta der Jesuitenkirche beigesetzt.

Karl Rahners vielfältige Tätigkeiten erfuhren durch zahlreiche offizielle Ehrungen Anerkennung. Insgesamt erhielt er fünfzehn Ehrendoktorate. 1970 wurde er mit dem Romano-Guardini-Preis sowie dem Großen Bundesverdienstkreuz mit Stern der Bundesrepublik Deutschland ausgezeichnet und Mitglied des Ordens Pour le Mérite für Wissenschaft und Künste. Die Bibliographie Rahners umfasst mehr als viertausend Veröffentlichungen. Seit 1995 erscheinen Karl Rahners »Sämtliche Werke«, herausgegeben von der Karl-Rahner-Stiftung.

Kennzeichnend für Karl Rahners Theologie ist es, dass er stets versuchte, vom Menschen auszugehen, von ihm her zu fragen und zu denken, vom Menschen als dem »Hörer des Wortes« (so der Titel eines Buches von 1941). Besonders nachhaltig war diese Veränderung des Blickwinkels auf dem Gebiet der Mystik. Für Rahner war Mystik keine

Sonderveranstaltung für speziell auserwählte Geister, sondern die Einführung in das Zentrum des Christentums, das Zu-sich-selbst-Kommen der Gottbezogenheit (»Transzendentalität«) des Menschen im Alltag. In diesem Zusammenhang wird dann auch das vielzitierte und oft falsch verstandene Wort Rahners verständlich: »Der Fromme von morgen wird ein ›Mystiker‹ sein, einer, der etwas ›erfahren‹ hat, oder er wird nicht mehr sein, weil die Frömmigkeit von morgen nicht mehr durch die im Voraus zu seiner personalen Erfahrung und Entscheidung einstimmige, selbstverständliche öffentliche Überzeugung und religiöse Sitte aller mitgetragen wird, die bisher übliche religiöse Erziehung also nur noch eine sehr sekundäre Dressur für das religiös Institutionelle sein kann.« (aus dem Aufsatz »Frömmigkeit früher und heute«)

Rahner öffnet damit nicht die Tür zum Schwelgen in religiösen Erfahrungen, die er selbst immer sehr kritisch gesehen hat, sondern er weist auf die Notwendigkeit einer persönlichen und personalen Entscheidung des Einzelnen für den Glauben hin, da dieser nicht mehr gesellschaftlich getragen, vorgegeben oder abgefedert ist. Die Aufgabe der Kirche sieht Rahner darin, in diese »Erfahrung« einzuführen im Sine der altkirchlichen »Mystagogie«, deren Prinzip darin bestand, dass sie eine gemachte Erfahrung (zum Beispiel Taufe oder Eucharistie) im Nachhinein erschlossen und in ihren Tiefendimensionen aufgeschlossen hat. Den Glauben sieht Rahner also nicht mehr primär als Überzeugung, moralische Erziehung oder Dressur für das Institutionelle, sondern als Erschließung von bereits gemachten Erfahrungen des Alltags. Elmar Klinger gab auf diesem Hintergrund seiner sehr empfehlenswerten Einführung in Karl Rahners spirituelle Theologie den bezeichnenden Titel: »Das absolute Geheimnis im Alltag entdecken.«

Charakteristisch für Rahner ist, dass die Frömmigkeit in ihrer Erfahrungs- und Praxisgestalt ein selbstverständlicher Teil seiner theologischen Reflexion ist. In einem Beitrag zu Thomas von Aquin begründet Rahner dies so: »Thomas hat seine Theologie als sein geistliches Leben und sein geistliches Leben als seine Theologie. Es gibt bei ihm noch nicht jenen grässlichen Unterschied, den man in der späteren Theologie oft beobachten kann, zwischen der Theologie und dem geistlichen Leben ... er glaubt nicht, dass sich das geistliche Leben notwendig auf dem Boden von Simplizität, das heißt von Denkfaulheit und geistlicher Durchschnittlichkeit am besten entfalte ... Weil heute die Schulbücher sehr oft zu ungeistlich sind und die geistlichen Bücher zu untheologisch, darum ist bei uns immer die Gefahr, dass die Theologie zu einer unangenehmen Hürde wird, die auf dem Weg zum Priestertum nun einmal übersprungen werden muss, und dass unser geistliches Leben und unsere Predigt später aus den kleinen, abgeleiteten Rinnsalen einer sekundären frommen Literatur leben und nicht aus der Schrift und aus der hohen Theologie der Väter und der großen Theologen. Bei Thomas aber ist Theologie und geistliches Leben noch wirklich eins.« (Das große Kirchenjahr 457f)

Dieser Einheit von theologischer Reflexion und geistlichem Leben fühlte sich Rahner verpflichtet, was die große Anzahl seiner geistlichen Texte unterstreicht. Da diese oft an sehr verstreuten Orten erschienen waren, stellte Albert Raffelt einen Teil der Texte, die dem Kirchenjahr zugeordnet werden konnten, zusammen und gab sie 1987 unter dem Titel: »Das große Kirchenjahr. Geistliche Texte« heraus.

Inhalt

Die Texte Rahners sind am Kirchenjahr entlang sortiert und in »Advent«, »Weihnachten«, »Fastenzeit«, »Ostern und Pfingsten« und »Im Jahreskreis« gegliedert. Ergänzt wird diese Gliederung durch einen Abschnitt »Feste des Herrn und der Heiligen«. Der Anhang bietet Quellennachweise und Hinweise auf weitere Texte, wie ein Register der Bibelstellen.

Die ausgewählten Texte wurden unterschiedlichen Quellen entnommen. Es sind Predigten oder Meditationen für einen Gottesdienst und Beiträge zu Festen des Kirchenjahres in Zeitschriften und Zeitungen. Allen gemeinsam ist der Anspruch Rahners, das theologische Denken und die theologische Erkenntnis in diese Texte für den praktischen Gebrauch einfließen zu lassen. Dabei sollten sie niveauvoll und dennoch allgemein verständlich sein. Auch wenn mancher Satz etwas lang geraten ist und manche Passage vielleicht zweimal gelesen werden muss, ist Rahner dies gelungen. Seine Theologie, das machen die Texte deutlich, erwächst aus dem geistlichen Leben und bleibt ihm verpflichtet. Beide kommen nicht ohne einander aus.

Rahner versuchte das, was er immer wieder für die Verkündigung und die gesamte Pastoral gefordert hat, nämlich eine »Mystagogie«, eine Einweisung des Lebens in die Erfahrung des Geheimnisses, das wir Gott nennen. Die Theologie »muss Einweisung in die Erfahrung des Geheimnisses schlechthin werden, freilich des nahe gewordenen Geheimnisses«. (Das große Kirchenjahr 459)

Diese Einweisung geschieht nicht abgehoben, sondern eingebettet und bezogen auf das Leben. Das Leben selbst und noch einmal zugespitzt, der Alltag des Lebens ist der Ort der Begegnung mit dem Geheimnis, in dem Gott erfahren wird. Alles Leben hat ein geistliches Fundament, und alles Geistliche gründet sich im Leben. Wo dieser Zusammenhang aus den Augen verloren wird, stellen sich Oberflächlichkeit und Langweile ein. Das Leben verliert seine geistliche Tiefe, und das Geistliche wird zur Ideologie, die dem wirklichen Leben entschwunden ein spirituelles »Wolkenkuckucksheim« errichtet.

Lesetipp

»Das große Kirchenjahr« ist ein Buch wenn nicht für den täglichen, so für den wöchentlichen Gebrauch. Es kann der Vor- oder Nachbereitung liturgischer Feiern dienen, einen fundierten Zugang zu Heiligen eröffnen und der Verwurzelung des eigenen Glaubens und der eigenen Spiritualität in der Liturgie des Kirchenjahres dienen. In einer Situation, in der eine durch die Wirtschaftsinteressen geförderte Nivellierung des Lebens und der Zeit stattfindet, in der Werktag und Sonntag, Tag und Nacht, Feiertag und Alltag kaum noch unterschieden werden, ist die Strukturierung der Zeiten, die bewusste Feier »geprägter Zeiten« für die eigene Frömmigkeit und Lebensgestaltung sehr wichtig. Struktur schafft Lebensqualität. Da diese aber gesellschaftlich nicht mehr vorgegeben oder getragen wird, muss sich jede, jeder selbst dieser Aufgabe stellen. Dabei können Rahners Texte eine wertvolle Hilfe sein, weil sie den theologisch-spirituellen Hintergrund liefern und so die Sinnhaftigkeit verdeutlichen. Die Texte Rahners sind nicht nur für den persönlichen, sondern auch für den pastoralen Gerbrauch zu empfehlen, sei es in der Verkündigung, in Gesprächskreisen, in Gruppenstunden oder bei Glaubensgesprächen. Wer Einkehr- oder Besinnungstage selbst vorbereitet oder für sich gestaltet, findet einen reichen Schatz an Anregungen in diesem Buch.

Bibliographie

Karl Rahner, Das große Kirchenjahr. Geistliche Texte, herausgegeben von Albert Raffelt, Freiburg im Breisgau 3. Aufl. 1992.

Weitere Werke

Karl Rahner, Grundkurs des Glauben.: Einführung in den Begriff des Christentums, Freiburg im Breisgau 2008.
Karl Rahner, Gotteserfahrung heute. Mit einem Vorwort von Karl Kardinal Lehmann, herausgegeben von Andreas R. Batlogg und Albert Raffelt, Freiburg im Breisgau 2. Aufl. 2009.
Karl Rahner, Unbegreiflicher, so nah, Mainz 1999.

Weiterführende Literatur

Andreas R. Batlogg, Melvin E. Michalski (Hrsg.), Begegnungen mit Karl Rahner. Weggefährten erinnern sich, Freiburg im Breisgau 2006.
Elmar Klinger, Das absolute Geheimnis im Alltag entdecken. Zur spirituellen Theologie Karl Rahners, Mainz 2001.
Karl Lehmann, Albert Raffelt, Karl Rahner-Lesebuch, Freiburg im Breisgau 2004.
Albert Raffelt, Hansjürgen Verweyen, Karl Rahner, München 1997.
Albert Raffelt, Beten mit Karl Rahner. Von der Not und dem Segen des Gebetes [1] / Gebete des Lebens [2]. 2 Bände, Freiburg im Breisgau 2004.
Michael Schulz, Karl Rahner begegnen, Augsburg 1999.
Herbert Vorgrimler, Karl Rahner verstehen. Eine Einführung, Ostfildern 2002.

41 MADELEINE DELBRÊL
1904–1964

Gebet in einem weltlichen Leben
La Joie de Croire

Der kleine Mönch
Alcide – guide simple pour simples chrétiens

Autorin und Werk

Tiefgreifende Umbrüche und einschneidende Veränderungen charakterisieren die Zeit in Frankreich zu Anfang des 20. Jahrhunderts. Die Industrialisierung hatte das gesamte Leben verändert. Die neue Arbeiterklasse fristete ein hartes, entbehrungsreiches Leben, wurde vom Bürgertum verachtet und auch von der Kirche nicht beachtet oder verdächtigt, ein sittenloses Leben zu führen. Als Erbe der Französischen Revolution entstand ein laizistischer Staat, der 1905 in der Trennung von Kirche und Staat mündete. Die Säkularisierung Frankreichs schritt voran, und die kommunistische Partei etablierte sich in besonderer Weise durch ihr Eintreten für die Arbeiterschaft.

Geboren wurde Madeleine Delbrêl 1904 in Mussidan im Süden Frankreichs. Der Vater war ein künstlerisch-schriftstellerisch begabter Mensch, musste aber wegen der Umstände als Eisenbahnbeamter arbeiten. Madeleines Kindheit wurde durch eine antiklerikal-liberale Lebenseinstellung geprägt. Sie war zwar getauft, wurde aber schon früh durch die atheistischen Denkweisen der Freunde ihres Vaters beeinflusst.

Ihre Mutter kam aus gutbürgerlichem Hause und verkörperte auch die Tugenden dieser Bürgerschicht. Bis zu ihrem neunten Lebensjahr wechselte die Familie neunmal den Wohnsitz. Madeleine litt sehr darunter, nirgends heimisch zu sein, und fühlte sich von freundschaftlichen Bindungen ausgegrenzt. Der Tod war für sie schon in jungen Jahren ein bedrängendes Thema, was durch den Ersten Weltkrieg noch gegenwärtiger wurde.

Madeleine hatte offensichtlich eine künstlerische Begabung, die sich literarisch, musisch und beim Malen zeigte. Der familiäre Hintergrund, ihr Erleben und ihre Sozialkontakte führten dazu, dass Madeleine sich mit 16 Jahren als überzeugte Atheistin bezeichnete und ein Jahr später einen Text verfasste, der diese Überzeugung schon im Titel deutlich unterstreicht: »Gott ist tot – es lebe der Tod!« Mit der ganzen Intensität ihres Temperaments stürzte sie sich in den Trubel der Welt, ließ sich als Zeichen ihrer Emanzipation die Haare kurz schneiden und trug selbst entworfene Kleider, die ihre Umgebung schockierten. Zu dieser Zeit studierte sie bereits an der Pariser Sorbonne-Universität Philosophie und Kunst.

Madeleine verliebte sich in einen jungen Mann, Jean Maydieu, mit dem sie sich an ihrem 19. Geburtstag verlobte. Doch Jean Maydieu verließ sie und trat in das Noviziat der Dominikaner ein. Madeleine war erschüttert und erkrankte schwer. Bitterkeit und Schwermut erfüllten sie. In dieser Zeit begegnete sie glaubwürdigen Christen und fühlte sich innerlich zunehmend angezogen. Sie begann zu beten, und ihre Gottesleugnung brach zusammen.

Das Jahr 1924 nannte sie das Jahr ihrer Bekehrung (Konvertierung). 1926 nahm Madeleine ihr Studium wieder auf und integrierte sich in das Leben einer katholischen Pfarrgemeinde. Angesprochen von der Autobiographie Thérèses von Lisieux, trug sie sich mit dem Gedanken, ein Leben der Kontemplation als Karmelitin zu führen. Doch ihr wurde immer mehr bewusst, dass Gott sie bei den Menschen haben will. Sie gab ihr Studium auf, wurde Führerin der Pfadfindergruppe und machte eine Ausbildung zur Sozialpädagogin. Von nun an führte sie ein Leben mit und für die Arbeiter. Die Not dieser Menschen wurde ihr Schicksal.

Mit einigen gleichgesinnten Frauen gründete sie eine kleine Gemeinschaft ohne feste Gelübde, aber auf der Basis der evangelischen Räte (Armut, Ehelosigkeit, Gehorsam). Mit zwei Gefährtinnen zog sie 1933 nach Ivry, einer kleinen Arbeiterstadt und einer der ersten Städte, die von Kommunisten regiert wurde. Dort knüpfte Madeleine nach und nach guten Kontakt zu den Verantwortlichen und war von deren Einsatz für die Arbeiter, um deren Arbeits- und Lebensbedingungen zu verbessern, begeistert. Sie erwog in die kommunistische Partei einzutreten, stieß sich jedoch an den Einseitigkeiten und dem Hass gegen Andersdenkende, den sie erlebte und der sie von diesem Schritt abhielt. Trotzdem unterstützte sie die politische Aktion der kommunistischen Partei »Hingehaltene Hand« und geriet dadurch in die Kritik der Amtskirche und der Traditionskatholiken, die sich von den Arbeitern abschotteten.

1957 veröffentlichte Delbrêl das Buch »Ville marxiste terre de mission« (Titel der deutschen Übersetzung: »Christ in einer marxistischen Stadt«), in dem sie ihre Erfahrungen in Ivry reflektierte. Im letzten Kapitel des Buches fasste sie ihre Haltung so zusammen. »Wenn wir uns vor einem falschen Idealismus hüten wollen, der unsere Unterlassungen oder unsere Halbherzigkeiten unter Masken verbirgt – einem Gebetsleben, das eher verträumten Gedanken nachhängt; einem stillen Leben, das eher furchtsam ist; einem zurückgezogenen Leben, das eher einer Flucht gleicht; einem Leben der Resignation, die nicht uns, sondern den anderen gilt – wenn wir einem solchen Idealismus entgehen wollen, brauchen wir keinen anderen Realismus als den Realismus Gottes, in den wir immer tiefer eindringen müssen. Um wachsam zu sein und aktiv zu werden, brauchen wir nur eines: wir müssen bei der Kirche in die Schule gehen, um von ihr die ganze Botschaft der evangelischen Lehren über die Liebe zu empfangen, sie zu betrachten, auf sie zu hören und sie nach den Lebensregeln, die uns die Kirche ebenfalls gibt, in uns aufzunehmen.

Unser Realismus besteht vor allem in der Gewissheit und dem nicht minder festen Willen, durch alle diese Initiativen etwas Einzigartiges und Unersetzliches zu tun: Ernst zu machen mit der Liebe Gottes, mit der alles unermesslich wird, nicht nach dem Maß der Dinge, sondern nach den Maßen Gottes, die sich keinem menschlichen Maß fügen ... Alles muss bei uns zu finden sein: ein Trunk Wasser; Brot für die Hungernden; ein Obdach für die Obdachlosen; Besuche in Gefängnissen und Hospitälern; Mitleid mit den Weinenden, indem wir mit ihnen weinen oder die Ursachen ihrer Tränen beseitigen; Freundschaft für jeden Sünder, für die Unbeliebten, für alle, die im Dunkeln stehen – dies alles gehört zum vollen Sinn des Wortes ›brüderlich‹ ...

Ein Christ, der auf diese Weise in der Stadt lebt, erfährt mit seinem ganzen Sein die Kraft der evangelischen Liebe – nach außen hin als Glaubensverkündigung, in ihm selbst als Erleuchtung. Handeln wird ihm gleichbedeutend mit erleuchten und erleuchtet werden. Beten heißt, sich Gott anheimgeben, es schließt aber auch ein, dass man lernt, die Werke Gottes zu tun.«

Aus vollem Herzen unterstützte sie die Idee und Bewegung der Arbeiterpriester, die es sich zur Aufgabe gemacht hatten, mitten unter den Menschen als Arbeiter in den Fabriken ihren priesterlichen Dienst zu tun. Als die römische Kurie beschloss, das Experiment Arbeiterpriester abzubrechen, setzte sich Madeleine Delbrêl für eine Fortsetzung ein. Doch sie konnte das endgültige Verbot jeglicher Fabrikarbeit für Priester (1959) nicht verhindern.

Charakteristisch für Madeleines totale Verwirklichung ihrer Nächstenliebe war »das offene Haus« – niemand wurde jemals von ihrer Tür gewiesen. In der Folge wurde sie sogar von Bischöfen um Rat gefragt und zur Vorbereitung des II. Vatikanischen Konzils (1962–1965) herangezogen. 1964 starb Madeleine Delbrêl ganz plötzlich an einer Gehirnblutung. Ihre Weggefährtinnen fanden sie tot am Boden neben ihrem Schreibtisch.

Zwischen 1944 und 1954 schrieb Madeleine Delbrêl eine Reihe von Meditationen für die Zeitschrift »Vie spirituelle«. Nach ihrem Tod wurden sie mit dem Titel »La Joie de Croire« 1968 veröffentlicht. Jeweils Teile daraus finden sich in den zwei deutschen Veröffentlichungen, die zur Lektüre empfohlen werden.

Inhalt

»Gebet in einem weltlichen Leben« enthält Gebete, eigene Erfahrungen mit dem Beten und Anmerkungen zum Gebet im Sinne einer kleinen »Gebetsschule«. Dieses Büchlein erlaubt einen Blick in das Fundament, das Madeleine Delbrêls soziales und politisches Engagement über die Jahre und manche Enttäuschungen hinweg getragen hat. Es unterstreicht, dass christlicher Einsatz nicht zuerst eine Frage der Ethik oder der Moral, sondern zutiefst eine Frage der Spiritualität und der Frömmigkeit ist. Aus der Beziehung zu Gott und zu Christus erwächst der Impuls zum Handeln, nicht aus einer ethischen Verpflichtung. Deshalb ist die Pflege dieser Beziehung im Gebet die Achse, um die sich das soziale und politische Tun dreht. Fehlt diese Achse, dann mag sich das Rad noch drehen, nur es bewegt nichts mehr.

»Der kleine Mönch« ist ein geistliches Notizbüchlein mit Sprüchen und kleinen Geschichten. Auf oft humorvolle, damit aber nicht weniger ernsthafte Weise präsentiert Madeleine Delbrêl mit Hilfe der Gestalt des kleinen Mönchs Einsichten und Hinweise zur christlichen Lebensgestaltung. Delbrêl verknüpft ihre Gedanken mit Situationsbeschreibungen und schafft es dadurch, das alltägliche Leben auf seine geistlichen Herausforderungen und Chancen hin durchsichtig zu machen. Sie entwickelt moderne Gleichnisse wie zum Beispiel die »Fahrrad-Spiritualität«, um die Übersetzung des Evangeliums in ihre Gegenwart zu illustrieren. In der »Liturgie der Außenseiter« macht sie lebensnah darauf aufmerksam, dass im Christentum die Grenze zwischen sakral und profan längst überwunden ist und keine Rolle mehr spielt. Das Anliegen der Texte Madeleine Delbrêls sind eine zeitgemäße Sprache und zeitgemäße Bilder. Dabei ist sie nicht traditionsvergessen. Die Gestalt des kleinen Mönchs knüpft schon vom Bild her an die alte mönchische Tradition an, auf die sich Delbrêl immer wieder positiv bezieht, um gleichzeitig deutlich zu machen, dass die Tradition nur der bewahren kann, der das Anliegen in die jeweilige Zeit übersetzt und nicht die zeitbedingte Form zementiert.

Lesetipp

Die Werke Delbrêls sind gut lesbar, verständlich und auch für jüngere, interessierte Leser und Leserinnen geeignet. Vor allem das Bemühen um zeitgemäße Bilder spricht an. Dabei handelt es sich nicht um geistliche Literatur »light«, sondern um die Einladung zur Gestaltung eines ernsthaften, konsequenten Lebens in der Nachfolge Christi. Menschen, die nach einer alltagstauglichen Spiritualität fragen, werden hier fündig. Der Titel »Der kleine Mönch« könnte die Erwartung wecken, es handele sich um eine auf den Normalverbraucher hin getrimmte klösterliche Spiritualität, die immer das Problem hat, dass sie defizitär bleibt, denn sie ist immer die kleine Fassung des großen Originals. Genau dies aber will Delbrêl vermeiden. Ihre Spiritualität nimmt die wichtigen Elemente der Tradition auf und übersetzt sie in eine eigene, am Alltag und am modernen Leben orientierte Form.

Bibliographie

Madeleine Delbrêl, Gebet in einem weltlichen Leben (Auszüge aus: La Joie de Croire), übersetzt von Hans Urs von Balthasar und Cornelia Capol, Beten heute Band 4, Einsiedeln 6. Aufl. 2005.

Madeleine Delbrêl, Der kleine Mönch (Alcide – guide simple pour simples chrétiens), übersetzt von Bernhard Matheis, Freiburg im Breisgau 5. Aufl. 2004.

Madeleine Delbrêl, Der kleine Mönch im Alltag, übersetzt von Bernhard Matheis, Freiburg im Breisgau 2005.

Weiterführende Literatur

Katja Böhme, Madeleine Delbrêl. Die andere Heilige, Freiburg im Breisgau 2. Aufl. 2005.

Annette Schleinzer, Die Liebe ist unsere einzige Aufgabe. Das Lebenszeugnis von Madeleine Delbrêl, Ostfildern 3. Aufl. 2007.

42 DAG HAMMARSKJÖLD
1905–1961

Zeichen am Weg
Vägmärken

Autor und Werk

In der Nacht vom 17. zum 18. September 1961 stürzte das Flugzeug mit dem Generalsekretär der UNO, Dag Hammarskjöld, im Landeanflug auf Ndola (Kongo) ab. Sein Leichnam wurde am 19. September 1961 in der Nähe des Flugzeugwracks gefunden. Er war äußerlich nahezu unversehrt und hat wohl noch kurze Zeit nach dem Aufprall gelebt. Der Absturz ist seither Gegenstand unterschiedlicher Spekulationen und Theorien, die Ursache konnte nie abschließend geklärt werden. Dass es im Laufe der Untersuchungen neben der Unfallversion gleich mehrere »Verdächtige« gab, denen ein Anschlag zugetraut wurde, zeigte, dass Position und Kurs des Generalsekretärs umstritten waren.

Der Generalsekretär der UNO hatte keine Macht im herkömmlichen Sinn. Er besaß weder eigene Truppen noch eigene finanzielle Mittel oder Sanktionsmöglichkeiten. Gleichwohl war es seine Aufgabe, den Anspruch der Charta der Vereinten Nationen auf eine friedliche Gestaltung der internationalen Beziehungen unter der Herrschaft des Völkerrechts aufrechtzuerhalten. Dabei bewegte er sich unweigerlich im Spannungsfeld ideologischer und machtpolitischer Auseinandersetzungen. Neben dem Auftrag der Charta kam es dabei auch auf die Interpretation seiner Befugnisse und der Konfliktkonstellation an. Hier wurden die persönliche Integrität und die ethischen Grundüberzeugungen Hammarskjölds relevant. Sie gaben ihm Orientierung in diesem schwierigen Terrain und bildeten – vermittelt über die Kraft des Wortes und diplomatischer Aktivitäten – seine eigentliche Machtbasis. Die Grundüberzeugungen Hammarskjölds haben ihre Wurzeln in seiner Kindheit. Sie sind aber auch das Ergebnis von Reflexion, Auseinandersetzung, Ringen und geschenkter Erfahrungseinsicht. Genau davon erzählt sein Tagebuch.

Geboren wurde Dag Hammarskjöld am 29. Juli 1905 in Jönköping in Mittelschweden. Die Hammarskjölds waren eine Adelsfamilie mit einer langen Tradition und als Diener und Beamte des Staates bekannt. Dies galt auch für Hjalmar Hammarskjöld, den Vater, der im Jahre 1907 zum Gouverneur der Provinz Uppland ernannt wurde. Der Vater wurde für Dag prägend, auch wenn das Verhältnis zu ihm nicht konfliktfrei war. Er schilderte ihn 1954 als einen Mann mit festen Überzeugungen und hohem Verantwortungsgefühl. Zu seiner Mutter Agnes hatte Dag Hammarskjöld bis an ihr Lebensende 1940 ein sehr enges Verhältnis. Ihren bestimmenden Charakterzug beschrieb er als eine radikal demokratische, wenn man so will evangelische Sicht der Mitmenschen sowie einen mit Gefühlswärme durchzogenen Antirationalismus. Wichtig für die Jugendzeit Dag Hammarskjölds war dazu Nathan Söderblom, Erzbischof und enger Vertrauter der Familie. Zu dessen gelebten Grundüberzeugungen gehörte das Bemühen um ein aus dem Glauben erwachsendes, konkretes Engagement in sozialen und politischen Belangen. Er eröffnete Dag Hammarskjöld eine Reihe von Perspektiven, die für dessen späteres Wirken von Belang sein sollten.

Der Lebensweg Dag Hammarskjölds ist zu Beginn des Tagebuches noch offen. 1923 hatte er in Uppsala sein Abitur mit sehr guten Noten abgeschlossen und das Studium der Fächer Nationalökonomie, Philosophie und Französisch aufgenommen. Später folgte noch die Rechtswissenschaft. Die ersten Eintragungen des Tagebuches mit der Jahresangabe 1925 bis 1930 haben einen fragenden und suchenden Charakter nach dem Ziel des Lebensweges und den persönlichen Talenten und Schwächen. Das Jahr 1930 markiert dann in mehrfacher Hinsicht einen Einschnitt: Mit der Übernahme des Generalsekretärpostens der Nobelstiftung durch Hjalmar Hammarskjöld zog die Familie nach Stockholm. Dag wechselte die Universität und kaum hatte er den Titel eines Bachelor of Laws erlangt, wurde er in eine Regierungskommission zur Überwindung der Arbeitslosigkeit berufen, der er bis 1934 angehörte. Das Tagebuch schweigt in dem arbeitsreichen Jahrzehnt zwischen 1930 und 1940.

Die Regierung ernannte ihn 1945 zum Ständigen Berater in internationalen Finanz- und Wirtschaftsfragen. Dem folgten der Wechsel ins Auswärtige Amt und diverse Konferenzerfahrungen.

Zu Beginn des Jahres 1953 gerieten die Verhandlungen über die Neubesetzung des Amtes des UNO-Generalsekretärs im Sicherheitsrat der Vereinten Nationen in eine Sackgasse. Mehrere Kandidaten wurden entlang der Konfliktlinien des Kalten Krieges abgelehnt und blockiert. Hammarskjöld war zu dieser Zeit Leiter der schwedischen Delegation in New York. Dass der als Wirtschaftsfachmann und Technokrat geltende Schwede erwähnt wurde, ist neben der Tatsache, dass sein Name in Diplomatenkreisen nicht unbekannt war, vor allem der Tatsache geschuldet, dass er aus einen »neutralen« Land kam. Die Anfragen mehrerer Journalisten, die Hammarskjöld am 1. April erreichten, hielt er zunächst für einen Scherz. Nur neun Tage später leistete er vor der Generalversammlung der Weltorganisation seinen Amtseid. Diesen Amtseid fand man später auf einem Zettel in ein Buch gesteckt, das Dag Hammarskjöld mit auf seine letzte Reise in den Kongo genommen hatte. Dabei handelte es sich um die französische Ausgabe der »Nachfolge Christi« des Thomas von Kempen.

Am 7. April 1953 wurde Dag Hammarskjöld von der Generalversammlung gewählt. In der ersten genau datierten Eintragung seines Tagebuches zitierte er fast schon programmatisch Thomas von Kempen: »Weil sie alles Gute, das sie empfangen haben, Gott allein zuschreiben, suchen sie keine Ehre voreinander. Sie wollen nur die Ehre, die von Gott allein kommt, wollen nichts anderes, als dass Gott in ihnen und in allen Heiligen über alles gelobt werde. Dies ist das einzige Ziel, nach dem sie allzeit streben.« Der geistliche Kontext seiner Berufung wurde dadurch deutlich unterstrichen.

Es kann hier nicht die gesamte Amtszeit Hammarskjölds rekapituliert werden. In der Summe stehen die Jahre 1953 bis 1961 für eine deutliche Ausweitung der Kompetenzen des Generalsekretärs und eine bedeutsame Rolle der Weltorganisation, die sogar exekutive Aufgaben übernahm. Dag Hammarskjöld entwickelte eine Reihe vor innovativen Konzepten, die von da an in das Handlungsrepertoire der Vereinten Nationen fest aufgenommen wurden. Es sind dies vor allem sein Konzept der vertraulichen Diplomatie, die Idee der »Blauhelmtruppen« und sein Begriff des internationalen Dienstes.

Fünf Jahre vor seinem tragischen Tod schloss Hammarskjöld mit folgenden Worten eine Veröffentlichung seines Tagebuches zu Lebzeiten aus: »Diese Aufzeichnungen – ? Sie waren Wegzeichen, aufgerichtet, als du an einen Punkt kamst, wo du sie brauchtest, einen festen Punkt, der nicht verloren gehen durfte. Und das sind sie geblieben. Aber dein Leben hat sich verändert, und du rechnest nun mit möglichen Lesern. Vielleicht wünschst du dir sie sogar! Für manchen könnte es doch von Bedeutung sein, einen Schicksalsweg zu verfolgen, über den der Lebende nicht sprechen mochte.«

Hammarskjöld überließ die Entscheidung über die Veröffentlichung des Manuskriptes von 160 Seiten einem Freund, dem er einen undatierten Brief auf dem Manuskript hinterlassen hatte. Leif A. L. Belfrage, seinem ehemaligen Kollegen aus dem schwedischen Außenministerium, hatte er geschrieben:

»Lieber Leif, einmal habe ich Dir erzählt, vielleicht erinnerst Du Dich daran, dass ich trotz allem eine Art Tagebuch geführt habe. Ich wäre froh, wenn Du Dich irgendwann seiner annähmest. Hier ist es. / Begonnen wurde es ohne einen Gedanken daran, dass jemand es lesen sollte. Mein späteres Schicksal, mit allem, was über mich geschrieben oder gesagt worden ist, hat aber die Lage verändert. Das einzig richtige Profil, das man zeichnen könnte, ergeben diese Notizen. Darum habe ich in den letzten Jahren mit einer Veröffentlichung gerechnet, obwohl ich weiterhin für mich selbst und nicht für ein Publikum schrieb. / Wenn Du findest, dass sie verdienen, gedruckt zu werden, so gib sie heraus – als eine Art Weißbuch meiner Verhandlungen mit mir selbst – und mit Gott. / Dag.«

Belfrage entschied sich für die Veröffentlichung, und so erschien das Tagebuch des UNO-Generalsekretärs bis heute in einer Vielzahl von Sprachen und Ausgaben.

Inhalt

Die Eintragungen in »Zeichen am Weg« entsprechen nicht dem üblichen »Tagebuch«, das man von einem führenden Politiker erwarten würde. Sie liefern keine anekdotenreichen Schilderungen diplomatischer Verhandlungen, keine politischen Rechtfertigungen oder Abrechnungen. Die Aufzeichnungen Hamarskjölds haben auch nichts gemeinsam mit den Biographien heutiger Politiker, Sportler, Stars und Sternchen, die noch zu deren Lebzeiten geschrieben werden, um wieder ein wenig Aufmerksamkeit in unserer Mediengesellschaft zu ergattern. Die Eintragungen des Tagebuches sind auf einer völlig anderen Ebene angesiedelt. Als Wegzeichen eines privaten wie öffentlichen Lebensweges markieren sie Punkte des Innehaltens, der Bestätigung, der Zuversicht, aber auch des Zweifelns, der Unsicherheit und der Entscheidung.

Das Tagebuch enthält sehr verschiedene und verschiedenartige Notizen. Es finden sich Naturimpressionen, literarische Zitate und Anspielungen, Gebete oder Gedichte. Eine Vielzahl von biographischen, geistigen, philosophischen und literarischen Einflüssen beinhaltet das Material der »Zeichen am Weg«. Die Eintragungen wurden weder kontinuierlich noch in regelmäßigem Abstand oder Umfang vorgenommen.

Vielleicht beschreibt eine Eintragung aus dem Jahre 1950 den Charakter des Tagebuches am ehesten: »Die längste Reise / ist die Reise nach innen. / Wer sein Los gewählt hat, / wer die Fahrt begann / zu seiner eigenen Tiefe / (gibt es denn Tiefe?) – / noch unter euch, / ist außerhalb der Gemeinschaft, / abgesondert in eurem Gefühl / gleich einem Sterbenden, / oder wie einer, den der nahende Abschied / vorzeitig weiht / zu jeglicher Menschen endlicher Einsamkeit.« Der fragende Ton deutet an, dass dies keine leichte Reise ist, sondern eine äußerst beschwerliche und von Einsamkeit bestimmte Selbstsuche.

Das Wesen menschlicher Existenz, der Sinn des Lebens und die Unzulänglichkeit der eigenen Persönlichkeit waren die Themen Anfang der 1950er-Jahre. Hammarskjöld befand sich in einer Sinn-, Lebens- und Identitätskrise.

1951 findet sich bereits ein erster Hinweis auf die nunmehr Richtung gewinnende Suche und die damit einhergehende Auflösung der Lebenskrise: »Jetzt, da ich die Furcht überwunden – vor den anderen, vor mir, vor dem Dunkel darunter: / an der Grenze des Unerhörten: / Hier endet das Bekannte. Aber vom Jenseits her erfüllt etwas mein Wesen mit seines Ursprungs Möglichkeit. / Hier wird Begehren zu Offenheit gereinigt: jedes Handeln Vorbereitung, jede Wahl ein Ja dem Unbekannten.« Und 1952 heißt es: »Die Gemeinschaft der Heiligen und – in dieser – ein ewiges Leben ... Gib mir etwas, um zu sterben dafür!«

Hammarskjöld entdeckte seine Berufung, die in der Selbstverwirklichung durch Selbstaufgabe und im Einsatz für andere erreicht wird. Seine Wahl zum UNO-Generalsekretär, einige Monate später, verstand er vor diesem Hintergrund als Bestätigung seiner Berufung und die konkrete Anforderung, die an ihn gestellt wurde. »Gott braucht dich, auch wenn es dir im Augenblick nicht passt.« (1953)

Die weiteren konkreten Datumsangaben lassen sich mehreren Kategorien zuordnen: Zum einen finden sich wiederkehrende persönliche Gedenktage – wie etwa die jährliche Eintragung anlässlich des eigenen Geburtstages. Zweitens finden sich ebenfalls wiederkehrende Bezugnahmen auf kirchliche Feiertage – wie etwa die Eintragungen zu Weihnachten. Drittens lassen sich schließlich Daten finden, die wie der 7. April 1953 auf äußere Ereignisse deuten. Damit sind die politischen Entwicklungen, die diplomatischen Bemühungen, die militärischen Verwicklungen – all das, was den »Alltag« des Generalsekretärs ausmacht – auf besondere Art und Weise im Tagebuch vereint und reflektiert. Gerade diese Kombination macht das Tagebuch zu einem einzigartigen historischen, persönlichen und geistlichen Dokument.

Lesetipp

Für die Lektüre ist es hilfreich, drei Bewegungsmuster des Tagebuches zu unterscheiden. Zum einen nehmen die Eintragungen ihren Ausgang oft in einer konkreten Begebenheit, einer Begegnung oder Erfahrung aus dem Alltag, die dann – im Nachhinein – reflektiert und verarbeitet wird. Zum Zweiten sind es Gedanken, Einsichten und Ideen, die Hammarskjöld aus diversen literarischen, philosophischen oder religiösen Quellen aufnimmt und in Zusammenhang mit seiner Lebenssituation setzt. Und zum Dritten ist es das Zusammenspiel des Erlebens von Natur und Landschaft mit dem Erkunden der eigenen Gedankenwelt und Persönlichkeit. Diese drei Bewegungsmuster, die auf vielfältige Art und Weise variieren und kombiniert werden, sind von einer übergreifenden Motivation bestimmt: Es ist die Suche nach Standards und Prinzipien, nach Maximen des Handelns, nach Sinn und nach dem rechten Einsatz seiner Möglichkeiten und Fähigkeiten, die Hammarskjöld in seinen Eintragungen umtreibt.

Da es sich um Sätze, Kurztexte, Fragmente und Aphorismen handelt, lassen sich Hammarskjölds Aufzeichnungen kontinuierlich, aber auch als Einzeltexte lesen und reflektieren. In guten Textausgaben geben die Anmerkungen Auskunft über Zitate oder Anspielungen im Text. Auch diesen Spuren mag man neugierig folgen.

Nicht zuletzt könnte die Lektüre dazu anregen, ein eigenes Projekt »geistliches Tagebuch« zu starten. Gedanken aufzuschreiben und Erlebtes ins Wort zu bringen hilft, zu reflektieren, zu sortieren und so Gott will auch zu begreifen, wenn auch erst vielleicht im erneuten Lesen nach einem kürzeren oder längeren Zeitraum.

Bibliographie

Dag Hammarskjöld, Zeichen am Weg. Das spirituelle Tagebuch des UN-Generalsekretärs, herausgegeben von Manuel Fröhlich, übersetzt von Anton Graf Knyphausen, München 2005.

Weiterführende Literatur

Johann Hoffmann-Herreros, Dag Hammarskjöld. Politiker. Schriftsteller. Christ, Mainz 1991.
Stephan Mögle-Stadel, Dag Hammarskjöld. Vision einer Menschheitsethik, Heidenheim 2. Aufl. 2010.
Ruth Röhlin, Karl-Heinz Röhlin, Dag Hammarskjöld – Mystiker und Politiker. Visionen für heute, München 2. Aufl. 2006.

43 HANS URS VON BALTHASAR
1905–1988

Das betrachtende Gebet

Autor und Werk

Hans Urs von Balthasar wurde am 12. August 1905 in Luzern als Sohn eines alten Patriziergeschlechts geboren. Sein Vater war der Kantonsbaumeister Oskar Ludwig Carl von Balthasar, seine Mutter Gabriele eine geborene Pietzker-Apor, aus der ungarischen Familie der Barone Apor de Altorja. Durch seine Familie wurden in Hans Urs von Balthasar Weltoffenheit, kulturelle Weite und Mehrsprachigkeit grundgelegt, die ihn zum Theologen mit einer umfassenden Bildung machten. Henri de Lubac nannte ihn einmal den vielleicht gebildetsten Zeitgenossen des 20. Jahrhunderts. Nach dem Besuch des Gymnasiums der Benediktiner in Engelberg und der Jesuiten in Feldkirch machte er 1924 die sogenannte eidgenössische Matura (Abitur) in Zürich. Was er danach studieren wollte, war ihm lange nicht klar, er schwankte zwischen Musik und Literatur. Das erste Fach entsprach seiner außerordentlichen Begabung: Er spielte flüssig nach Klavierauszügen die (äußerst komplizierten) Mahler-Symphonien und trug auf dem Klavier auswendig Mozarts Don Giovanni vor. Das stärkere Interesse, zumindest bezüglich des Studiums, galt dann doch der Literatur, weshalb er sich für das Germanistikstudium (in Wien, Berlin, Zürich) entschied. In Zürich legte er 1928 seine (germanistische) Dissertation mit dem Thema vor: »Geschichte des eschatologischen Problems in der modernen deutschen Literatur«. Bereits 1927 hatte er dreißigtägige Exerzitien bei P. Friedrich Kronseder SJ gemacht, die zu einem Wendepunkt seines Lebens geworden waren. Darüber schreibt er später: »Noch heute, nach dreißig Jahren, könnte ich auf dem verlorenen Waldweg im

Schwarzwald unweit von Basel den Baum wiederfinden, unter dem ich wie vom Blitz getroffen wurde ... Doch es war weder die Theologie noch das Priestertum, was damals blitzartig vor meinen Geist trat; es war einzig dies: Du hast nichts zu wählen, Du bist gerufen; Du wirst nicht dienen, man wird Dich in Dienst nehmen ...«

Von Balthasar trat 1929 in die Gesellschaft Jesu ein und studierte nach dem Noviziat drei Jahre Philosophie in Pullach, wo er P. Erich Przywara SJ kennenlernte. Von 1934 bis 1937 absolvierte er sein Theologiestudium in Lyon und begann mit seinen Arbeiten zur Patristik. Dort traf er P. Henri de Lubac SJ und kam mit der sogenannten Nouvelle Théologie und den französischen Dichtern Charles Péguy, Georges Bernanos und Paul Claudel in Kontakt.

Nach seiner Priesterweihe arbeitete er ab 1937 zwei Jahre lang für die Zeitschrift »Stimmen der Zeit«. 1940 wurde er Studenten- und Akademikerseelsorger in Basel, eine Aufgabe, die seinem intellektuellen Horizont voll entsprach. Er betrieb gezielt unter Studenten und Akademikern eine katholische Bildungs- und Kulturarbeit und hielt Vorträge über Vorträge, Exerzitien über Exerzitien. Neben seinen »offiziellen« Verpflichtungen entwickelte er ein reiches theologisches Schaffen und eine emsige Tätigkeit als Übersetzer und Herausgeber verschiedenster Werke der spirituellen und theologischen Tradition. Seine Bibliographie (1925–1990) umfasst allein 119 selbstständige Publikationen.

Einen weiterer wichtiger Wendepunkt in seinem Leben war die Begegnung mit Adrienne von Speyr, einer mystisch begabten Ärztin im Jahre 1940. Mit ihr zusammen gründete er die Johannesgemeinschaft, die bereits 1945 die Idee der »Weltgemeinschaften« von Laien verwirklichte: Es galt, mitten in der Welt das Evangelium radikal zu leben und »Salz« und »Sauerteig« für deren »Verwandlung« zu sein.

Der Jesuitenorden wollte die Verantwortung für die Zusammenarbeit Hans Urs von Balthasars mit Adrienne von Speyr und der Johannesgemeinschaft nicht übernehmen, weshalb von Balthasar den Orden 1948 verließ, ein für ihn, für den der Gehorsam zentral war, schwieriger Schritt. Er wurde 1956 Weltpriester in der Diözese Chur.

Im Mittelpunkt seines Lebens standen von da an die Begleitung Adriennes von Speyr und die Sorge um die Johannesgemeinschaft, eine rege (geistliche) Vortragstätigkeit sowie eine außergewöhnliche theologische Produktion. Eugen Biser bezeichnete das Werk Hans Urs von Balthasars als ein herrliches Gebirgsmassiv, eine Synthese von Philosophie, Theologie, Literatur, Kunst und Meditation, das trotz dieser Weite eine Mitte hat: »Die Erkenntnis der Herrlichkeit Gottes auf dem Antlitz Christi.« (Vgl. 2 Kor 4,6) So trägt der erste Teil der Trilogie, die sein Hauptwerk bildet, die Bezeichnung »Herrlichkeit«. Es geht um die Grundlegung einer theologischen Ästhetik, welche das Unerfindliche der göttlichen Offenbarung wahrzunehmen und ihr zu entsprechen sucht. Dies geschieht in einer Theologie, deren Grundgestus nicht die »sitzende« Reflexion, sondern das »Knien«, der Vollzug des Geglaubten, ist. Da aber diese göttliche Offenbarung im Grunde ein dramatischer Prozess der Selbstgabe Gottes ist, trägt der zweite Teil der Trilogie die Bezeichnung »Theodramatik« und erst der dritte – die Reflexion auf das Erfahrene – den Namen »Theologik«.

Von Balthasar wurden mehrere Lehrstühle angeboten, die er alle ablehnte. Durch seine Theologie und seine weitblickende Schau einer »unverschanzten« Kirche wurde er zu einem der aktivsten Wegbereiter des II. Vatikanischen Konzils (1962–1965), auch wenn er selbst nicht daran teilnahm. Durch seine scharfsinnige Kritik an nachkonziliaren Entwicklungen gewann er an internationaler Ausstrahlung. Hans Urs von Balthasar blieb ein kantiger und eigenwilliger Denker, der eine allzu modische Anpassung des Christentums an den Zeitgeist stets kritisierte. Kurz vor seinem Tod ernannte ihn Papst Johannes Paul II. zum Kardinal, doch er starb zwei Tage vor seiner offiziellen Erhebung am 26. Juni 1988.

Aus dem umfassenden Werk von Balthasars beispielhaft auszuwählen ist enorm schwierig, doch fiel die Entscheidung auf ein Buch über das betrachtende Gebet, das er 1955 erstmals veröffentlichte.

Inhalt

Im Vorwort von »Das betrachtende Gebet« schreibt Hans Urs von Balthasar: »Viele Christen wissen um die Notwendigkeit und die Schönheit des betrachtenden Gebetes und sehnen sich aufrichtig danach.

Aber wenige bleiben, von tastenden, bald wieder aufgegebenen Versuchen abgesehen, diesem Gebet treu, und noch weniger sind von ihrem Tun überzeugt und befriedigt. Eine Atmosphäre von Verzagung und Kleinmut umgibt in der Kirche die Kontemplation.«

Die Schwierigkeiten sieht Hans Urs von Balthasar in der Orientierung an geistlicher Literatur oder Betrachtungsbüchern, die anstelle der eigenen Anstrengung oder eigener Betrachtung »gelesen« beziehungsweise konsumiert werden. Deshalb vermeidet er fertige Betrachtungen, sondern formuliert Betrachtungspunkte, die dem Einstieg dienen, Gesichtspunkte vermitteln und bloße Anregungen für die eigene Betrachtung sein sollen. Hier scheint das ignatianische Erbe von Balthasars durch. Denn genau dies ist nach Ignatius von Loyola die Aufgabe dessen, der Exerzitien gibt, nicht die Betrachtung vorzulegen, sondern zur eigenen Betrachtung anzuregen.

Und wie bei Ignatius geht es von Balthasar um die Schriftbetrachtung, die er für die zentrale christliche Gebets- und Meditationsform hält. »Am Wort der Schrift beginnt die Himmelsleiter der Kontemplation, und keine Stufe führt über das Hören des Wortes hinaus. So wenig wir betrachtend die Menschheit des Herrn je hinter uns lassen können, so wenig das menschenförmige Wort.« (Vorwort)

Der erste Teil des Buches entfaltet den »Akt der Betrachtung«, indem das Wesen und die Form der Schriftbetrachtung beleuchtet werden. Der zweite Teil widmet sich dem Gegenstand der Betrachtung, mit dem zentralen Geheimnis der Fleischwerdung des Wortes und der Wandlung durch das Wort, das als Wort des Gerichts und des Heils zugesprochen wird. Schließlich versucht von Balthasar im dritten Teil, die Spannungsbreite der Betrachtung auszuloten.

Das Ziel der Betrachtung ist nicht das Ergreifen, sondern das Ergriffenwerden. Von Balthasar geht es nicht um sitzendes Reflektieren, sondern kniende Anbetung. Der Übende »meinte mit einem Wort umzugehen, das er, wie andere große und tiefe Worte der Menschheit, erfassen und beurteilen könnte; aber eintretend in seinen Machtkreis ist er selbst der Erfasste und Beurteilte geworden. Er wollte zu Jesus, um ihn zu sehen (›Komm und sieh!‹), und muss unter dem Blick Jesu erfahren, dass er längst von ihm gesehen, durchschaut, gerichtet und in Gnade aufgenommen ist, so dass ihm nichts übrigbleibt als niederzufallen und das Wort anzubeten: ›Meister, du bist der Sohn Gottes, du bist der König von Israel.‹« (Vorwort)

Lesetipp

»Das betrachtende Gebet« ist ein Buch, das theologische Reflexion über das Gebet mit einer Hinführung zum Gebet und mit praktischen Anleitungen verbindet. Der weite Horizont und das umfassende Wissen des Autors erfordern vom Leser, der Leserin manchmal etwas Geduld und Ausdauer, um den Gedankengängen und Assoziationen Hans Urs von Balthasars folgen zu können. Von Balthasar will vor allem eines: Er will Menschen zur Betrachtung ermutigen und befähigen. Von daher erfordert die Lektüre des Buches ein begleitendes Üben. Natürlich lässt sich das Buch auch als theologisch informatives Werk zum Gebet lesen, jedoch wird eine solche Lektüre seinem ursprünglichen Charakter nicht gerecht. Ein solcher Umgang wäre vergleichbar mit einem Computerprogramm, bei dem man nur einen Bruchteil von dem nutzt, was es eigentlich kann.

Bibliographie

Hans Urs von Balthasar, Das betrachtende Gebet, Einsiedeln 5. Aufl. 2003.

Weitere Werke

Hans Urs von Balthasar, Kleiner Diskurs über die Hölle, Einsiedeln 2. Aufl. 2007.
Hans Urs von Balthasar, Licht des Wortes. Skizzen zu allen Sonntagslesungen, Einsiedeln 3. Aufl. 2001.
Hans Urs von Balthasar, Glaubhaft ist nur Liebe, Einsiedeln 6. Aufl. 2000.
Hans Urs von Balthasar, Priesterliche Spiritualität, Einsiedeln 2. Aufl. 2008.

Hans Urs von Balthasar, Was dürfen wir hoffen?, Einsiedeln 2. Aufl. 1998.

Hans Urs von Balthasar, Theologie der drei Tage, Einsiedeln 2. Aufl. 1990.

Weiterführende Literatur

Peter Henrici, Hans Urs von Balthasar. Aspekte seiner Sendung, Einsiedeln 2008.

Werner Löser, Kleine Hinführung zu Hans Urs von Balthasar, Freiburg im Breisgau 2005.

Michael Schulz, Hans Urs von Balthasar begegnen, Augsburg 2002.

44 DIETRICH BONHOEFFER
1906–1945

Widerstand und Ergebung

Autor und Werk

Dietrich Bonhoeffer ist einer der bedeutendsten und facettenreichsten evangelischen Theologen der jüngsten Vergangenheit. Als Theologe war er einer der großen »Anreger« für die Generationen nach ihm und als Christ Zeuge des Glaubens im unmenschlichen politischen System des Nationalsozialismus.

Dietrich Bonhoeffer wurde am 4. Februar 1906 in Breslau geboren. Er war das sechste von acht Kindern des Arztes und Professors für Psychiatrie und Neurologie Karl Bonhoeffer und seiner Frau Paula, geborene von Hase. 1923 begann Bonhoeffer in Tübingen mit dem Studium der Theologie, das er in Berlin fortsetzte und mit der Doktorarbeit »Sanctorum Communio«, »Gemeinschaft der Heiligen«, 1927 abschloss. Es folgten ein Vikariat in Barcelona und während des Jahres 1928 und ab 1929 die Assistentenzeit in Berlin. 1930 legte Bonhoeffer sein zweites theologisches Examen ab. Wenige Tage später folgte die Habilitation mit der Schrift »Akt und Sein«. Anschließend begab er sich zu einem einjährigen Studienaufenthalt am Union Theological Seminar in New York. Seine Dissertation und Habilitation ließen das akademische Publikum aufmerken. Doch kam es zu keiner akademischen oder amtskirchlichen »Karriere«. Vielmehr sah Bonhoeffer sich zum Widerstand gegen die nationalsozialistische Ideologie aufgerufen. In einem Radiovortrag vom 1. Februar 1933 findet sich der provozierende Satz: »Wenn der Führer zum Idol wird, gleitet sein Bild ab in das des Verführers, und er handelt verbrecherisch am Geführten wie an sich selbst ... Führer und Amt, die sich selbst vergotten, spotten Gottes.« Die Ausstrahlung des Vortrags wurde wegen dieser deutlichen Kritik am Führerprinzip des Nationalsozialismus abgebrochen.

Von August 1931 bis Sommer 1933 lehrte Bonhoeffer als Privatdozent an der Universität in Berlin. Seine internationalen Kontakte führten 1931 zu seiner Teilnahme an der Konferenz des Weltbundes christlicher Studenten in Cambridge, wo er zum Jugendsekretär gewählt wurde. Neben seiner Lehrtätigkeit an der Universität erteilte er Konfirmandenunterricht in der Berliner Zionsgemeinde am Prenzlauer Berg.

1933 ging er für kurze Zeit als Auslandspfarrer in die Deutsche Gemeinde in London, um damit zunächst den kirchlichen Auseinandersetzungen über die Deutschen Christen und die Bekennende Kirche auszuweichen. Im Gegensatz zu den staatstreuen Deutschen Christen sah er drei entscheidende staatskritische Aufgaben für die Kirche: »1. Die Kirche hat den Staat zu fragen, ob sein Handeln von ihm als legitim staatliches Handeln verantwortet werden könne ... 2. Die Kirche ist den Opfern jeder Gesellschaftsordnung in unbedingter Weise verpflichtet, auch wenn sie nicht der christlichen Gemeinde zugehören ... 3. Wenn die Kirche den Staat ein Zuviel oder ein Zuwenig an Ordnung und Recht ausüben sieht, kommt sie in die Lage, nicht nur die Opfer unter dem Rad zu verbinden, sondern dem Rad selbst in die Speichen zu fallen.« (Dietrich Bonhoeffer Werke Band 12, 353)

Im Jahre 1935 wurde Bonhoeffer Direktor des (aus der Sicht des Staates) illegalen, weil von der Bekennenden Kirche eingerichteten Predigerseminars in Finkenwalde. Im Februar 1938 konnte Bonhoeffer zum letzten Mal an einer ökumenischen Konferenz in London teilnehmen. Bereits im September wurde sein Predigerseminar von der Geheimen Staatspolizei geschlossen, und schon im November wurden 27 ehemalige Seminaristen in Haft genommen. Anfang 1938 verwies der NS-Staat Bonhoeffer der Stadt Berlin. Er knüpfte erste Kontakte zu den Widerständlern Sack, Oster, Canaris und Beck. Bonhoeffers Schwester und ihre Familie emigrierten nach England.

Eine seiner wichtigsten Schriften aus dieser Zeit ist, neben einer Reihe von brisanten, stark in das kirchliche Geschehen eingreifenden Vorträgen und Aufsätzen, die Schrift »Gemeinsames Leben« vom September 1938.

Einladungen zu Gastvorträgen nach Amerika sollten ihn vor den Folgen seiner Kriegsdienstverweigerung schützen. Doch kehrte er bereits nach sechs Wochen wieder nach Deutschland zurück, um seine »Brüder« nicht im Stich zu lassen.

1940 wurde über Bonhoeffer ein Rede- und Schreibverbot verhängt. Er schloss sich dem Widerstandskreis um seinen Schwager Hans von Dohnany an, beteiligte sich aktiv und wurde Verbindungsmann der militärischen Abwehr unter Admiral Canaris. Sein spezieller Auftrag war, über seine ökumenischen Verbindungen die Westmächte über Fortgang, Pläne und Möglichkeiten der Widerstandsbewegung zu informieren, sie vom Friedenswillen einer neuen Regierung nach Hitlers Sturz zu überzeugen und sie für diesen Fall zu akzeptablen Waffenstillstandsbedingungen zu bringen. Zu diesem Zweck unternahm er Reisen ins neutrale Ausland, die spektakulärste war das Treffen mit Bischof Bell von Chichester Mitte 1942 in Schweden.

Im Januar 1943 verlobte sich Bonhoeffer mit Maria von Wedemeyer. Zwei Anschläge auf Adolf Hitler aus der Gruppe um Canaris und Oster am 13. und 21. März 1943 schlugen fehl. Am 5. April wurde Dietrich Bonhoeffer auf Grund eines zufälligen Aktenfunds bei seinem Schwager Hans von Dohnanyi wegen »Wehrkraftzersetzung« verhaftet und im Untersuchungsgefängnis der Wehrmacht in Tegel gefangen gehalten. Im September 1943 erhob man gegen ihn Anklage.

Das gegen Bonhoeffer eingeleitete Strafverfahren vor dem Reichskriegsgericht wurde jedoch zunächst von höheren Beamten, zum Beispiel Karl Sack, die Verbindungen zu Widerstandskreisen hatten, nach Kräften aufgehalten. Am 20. Juli 1944 unternahm Claus Graf Schenk von Stauffenberg ein weiteres Attentat auf Adolf Hitler. Es schlug knapp fehl, und Hitler kam nur wenig zu Schaden. Bei den nachfolgenden intensiven Verhören der Gestapo konnte Bonhoeffer und anderen Mitverschwörern keine Beteiligung daran nachgewiesen werden.

Aus Sorge um seine Familie verzichtete Bonhoeffer am 5. Oktober 1944 auf eine mögliche Flucht. Er befürchtete Sippenhaftung. Am 8. Oktober geriet er in die Hände der Gestapo und kam nun in den Gestapo-Keller in der Prinz-Albrecht-Straße in Berlin. Einem Brief vom 19. Dezember 1944 an seine Verlobte legte Bonhoeffer einen Text als

»Weihnachtsgruß für Dich und die Eltern und Geschwister« bei, der mit folgenden Versen beginnt: »Von guten Mächten treu und still umgeben, / behütet und getröstet wunderbar, / so will ich diese Tage mit euch leben / und mit euch gehen in ein neues Jahr.« Dieses persönlich-biographische Gedicht bezog sich auch auf seine eigene Situation als Gefangener und die seiner Familie vor dem unausgesprochenen Hintergrund der NS-Herrschaft und des Krieges. Seine Brüder Klaus und Dietrich sowie die Schwager Hans von Dohnanyi und Rüdiger Schleicher waren inhaftiert, Bruder Walter war gefallen, seine Zwillingsschwester Sabine war mit ihrem jüdischen Mann Gerhard Leibholz ins Ausland geflohen. So schrieb Bonhoeffer in einem Begleitbrief zum Gedichttext an seine Verlobte: »So habe ich mich noch keinen Augenblick allein und verlassen gefühlt. Du und die Eltern, Ihr alle, die Freunde und Schüler im Feld, Ihr seid immer ganz gegenwärtig ... Wenn es im alten Kinderlied von den Engeln heißt: ›Zweie, die mich decken, zweie, die mich wecken‹, so ist diese Bewahrung am Abend und am Morgen durch gute unsichtbare Mächte etwas, was wir Erwachsene heute nicht weniger brauchen als die Kinder.«

Am 7. Februar 1945 wurde Dietrich Bonhoeffer in das KZ Buchenwald verlegt. Adolf Hitler ordnete am 5. April die Hinrichtung aller noch nicht exekutierten »Verschwörer« des 20. Juli 1944 an und damit auch die Dietrich Bonhoeffers. Ein SS-Gericht verurteilte daraufhin – neben Dietrich Bonhoeffer – Wilhelm Canaris, Hans Oster, Karl Sack und Ludwig Gehre am 8. April 1945 zum Tode durch den Strang. Wegen der herannahenden Amerikaner wurde Bonhoeffer ins KZ Flossenbürg gebracht und dort am 9. April 1945 gehängt.

Inhalt

Unter dem Titel »Widerstand und Ergebung« stellte der Freund Bonhoeffers, Eberhard Bethge, Briefe und Texte aus den Jahren der Haft zusammen, die Bonhoeffer an Verwandte und Freunde geschickt hatte oder durch die Wachmannschaft herausschmuggeln ließ. Auch eine Aufzeichnung Bonhoeffers mit dem Titel »Nach zehn Jahren«, die er an der Wende 1942 zu 1943 geschrieben hatte und die zwischen

Dachsparren versteckt die Hausdurchsuchungen der Gestapo und die Bomben überstanden hatte, wurde von Bethge aufgenommen.

Die Texte und Gedanken beschäftigen sich mit dem persönlichen Schicksal Bonhoeffers, aber auch mit der Weltlage und der »Lage« des Glaubens in dieser Welt. Bethge beschreibt dies so: »Vor unseren Augen entsteht von Seite zu Seite das Bild eines mit allen Sinnen durchlebten Zellendaseins, in dem das Persönlichste und die stürzenden Weltereignisse verarbeitet werden und eine erregende Einheit finden, die Einheit in einem überlegenen Geiste und einem sensiblen Herzen.« (Vorwort zu Widerstand und Ergebung).

Bonhoeffer kritisiert es, Gott als Lückenbüßer an den Grenzen der Erkenntnis einzusetzen und diese Grenzen auszunutzen, um ängstlich Raum für Gott auszusparen. Ein solcher Gott war für den mündigen Menschen sinnlos geworden. Bonhoeffer setzte auf die zentrale Botschaft des Evangeliums und die Kraft des Glaubens an einen Gott, der sich in der Geschichte und in Gemeinschaft zeigt. In seinem Gedicht »Christen und Heiden« entwickelt Bonhoeffer die Vorstellung eines an der Welt leidenden Gottes, der den Menschen zur Anteilnahme auffordere. Zentral ist dabei der Gedanke, dass nur der mitleidende Gott helfen kann. Nicht der allmächtige, sondern der ohnmächtige Gott ist letzten Endes der Gott, der wirklich hilft.

Lesetipp

Die Texte Bonhoeffers sind bewegende Zeugnisse eines Christen des 20. Jahrhunderts, eines modernen Märtyrers. Modern insofern, als er die Erkenntnisse und Erfahrungen der Zeit aufnahm, jede Form von Triumphalismus im Hinblick auf Gottes Allmacht oder gar die Kirche ablehnte und sich am mitleidenden Gott festmachte. Besonders die Gedichte Bonhoeffers bringen diese existenzielle Erfahrung zum Ausdruck, die aber gerade durch die literarische Form eine Verallgemeinerung erfährt und deshalb auch für heutige Leser und Leserinnen unmittelbar ansprechend ist. Für manche Passagen der Briefe und Texte ist ein wenig biographischer und theologischer Hintergrund hilfreich. Die Herausforderung der Texte Bonhoeffers besteht darin, sich von diesem Zeugnis eines denkenden und glaubenden Menschen betreffen zu lassen, ohne sofort die theologischen Positionen diskutieren zu wollen. Eine Versuchung, der theologisch vorgebildete Leser und Leserinnen schnell ausgesetzt sein können. Die Texte sollten primär als Lebenszeugnis gelesen werden und nicht als Äußerung einer theologischen Meinung, denn die Gefahr des Theologisierens, so gut und wichtig es auch ist, besteht darin, dass es meist von der eigenen Person und von der Beschäftigung mit »den Zuständen der eigenen Seele« ablenkt.

Bibliographie

Dietrich Bonhoeffer, Widerstand und Ergebung. Briefe und Aufzeichnungen aus der Haft, herausgegeben von Eberhard Bethge, Gütersloh 2008.

Weitere Werke

Dietrich Bonhoeffer, Auswahl (6 Bände), herausgegeben von Christian Gremmels und Wolfgang Huber, Gütersloh 2006.

Weiterführende Literatur

Eberhard Bethge, Dietrich Bonhoeffer. Eine Biographie, Darmstadt 9. Aufl. 2005.
Eberhard Bethge, Dietrich Bonhoeffer. Rowohlt Bildmonographien, Reinbek 2. Aufl. 2006.
Sabine Dramm, Dietrich Bonhoeffer. Eine Einführung in sein Denken, Gütersloh 2001.
Ferdinand Schlingensiepen, Dietrich Bonhoeffer 1906–1945. Eine Biographie, München 4. Aufl. 2006.
Renate Wind, Dem Rad in die Speichen fallen. Die Lebensgeschichte des Dietrich Bonhoeffer, Gütersloh 6. Aufl. 2006.
Peter Zimmerling, Bonhoeffer als Praktischer Theologe, Göttingen 2006.

45 HÉLDER PESSÔA CÂMARA
1909–1999

Haben ohne festzuhalten

Autor und Werk

Die Neue Zürcher Zeitung schrieb: »Hélder Câmara gehört mit Mahatma Gandhi, Martin Luther King, Albert Schweitzer und Mutter Teresa zu den Persönlichkeiten, die das soziale Bewusstsein dieses Jahrhunderts bleibend geprägt haben.« Gemeint ist das 20. Jahrhundert.

Hélder Câmara erhielt im Laufe seines Lebens sehr viele Auszeichnungen wie Ehrendoktorwürden von Universitäten in der ganzen Welt. Er war Ehrenbürger verschiedenster Städte und Mitglied in unterschiedlichsten Gremien. Er wurde mehrmals für den Friedensnobelpreis nominiert. Die für ihn jedoch wichtigste »Auszeichnung« war der Titel »Bruder der Armen«, den ihm die Menschen seines Bistums verliehen hatten.

Hélder Câmara stammte selbst aus ärmlichen Verhältnissen und wurde am 7. Februar 1909 in Fortaleza geboren. Der Vater war Buchhalter und antiklerikaler Freimaurer mit einer Liebe für das Theater. Seine Mutter war dagegen eine fromme, gleichzeitig weltoffene und begabte Volksschullehrerin. Sie übte einen entscheidenden Einfluss auf Hélder aus. Die Eltern hatten dreizehn Kinder, von denen fünf im jungen Alter durch eine Diphtherie-Epidemie starben. Der Name »Hélder« gefiel dem Vater. Es ist der Name einer kleinen Hafenstadt in den Niederlanden. Schon als Kind wollte Hélder Priester werden. Mit vierzehn Jahren trat er in ein kirchliches Kolleg ein, absolvierte das Priesterseminar und empfing im August 1931 in Fortaleza die Priesterweihe. Dies war nur mit einer Dispens aus Rom möglich, da er das vorgeschriebene Alter von 24 Jahren noch nicht erreicht hatte.

Hélder Câmara fühlte sich durch seine Ausbildung auf seine Arbeit als Seelsorger schlecht vorbereitet: »Unsere Ausbildung war von der Apologetik geprägt ... Wir konnten sämtliche alten und neuen Häresien auswendig aufsagen; doch hatte ich auf sozialem Gebiet eine ganz und gar einfältige Vorstellung: dass die Welt in zwei entgegengesetzte Lager gespalten sei, den Kommunismus und den Kapitalismus. Der Kommunismus wurde uns als eine Ideologie vorgestellt, welche die Religion vernichten und das Privateigentum abschaffen wollte. Der Kapitalismus galt als Verteidiger der christlichen Ordnung.«

Zunächst arbeitete er als Sekretär für Erziehungsfragen und Anhänger der rechtsextrem-faschistischen »Integralistischen Aktion« in der Provinz Ceará. Als er 1936 nach Rio de Janeiro ging und Staatssekretär für das Erziehungswesen wurde, wandte er sich auch durch den Einfluss von Kardinal Leme vom Integralismus ab. Hélder Câmara bezeichnete diese Aktivitäten rückblickend als »Irrtum«. Er war nun für Lehrpläne an öffentlichen Schulen sowie für die kirchliche Erziehung und den Katechismusunterricht verantwortlich. 1950 traf er in Rom Monsignore Montini, den späteren Papst Paul VI. Danach setzte sich Câmara für die Gründung einer brasilianischen Bischofskonferenz ein, die 1952 als »Nationale Konferenz der Bischöfe Brasiliens« (CNBB) ins Leben gerufen wurde. Im gleichen Jahr wurde Câmara Weihbischof in Rio de Janeiro. Von 1952 bis 1964 war er zugleich Generalsekretär der brasilianischen Bischofskonferenz. Er förderte die Zusammenarbeit der brasilianischen Bischöfe, um die Arbeit der katholischen Kirche in der Gesellschaft und ihren sozialen und spirituellen Problemen und Bedürfnissen zu verbessern. Bei einem erneuten Treffen mit Monsignore Montini konnte Dom Hélder diesen von der Notwendigkeit überzeugen, ein Organ zu gründen, das alle Bischöfe Lateinamerikas vereint. So wurde 1955 der »Rat der lateinamerikanischen Bischöfe« (CELAM) gegründet.

Angeregt durch den französischen Pionier der »Arbeiterpriester« Kardinal Pierre-Marie Gerlier stellte sich Dom Hélder ab 1955 zunehmend in den Dienst der Armen und der »Favelados« (Einwohner der Favelas, das sind die Slums der Städte Brasiliens) und bemühte sich um soziale Reformen wie den sozialen Wohnungsbau zur Begrenzung der schnell wachsenden Favelas. Er förderte die Gründung der Wohlfahrtsbank »Banco da Providência« zur finanziellen Unterstützung sozial bedürftiger Menschen und unterstützte die Katholische Arbeiterbewegung. Außerdem engagierte er sich als Mitinitiator einer »Kampagne der Brüderlichkeit« unter dem Motto: »Weder Kapitalismus noch Kommunismus: Solidarität!« 1963 gelang es Câmara in Verhandlungen mit der Regierung, eine »Bewegung für Basiserziehung« (MEB) in zwölf brasilianischen Bundesstaaten einzurichten. Diese Volksbildungsbewegung schuf unter anderem ein Lese-Lern-System auf Grundlage von Radiosendungen.

Während des II. Vatikanischen Konzils (1962–1965) versuchte Dom Hélder mit der Initiative »Kirche der Armen«, die Weltöffentlichkeit auf die Nöte der Entwicklungsländer aufmerksam zu machen. Er forderte eine Beendigung des Rüstungswettlaufes, eine strukturelle Anpassung des Weltwirtschaftssystems, Gewaltlosigkeit und die Einhaltung der Menschenrechte. Als symbolhafte Geste für die Abschlusszeremonie des Konzils schlug er vor: »Wir könnten unsere goldenen und silbernen Bischofskreuze dem Papst zu Füßen legen und dafür Kreuze aus Bronze oder Holz in Empfang nehmen, als Zeichen für den Entschluss, einen einfachen Lebensstil nach dem Evangelium anzunehmen … Die Pracht des Vatikans ist ein Stein des Anstoßes.«

Bei Ausbruch der Militärdiktatur im April 1964 wurde Dom Hélder Câmara als Erzbischof von Olinda und Recife eingeführt. Die Region im brasilianischen Nordosten gehörte zu den ärmsten des Landes. Câmara zog nicht in den Bischofspalast ein, sondern überließ ihn der kirchlichen Kommission für Menschenrechte. Er selbst bezog ein bescheidenes Domizil in der Innenstadt von Recife. Wiederholt stellte er sich offen gegen das neue Regime und wurde als »roter Erzbischof« difamiert und mit dem Tod bedroht. 1969 ermordete man seinen Sekretär Pater Antonio Peirera Neto, was ihn dazu veranlasste, Folterpraxis und Unterdrückung im Land vor der Weltöffentlichkeit schonungslos anzuprangern, so zum Beispiel 1970 in Paris in einem Fußballstadion vor mehr als zehntausend Zuhörern. Während Câmara daraufhin über zehn Jahre lang bis 1983, als die Diktatur zu Ende ging, in Brasilien von Regierung und Medien geächtet blieb, stieg seine Popularität im Ausland. Zahlreiche Vortragsreisen in die USA, nach Kanada, Japan und Europa mit Verleihungen von internationalen Friedenspreisen und Ehrendoktoraten (von 18 ausländischen Universitäten) folgten. Zweimal wurde er als Friedensnobelpreisträger vorgeschlagen. 1985 trat Câmara von seinen erzbischöflichen Pflichten zurück.

Dom Hélder verstand sich als Vorkämpfer für soziale Gerechtigkeit und als Anwalt der Armen und Unterdrückten. Er war immer auf der Suche nach einem »Dritten Weg« zwischen Kapitalismus und Marxismus, um auf friedliche Weise eine »strukturelle Revolution« herbeizuführen. Nach dem pazifistischen Vorbild von Gandhi und King, die er beide verehrte, rief er alle »abrahamitischen Minderheiten«, die im Sinne Abrahams das gelobte Land suchen, zu politischen Aktionen auf. Dies tat er, indem er einerseits auf Aufklärung und Bildung, Dialog, moralischen Druck und zivilen Widerstand setzte und andererseits beständig vor der »Spirale der Gewalt« warnte. Neben der individuell-geistlichen und kollektiv-sozialen »Befreiung« des Menschen betonte Câmara im Blick auf die weltweit verflochtene Problematik von Ökonomie und Ökologie ebenso die Verantwortung des Menschen für das Schöpfungswerk Gottes. Ein kontemplativer Weg, das Leben aus der Beziehung zu Gott und der praktische Einsatz für Notleidende gehörten gleichermaßen zu den wesentlichen Lebenszielen Dom Hélder Câmaras. Wiewohl er als Sozialrevolutionär unkonventionelle, basisorientierte Ideen verkörperte – und deswegen auch von der Amtskirche verkannt wurde –, stellte er Theologie und Hierarchie der Kirche nie in Frage. Das Motto seines Bischofswappens und seines Lebens lautete: »in manus tuas« – »in Deine Hände«.

Im April 1999 besuchte der Essener Weihbischof und Vorsitzende der Bischöflichen Kommission Adveniat, Franz Grave, den früheren Erzbischof in dessen Haus in Recife. Er war schon von schwerer Krankheit gezeichnet und mit den Kräften am Ende, und dennoch blieb er die »prophetische Bischofsgestalt«. In der Nacht zum 28. August starb Dom Hélder Câmara im Alter von 90 Jahren. Mit Tränen und Beifall zugleich nahmen mehr als 10.000 Gläubige Abschied von ihrem Bischof. Sein Grab in der Kathedrale von Olinda, eine schwarze Granitplatte mit einem großen Foto, ist auch heute noch Anziehungspunkt für viele, vor allem arme Menschen, die beten, nachdenken, lange dort sitzen, einfach in seiner Nähe sein wollen.

Bereits Anfang der 1970er-Jahre hatte Dom Hélder Câmara in einer Rede in der Beethovenhalle in Bonn zur Eröffnung des Deutschen Forums für Entwicklungspolitik in Anwesenheit von Bundespräsident Heinemann und Minister Erhard Eppler die gegenwärtigen Entwicklungen der Weltwirtschaft vorhergesagt und wurde damals bezeichnenderweise von Hermann J. Abs, Vorstand der Deutschen Bank, öffentlich als Phantast bezeichnet und angriffen. Er möge doch bei seiner bischöflichen Soutane verweilen. Der Bischof hat recht behalten, der Banker sich im Nachhinein blamiert.

Inhalt

Die vom Pendo Verlag zum hundertsten Geburtstag Câmaras herausgegebene Textsammlung »Haben ohne festzuhalten« enthält eine Reihe von sogenannten »Fünf-Minuten-Predigten«, die der Bischof im Diözesanradio gehalten hat. Es sind tiefgründige, geistliche Alltagsbeobachtungen, die zu höherer Aufmerksamkeit im Alltag ermuntern und manche wichtige Entdeckung der Spuren des Geistes Gottes beschreiben. »Mitternächtliche Meditationen« ist ein weiterer Teil überschrieben, der kurze Texte enthält, die Hélder Câmara wirklich des Nachts, wenn er aufwachte, niedergeschrieben hat. Es sind sehr tiefe, oft aber auch oder gerade deshalb sehr humorvolle Meditationen. Die »Zeichen der Hoffnung«, so eine Überschrift, enthalten kleine phantasievolle Geschichten, die zum Staunen und Nachdenken anregen.

Immer wieder im Text eingestreut sind die großen Gebete des Bischofs, für »die Welt ohne Stimme«, für »die Reichen« oder für den Menschen, meinen Bruder.

Hélder Câmara selbst und auch wir heute hätten angesichts der unveränderten Spaltung unserer Welt in Arm und Reich, die sich eher verstärkt hat, Grund zu resignativem Verhalten. Doch die Sammlung der Texte Hélder Câmaras endet nicht zufällig mit dem Text »Der Geist weht!« und den Worten: »Es ist der Geist des Herrn, der weht. Er sagt: Die Liebe, die Liebe ist stärker als der Hass. Die Liebe wird einmal den Hass besiegen.« Davon war Dom Hélder zutiefst überzeugt und deshalb ein beispielhaft hoffnungsvoller Mensch, der aus einer innigen Verbundenheit mit Gott lebte. Das spricht aus seinen Texten, und davon kann und darf sich der Leser, die Leserin anstecken lassen.

Lesetipp

Die Texte Hélder Câmaras machen deutlich, dass Frömmigkeit keine Angelegenheit des stillen Kämmerleins bleiben darf. Christliche Spiritualität verlangt nach konkreten Konsequenzen. Was in der Tradition oft mit dem Stichwort »Werke der Nächstenliebe« oder »Werke der Barmherzigkeit« bezeichnet wurde, die im Sinne der Unterscheidung der Geister erst die Echtheit christlicher Spiritualität erweisen, wurde von Dom Hélder in eine »moderne« Gestalt überführt. Er machte deutlich, dass zu diesen Konsequenzen christlicher Spiritualität heute notwendigerweise eine politische Dimension hinzukommt, mit einem weltweiten Horizont. Es gehört dazu der Einsatz für Gerechtigkeit und Frieden und die Bewahrung der Schöpfung, nicht nur vor der eigenen Haustür, sondern in den Verflechtungen globaler Politik und globaler Wirtschaft. Im Zeitalter der Globalisierung müssen auch die geistlichen Anstrengungen von Christinnen und Christen »globalisiert« werden und dürfen nicht in frommer Kleinkariertheit verharren. Gleichzeitig oder besser als das Fundament eines solchen Engagements ist ernstzunehmen, was Dom Hélder so beschreibt: »Wo bleiben die Erfinder? Wir brauchen dringend Erfindungen, die zu Stille verhelfen, sie schützen, sie retten.« Engagement gründet sich in der Stille vor Gott, das war die Erfahrung Hélder Câmaras, und das bleibt seine Mahnung auch für unsere Tage, die im Vergleich zu seinen Zeiten noch an Lautstärke und Ablenkungen zugenommen haben.

Die Texte Câmaras sind auch ein moderner »Beichtspiegel« und Texte zur Gewissenserforschung der »westlichen« Gläubigen. Vielleicht braucht es gerade heute die kritische Auseinandersetzung mit den »Deutschen Banken« und deren Vorständen, die Dom Hélder Câmara nicht gescheut hat, obwohl er dafür öffentlich gedemütigt wurde?!

Bibliographie

Hélder Câmara, Haben ohne festzuhalten. Texte für eine bessere Welt, München 2009. [Enthält eine Auswahl aus den wichtigsten Werken Câmaras]

Weitere Werke

Hélder Câmara, Selig, die träumen. Fünf-Minuten-Predigten, übersetzt von Horst Goldstein, Zürich 1982.
Hélder Câmara, Mach aus mir einen Regenbogen. Mitternächtliche Meditationen, übersetzt von Alfred Kuoni und Ingrid Schwamborn, München 2000.
Hélder Câmara, Stimme der stummen Welt, übersetzt von Hans Schöpfer, Zürich 1989.
Hélder Câmara, Erneuerung im Geist und Dienst am Menschen, Salzburg 1996.
Hélder Câmara, Hoffen wider alle Hoffnung, übersetzt von Alfred Kuoni, Zürich 1981.
Hélder Câmara, Gott lebt in den Armen, Olten 1994.

Weiterführende Literatur

Urs Eigenmann, Hélder Câmara, Prophetischer Bischof, Freiburg/Schweiz 1992.
Horst Goldstein, Der Masse helfen, Volk zu werden. Hélder Câmara, Erzbischof von Olinda und Recife, in: Die Armen zuerst! Zwölf Lebensbilder lateinamerikanischer Bischöfe, herausgegeben von Johannes Meier, Mainz 1999, 45–65.
Jens Toulat, Hélder Câmara. Zeichen der Hoffnung und Stein des Anstoßes, übersetzt von Stefan Liesenfeld, München 1990.

46 THOMAS MERTON
1915–1968

Verheißungen der Stille
Seeds of Contemplation

Autor und Werk

Thomas Merton wurde am 31. Januar 1915 in Prades (Ost-Pyrenäen) geboren. Seine Mutter Ruth war Amerikanerin und sein Vater Owen Neuseeländer. Beide Eltern arbeiteten in künstlerischen Berufen und lebten nicht bewusst religiös, sondern eher von einer pazifistischen Philosophie geprägt. 1921 starb die Mutter an Krebs, und Thomas wuchs an verschiedensten Orten auf. Zeitweise wohnte er bei den Großeltern auf Long Island, USA, besuchte britische und französische Internate oder begleitete seinen Vater auf dessen Reisen. Mit sechzehn Jahren verlor Thomas Merton auch seinen Vater, der an einem Hirntumor starb.

Diese Verlusterfahrungen seiner Kindheit und Jugend und das ständige Unterwegssein führten zu einer tiefen Verunsicherung. Er hatte immer wieder losen Kontakt zu verschiedenen Konfessionen. Auf einer Romreise 1933 besuchte er das Trappistenkloster »Tre Fontane« und sagte zu sich selbst: »Ich möchte Trappistenmönch werden.« Doch diese religiösen »Ausflüge« waren nicht nachhaltig. Im gleichen Jahr begann er das Studium in Cambridge. In seiner Autobiographie beschrieb Merton diese Zeit als dunkel und negativ, ohne zu sehr ins Detail zu gehen. Einige Studienfreunde aus dieser Zeit erinnerten sich, dass er sich immer mehr isolierte, exzessiv zu trinken begann, in den Bars herumlungerte und so manches sexuelle Abenteuer hatte. Manche seiner Kommilitonen bezeichneten ihn als Schürzenjäger. Sein damaliger Mentor Tom Bennett, ein Schulfreund seines Vaters, hörte von diesen Eskapaden seines Schützlings. Er stellte Thomas zur Rede und

307

vereinbarte mit ihm, sein Studium in Cambridge zu beenden und in die Vereinigten Staaten zurückzukehren.

Im Januar 1935 nahm er sein Studium an der Columbia-Universität in Manhattan auf. Es folgte eine Zeit der Konsolidierung seines Lebenswandels und des Neuaufbruchs seiner inneren Suchbewegung. 1936 starb Mertons geliebter Großvater, was ihn neuerlich traf. Am Sarg seines Großvaters durfte er jedoch die Erfahrung machen, niederknien zu können, um zu beten.

Durch die Lektüre eines Buches über den Geist der mittelalterlichen Philosophie von Etienne Gilson näherte er sich dem Katholizismus an. Eine Begegnung mit dem Hindumönch Mahanambrata Brahmachari 1938 in New York markierte einen weiteren Schritt auf Mertons Weg zur Taufe und ist gleichzeitig der Auftakt zu einem Thema, das ihn in späteren Jahren sehr interessierte, nämlich der Dialog der Religionen. Überraschenderweise empfahl ihm dieser Hindumönch, die »Bekenntnisse« des Augustinus und die »Nachfolge Christi« des Thomas von Kempen zu lesen, denn er würde ihn ermuntern, die eigenen religiösen Wurzeln zu beleben. Im September 1938 schließlich entschied sich Thomas Merton, um die Taufe zu bitten, die ihm nach entsprechender Vorbereitung am 16. November gespendet wurde.

1939 erlangte er den Master of Arts in Anglistik und beschloss, an der Columbia zu bleiben, um zu promovieren. Im gleichen Jahr nahm er Kontakt zu Franziskanern auf, um einen eventuellen Eintritt zu prüfen. Dieser Plan zerschlug sich, und Merton sah seine Berufung zum Ordensleben zunächst als gescheitert an.

Im August 1940 bewarb er sich als Dozent an der St.-Bonaventure-Universität der Franziskaner in New York und wurde sofort angestellt. In dieser Zeit vertiefte er nach und nach sein Gebetsleben. Er gab das Trinken und Rauchen auf und wählte seine Lektüre sorgfältiger aus. Im April 1941 reiste er für Exerzitien in die Trappistenabtei Gethsemani in Kentucky. Sofort fühlte er sich von diesem Ort angezogen. Im Dezember bereits verbrachte er drei Tage in Gethsemani und bat um Aufnahme in die Abtei, die ihm nach Gesprächen mit dem Novizenmeister und dem Abt am 13. Dezember gewährt wurde. Im März 1942 begann Thomas Merton sein Noviziat.

Sein jüngerer Bruder John Paul, bereits zum Kriegseinsatz abkommandiert, verbrachte im Sommer des gleichen Jahres einige Zeit in Gethsemani und wurde auf seinen Wunsch hin getauft. Am 17. April 1943 stürzte John Paul über dem Englischen Kanal ab und kam ums Leben. Merton würdigte am Ende seiner Autobiographie seinen Bruder mit einem Gedicht.

Der Abt des Klosters, Dom Frederic, erkannte das schriftstellerische Talent Mertons und beauftragte ihn mit der Übersetzung von religiösen Werken und der Abfassung von Biographien der Lokalheiligen. 1944 legte Merton seine zeitlichen Gelübde ab. Im gleichen Jahr wurden einige seiner Gedichte publiziert. Unterstützt durch den Abt, veröffentlichte er 1946 seine Autobiographie mit dem Titel »Der Berg der sieben Stufen«, die vor allem seine religiöse Suchbewegung und seinen Weg ins Kloster beschreibt. Sie wurde zum Bestseller und animierte in den folgenden Jahren eine große Anzahl von desillusionierten Veteranen des Zweiten Weltkriegs, Studenten und Teenagern, in Klöster einzutreten. Mertons Autobiographie wurde in den USA zu den 100 besten Büchern des Jahrhunderts gezählt.

1949 erhielt Merton die Priesterweihe. Weitere Veröffentlichungen folgten. Er wurde zum international bekannten und gefragten Autor und unterhielt eine umfangreiche Korrespondenz. Zwölf Jahre nach seinem Klostereintritt wurde er 1955 Novizenmeister des Klosters, in das er selbst eingetreten war. Seine Vorliebe für die Kontemplation vertiefte sich, und er redigierte immer wieder seine Texte zur Kontemplation. 1956 bat er den Abt um das Zugeständnis, als Eremit in einer Klause auf dem Gelände leben zu dürfen, was ihm auch gewährt wurde. In den 1960er-Jahren begann Merton, sich mehr und mehr ins politische Zeitgeschehen einzumischen. Er protestierte gegen die atomare Aufrüstung, setzte sich für die Gleichstellung der Schwarzen ein und wendete sich gegen den Vietnam-Krieg. Dies führt dazu, dass er in der Kommunistenhetze der USA im Kalten Krieg zur verdächtigen Person wurde und regelmäßig gesellschaftlich und innerkirchlich aneckte.

Immer wieder hatte sich Merton mit außerchristlichen religiösen Traditionen beschäftigt. Dabei interessierte ihn nicht die Lehre, sondern die religiösen Erfahrungen in den anderen Religionen. Für Merton erschien die Diskussion über Fragen der Lehre wenig hilfreich, denn er selbst fühlte sich im Christentum fest verwurzelt und achtete die religiösen Überzeugungen seiner Gesprächspartner. Auf diesem Fundament gegenseitiger Achtung ergaben sich durchaus Anstöße und Impulse für das Christentum, vor allem auf dem Gebiet geistlicher Erfahrung, die Merton im Christentum durch die Vorherrschaft der Lehre und der Moral unterentwickelt erlebte.

1968 bekam Merton die Erlaubnis, die Abtei für längere Zeit zu verlassen, um in Bangkok an einer Konferenz asiatischer (katholischer und nichtchristlicher) Mönche teilzunehmen, zu der er als Gastredner eingeladen war. Er wollte die Gelegenheit nutzen und nicht nur nach Bangkok reisen, sondern selbst Eindrücke vom Mönchtum in Asien sammeln. Die Stationen seiner Asienreise waren Kalkutta, Neu-Delhi, Madras, Polonnaruwa und Bangkok. Er traf eine Reihe von wichtigen Persönlichkeiten, unter anderem mehrmals den Dalai Lama. Merton fühlte sich durch diese Erfahrungen bestärkt und ermutigt, seinen Weg des Dialogs jenseits dogmatischer Diskussionen fortzusetzen.

Umso tragischer waren die Umstände seines Todes: Gleich nach seinem Gastvortrag auf dem Treffen in Bangkok am 10. Dezember 1968 bekam er in seinem Hotelzimmer beim Verlassen der Dusche, als er versuchte, einen Ventilator einzuschalten, einen Stromschlag, und starb daran.

Man überführte seinen Leichnam – ironischerweise in einem amerikanischen Militärflugzeug von Vietnam aus – nach Gethsemani, wo er am 17. Dezember beigesetzt wurde.

In der Abgeschiedenheit seiner Abtei hatte Merton eine intensive literarische Aktivität entwickelt. Er nahm mit großem Engagement am aktiven, politischen Leben teil. Gleichzeitig befasste er sich mit geistlichen Fragen und Themen und verknüpfte ganz in monastischer Tradition die eigene Übung und die Unterweisung der Novizen und Studenten mit einer intensiven Reflexion. Sein literarisches Werk umfasst 60 Bücher, acht Bände Poesie und mehr als sechshundert Artikel. Neben seinen spirituellen Werken finden sich auch mehrere Protesterklärungen gegen Krieg und Aufrüstung sowie gegen menschliche und wirtschaftliche Ungerechtigkeiten in der amerikanischen Gesellschaft und Politik. In Thomas Mertons Leben und Werk verbanden sich ganz selbstverständlich Kontemplation und Aktion. Als Mensch des 20. Jahrhunderts war ihm klar, dass Aktion auch politische Aktion heißen muss. Auch wenn er aufgrund seiner Lebensform nicht persönlich an Protestkundgebungen teilnehmen oder Demonstrationen organisieren konnte, so nutzte er doch seine Popularität, um das politische Engagement für Gerechtigkeit und Frieden zu unterstützen.

Im März 1949 verfasste Merton ein Buch mit dem Titel »Seeds of Contemplation«, das unverzüglich in dreizehn Sprachen übersetzt wurde. Auf Deutsch erschien es 1951 unter dem Titel »Verheißungen der Stille«. Merton war damals gerade sechs Jahre im Kloster. Das Buch wurde noch im Jahr des Erscheinens mehrmals aufgelegt und war sofort ein Bestseller. Merton hatte schon gleich nach dem Erscheinen Zweifel an der Qualität und überarbeitete den Text für die siebte Auflage, die im Dezember 1949 herauskam. Elf Jahre später, im Dezember 1960, begann er, das Buch noch einmal radikal zu überarbeiten, so sehr, dass er im Vorwort ankündigte, es sei »in vieler Hinsicht ein völlig neues Buch«. Es erschien 1961 unter dem veränderten Titel »New Seeds of Contemplation«. Das Buch wurde weltweit begeistert aufgenommen. Die deutsche Neuübersetzung orientiert sich an der aktuellen amerikanischen Ausgabe von 2007. Sie enthält den endgültigen Text mit Mertons Vorwort von 1961 und seinen Vorbemerkungen von 1949.

Inhalt

Der Übersetzer Bernardin Schellenberger, der selbst Trappist war, leitet die Übersetzung mit folgenden Worten ein: »Das vorliegende Buch ist ein klassischer Text der mystischen Literatur, mit dem sich jeder ernsthaft spirituell Suchende auseinandersetzen sollte. Es bietet mehr und Wertvolleres als nur eine methodische Einführung in die Kontemplation: einen existenziellen Einstieg in ein kontemplatives, in der Welt engagiertes Leben.« Eine kurze und prägnante Beschreibung.

Merton selbst spricht in seiner »Vorbemerkung« von 1949 von einem Buch »mit mehr oder weniger unzusammenhängenden Gedanken und Überlegungen und Aphorismen über das innere Leben«.

Thomas Merton war an einer lebensgesättigten Einführung interessiert und nicht so sehr an systematisch-theoretischen Erörterungen. Er wollte einführen, ohne eine Methode zu lehren, den Raum eröffnen, ohne ihn zu begrenzen, und der Sehnsucht und dem Staunen Wege erschließen.

Das geschieht zum Teil auf sehr praktische Weise, zum Teil mit Vergleichen und Bildern und teilweise mit Problemanzeigen. Theoretische Ausführungen, poetische Bilder, Aphorismen und humorvolle Beschreibungen gehören zum Repertoire des schriftstellerisch begabten Mönches. Merton nimmt den Interessierten, die Interessierte mit auf einen Weg der »radikalen Gottsuche«, wie der deutsche Untertitel formuliert. Es ist ein Weg, der den Herausforderungen nicht ausweicht und sich nicht in wonnevollen religiösen Gefühlen erschöpft, sondern der eine ernsthafte Suche meint, die auch etwas abverlangt, nämlich die Bereitschaft zur Verwandlung.

In seinem »Vorwort« zur stark überarbeiteten Fassung macht Thomas Merton auf eine Schwierigkeit mit dem Begriff der Kontemplation aufmerksam: »Der größte Mangel dieses Wortes ist, dass es klingt, als verspreche es ›etwas‹, eine objektive Qualität, einen spirituellen Gebrauchsgegenstand, den man sich besorgen könne und den zu haben vorteilhaft sei; etwas, dank dessen man seine Probleme und sein Unglücklichsein loswerden könne ... Kein Mensch kann einem anderen beibringen, ›wie man ein kontemplativer Mensch wird‹. Sonst könnte man genauso gut ein Buch darüber schreiben, ›wie man ein Engel wird‹.«

Damit ist die paradoxe Grundsituation benannt, eine Einführung zu schreiben für einen Weg, der letztlich nicht lehrbar ist, auf etwas zu verweisen, das sich der Beschreibung und den Begrifflichkeiten immer wieder entzieht. Thomas Merton hat sich dieser Herausforderung gestellt und weder Kontemplation in konturlose Beliebigkeit aufgelöst, noch sich selbst zum »Kontemplationslehrer« stilisiert, ein heute ebenso gängiger wie nach Merton absurder Titel. Er ist ein aufmerksamer Wegbegleiter geblieben, der auf dem Hintergrund der monastischen Tradition, der Schriften des Johannes vom Kreuz und seiner eigenen Erfahrungen Annäherungen versucht und Hilfestellung geben wollte.

Lesetipp

Thomas Merton komponierte seine Texte in lockerer Reihenfolge unter 39 Überschriften. Man kann sie nacheinander oder auch einzeln lesen. Dieser eher assoziative Stil führte dazu, dass die Texte unterschiedlich anspruchsvoll sind, jedoch meist gut lesbar und verständlich.

Eine Empfehlung, die sicher nicht nur für dieses Werk gilt, ist, die Texte »aktiv« zu lesen, das heißt mit Textmarker oder Bleistift, je nachdem, wie die Leser mit ihren Büchern umzugehen pflegen. Geistliche Schriften sind »Gebrauchsliteratur« und deshalb Unterstreichungen, Ausrufezeichen und Kommentare am Rand erwünscht!

Sehr interessant ist dann nach einer gewissen Zeit die Wiederholung der Lektüre. Nach einem oder mehreren Jahren bieten die Unterstreichungen und Kommentare manche Überraschung. Entweder man entdeckt, dass man immer noch an der gleichen Frage hängt und sich trotzdem verändert hat, oder manches Problem hat sich einfach wie von selbst erledigt. Was beim ersten Lesen wichtig schien, hat unter Umständen an Bedeutung verloren, und man entdeckt andere Textstellen, die übersehen wurden oder zum Zeitpunkt der Lektüre keine Aussagekraft für den Leser, die Leserin hatten. Eine solche Übung der »Relecture«, des »Wiederlesens«, ist auch eine Vergewisserung bezüglich der eigenen Prozesse und Entwicklungen.

Bibliographie

Thomas Merton, Christliche Kontemplation. Ein radikaler Weg der Gottsuche (New Seeds of Contemplation), übersetzt von Bernardin Schellenberger, München 2010.

Weitere Werke

Thomas Merton, Der Berg der sieben Stufen. Autobiographie eines engagierten Christen, Ostfildern 2010.
Thomas Merton, Keiner ist eine Insel. Betrachtungen über die Liebe, übersetzt von Annemarie von Puttkamer, Düsseldorf 2005.

Thomas Merton, Ein Tor zum Himmel ist überall. Inspirationen, ausgewählt, erläutert und herausgegeben von Bernardin Schellenberger, Freiburg im Breisgau 2008.

Thomas Merton, Zwiesprache der Stille, herausgegeben von Jonathan Montaldo, übersetzt von Lutz Kliche, Zürich 2002.

Weiterführende Literatur

John Howard Griffin, Geh mit der Ekstase. Thomas Mertons Einsiedlerjahre, übersetzt von Karen Anke Braun, Münsterschwarzach 1997. [Eine Neuauflage dieser Beschreibung der letzten, wichtigen dreieinhalb Lebensjahre Mertons, mit zahlreichen Texten von ihm, ist in Vorbereitung]

Johannes Hoffmann-Herreros, Thomas Merton. Ein Mystiker sucht Antworten für unsere Zeit, Mainz 1992.

47 ROGER SCHUTZ
1915–2005

Ein Fest ohne Ende
Ta fête soit sans fin

Kampf und Kontemplation
Lutte et contemplation

Taizé und das Konzil der Jugend
Le concile des jeunes

Autor und Werk

Nahezu gleichzeitig mit der Eröffnung des Weltjugendtags 2005 wurde am Abend des 16. August 2005 Frère Roger beim Abendgebet in der Versöhnungskirche der Communauté de Taizé von einer psychisch kranken Rumänin mit einem Messer tödlich verletzt. Die Nachricht erfüllte weltweit viele Menschen mit Trauer. Auch Papst Benedikt XVI. erklärte auf dem Weltjugendtag, er sei »tief traurig« und habe am Vortag einen bewegenden Brief von Frère Roger erhalten, in dem dieser schrieb, dass er mit ganzem Herzen beim Papst und allen Teilnehmern des Weltjugendtags in Köln sei, an dem er aus gesundheitlichen Gründen selbst nicht teilnehmen könne. Es ist der Papst, der als Kardinal Ratzinger bei der Beisetzung Johannes Pauls II. im April 2005 Roger Schutz, gebrechlich im Rollstuhl sitzend, vor den Augen der Welt die Kommunion reichte. Das war sein letzter großer öffentlicher Auftritt, der als prägendes Bild seines engagierten ökumenischen Wirkens im Gedächtnis geblieben ist.

Roger Louis Schutz-Marsauche, so sein voller Name, stammt aus einer schweizerischen Familie. Er wurde am 12. Mai 1915 als Sohn eines schweizerischen reformierten Pfarrers und einer Französin in Provence

(Kanton Vaud) geboren. Als Gymnasiast zweifelte er viel und konnte selbst nicht glauben. Trotzdem hatte er immer Achtung vor jenen, die es konnten. Vielleicht studierte er deshalb von 1935 bis 1939 in Lausanne und Straßburg evangelische Theologie.

1940 kam Roger Schutz nach Taizé in der Nähe der Demarkationslinie zwischen dem besetzten und dem unbesetzten Teil Frankreichs. Dort lebten damals nur noch wenige Dorfbewohner. Er kaufte ein Gebäude auf Kredit und begann, das angrenzende Land zu bebauen, die einzige Kuh zu melken und eine Kapelle einzurichten. Von Anfang an beherbergte er jüdische Flüchtlinge und Oppositionelle. 1942 besetzte die Gestapo das Haus und verhaftete die Insassen. Roger Schutz, der gerade einen Flüchtling in die Schweiz gebracht hatte, musste zu seinem eigenen Schutz dort bleiben, bis Taizé 1944 befreit war.

Bereits sehr jung begeisterte er sich für ein zeichenhaftes Leben in Gemeinschaft. Es sollte ein Zeichen der Versöhnung sein. Das monastische Leben war aus den protestantischen Kirchen weitgehend verschwunden. Die von ihm gegründete Communauté sollte eine Gemeinschaft sein, die ihre Wurzeln in der ungeteilten Kirche vor den Kirchenspaltungen sah und bewusst an die mönchische Tradition anknüpfte, ohne die historischen Entwicklungen seither und die je eigene Konfession zu verleugnen. Über den Weg, den er persönlich eingeschlagen hatte, sagte er: »Geprägt vom Lebenszeugnis meiner Großmutter und schon in jungen Jahren fand ich meine Identität als Christ darin, in mir selbst den Glauben meiner Herkunft mit dem Geheimnis des katholischen Glaubens zu versöhnen, ohne mit irgendjemand die Gemeinschaft abzubrechen.«

Während seines Aufenthalts in der Schweiz begann in Genf das gemeinsame Leben der ersten Brüder. Mit drei Brüdern kehrte er 1944 nach Taizé zurück und kümmerte sich um Kriegswaisen, aber auch um deutsche Kriegsgefangene, was ihm den Argwohn der katholischen Landbevölkerung um Cluny eintrug. Sieben Männer aus reformatorischen Kirchen legten 1949 ihre Ordensgelübde ab und versprachen Armut, Ehelosigkeit und Gehorsam.

Das Ziel der Ordensbrüder war von Anfang an, für die sichtbare Einheit der Christen zu wirken. Zunächst von der katholischen Kirche argwöhnisch betrachtet, änderte sich unter dem Pontifikat Johannes XXIII. die Haltung Roms gegenüber der Gemeinschaft. Frère Roger wurde als offizieller Beobachter zum II. Vatikanischen Konzil (1962–1965) eingeladen. In den 1960er-Jahren hatten die Brüder von Taizé bei allen bedeutenderen ökumenischen Konferenzen ein gewichtiges Wort mitzureden. Als sich jedoch der theologische Streit wieder verschärfte, zogen sie sich aus den offiziellen Disputen zurück und konzentrierten sich auf soziale Aufgaben und ihre jugendlichen Besucher.

In der Ordensgemeinschaft selbst spielte die Trennung der Kirchen keine Rolle. »Wenn die Versöhnung unter den Christen auf später verschoben wird, kann die ökumenische Bewegung unversehens ermatten und trügerische Hoffnungen nähren«, meinte Roger Schutz und bezeichnete Taizé selbst als »ganz bescheidene Flamme ökumenischer Hoffnung«.

Während einer längeren Zeit in Abgeschiedenheit schrieb der Gründer der Communauté im Winter 1952/1953 die Regel von Taizé, in der er für seine Brüder das Wesentliche zusammenfasste, das ein gemeinsames Leben möglich machte.

Seit Ende der 1950er-Jahre pilgerten immer mehr Jugendliche nach Taizé. Zu einem regelrechten »Wallfahrtsort« wurde es erst nach 1968. Damals entdeckten Jugendliche, Sinnsucher und Jugendbewegte, Aussteiger auf Zeit und junge Christen Taizé als Ort des einfachen christlichen Lebens, zu dem die Regelmäßigkeit des Betens und Arbeitens gehörte. Vor allem die Lieder aus Taizé prägen die gottesdienstlichen Feiern nicht nur am Ort, sondern sie sind längst weltweit in das Liedgut der Kirchen eingegangen.

Roger Schutz wurden einige Ehrungen zuteil, wobei er durch seinen Umgang mit diesen Ehrungen Akzente setzte. Als er 1974 den Friedenspreis des Deutschen Buchhandels erhielt, nahm er bewusst Jugendliche mit auf das Podium. Bei der Verleihung des Aachener Karlspreises im Jahre 1990 sorgte er dafür, dass es statt des festlichen Abendessens für einige Auserwählte eine einfache Suppe für alle auf dem Marktplatz gab.

Frère Roger baute die Aktivitäten der Gemeinschaft kontinuierlich aus. Ein besonderes Anliegen war die Solidarität der christlichen Brüder mit den Ärmsten der Armen. Seit 1951 leben Brüder aus Taizé in Gemeinschaften mit Besitzlosen in Asien, Afrika und Lateinamerika zusammen. Besondere Beachtung fand die Zusammenarbeit von Frère Roger mit Mutter Teresa und ihren Sterbehäusern. Sie waren befreundet und verfassten gemeinsam drei Bücher.

1970 kündigte Frère Roger ein »Konzil der Jugend« an, dessen Hauptversammlung unter dem Motto »Kampf und Kontemplation« vom 28. August bis 2. September 1974 stattfand. Das Konzil machte Taizé weltweit bekannt. 1979 wurde das religiöse Jugendtreffen in dieser Form vorläufig ausgesetzt und ging in einen »Pilgerweg des Vertrauens auf der Erde« über. Seit einigen Jahren finden in diesem Zusammenhang Jugendtreffen in aller Welt statt (zum Beispiel 2008 in Nairobi, 2009 in Bolivien, 2010 in Santiago de Chile und in Rotterdam). Heute gehören der Ordensgemeinschaft etwa 100 Brüder aus 25 Ländern und verschiedenen Konfessionen an, ohne jeweils die Zugehörigkeit zu ihrer Kirche aufgeben zu müssen.

Frère Roger hatte bereits zu seinen Lebzeiten seinen katholischen Mitbruder Frère Alois Löser aus Stuttgart zu seinem Nachfolger ernannt. Dieser gehört seit 32 Jahren der Gemeinschaft an, komponierte zahlreiche Lieder für Taizé und organisierte mehrfach Jugendtreffen in Osteuropa. Frère Alois schreibt über den Tod und die Spiritualität Frère Rogers: »Der Heimgang Frère Rogers hinterließ eine große Leere. Sein tragischer Tod hat uns bestürzt. Wir Brüder durchlebten die Zeit danach aber in tiefer Dankbarkeit für das, was er uns hinterlassen hat ... Das Erbe ist unermesslich. Und vor allem: Das Erbe ist lebendig ... Dies ist für unsere kleine Communauté ein Ansporn, weiterzugehen auf dem Weg, den er gebahnt hat. Es ist ein Weg des Vertrauens. Das Wort ›Vertrauen‹ war für ihn kein schnell hingesagter Begriff. Er enthält einen Aufruf: in schlichter Einfachheit die Liebe empfangen, die Gott zu jedem Menschen hat, aus dieser Liebe leben und die Wagnisse eingehen, die das erfordert. Wer diese Intuition verliert, wird dazu verleitet, den Menschen, die das lebendige Wasser suchen, Lasten aufzubürden. Der Glaube an diese Liebe ist etwas ganz Einfaches, so einfach, dass alle ihn annehmen könnten. Und dieser Glaube versetzt Berge. Selbst wenn die Welt oft durch Gewalt und Konflikte zerrissen wird, können wir dann mit einem Blick voll Hoffnung auf sie schauen.«

Frère Roger gab einige Bücher heraus und verfasste Jahr für Jahr einen »Brief«, der als Basis für das Nachdenken vieler junger Menschen sowohl zu Hause als auch während der Treffen in Taizé diente. Er schrieb diese Briefe oft während längerer Aufenthalte an Orten der Armut in Kalkutta, Chile, Haiti, Äthiopien, auf den Philippinen und in Südafrika. Eine Gesamtausgabe seiner Schriften ist in Vorbereitung.

Inhalt

Das Konzil der Jugend 1974 war nicht nur von historischem Interesse, sondern beförderte auch eine geistliche Botschaft. Seine Auswirkungen sind über Taizé hinaus bis heute weltweit relevant. Das Konzil der Jugend hat die Bewegung des II. Vatikanischen Konzils aufgegriffen, sie auf dem Hintergrund der politischen Entwicklungen und der beginnenden Globalisierung konkretisiert und so mit den Stichworten »Kampf und Kontemplation« Zeugnis für ein politisch aufgeklärtes und solidarisches, von einer tiefen Spiritualität geprägtes Christsein abgelegt.

Die ersten beiden Taschenbücher, »Ein Fest ohne Ende« und »Kampf und Kontemplation«, mit den Tagebuchaufzeichnungen Frère Rogers und seinen Meditationen zur Vorbereitung des Konzils der Jugend, sind eine Quelle geistlicher Inspiration und zeigen gleichzeitig sehr eindrucksvoll auf, wie ein spiritueller Mensch seinen Weg hin zur Verwirklichung einer Vision sehr konsequent und manchmal ganz alltäglich und in kleinen Schritten geht.

Das dritte Taschenbuch, »Taizé und das Konzil der Jugend«, dokumentiert das Konzil selbst und seine Ergebnisse. Es stammt also nicht direkt von Frère Roger, ist aber natürlich wesentlich von ihm geprägt. Durch die Texte zieht sich eine menschenfreundliche Grundüberzeugung Frère Rogers, der von einem positiven Menschenbild ausgehend auf die tiefe Güte des Menschen vertraute. Dies ist keineswegs naiv oder illusorisch zu verstehen, er wusste aus eigener leidvoller Erfahrung um die Bosheit von Menschen. Jedoch weigerte er sich konsequent, den Menschen darauf zu reduzieren beziehungsweise diese Bosheit zum Hauptmerkmal des Menschseins zu erklären, wie er es in manchen religiösen Schulen seiner Kindheit und Jugend erlebt hatte. Eine bestimmte Art christlicher Predigt lief immer wieder darauf hinaus, dass die Natur des Menschen von Grund auf schlecht sei. Dies hat viele Menschen vom Glauben entfernt oder ihnen den Weg zum Glauben versperrt, weil zwar über die Liebe geredet, jedoch gleichzeitig der Eindruck vermittelt wurde, dass diese Liebe und die verkündete Vergebung nur unter Vorbehalt galt.

Frère Roger setzte auf die Kraft des vorbehaltlosen Verzeihens aus Liebe, die zum Grund des menschlichen Herzens führt und die menschliche Güte zum Vorschein bringt. Ausgangspunkt dieser Bewegung ist die vorbehaltlose Liebe Gottes zum Menschen. Darauf baute er die Gemeinschaft von Taizé auf, und darauf setzte er im Prozess der Vorbereitung und Durchführung des Konzils der Jugend. Er beförderte eine interkonfessionelle, interreligiöse und alle Grenzen überschreitende Globalisierung des Verzeihens und der Güte. So verstand Roger Schutz seine Arbeit am Aufbau des Reiches Gottes.

Lesetipp

Die Texte der drei Taschenbücher sind in ihrer literarischen Gattung unterschiedlich. Tagebuchnotizen, Meditationen, Essays, Deklarationen und Briefe werden nebeneinander gestellt. Sie sprechen verschiedene Dimensionen des Menschseins in der Welt an: die menschlich-soziale, die geistliche, die kirchliche und die politische. Trotz dieser Unterschiede fügen sich die Texte zu einer inneren Einheit zusammen, weil sie einen inneren und äußeren Prozess dokumentieren.

Frère Roger nimmt den Leser, die Leserin mit auf die Reise zum Konzil der Jugend und lässt sie Anteil haben an den notwendigen Schritten. Es ist eine spannende Reise, nicht nur aus dem Blickwinkel der jüngeren Kirchengeschichte, sondern auch und in unserem Zusammenhang viel bedeutsamer aus einem geistlichen Interesse.

Wie jede spirituelle Weggeschichte bietet auch dieser »Reisebericht« Anknüpfungspunkte, Nachdenkenswertes und Stoff für das eigene Beten und Meditieren. Die schmalen Taschenbücher eignen sich zur gelegentlichen Lektüre, als Reisebegleiter und als Impulsgeber am Beginn des Tages.

Bibliographie

Frère Roger, Ein Fest ohne Ende. Auf dem Weg zum Konzil der Jugend, Freiburg im Breisgau 8. Aufl. 1985.
Frère Roger, Kampf und Kontemplation. Auf der Suche nach Gemeinschaft mit allen, Freiburg im Breisgau 6. Aufl. 1983.
Taizé und das Konzil der Jugend. Ereignis und Erwartung, Dokumente, Reportagen, Dialoge, Freiburg im Breisgau 1975.

Weitere Werke

Frère Roger, Gott kann nur lieben. Erfahrungen und Begegnungen, Freiburg im Breisgau 4. Aufl. 2006.
Frère Roger, Leben, um zu lieben. Worte des Vertrauens, Freiburg im Breisgau 2010.
Taizé und das Konzil der Jugend. Vom ersten zum zweiten Brief an das Volk Gottes, Freiburg im Breisgau 5. Aufl. 1983.

Weiterführende Literatur

Yves Chiron, Frère Roger – Gründer von Taizé. Eine Biografie, Regensburg 2009.
Christian Feldmann, Frère Roger, Taizé. Gelebtes Vertrauen, Freiburg im Breisgau 2. Aufl. 2005.
Regine Kuntz-Veit, Frère Roger und Taizé. Die Güte des Herzens, Freiburg im Breisgau 2009.
Kathryn Spink, Frère Roger – Gründer von Taizé. Leben für die Versöhnung, Freiburg im Breisgau 2007.

48 SIMONE WEIL
1909–1943

Schwerkraft und Gnade
La Pesanteur et la Grace

Autorin und Werk

Simone Adolphine Weil wurde am 3. Februar 1909 in Paris geboren. Sie stammte aus einem gebildeten jüdischen, jedoch unorthodoxen Elternhaus. Nach dem Mathematik- und Philosophiestudium wurde sie Lehrerin. Wegen ihres unkonventionellen Unterrichts war sie bei ihren Schülerinnen sehr beliebt. Provokante Äußerungen im Philosophieunterricht, aufsehenerregender Einsatz für Arbeitslose (sie gab ihnen regelmäßig die Hälfte ihres Gehalts) und die Teilnahme an Protestmärschen – Simone Weil mit roter Fahne an der Spitze – machten Eltern und Vorgesetzte misstrauisch. Häufige Versetzungen an andere Schulen waren die Folge.

»Rote Jungfrau aus dem Stamme Levi«, »Kategorischer Imperativ in Unterröcken« – solche ihr angehängten Spitznamen lassen erkennen, dass das Leben dieser höchst ungewöhnlichen Frau zu Ärgernis und spöttischer Anerkennung herausforderte.

Weil war Anhängerin eines revolutionären Sozialismus, kam aber früh zu Kritik und scharfer Ablehnung des sowjetischen Kommunismus. Die Interessen der Arbeiterinnen dagegen, ihr Recht auf ein besseres Leben und auf Bildung, forderten ihr ganzes Engagement. Sie trotzte ihrem zarten Körper und ihrer labilen Gesundheit immer wieder Arbeitseinsätze auf dem Bauernhof und in der Fabrik ab, um das Leben der Arbeiter und Arbeiterinnen zu teilen. Obwohl sie Pazifistin war, nahm sie nach schweren Gewissenkonflikten am spanischen Bürgerkrieg auf Seiten der Republikaner teil. Nach dem Einmarsch der Deutschen in Frankreich unterstützte sie die Résistance.

Neben ihrer politischen Aktivität verfolgte sie mit gleicher, fast selbstzerstörerischer Hartnäckigkeit ein zweites Anliegen: die Suche nach der Wahrheit und nach Gott. Ein ekstatisches Visionserlebnis brachte sie zu einem mystischen Katholizismus, ohne dass sie sich zur Taufe und damit zum Eintritt in die katholische Kirche entschließen konnte. In dem Dominikanerpater Jean-Marie Perrin fand sie einen geduldigen und verständnisvollen Freund. Der Philosoph Gustave Thibon, ein Freund Perrins, bei dem Simone Weil 1941 mehrere Wochen verbrachte, um der Aufmerksamkeit der Polizei zu entgehen, schrieb über die Begegnungen mit ihr: »Sie begann damals, sich von ganzer Seele dem Christentum zu erschließen; der Geist einer makellosen Mystik ging von ihr aus; noch niemals ist mir ein Mensch von einer ähnlichen Vertrautheit mit den Mysterien des religiösen Lebens begegnet; niemals ist mir das Wort übernatürlich so schwellend von Wirklichkeit erschienen wie in ihrer Nähe. Eine solche Mystik hatte nichts gemein mit jener religiösen Spekulation ohne Einsatz der Persönlichkeit, wie sie nur allzu häufig das einzige Zeugnis der Intellektuellen ist, die sich den göttlichen Dingen zugewandt haben.«

Weils unruhiges Leben voller Widersprüche und geistiger Kämpfe spiegelt sich in zahlreichen Artikeln für Zeitschriften. Essays, Tagebücher, Briefe und philosophische Werke erschienen erst nach ihrem Tod. Als die Eltern 1942 aus dem besetzten Frankreich in die USA flohen, schloss sie sich ihnen widerstrebend an, ging aber bald nach England zurück, in der Hoffnung, als Partisanin in Frankreich eingesetzt zu werden.

»Ich bin nicht von der Art, dass es gut wäre, sein Schicksal mit mir zu verknüpfen«, hat Simone Weil über sich gesagt. Schwer erkrankt an Lungentuberkulose und totaler körperlicher Erschöpfung, starb sie im Alter von 34 Jahren am 24. August 1943 im Grosvenor-Sanatorium in Ashford/Kent.

Mit dem Buch »Schwerkraft und Gnade« wurde Simone Weil 1948 bekannt. Gustave Thibon hat es aus ihren Cahiers (zehn dicke Hefte mit täglichen Eintragungen von Gedanken, Zitaten und persönlichen Aufzeichnungen), die sie ihm vor Abfahrt nach Amerika übergeben hatte, posthum zusammengestellt. Es handelt sich um eine Sammlung von Gedanken und Sätzen, nach Themen geordnet, die nach wie vor geeignet ist, in das Denken der außergewöhnlichen und unkonventionellen Frau einzuführen.

Inhalt

Um den Inhalt von »Schwerkraft und Gnade« zu charakterisieren, bietet es sich an, aus der Einführung Gustave Thibons zu zitieren:

»Die Niederschriften von Simone Weil gehören zu jenen sehr großen Werken, die jeder Kommentar nur abschwächen und verraten kann. Meine einzige Berechtigung, diese Texte vorzulegen, entspringt dem Umstand, dass meine Freundschaft mit der Verfasserin und die langen Gespräche, die wir miteinander geführt haben, mir den Zugang zu ihren Gedanken ein wenig erleichtern und mir so erlauben, gewisse allzu schroffe oder ungenügend ausgearbeitete Formulierungen leichter in ihr genaues Licht zu rücken und in ihren organischen Kontext zu stellen ... Diese Niederschriften sind so nackt und einfach wie die innere Erfahrung, deren Ausdruck sie sind. Zwischen Leben und Wort tritt nicht die geringste Auspolsterung: Seele, Gedanke und Ausdruck bilden einen einzigen nahtlosen Block.«

Thibon hat die Sprüche und kurzen Texte thematisch angeordnet. Die Themen reichen von »Algebra« über »Götzendienst«, »Liebe«, »Lesarten«, »Das Kreuz«, »Dressur« bis zur »Mystik der Arbeit«.

Simone Weils Texte dokumentieren das breite Spektrum der Fragestellungen und Themen, die sie interessierten und mit denen sie sich auseinandersetzte. Sie lädt damit auch den heutigen Leser zu einer »Horizonterweiterung« ein, und dazu, über das eigene Ich und die eigene Welt hinaus zu fragen und zu denken. Geistliche Lektüre kann manchmal die Tendenz entwickeln, sich immer mehr und zunehmend ausschließlich um die Befindlichkeiten der eigenen Seele und vielleicht noch ihres Verhältnisses zu Gott zu bekümmern. Simone Weil ist hier eine besonders zu empfehlende und heilsame Lektüre.

Lesetipp

Es liegt in der Natur von Spruchsammlungen, dass man sie fortlaufend oder selektiv, thematisch oder persönlich interessiert lesen kann. Die Texte Simone Weils regen zum Nach- und Weiterdenken an, sie provozieren spontane Zustimmung und/oder unmittelbaren Widerspruch. Sie sind manchmal im besten Sinn des Wortes »anstößig«, denn sie bringen etwas in Bewegung, sie stoßen die eigenen Gedanken an. Zuweilen sind ihre Gedanken aber auch einfach und anmutig, unmittelbar zugänglich und erhellend. Sie schreibt selbst: »Die allergewöhnlichste Wahrheit, wenn sie die ganze Seele durchdringt, ist wie eine Offenbarung.«

Manche der Sätze Weils bleiben kryptisch und ohne Hintergrundwissen unverständlich, doch widerspricht dies nicht dieser Leseempfehlung, denn das Werk ist nicht nur dann lohnend, wenn ich alles sofort verstehe, sondern gerade auch dann, wenn Verständnislücken bleiben, die ich stehen lassen kann und die sich bei späterem Wiederlesen vielleicht aufgrund neuer Erfahrungen schließen oder die durch ein Studium zu Leben und Werk Simone Weils unter Umständen gefüllt werden können.

Bibliographie

Simone Weil, Schwerkraft und Gnade, München 3. Aufl. 1996.

Weiterführende Literatur

Otto Betz, Schönheit spricht zu allen Herzen. Das Simone-Weil-Lesebuch, München 2009.
Simone Petrement, Simone Weil. Ein Leben, übersetzt von Ellen D. Fischer, Leipzig 2008.
Dorothee Seelhöfer, Simone Weil. Philosophin – Gewerkschafterin – Mystikerin, Ostfildern 2. Aufl. 2009.
Reiner Wimmer, Simone Weil. Person und Werk, Freiburg im Breisgau 2009.

49 BASIL HUME
1923–1999

Gott suchen
Searching for God

Autor und Werk

George Hume, so der Taufname des späteren Kardinals, wurde am 2. März 1923 in Newcastle-upon-Tyne (Nordostengland) als drittes von fünf Kindern in einer angesehenen Familie geboren. Der Vater, William Hume, war nicht praktizierender Anglikaner, die Mutter, Lady Hume, eine tiefreligiöse französische Katholikin. George wuchs in mehrfacher Hinsicht zweisprachig auf, wobei er offensichtlich in Fragen des Glaubens mehr von der Mutter beeinflusst wurde. Mit zehn Jahren kam er nach Gilling Castle, dem Internat der Benediktiner von Ampleforth. 1941 trat er achtzehnjährig in die Abtei Ampleforth ein. Er nahm den Klosternamen Basil an. Zunächst studierte Fr. Basil Geschichte und moderne Sprachen und schloss mit dem »Master of Arts« in Oxford ab. Von 1947 bis 1951 schloss sich ein Theologiestudium an der Universität Fribourg (Schweiz) an. 1950 wurde er zum Priester geweiht. Die nächsten zwölf Jahre war er Lehrer für Geschichte und moderne Sprachen an der Schule seines Klosters, außerdem in »typisch« englischer Manier auch Coach des College-eigenen Rugby-Teams. 1957 wählte man ihn zum Vertreter seiner Abtei im Kongregationskapitel der englischen Benediktinerkongregation (EBC) und am 17. April 1963 zum Abt seines Klosters.

Nun war Abt Basil verantwortlich für 150 Mönche, eine große Schule und 25 Pfarreien, die der Abtei anvertraut waren, außerdem für das im Jahre 1956 von Ampleforth aus gegründete Priorat in St. Louis (Missouri). Diese großen Aufgaben hinderten ihn nicht, gute Kontakte mit der Jugend zu pflegen, sich unermüdlich in der Ökumene einzusetzen (mit Anglikanern, Methodisten, Orthodoxen und so weiter) und dabei eine gesunde, monastisch geprägte Spiritualität zu bewahren. Für viele überraschend, wurde er 1976 von Papst Paul VI. zum Erzbischof von Westminster (London) ernannt. Manche hielten ihn im pastoralen und administrativen Feld für nicht erfahren genug. Im gleichen Jahr berief man ihn in das Kardinalskollegium. Seit 1978 war er Vorsitzender der englischen Bischofskonferenz und einige Jahre hindurch auch Präsident des Rates der Europäischen Bischofskonferenzen. Außerdem war er Mitglied der Kongregationen für die Orientalischen Kirchen, für den Gottesdienst und die Sakramentenordnung, für die Institute des geweihten Lebens und für die Gemeinschaften des apostolischen Lebens. Kardinal Hume genoss den Respekt der Politiker aller Parteien. Im Umgang zeichnete ihn ein hohes Taktgefühl aus (»Gentleman und Kirchenfürst«, lautete eine Charakterisierung). 1999 verlieh ihm Königin Elisabeth II. den Order of Merit. Am 17. Juni des gleichen Jahres verstarb Basil Hume im Alter von 76 Jahren an den Folgen eines Darmkrebsleidens und wurde in der Westminster Cathedral bestattet.

Roland Hill beginnt eine Nachruf in der Herder-Korrespondenz vom 8. August 1999 mit den Worten: »Der Tod des Primas der Katholiken von England und Wales, Kardinal Basil Hume, hat Kirche und Welt einer Gestalt von außerordentlichem spirituellen und irenischem Format beraubt. Für ihn war der Glaube keine Reihe unfehlbarer Lehrsätze, sondern ein mächtiger, in ständiger Veränderung begriffener Fluss, der von großen und kleinen Nebenflüssen gespeist wurde.« Basil Humes eigene Selbstkennzeichnung lautete: »Mit dem Kopf bin ich ein Progressiver, mit dem Herzen ein Konservativer.« Auf dieser Basis konnte er in Fragen der Ökumene und des nicht immer einfachen Verhältnisses der englischen Kirche zu Rom beziehungsweise zu Papst Johannes Paul II. immer wieder ausgleichend und vermittelnd wirken. Mit großer Noblesse, aber dennoch unmissverständlich ließ er immer wieder durchblicken, dass es oft an den nötigen Konsultationen des Vatikans mit den Bischofskonferenzen mangele.

1977 erschien im Verlag Hodder und Stoughton, London (Sydney, Auckland, Toronto), eine Sammlung von Ansprachen des Abtes

Basil Hume, die er an seine Mönche gerichtet hatte, unter dem Titel »Searching for Gott« (»Gott suchen«). Die letzte in die Sammlung aufgenommene Predigt hat der Abt sechs Tage nach der Ankündigung seiner Ernennung zum Erzbischof von Westminster gehalten. Die Ansprachen entfalteten ihre Wirkung weit über das klösterliche Milieu hinaus, und das Buch erreichte 1978 bereits die fünfte Auflage. Im Johannes Verlag Einsiedeln erschien 1979 die deutsche Übersetzung.

Inhalt

Basil Hume hielt die gesammelten Ansprachen zwischen 1963 und 1976 als Abt von Ampleforth. Es waren die Jahre des II. Vatikanischen Konzils (1962–1965) und der nachkonziliaren Reformen, also spannende Jahre des Umbruchs. Das Konzil fordert in seinem Dekret über das Ordensleben »Perfectae Caritatis« die Ordensleute auf, sich wieder auf ihre Ursprünge zu besinnen, den Geist ihrer Gründer neu zu entdecken und zu überlegen, wie diese sich in den Bedürfnissen der modernen Welt hilfreich erweisen könnten. Eine herausfordernde Aufgabe, die immer wieder in seinen Ansprachen durchscheint.

Der Anlass zu solchen Ansprachen waren die wöchentliche Konferenz des Abtes, die für gewöhnlich am Dienstagabend um 21.00 Uhr stattfand (Hume kommentiert: »Keine günstige Zeit, weder für den Sprechenden noch für die Zuhörer.«), und besondere Ereignisse im Ordensleben, bei denen ebenfalls ein Wort des Abtes an die Mönche üblich war.

In seiner Einführung beschreibt Hume die grundlegende Spannung, um die es im Mönchtum und im Leben jedes Christen, jeder Christin geht: »Im abendländischen Mönchtum hat immer eine Spannung zwischen Wüste und Marktplatz bestanden. Soll sich der Mönch in die Wüste zurückziehen, um zu beten und mit Gott allein zu sein? Oder soll er sich unter die Leute auf den Marktplatz begeben, um sich ihrer anzunehmen? Diese Spannung ... ist in der Tat ein Problem, das der Mönch für sich selber zu lösen lernen muss, aber auch eines, das jede Gemeinschaft immer wieder zu bedenken hat, um dann das Entsprechende vorzukehren. Die hier zusammengestellten Ansprachen widerspiegeln etwas von dieser Spannung. Und man darf vertreten, dass es keine durchweg ungesunde Spannung ist, denn sie ergibt sich bei jedem von uns, wenn er zuinnerst versucht, dem christlichen doppelten Gebot zu entsprechen: Gott und den Nächsten zu lieben. Das Evangelium fordert vom Christen, dass er Gott unablässig suche. Dies setzt ein Verlangen nach Stille und Einsamkeit voraus, damit man der Wirklichkeit der Liebe Gottes zu uns überhaupt ansichtig werden kann; der Christ muss aber ebenso danach trachten, Christus in seinem Nächsten zu finden, Christus in den Bedürfnissen seiner Mitmenschen zu dienen.« Immer wieder zentrales Thema ist das Gebet, das Hume mit großer Geduld und in Kenntnis der Schwierigkeiten und auch Dunkelheiten des Gebetsweges behandelt. Die Ausdauer und die Regelmäßigkeit der Übung waren für ihn zentral. Das bedeutet nicht, auch neue Formen zuzulassen. Als Abt ließ er freie Gebetsgruppen innerhalb der Kommunität gewähren, doch immer so, dass er alles für den ursprünglichen und wahrhaft kirchlichen Gemeinschaftsgeist fruchtbar zu machen suchte.

Der Titel »Gott suchen« charakterisiert sehr gut das Grundanliegen Basil Humes. Unterwegs sein und bleiben waren sein Anspruch und Zuspruch zugleich. Nicht fertig sein müssen, bruchstückhaft sein dürfen, das sollte nicht nur für sich reklamiert, sondern musste auch dem anderen zugestanden werden. Nie dürfe man einen Mitbruder als unvollkommen verachten: er ist da, weil er Gott sucht. »Die ideale Ordensgemeinschaft gibt es nicht. Jede solche Gemeinschaft setzt sich aus ganz gewöhnlichen Menschen zusammen, Menschen verschiedener Herkunft, mit verschiedenen Meinungen und Idealen. Dies kann das Leben des Mönchs interessant und schöpferisch machen.« (Einleitung)

Basil Hume setzte auf die Chance der Unvollkommenheit. Denn auch dies ist ihm Gewissheit: Niemand würde Gott suchen, wenn er nicht schon von Gott gefunden wäre. Hume gebrauchte dafür mit Vorliebe den Begriff »awareness«, »Gewahrwerden« der Gegenwart und Zuwendung Gottes. Bei all den Themen ist Humes monastische und englische Nüchternheit bestechend. Übung und Erfahrung, mystisches Erleben und alltägliche Anstrengung gehören im geistlichen Leben zusammen und bedingen sich gegenseitig.

Lesetipp

Basil Humes Ansprachen richteten sich weitgehend an seine Mönche, wurden aber von einem breiten Publikum rezipiert und als hilfreich erlebt. Der »Mönch« kann weitgehend als Prototyp des »suchenden Menschen« verstanden werden.

Basil Hume unterstreicht, dass das Leben eines Mönchs im eigentlichen Sinn nicht auf einen besonderen kirchlichen Dienst oder Auftrag hin geordnet ist. Das Hauptanliegen des Mönches ist es, Gott zu suchen, und dies bildet seine lebenslange Aufgabe, die aber auch jedem Christen und jeder Christin, ja jedem Menschen aufgegeben ist. Das Leben eines Mönches unterscheidet sich selbstverständlich von dem Leben eines Menschen, der zu anderen Dingen gerufen worden ist, jedoch nicht grundsätzlich. Die Prozesse und Aufgaben, die auf dem Weg der Gottsuche zu bewältigen sind, mit den dazugehörenden Hindernissen und Versuchungen, sind für alle Christinnen und Christen gleichermaßen von Bedeutung.

Basil Hume nimmt für sich selbst die Entwicklungsdynamik von Wachstum und Veränderung im geistlichen Leben in Anspruch: »Manches, was der Abt 1963 gesagt hat, hätte er 1976 gern geändert. Der Meister bleibt Schüler. Einige der frühen Ansprachen sind in diese Sammlung aufgenommen worden. Es ist Sache des Lesers zu beurteilen, ob die Unterweisung jener frühen Zeit in den kommenden Jahren weiterhin vertreten werden kann. Wenn sie zum Nachdenken und zur Besinnung anregt, wird sie ihren Zweck erfüllt haben.« (Einleitung)

Bibliographie

Basil Hume, Gott suchen, übersetzt von Athanasius Dudli, Christliche Meister Band 1, Einsiedeln 5. Aufl. 2002.

Weitere Werke

Basil Hume, Das Mysterium des Kreuzes, übersetzt von Maria Rombouts, Topos Tb 373, Ostfildern 2001.

Basil Hume, Eine Zeit, um aufzublicken. Mit der Bibel durch die Fastenzeit, übersetzt von Gudrun Griesmayr und Stefan Liesenfeld, München 2009.
Basil Hume, Basil in Blunderland. Erkenntnisse eines Mönchs beim Versteck-Spielen. Geschichten, München 2002.

Weiterführende Literatur

William Charles, Basil Hume. An Anniversary Portrait, London 2009 (Englisch).

50 HENRI J. M. NOUWEN
1932–1996

Nimm sein Bild in dein Herz
Canvas of Love

Autor und Werk

Am Tag der Beerdigung Henri J. M. Nouwens in Toronto/Kanada 1996 erschien sein Buch »Die innere Stimme der Liebe. Aus der Tiefe der Angst zu neuem Vertrauen«, das eine einschneidende und finstere Krisenerfahrung Nouwens dokumentiert und dessen Veröffentlichung er erst nach langem Zögern und vielen Gesprächen zugestimmt hat.

Dieses Ereignis ist deshalb so charakteristisch, weil viele der Bücher Nouwens einen Bezug zu seinem eigenen Erleben und zu seinem eigenen geistlichen Weg haben. Seine Bücher leben nicht zuletzt von der Widerspiegelung persönlicher spiritueller Erfahrungen und den daraus gezogenen existenziellen Entscheidungen. Das macht die Authentizität und Lebendigkeit seiner Schriften aus.

Sein Leben war von einer ständigen Suchbewegung und einer Sehnsucht nach Ganzwerdung und Erfüllung geprägt. Henri Jozef Machiel Nouwen wurde am 24. Januar 1932 in Nijkerk, in den Niederlanden, als Sohn des Rechtsanwaltes Laurent Nouwen und Maria Ramselaar geboren.

Nach dem Besuch des Gymnasiums in Den Haag und dem Abitur im Jahre 1950 studierte er Theologie am Priesterseminar in Rijsenburg bei Utrecht. 1957 durch Erzbischof Bernard Jan Alfrink zum Priester geweiht, absolvierte er von 1957 bis 1964 ein Psychologiestudium an der Katholischen Universität in Nijmegen. In dieser Zeit war er auch intensiv in der Seelsorge tätig. Dem Studium in Nijmegen schloss sich von 1964 bis 1966 ein Aufbaustudium an der Menninger Clinic, einem pastoralpsychologischen Institut in Topeka (Kansas), an. Von Januar 1966 bis 1968 lehrte Nouwen als Gastdozent für Psychologie an der University of Notre Dame (Indiana). Nach seiner Rückkehr in die Niederlande arbeitete er am Pastoralinstitut in Amsterdam und promovierte an der Nijmegener Fakultät in Theologie. In Utrecht lehrte er zwischen 1968 und 1970 Pastoralpsychologie und Spiritualität. Darüber hinaus übernahm er die Supervision von Studierenden für den pastoralen Dienst. Den im Jahre 1971 ergangenen Ruf an die Yale-Universität in New Haven (Connecticut) nahm er an und blieb dort bis 1981 als Professor für Mystik, Spiritualität, praktische Pastoral und Pastoralpsychologie, was einerseits die Breite seines Interesses, andererseits aber auch eine gewisse Zerrissenheit darin widerspiegelt.

Immer wieder zog er sich zu Sabbatzeiten zurück. Auf diese Weise verbrachte er 1974 sieben Monate und 1979 ein halbes Jahr in der Trappistenabtei Genesee nahe New York. 1981 verließ Nouwen die Yale-Universität, um für ein halbes Jahr in Lateinamerika das Leben mit den Armen kennenzulernen und in Kontakt mit dem Befreiungstheologen Gustavo Gutiérrez Merino zu treten. Dieser Weg erwies sich für ihn jedoch als Sackgasse – er kam in Lateinamerika nicht zurecht. Im Jahre 1983 nahm er den Ruf als Professor of Divinity an der Harvard Divinity School, Cambridge (Massachusetts) an.

Neue Eindrücke gewann er 1983 durch den Besuch der 1964 gegründeten »Arche« des Kanadiers Jean Vanier, einer Einrichtung für behinderten Menschen, in der Behinderte und Nichtbehinderte zusammenleben. Hier fand Nouwen schließlich sein Zuhause, das er immer gesucht und oftmals schon gefunden glaubte, dann aber doch wieder aufbrechen musste. Er verließ im Sommer 1985 die Harvard-Universität und lebte ein Jahr in der »Arche« in Trosly-Breuil, einem Dorf nördlich von Paris. Ende 1986 fand er in der »Arche«-Gemeinschaft in Richmond Hill bei Toronto seine Heimat. Fortan wirkte er hier als geistlicher Leiter.

Am 21. September 1996 starb er überraschend in Hilversum, in den Niederlanden, seiner alten Heimat. Er war auf dem Weg nach Petersburg, um dort sein Buch »Nimm sein Bild in dein Herz« über den verlorenen Sohn zu verfilmen, denn das berühmte Gemälde Rembrandts, das Grundlage seines Buches ist, hängt dort in der Eremitage.

Nouwen ist einer der bedeutendsten, internationalen Schriftsteller geistlicher Literatur, der gut fundiert, in verständlicher Sprache Inhalte, Prozesse, Schwierigkeiten und Fragen des geistlichen Lebens lebensnah vermitteln konnte. Sein literarisches Werk umfasst 38 Bücher und wurde in viele Sprachen übersetzt, so dass er weit über den englischen Sprachraum hinaus wirkte.

Die Auswahl aus seinem Werk ist daher nicht einfach. Doch bietet sich sein Buch, das in Petersburg verfilmt werden sollte – »Nimm sein Bild in dein Herz. Geistliche Deutung eines Bildes von Rembrandt« –, in mehrfacher Hinsicht an. In diesem Buch spricht Nouwen kreativ und auf seine unnachahmlich persönliche Weise verschiedene Themen des geistlichen Lebens an und bringt sie mit dem Gleichnis vom verlorenen Sohn in Verbindung, in der Interpretation eines Gemäldes Rembrandts.

Inhalt

»Eine scheinbar unbedeutende Begegnung mit einem Poster, auf dem in einem Ausschnitt Rembrandts ›Rückkehr des Verlorenen Sohns‹ abgebildet war, löste in mir ein langes Abenteuer aus. Es führte mich zu einem neuen Verständnis meiner Berufung und gab mir neue Kraft, sie zu leben. In der Mitte dieses Abenteuers stehen ein Bild aus dem 17. Jahrhundert und sein Maler, ein Gleichnis aus dem 1. Jahrhundert und sein Urheber sowie ein Mensch des 20. Jahrhunderts mit seiner Suche nach dem Sinn des Lebens.« So beginnt der Prolog des ausgewählten Werkes von Henri Nouwen.

Die Suche nach seiner Berufung und die Suche nach Sinn waren Nouwens Lebensthemen, die er in der »Geistlichen Deutung eines Gemäldes von Rembrandt« aufgriff. Das Buch ist deshalb keine Bildmeditation, die die Regale sogenannter geistlicher Literatur füllen, sondern Nouwen erzählt anschaulich und begeisternd von seiner Begegnung mit einem Bild. Es ist wahrhaftig ein Abenteuer, auf das Henri Nouwen den Leser mitnimmt.

Nouwen entfaltet das Evangelium Jesu Christi und die frohe Botschaft vom Bild her und lässt ihn darin sein eigenes Leben neu entdecken. Die autobiographischen Bezüge wirken nicht distanzierend, als würde man interessiert oder gelangweilt auf das Leben eines anderen schauen, sondern die Leser und Leserinnen werden in den Prozess hineinverstrickt und damit selber Teil der Abenteuerreise.

Die Qualität des Buches liegt in der gelungenen Verknüpfung von biblischem Gleichnis, bildender Kunst und Biographie. Das Gleichnis erschließt sich über das Bild, und die eigene Biographie erscheint in diesem Prozess in einem neuen, geläuterten Licht.

Lesetipp

Das ausgewählte Buch Nouwens ist wie praktisch alle seine Werke gut lesbar und verständlich geschrieben. Es eignet sich für alle geistlich interessierten Menschen. Wer allerdings wirklich von der Lektüre einen Impuls erwartet, der darf gerade dieses Werk nicht aus distanziertem Interesse lesen, sondern muss bereit sein, wie Nouwen es vorexerziert, seine eigene Biographie, das eigene Gewordensein und das erhoffte Werden einzubringen in den Dialog mit dem Buch, mit dem Gemälde und mit dem Gleichnis Jesu.

Leider liefert die Druckausgabe das Bild Rembrandts nur im Kleinformat mit – und nicht als Poster. Nouwen hat viele Stunden vor dem Bild verbracht, vor dem Original in der Eremitage in St. Petersburg und noch viel mehr vor der Reproduktion in Posterform bei sich zu Hause.

Ein Bild wirklich zu betrachten bedeutet wie bei der Betrachtung der Schrift, es immer und immer wieder anzuschauen, zu lesen und sich ihm auszusetzen, bis es sich der Betrachterin erschließt und es sich dem Betrachter schenkt, ganz von selbst. In der Form geduldiger Betrachtung kommen Bild und Schrifttext zusammen und erschließen sich gegenseitig nicht in allgemeiner, sondern in persönlicher Weise für den, der die nötige Ausdauer mitbringt. Ein wichtiger Teil der Lektüre des Buches von Nouwen bestünde also auch im Anschauen und der Betrachtung des Bildes von Rembrandt.

Bibliographie

Henri J. M. Nouwen, Nimm sein Bild in dein Herz. Geistliche Deutung eines Gemäldes von Rembrandt (Canvas of Love. Reflections on a Rembrandt), übersetzt von Ulrich Schütz, Freiburg im Breisgau 17. Aufl. 2007.

Weitere Werke

Henri J. M. Nouwen, Die innere Stimme der Liebe. Aus der Tiefe der Angst zu neuem Vertrauen, übersetzt von Franz Johna, Freiburg im Breisgau 14. Aufl. 2008.
Henri J. M. Nouwen, Unser heiliges Zentrum finden. Jesus und Maria, Münsterschwarzacher Kleinschriften Band 109, Münsterschwarzach 4. Aufl. 2008.

Weiterführende Literatur

Jurjen Beumer, Henri Nouwen. Sein Leben. Sein Glaube, Freiburg im Breisgau 1998.
Wunibald Müller. Henri Nouwen – Springen. Das Wagnis von Nähe. Münsterschwarzach 2002.